Life on Air

特约审校：
吴船 巫莎莎 艾可 吴肸

David Attenborough

Life on Air

Memoirs of a Broadcaster

大卫·爱登堡自传

［英］大卫·爱登堡 著
何毅　李金璇 译
奚志农 审订

重庆大学出版社

图书在版编目（CIP）数据

大卫·爱登堡自传 /（英）大卫 · 爱登堡
(David Attenborough) 著；何毅，李金璇译．-- 重庆：
重庆大学出版社，2020.12（2021.5 重印）
书名原文：Life on Air: Memoirs of a
Broadcaster
ISBN 978-7-5689-2215-9

Ⅰ．①大… Ⅱ．①大… ②何… ③李… Ⅲ．①大卫 ·
爱登堡－自传 Ⅳ．① K835.616.15

中国版本图书馆 CIP 数据核字 (2020) 第 098877 号

版贸核渝字（2019）第 143 号

Life on Air: Memoirs of a Broadcaster
大卫 · 爱登堡自传　DAWEI AIDENGBAO ZIZHUAN

［英］大卫·爱登堡 著　何毅 李金璇 译　奚志农 审订

责任编辑：王思楠
责任校对：谢　芳
装帧设计：鲁明静
责任印制：张　策

重庆大学出版社出版发行
出版人：饶帮华
社址：（401331）重庆市沙坪坝区大学城西路21号
网址：http://www.cqup.com.cn
印刷：重庆升光电力印刷有限公司

开本：889mm × 1194mm　1/32　印张：18.375　插页：32开 36页　字数：475千字
2020 年 12 月第 1 版　2021 年 5 月第 2 次印刷
ISBN 978-7-5689-2215-9　定价：86.00元

目　录

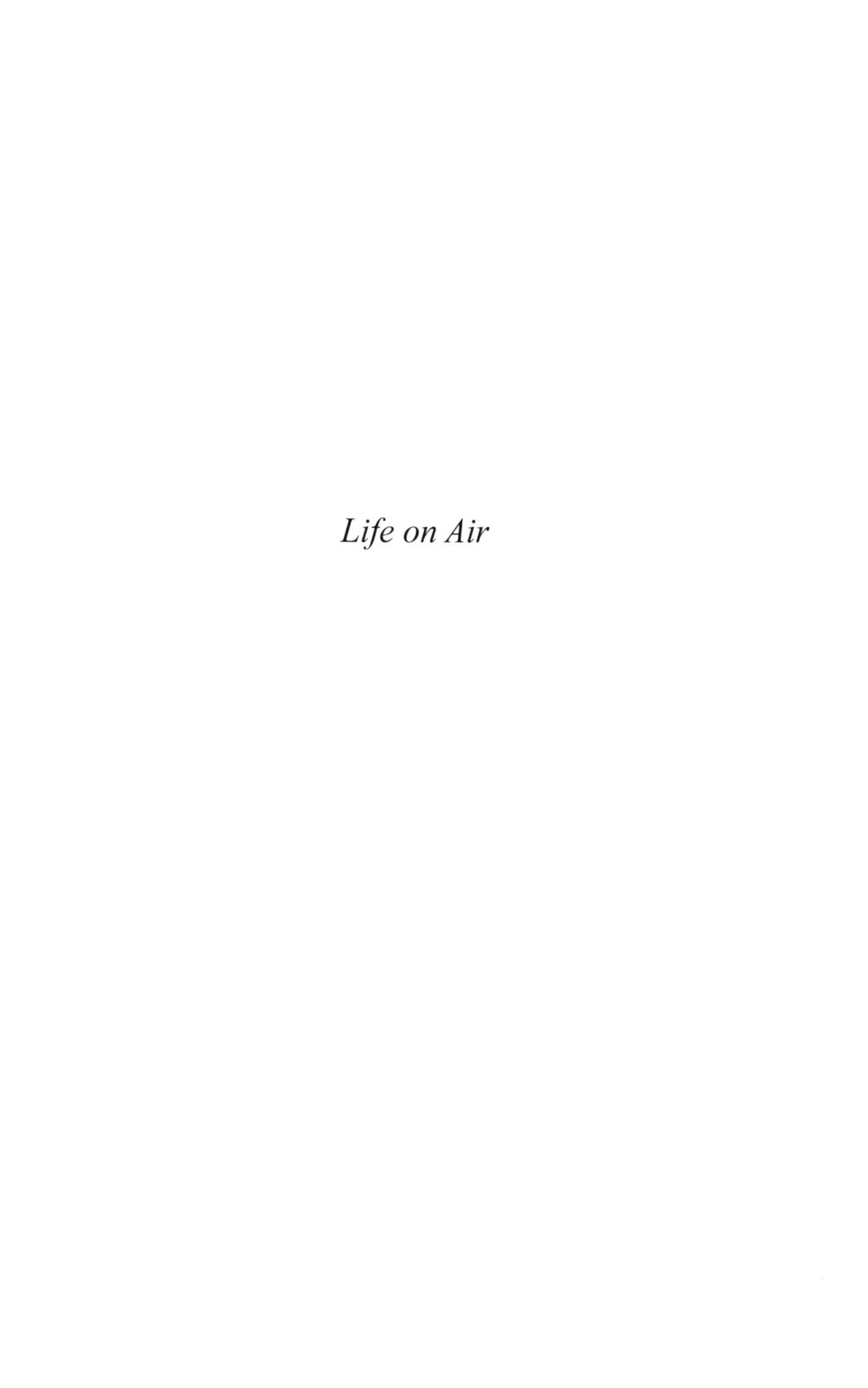

Life on Air

长度单位换算说明：

1 英寸 = 2.54 厘米

1 英尺 =12 英寸 = 0.3048 米

1 码 = 3 英尺 = 0.9144 米

1 英里 = 1760 码 = 5280 英尺 = 1.609344 千米

本书中，作者大部分地方使用的英制单位，后面折合的公制单位是编辑为方便读者阅读而加上的。

1

Joining Auntie

加入“阿姨”*

圣保罗大教堂西北角钟楼上的大铜钟似乎停摆了。如果我透过办公室窗户，伸长脖子望过去，就刚好能看到它。现在是1950年，“二战”刚刚结束五年。或许它依然承受着“二战”期间伦敦空袭的余波。大铜钟的指针所显示的两点十分应该不对。我在马路对面由轰炸后的废墟建成的花园里吃完午餐的一个比萨，并在两点前赶回了办公室——作为伦敦一家出版社最新入职的最年轻员工，这是我应有的行为准则。这至少得是三刻钟之前的事了。

我将注意力集中在面前的长条校样上，这是一篇关于蝌蚪的小学课

* 英国广播公司在20世纪五六十年代，曾被很多英国人称为“阿姨”（auntie），据说是由于公司往往显露出一副老派的“阿姨最懂”（Auntie knows best）的态度。如今这个昵称已经很少使用了。——编者注（本书脚注如无特殊说明，均为编者注）

文。这种工作也有乐趣，然而我总觉得，它还远远用不上我来之不易的自然科学学位。我得用自古登堡时代就没变过的排版技术将图片插入文稿中，数清楚单词，有时甚至是字母的个数，加到一起，看看有多少必须得放到下一页，再尝试各种排版，让插图整洁好看。

过了半小时，我再次看向窗外。大铜钟确实没停，它的指针也确确实实移动了，也就往前移动了几分钟吧。还是没到两点半。这个令人沮丧的发现深深地打击了我，我决定把桌子转过来，这样就不至于被一个钟的指针摆布。这么一来，我开始面对着一片空白的墙壁发呆。我意识到自己不想以这种方式度过余生——成为一个体面的出版商并不是我想要的未来。

那么我未来要做什么呢？我24岁了，曾在剑桥大学学习自然科学，当时我以为，无论如何，自然科学研究都将带我去往地球上那些遥远而又令人兴奋的角落。在那之后我加入海军服役，希望能被派往某处浪漫之地。在戈斯波特（Gosport）进行初步训练时，我遇到了一些老兵，经常听他们提起“亭可”，也就是当时锡兰（Ceylon）的亭可马里（Trincomalee），远东舰队的基地就在那里。如果能去那还真不赖，我告诉所有能影响分配结果的人，训练结束后，自己想被派到亭可这样的地方。结果，我被分到了一艘作为后备役舰队的航空母舰上。

海军服役结束之后，我决定不再重返学校读博士。在那个时候，动物学主要基于实验室研究，而我不想通过这种方式来研究动物。那时我已娶了在大学期间相识的姑娘——简（Jane），即便能申请到奖学金，我也不可能指着这个钱养家。因此我认为出版业的工作会比较适合我，就在一家教育出版社找了份初级编辑助理的工作。现在看来，这工作也不太有趣。

作为一名初入社会的城市青年，我觉得需要把《泰晤士报》带到办公室，天天没事儿的时候研究一下上面的招聘专栏。在报纸上，我看到英国广播公司（BBC）在招聘一名广播谈话节目的制片人。我想，既然没能找到一份带我去往远方的工作，那我或许能通过这份工作，听那些阅历颇深的人讲述自己的故事，获得一种间接的体验。于是我提交了申请。两周之后，我收到了一封措辞讲究的短笺，信上说这份工作已由他人获得。就这样，我又回到了日复一日的长条校样中去了。

后来有一天，我在办公室接到一通电话，使我尴尬又吃惊。在办公室接听私人电话是不允许的，因此在和广播公司的这位女士通话时，我觉得有点负罪感。她说她的名字是玛丽·亚当斯（Mary Adams），她不在我应聘的广播部工作，而在公司的电视业务部。她看到了我的申请表，虽说我没收到参加广播部面试的通知，她依然认为或许我适合电视业务部。那么我对此感兴趣吗？我必须承认，实际上我没怎么看过电视。我曾在岳父岳母家见过一台电视机，他们是我知道的唯一一户有电视的人家，我自己当然也没有电视。而亚当斯夫人认为这不一定就是劣势。她问我是否愿意去她那儿讨论一下参加培训课程的可能性。于是我向上司请了假，用去我十四天年假中的一天，来到伦敦北部的亚历山大宫（Alexandra Palace），拜访亚当斯夫人。

无论当时还是现在，亚历山大宫依然是一座张牙舞爪的爱德华时期的建筑，建于伦敦东北部郊区的一座山顶上，四周公园环绕。大厅原设计为一座大型音乐厅，不过后来先后做过舞厅、溜冰场和装饰一新的乡村礼堂，到现在，已经有些破败了。亚历山大宫周围是办公区域，其中一间被改造成了可放置两间小型电视摄影棚的办公室。在办公区域上方的电视塔上，立着一台高高的塔式发射机，1936年，世界上最早的电视信号正是从这儿发出的。电视塔正下方，就是亚当斯夫人的办公室。

亚当斯夫人55岁左右，头发灰白，待人和蔼可亲，目光炯炯有神，笑起来很有感染力。因抽烟的缘故，她时不时发出阵阵咳嗽声。紧接着，我发现她是一名国会议员的遗孀，她丈夫有着光辉灿烂的议员生涯。亚当斯夫人在战前是牛津大学的一名遗传学家，后来她离开了学术界，加入英国广播公司的继续教育部，参与了一些最早期的电视节目的制作。战后，她作为管理者再次加入电视业务部，打算组建一档《谈话》栏目。作为电视节目，叫这个名字感觉有点奇怪。

她说她不能为我提供一份工作，不过如果我愿意，可以申请一个为期三个月的实习项目。我必须抓住这次机会。她不能保证我之后一定就能留下来。我告诉她，我已经结婚了，现在也已经有了一份工作，儿子还很小。亚当斯夫人说，她得承认，三个月实习期间只付给我一千英镑确实不算多，但这已经是电视业务部能支付的最大额了。那是我在出版社一年工资的两倍！我大吃一惊，差点从椅子上跌下来。我结结巴巴地说着谢谢，离开的时候好像走在棉花上。

之后参加的甄选委员会的面试，我记不太清楚了。我答不上来自己对公共广播服务在民主社会中扮演何种社会功能的看法，我还未思考过这类问题；我从来没看过什么电视节目，所以对最近任何一档电视节目也无法评价。然而一周之后，我收到一封信，告知我被录用了。我松了一口气，向老板递交了辞职信。我很感激他们给我一份工作，只是我自己犯了个错误：我并不适合出版行业的工作。

当我面对长条校样备受煎熬的时候，亚当斯夫人再次拨了电话过来。她问我在等待实习的这段时间里，是否有兴趣在摄影棚做一些出镜记者的工作。为什么不呢？我再次前往亚历山大宫，接待我的是约翰 · 瑞德（John Read），他是我将上镜的节目的制作人。这是一档新节目的第一期，叫作《琼 · 吉尔伯特的周末日记》（*Joan Gilbert's Weekend Diary*）。我发现，吉尔伯特小姐是位家喻户晓的下午档妇女类电视节目主持人，她的《周末日记》正在努力挪进晚间档和黄金时段。但那时我还不知道，在这个舞台上，吉尔伯特小姐是举足轻重的女主角，她想要一名出镜记者与她合作——当然，资历要比她浅；而且，她想把这份工作提供给她最近十分心仪的一名男演员。不过亚当斯夫人自有主张，他们之间的关系变得微妙起来。亚当斯夫人要自己挑选出镜记者，于是我就来了。

约翰 · 瑞德把我带到化妆间，一位女士给我涂了厚厚的一层妆，在电视的强光下，这很有必要。接着他带我去了摄影棚，介绍我和吉尔伯特小姐认识。吉尔伯特小姐个头高大、面色红润，发型经过了精心设计，胸部非常可观，穿着一件我想是叫作“婴儿服”的外套。她冷淡地同我握了握手，转身就回自己的更衣室了。

我的采访对象是奥林匹克长跑选手戈登 · 皮里（Gordon Pirie）。我俩被引导坐在了必须要坐的地方，当摄像机在面前来来回回移动的时候，我们排练了一段生硬的对话。令人有点儿惊奇的是，这些简陋的摄像机很不灵敏，为了尽量收入更多画面，摄影棚中必须打上强光，镜头也必须得是大广角。而这也就意味着，如果想拍摄头部和肩膀的特写镜头，摄像机需放置在距拍摄对象一码以内。即便将镜头越过出镜记者肩头拍采访对象的特写，还是太远了。于是我在提问的时候，看着的不是皮里先生本人，而是一码远的摄像机；皮里先生在回答问题时也必须像我这样做。我想我们都感到这很不自在。

节目开始了。吉尔伯特小姐欢迎观众们来到她的新一期节目，接着采访了一个人。我满脑子想的都是自己要问的问题，甚至都没有注意到她在跟谁说话，又说了些什么，直到我突然听见她说："现在我很高兴把我刚结识的一位亲爱的朋友介绍给你们，现在轮到你啦，大卫。"我有些惊讶地意识到，她所说的那个亲爱的朋友，就是我。离我最近的摄像机上面的红灯亮了。我挤出一个笑容，开始了访谈。

戈登不太健谈。大多数情况下他都在用单音节词语回答我的问题，看起来并不太想提供信息，我就把自己想要挖掘的信息都放到了问题里。这是我在刚开始采访时就犯的错误，我们痛苦地进行着对话。

"戈登，"我直直地看着摄像机问，"你有没有什么独特的训练技巧？"

"有。"他对着他那边的摄像机说道。

"我听说，"我回忆着之前拿到的调查笔记，继续问道，"你大部分训练都是穿着钉鞋进行的？"

"是啊。"

"那为什么你要穿着钉鞋训练呢？"我绝望地问。

"因为当我脱掉钉鞋时，就会跑得更快。"

正在这时，吉尔伯特小姐又开始了一个采访。我的提问就到此为止了。

简说我表现得还不错，但是我认识的人谁也没看到这期节目。在接下来的一周，约翰·瑞德没再邀请我参加下一期节目，亚当斯夫人也没什么后续消息。看来我在银屏上的初次亮相并不太成功。

这个故事还有一个后续。几十年后，当约翰·瑞德即将从电台退休的时候，由我负责在他的告别宴会上发言。按照这种场合的惯例，作为发言人，我拿到了他的个人档案，以便从他的事业生涯中挑选出其中的亮点，对此做一个总结。于是我不禁开始浏览他事业早期阶段的备忘录，发现一张来自玛丽·亚当斯的便笺："大卫·爱登堡才华横溢、大有前途，可能会成为一名优秀的制作人。但是不能再用他做出镜记者了，他的牙太大了。"

1952年9月的那个周五终于到了，我告别了圣保罗大教堂旁出版社的岗位，在下个周一，就前往距玛丽勒本路一个街区远的办公室，来参加英国广播公司的培训。我们一共有十几个人。有人曾在剧院工作，想进戏剧部门，其他人对音乐和设计感兴趣。我并不是谈话节目唯一的候选人，还有一位是迈克尔·皮科克（Michael Peacock），他从伦敦政治经济学院毕业，十分优秀，比我小三岁。他告诉我，他想加入电视业务部参与政治类节目。

我对这次培训的细节记得不太清楚了。第一堂课，是由一位带来一大盒彩色粉笔的先生讲授的。他在黑板上画了几个长方形，在里面写上了缩写，并用线条把它们连接起来，有些是实线，有些是虚线。他告诉我们，这个图表代表的是英国广播公司的结构框架。令人惊奇的是，他竟然还写了一部关于中世纪英国巫术的学术著作。

两周课程之后，我和迈克尔被派到亚历山大宫工作。我发现谈话节目部的工作人员同其他制作部门的人很不一样。戏剧节目制作人原来在剧院工作，致力于戏剧艺术的传统与实践；轻娱乐节目制作人有滑稽歌舞表演和音乐厅的工作经验，他们认识口技表演者和滑稽演员，也知道怎样调整舞蹈女郎的队形；音乐节目制片人都是技艺高超的音乐家，其中，菲利普·贝特（Philip Bate）对单簧管历史的了解在世界范围内都颇具权威。但是谈话节目的制作人并不具备特定的工作技能。乔治·诺德霍夫（George Noordhof）是一个身材高大、为人热情的荷兰人，他曾经是物理学研究员；诺曼·斯沃洛（Norman Swallow）曾是北方一家报纸的新闻记者；安德鲁·米勒·琼斯（Andrew Miller Jones）制作过教育幻灯片；彼得·德·弗朗西亚（Peter de Francia）是一位很有前途的画家；保罗·约翰斯通（Paul Johnstone）曾是一名学术型历史学家；还有约翰·瑞德，继上次指导了我和琼·吉尔伯特的合作之后，现在我们再次相遇了，他的父亲是杰出的艺术评论家赫伯特·瑞德（Herbert Read），他自己也是一位视觉艺术专家。他们中最令人钦佩的是格蕾丝·温德姆·戈尔迪（Grace Wyndham Goldie），她曾是《听众》（*The Listener*）这本收录了英国广播公司广播谈话节目杂志的戏剧批评家，就像鸟儿一样活泼——不过或许更像老鹰而不是鹪鹩吧。西里尔·杰克逊（Cyril Jackson）作为部门的行政主管，就负责将这些特质迥异的人管理得井井有条。而他原先是一位冰岛传奇方面的专家。

我在三个月的实习期里主要是协助谈话节目制作人，做所有他们交代给我的活儿。那时候乔治·诺德霍夫在制作一档关于种族的节目，他需要一名典型的高加索人做示例，于是把我放在一台摄像机前现场直播。这是我第二次在电视上亮相，虽然没有一句台词，正面、侧面却被统统拍了一遍。

这就是我在电视上的两次亮相，一次作为记者，一次作为人类学的样本。接下来我就开始在节目制作人的岗位上小试牛刀了。一个激动人心的科学发现传来，在科摩罗群岛（Comoro Islands）的深海打捞上来一条矛尾鱼。矛尾鱼是一种活化石生物，它的内部结构在揭示全部陆地脊椎动物的进化史方面，极有可能会提供十分重要的新证据。亚当斯夫人希望在当时的节目表中尽快插入一段十分钟的节目，这么一来，当时最杰出的生物学家、因在广播节目《智囊团》(*Brains Trust*) 中浅显易懂的讲解而闻名的朱利安·赫胥黎爵士（Sir Julian Huxley），就可以向观众讲述这个发现的重要性了。作为部门中唯一一个有生物学背景的人，我被指派协助他做这件事。

我同赫胥黎爵士通了电话。他还没有决定到底想讲什么，于是我把矛尾鱼化石、鲨鱼、鳕鱼、蝾螈浸制标本等林林总总一堆东西，都放到了他化妆室的浴缸里，以便他亲自挑选。他到摄影棚之后，我们讨论了大体思路。当时还没有电子提词板之类的东西，所以他大可不必照着讲稿说。我坐在控制室里，工程师打开摄像机，一个显示着节目名称的广告板渐渐亮了起来（节目名称十分中规中矩，如果我没有记错的话，应该就是《矛尾鱼》），我们的节目开始了。赫胥黎爵士侃侃而谈，而我对他接下来要说些什么则毫无概念。我只能尽力跟上他的思路，在镜头间插入盛在搪瓷盘里的腌鱼和那条新捕捉的矛尾鱼的特写照片。所幸亚当斯夫人对最终呈现的效果很满意。

其时，我三个月的实习期已接近尾声，我成功地证明了自己确实有用，拿到了一份为期六个月的工作。这次，我的职务就是个独当一面的助理制作人了。就这样，我开始了身为英国广播公司一员的时光。

谈话节目部几乎涵盖了所有纪实类的题材，书籍、时事、科学、艺术、园艺、手工、考古、针织、考试、政治，还有旅行，只要我们想，这个单子要多长有多长。以前从来没有人制作过有关这些话题的电视节目，所以也就没什么约定俗成的规范。在这个过程中我们要去构建自己的视觉惯例，创造自己的传统。因此我们倾向于认为，《谈话》是一种典型的电视节目，它不必依赖于其他任何媒介。我们觉得，创造一种全新的视觉语言正是自己的使命，对此我们极为重视。我们在餐厅里喝咖啡时的讨论总是慷慨激昂，难以结束。从视觉效果上讲，怎样转换镜头才是最佳方式呢——切换还是淡出？这在当年是仅有的其他两种技术上可行的视觉过渡方式。或许我们应该限制淡入淡出的使用，从而赋予这种手法一种新的意义——譬如说，用来暗示时间、主体和地点的变化？何时运用音乐是恰到好处的？如果将提前录制的镜头和实时拍摄的短片混剪在一起，但不在节目中做明确提示，是否显得不够诚实？要避免谈话嘉宾在荧幕前从纹丝不动到突然变得活跃，我们该如何给他们暗示才好？

负责摄影棚电子设备的工程师们毫无疑问是高度专业的。他们往往认为谈话类节目较为业余，因为这类节目的制作人都没什么过硬的专业资质。我们自己当然对测试或即兴创作跃跃欲试。为了得到高视角的拍摄镜头，我们或许会建议摄像机直接对着悬挂在天花板上的一面镜子，但这样灯光问题就很可怕。我们也许会兴致勃勃地指挥摄影棚里的三四台摄像机以一定的速度移动，以拍摄各种镜头，工程师们就会不耐烦地指出，如果他们的摄像机以这种方式移动的话，电缆就会缠绕成结了。

亚历山大宫只有两个摄影棚。每个摄影棚配有三台摄像机，如果我们运气好，也可能赶上四台。它们同1936年第一帧电视画面播出时所用的摄像机是同一型号的。有人认为实际上它们正是当年那批设备。这些摄像机是安着轮子的大金属箱，里面布满发光的玻璃阀。每台摄像机只有一个镜头。虽说你也可以给它们换一个用于人物特写的长焦镜头，不过换上这个镜头需要花大约十分钟，这在节目播送过程中通常很难实现。摄影师看到的内容，并不是镜头中的电子画面，而是从旁边的光学取景器中，通过一块磨砂玻璃屏得到的倒立的彩色图像。如果摄像机离拍摄的主体过近，电子图像和取景器中的图像就会不一致。这可能会引发摄影师和制作人的争吵，因为制作人在控制室中看到的是监控器上呈现的电子图像。

另有一名操作员坐在摄影棚一侧的小房间里，负责校准摄像机的图像。这个小房间里还放着每台摄像机上其他笨重的电子部件，都固定在垂直的置物架上，这样的话，任何部件出现问题都能迅速找到替换。如果这位被大伙称作“架子”的老兄传回的图像技术上达标了，就会显示在一台监控器上。而作为一名制作人，如果你想把这段图像转播给大众，就必须大声提出来。视觉混合师会将图像转接到预览屏幕，只待高级工程师技术上最后确认一遍，她按下正确的按钮，这样电视机前的观众就可以看到这段画面了。视觉混合师通常是一位面无表情的女士，拥有铁打的神经，一般都很可靠，这种类型的人在英国广播公司要多少有多少。

不得不说，整个流程非常笨拙烦琐，离打着响指的神童导演和那些一触即发的反应出现的时日还相去甚远——但我们那时也尽力了。有时在直播期间，要用的图像突然全都从监控室的监视器中消失了，我们会从控制室的窗户疯狂地望向摄影棚那层，就能看到穿着棕色外套的技术员们围着一台摄像机，打开它外面的保护套，伸进机器内部检查，而这时节目的主持人和嘉宾还在继续讲话。这样我们就不得不放弃之前仔细规划的机位，尽可能进行即兴创作了。时常还会有两台、乃至三台摄像机同时出问题的情况。这时控制室里的高级工程师就会暂停直播，观众们会看到一只小猫在玩毛线球，海浪拍打着海岸，风车缓缓地旋转，或是观众们特别喜欢看的——一个陶轮上的黏土球在某个人的手中上上下下。不太意外的是，有那么一两回（这也会成为接下来几天内餐厅里的谈资），一个导演终于失去理智，从控制室中跑出来说他再也受不了了；这时节目的参与人员对此还一无所知，继续进行着他们的表演；而沉着冷静的视觉混合师为了公众利益，依旧坚守岗位，将图像修复得具有一定的连贯性。

当年的节目还无法实现录播。那位负责传输短片用的电视电影机的工程师，创造了一个连在电视监控器上的16毫米摄像机构成的系统，但它拍出的模糊影像无法直接用于电视播送。不过呢，它可以提供给制作人一个大致印象，知道观众实际看到的图像是什么样的。不幸的是，这个过程中用到的胶片是要花钱的，而公司总部给亚历山大宫的经费并不多。所以谈话节目部每周当中只有那么一两个节目，可以被永久录制、保存下来。这些节目会在部门会议时放映，并被热切地讨论。

当时的新闻界——现在多多少少也还是如此，把英国广播公司叫作"阿姨"。但这不是我们内部的说法。我们喜欢称呼自己这位雇主为

“公司”、“我司”或是“英广”。不过，“阿姨”这个称呼也并非不合适。如果“阿姨”确系真人的话，她应该居住在公司的总部，把旧日的风尚和道德观点视作亘古不变。她言谈考究，举止端庄，而且即便观众自己都不清楚，她也知道传递什么信息才对观众有益。她认为亚历山大宫的这些年轻后生们都很懒惰，不负责任，有时候甚至可以称得上淘气。

当然了，也是她在我们年纪尚幼，不能自己赚钱的时候给我们钱花。当时，电视观众的数量还很有限，电视许可证又是单独收费的，所以这方面的收入非常少。于是乎，电视业务很大程度上就要倚赖广播许可证的资助。“阿姨”还一直很慷慨地送我们有趣的玩具玩，那就是我们的摄影棚。甚至，连我们花在艺术家出场费、服装、舞台布景，以及偶尔制作个小短片的钱也是她出的，只是我们不能要得太多。

“阿姨”对于观众应该在什么时间段看什么，也有她自己的看法。比如新闻，在她看来就不适合在电视上播出。图像是不可信的。一些琐碎小事儿的画面也可能显得格外壮观，比如一栋着火的房子；这就会将人们的注意力从一些没什么视觉元素，却对国家而言更重要的新闻事件上转移走，比如银行利率的调整。而且图像也无法避免将观众的注意力集中在某些特殊事件上；相比之下，一位资深广播员对新闻的归纳，则可让听众对国内外大事有更合理的认知。

接下来，一个棘手的问题就是，一位新闻播音员在镜头前的举止应该是怎样的。如果他（在那个年代还没有“她”）只是简单地照着面前的一张纸念，那就非常无聊了。但另一方面，如果他试图通过看镜头来与观众互动，话语就可能显得缺乏权威，因为看起来他只是在聊天，或者在随口编造内容。所以电视上没有新闻快报节目，只是每天十点半左右在电视转播结束时播放一段语音摘要，另外每个星期会播放一次“每周要闻”影片，其内容遴选自那个年代电影院里大量播放的“新闻汇辑”短片。

决定电视每周转播时长的是政府，确切地说是邮政局；而决定播出什么节目的就是“阿姨”了。当然，早晨是敬畏上帝的人们辛勤工作的时候，这个时段是没有电视节目的。在下午，有几个小时会为家庭主妇准备一些电视节目。“阿姨”认为，家庭主妇更喜欢收看有关烹饪、针织、家居装饰，以及其他一些类似家居主题的节目。不过接下来，孩子们就要从学校回来了。他们有作业要做，他们的妈妈也得准备晚饭。电视节目的催眠效果，可能会干扰他们完成自己必须的任务。于是，在这个时间段，电视是停播的。新闻业称这种现象为“儿童休战期”。

晚间节目在大约7:30开始，每天的时间都不太一样，由一名身着无尾晚礼服、打着黑领带的男播报员（而在桌子下面、观众看不见的地方，他穿的却是一条松松垮垮的裤子），或者是一位年轻优雅、身着晚礼服的女士做开场白。节目的安排就同一位称职的女主人安排晚餐的方式一样。也就是说，会以一些轻松的内容开始，就如一道开胃小食；还要有主菜，一些比较扎实的内容，没准是一部戏剧；接下来就是比较易消化的内容了。最后，会在十一点前的几分钟以一个收尾结束全天的转播，就是让观众看着大本钟校对一下时间。我得承认，其实所谓的大本钟只是个放在盒子里、打着布景光的模型，上面的时间是照着摄影棚经理腕表上的时间调的。最后，是播放国歌。

每个周日，我们都会播放一部大型戏剧，不是来自伦敦西区就是经典剧作，但极少有专门为电视节目创作的。由于当时没有录播系统，到了下周四，又得在摄影棚里重新现场表演一遍。但除此之外，每晚的电视节目单上的节目就没什么规律了，也很难预料。可以预见的或许只有一件事：它同上周同时段的节目不会太相似。这个情况，伴随着经常出现的技术故障，和那时人们对于电视节目应有时长的随意态度，就意味着节目实际的开始时间，同《广播时间》（*Radio Times*）上刊印的时间可能存在不小的偏差。一个节目超时十五分钟也都不稀罕。因此，看电视成为一项不可预测的娱乐活动。到了晚间，那些沉迷于此的人们就会早早坐到电视机前，电视上播什么他们就看什么。他们还会打电话给电视台值班室，一个声音温柔的工作人员负责接听他们的来电。他们会建议播放某个节目，而那些令他们觉得特别无聊的节目最好能快点结束，这样他们就能看节目单上的下一个节目了。

* * *

英国广播公司曾在靠近西伦敦的谢菲尔德布什（Shepherd's Bush）一处破败的市郊街区莱姆·格罗夫（Lime Grove），收购了一些老电影摄影棚，其中配置的摄像机跟我们在亚历山大宫折腾的那些机器极为不同。它们不需要很强的照明，并带有电子取景器，这么一来，摄影师就可以实时看到摄像机所拍的画面了。最令人兴奋的是，这些摄像机上还有镜头转换装置，让摄影师在播送过程中就能换镜头（变焦镜头是很久之后才出现的）。这种技术上的好事儿最初是分配给娱乐节目制作部的，不过很快，我们谈话节目部也分得了一杯羹。

我们用新机器拍摄的第一批电视节目里，有一档叫作《动物，植物，还是矿物？》（*Animal, Vegetable, Mineral?*）的知识竞赛节目，是全部门最成功的节目之一。在节目中，一个由考古学家、艺术史学家和人类学家组成的小团队，需要接受一家博物馆的挑战，去辨认其中的物品，然后由为人和善、品位脱俗的威尔士籍剑桥教师格林·丹尼尔（Glyn Daniel）作为竞赛主持人，给双方打分。这档节目的创造者和制作人是保罗·约翰斯通，我被分配做他的助手。保罗交给我的工作是去参观被选中的博物馆，挑选出要出现在问答中的物品。我们希望找到能讲出好玩故事的展品，有日本毛发旺盛的阿伊努人用的胡子托，罗马人用马的掷距骨做的骰子，还有很多物件只要外观精美、细节考究，无论是什么功能，都会被选入节目中来。为难专家并不是我们的主要目的，我们更希望参加节目的人员能将他们鉴别物品时关注的细节和遵循的逻辑思路分享给观众。

《动物，植物，还是矿物？》节目里的明星，毫无疑问非莫蒂默·惠勒爵士（Sir Mortimer Wheeler）莫属。他是个留着八字胡、性格外向的考古学家。无论我们选了什么文物，都好像变成了莫蒂默爵士自己挖出来的一样。他对着观众席毫无顾忌地表演，捻捻胡子，假装一开始迷惑不解，接着发现了一个线索，最后给出一个正确的鉴定结果，从而大获全胜。

鉴于我们的专家都应该有着良好的幽默感和派对精神，我们在肯辛顿一家餐厅预订了一个包间。每期节目录制前，大家都在一起聚餐。之后，候客的出租车会把我们载回谢菲尔德布什，让专家们趁快乐的心情蒸发掉之前，开始现场直播。有时候这种方法未免也有点太奏效了。有那么一回，格林可能没少喝，只见他大汗淋漓，完全搞不清该给每人多少分了。“但那又有什么关系呢？”他手舞足蹈地喊道。当专家未能辨认出一个由人骨制作的小尖棒时，他将它拿回来揭秘其功用。“这个，”他用相当模糊不清的声音说着，将这根骨头指向摄像机，“澳大利亚的土著人用来指着他们的敌人，可以带去死亡和灾难——就像我现在一样，指着给我寄了一封非常愚蠢的信的观众。”我们必须在节目播出后给打来电话的记者们解释说，灯光太热了，格林是因突发流感而感到不适。

经过几期成功的节目后，玛丽·亚当斯热切地希望我们扩展节目的范围，将博物学也纳入进来。我不太同意。我认为很难找到一些物品，能让人像莫蒂默爵士面对一块火石或陶器碎片那样，十分专业地延伸出一系列有逻辑的推论。你要么知道、要么就不知道某只小鸟标本是一只斑尾塍鹬。然而玛丽很坚持，并一定要把她的朋友朱利安·赫胥黎爵士邀请到节目中来。他也欣然受邀了。

我的任务是给他找到一个可以阐释、发挥的物件。在那次参与挑战的博物馆里，我在展品中发现了一枚鸽子蛋大小的硬壳小白蛋。有趣之处在于它并不是鸟类下的，而是来自一种软体动物——巨型西非蜗牛。我认为朱利安爵士很快就能辨认出来，因为这种蛋在动物学专业大一新生的实践考核中经常被用到。即便如此，我认为他也能根据它讲出一个有趣的故事。

吃晚饭的时候，事情进展得不太顺利。朱利安爵士和格林不太合拍。朱利安爵士认为这个节目相当愚蠢，鉴别物品可不是他所理解的科学。格林解释说，单纯对物品进行鉴别是最次要的，我们主要希望大家可以在节目中聊一聊。朱利安爵士说，考古学家可以在节目中聊文物，因为考古在严格意义上并不算门科学，它本身在很大程度上就是聊天。格林没有马上回应，但是我看得出，在离开餐厅去摄影棚的路上，他没有像往常那样愉悦。

节目开始了，那枚蛋被呈了上来。转盘旋转着，以便让我们可以从各个角度观察它。“现在，朱利安爵士，”格林说，“这个物品是为您准备的。”

“这东西还真没什么好说的，”朱利安爵士不屑一顾地说，“世界上只有两种生物产硬壳蛋，爬行动物和鸟类。你们可以从它的形状看出这不是鸟类的蛋，那么就一定是小型爬行类动物了，或许是某种蜥蜴。没有更好的科学特征可以做出更准确的判断了。”

“我倒不这么看，”格林温和地说，“我手卡上显示的不是一种蜥蜴的名称。”

“哦，”朱利安爵士说，“那是因为你对动物学一无所知。”

“即便如此，我也相当确定，这甚至不是一种爬行类动物。”

朱利安爵士开始不耐烦了。“我出5英镑打赌它就是。”

“我卡片上的名字，”格林说，“是加纳巨虎蜗，一种巨型西非蜗牛。”

作为摄影导演，我这时的任务就是，决定将画面切换到乐不可支的格林身上，还是气得咬牙切齿的朱利安爵士身上。但我采用了比较和平的解决方式，将画面对准了转盘上的蛋。节目结束后，我们回到嘉宾室的时候，新闻摄影师正等着拍摄朱利安爵士交出5英镑钞票的画面。我认为他们不可能拍到，实际上也确实没有。

在这个系列节目开播了一段时间后，我们觉得或许可以给莫蒂默爵士提供更丰富的素材。为什么不拿一个赝品让他甄别呢？我们找到一个19世纪叫弗林特·杰克（Flint Jack）的造假者伪造的燧石手斧。正如我们猜想的那样，莫蒂默爵士完全没问题，并能指出它的哪些特征能让受过训练的眼睛判断出，这是一个现代的物品而非历史文物。

辨认完几件物品后，轮到我为朱利安爵士挑选的一样东西了，那是一只大海雀的标本。博物馆方面很想让它入选，那位馆长跟我解释说，因为这件标本并不是很符合他的收藏，而一次机缘巧合有个人看上了它，想出几千英镑买下来。我很愉快地接受了，希望朱利安爵士在鉴定它的时候可以聊聊这个物种是怎么灭绝的。他也同意了，对这些他了如指掌。

“还有什么要说的吗？”格林问。

“让我想想，”莫蒂默爵士说道，“啊，对了，我觉得应该是这样。这个所谓的大海雀呢，我相信应该是由一个企鹅的喙和一把大小合适的染色鸡毛做成的，是个相当拙劣的大海雀复制品。”

我从控制室里望过去，可以看到朱利安爵士十分愤怒，博物馆馆长也惊得目瞪口呆。在他看来，几千英镑就这样打了水漂。在那个时代，根本没人会质疑莫蒂默爵士对任何事的判断。

* * *

《动物，植物，还是矿物？》一直播了好几年，但最终还是走到了尽头。我被委派策划一个接替它的节目。我想，或许可以把物品换成陌生地方的照片，让一组背景不同的专家去辨别，通过图片上的建筑、植物、地理特征，以及人们穿的衣服和其他一些可见的线索加以判断。第一期节目，我邀请到了设计师和漫画家奥斯波特·兰彻斯特（Osbert Lancaster）、写过几本有趣旅行书的探险家彼得·弗莱明，还有诗人和建筑批评家约翰·贝奇曼爵士（Sir John Betjeman）。

第一张图片相当容易，只当给他们热热身，这张图是19世纪拍摄的贝拿勒斯的尼姆托拉火葬场。身着沙丽的女人在恒河的圣水里洗澡，身后坐落着寺庙中的宝塔，一缕烟从火葬尸体的柴堆上飘出。

“那么现在，”主持人问道，“奥斯波特·兰彻斯特，你怎么看？”兰彻斯特茫然地看着这张照片，停顿了好久。

“没什么头绪。”他说。

“彼得·弗莱明？”

“我被难住了。”弗莱明说。

“约翰·贝奇曼？”主持人绝望地说。

贝奇曼久久地看着这张照片，看着照片上的塔、遮着面纱的女人，还有冒烟的柴堆。

“我知道了，”他欢欣鼓舞地说道，“梅登黑德上游的泰晤士河！”我们继续进行下一张照片，不过情况并没有好转。

这个系列节目就此搁浅了。

* * *

玛丽的电话打了过来。“大卫，康拉德在城里，他出了本新书，我们必须把他请过来。”玛丽很少有耐心解释原委，或提供一下姓氏，而这往往是别人需要了解的，也正是此时此刻我想知道的。这个人是康拉德·劳伦兹（Konrad Lorenz），一名出色的奥地利动物学家，他之后将因在动物行为方面的研究获得诺贝尔奖。最近出的这本书是《所罗门王的指环》（*King Solomon's Ring*），在书中他阐述了自己是如何通过揭秘动物的交流方式，实现同一些动物进行对话的，正如相传所罗门王能做的那样。劳伦兹教授受他出版商的鼓励，很乐意在电视上亮相。之前负责科学节目的乔治·诺德霍夫被任命为节目制作人，我也因为拥有动物学的专业背景，将作为此次访谈的出镜记者。显然，玛丽不再认为我的大门牙对这项工作构成障碍了。

就和当年其他节目一样，这期节目当然也是现场直播的。和蔼可亲的劳伦兹教授满头白发，留着胡须，说话带有浓重的日耳曼口音，但也完全可以听得懂。

“您在书中解释说，”我开始了采访，“您可以同动物们交谈，而且您和灰雁尤其有共鸣。”

“系啊。系这样的。”

“那么，我们这儿有一只灰雁，或许您能和它说几句话。”

这时候，伦敦动物园的饲养员带着一只雁走上了台，把它放在了我和教授之间的小矮桌上。很自然，这只雁在电视强光的刺激下受了惊吓，开始挥动翅膀。

“来吧，来吧，我的宝贝儿。”康拉德安慰道。他把双手放在雁的身体两侧，把它的翅膀收拢起来。他这样抱着它，就能远离它的头部。在面对一只无时无刻不想用上它的喙的雁来说，这种做法十分明智，如此一来他就不在雁喙的攻击范围了。不过这也意味着，雁的尾部冲着教授。慌乱中，它正对教授喷出了一坨绿色液体。

“噢，天啊，天啊，”康拉德说，“裤纸上全是。”他松开了手，那只雁就飞离了台子，被饲养员巧妙地截住。教授则掏出手绢，仔细地把裤子擦拭干净。但随后，由于一时尴尬无措，他又下意识地用手中的手绢快速擤了下鼻子。

带着脸颊侧面的一小块绿色污渍，他完成了采访。我希望坐在电视机前的观众看不太清这块脏东西，不过，不得不承认，它多多少少影响了我提出正确问题的能力。

* * *

玛丽认为，我们节目拘谨、不自然的原因是节目的参与者被吓到了。炫目的灯光、现场直播的压力，尤其是制作人为了达到更好的机位效果，会对他们进行彩排。我们应该更冒险一点。“我们需要的，”她说，“是能言善辩的人。像一颗天然宝石，直接走进我们的摄影棚，没经过排练，一坐在这儿就闪闪发光。”我的任务就是找出第一颗这样的“天然宝石”。

我听说在伦敦东区就有这么一位。他叫比尔 · 道尔顿（Bill Dalton），是位捕鼠者。我前去拜访了他，果如大家所言，他的故事十分吸引人：什么老鼠钻进公爵夫人们的裙子里啦，老鼠在伦敦最高级的酒店厨房里泛滥成灾啦，老鼠从盥洗池中蹿出来，用最痛的方式狠咬使用者啦。所有故事都以比尔用令人毛骨悚然的方式将老鼠分尸而结束：用铲子从背后将老鼠拍出白浆，用骑兵官的剑将老鼠一劈两半，或者是赤手双拳将老鼠活活扼死。

我对他解释说，英国公众对动物都很有同情心，哪怕是老鼠。他们不愿意听到关于它们死亡的恐怖细节。我问他能否在每段回忆后都解释一下，提到的这些老鼠最终都平和、无痛苦地死去了。比尔完全理解。这没什么问题。就这样，我得到了自己的第一颗“天然宝石”。

根据我们新的节目理念，我让车在直播开始前的几分钟才把他从家接到摄影棚。摄像机已准备就绪，随时都可以启动，我们开始静候。他准时到了，出人意料地带着两个巨大的钢丝笼，每个笼子里都密密麻麻装满了老鼠，气味极其可怕。摄像师畏缩了，音响操作员慌忙爬上了他的操作台。

“我相信观众们想看到我正在谈论的东西。”比尔解释说。

“好吧，”我说，“不过必须记住，将暴力元素控制到最低。”

“大卫，不用担心。”听到比尔这样回答之后，我就走上了通往控制室的台阶。

我从监控器上看到上个节目结束了，中控给了我可以开始的信号。在我提示了节目标题之后，比尔开始了。

“我是一个捕鼠者，”他自信地说道，“我想向你们展示一下我捕捉到的东西。”“这一只，”他指着一只笼子说，“这个笼子里的棕色老鼠是褐家鼠，这个笼子里黑褐色的是黑鼠，也是我首先要向你们展示的。”

接着，令人惊恐的是，他打开了黑鼠笼子，把手伸进了我只能形容为“鼠旋涡”的老鼠堆里。他迅速抓住一只大老鼠的尾巴，把它提了上来，又“砰”地一下关上笼子门，开始极其粗暴地旋转老鼠。接着，他似乎想起了什么。“我不想让你们认为，”他靠近摄像机悄悄地说，这时候他手里的老鼠还在像旋转烟花那样转着，“我是在虐待这只老鼠，但是如果我不让它晕头转向的话，这个家伙就会咬我。”

我想，这是“家伙”这个词头一次出现在英国电视上。而比尔成了我们第一颗、也是最后一颗“天然宝石”。

* * *

晚间节目结束前播放的15分钟短故事十分受欢迎，它们都是玛丽·亚当斯挑选出来交给制作人播出的。通常情况下，这些故事由一名演员坐在扶手椅里朗读，有时则是故事作者本人来读。制作人对这种节目的贡献不太大，要求也就不高了。首先我们需要选一处布景——通常是公寓，有几排假书架，一个跳动着煤气火焰的壁炉。接着，我们听演员朗读这篇小故事并计时。直播开始的时候，我们通常将摄像机放得离演员有一定距离，并要求摄影师缓缓向他靠近。这样一来，当故事在大约十分钟后完结的时候，正好是他面部的一个大特写。这是一个在业内称作“缓移”的摄像机术语。

西里尔·杰克逊叫我去他办公室。他有一个问题。在玛丽收集到的故事中，有一篇威廉·桑塞姆（William Sansom）写的，讲的是个鱼贩子，每天把鱼码放到大理石台面上，就令他对生活感到心满意足。直到有一天他爱上了一位顾客，那是个美丽的女孩。他请求她嫁给他。但随后，为了能挣更多钱来养活他和自己的新婚妻子，他开始在收银台工作。这样一来，他就失去了从前摆放扇贝、大菱鲆、龙虾和鳗鱼时的那种满足感。他变得不再快乐，婚姻也崩溃了。作为一名诗人，桑塞姆对大理石台面的描述毫无疑问具有优雅的文学性。但另一方面呢，他那华丽铺排的文字若由一名坐在书房场景中的演员读出来，多少有些不大可信，甚至还有点可笑。西里尔任命的短故事制作人从玛丽的故事集里选了其他故事，唯独没选这一篇。这也不怎么出人意料。但现在，必须为此做点什么了。

“我受够了每季度为它付的50英镑版权费了，”西里尔说道，“必须把它播出来。我不管你怎么制作这期节目，反正就是要做出来。”

我也觉得让一名演员对着摄像机朗读这篇故事并不合适；而让故事的讲述者置身一间真实的鱼贩店、面对真正的鱼，我看也不是个好办法。我们必须赋予它一种风格。我决定用芭蕾的形式呈现。

那时候，单簧管专家菲利普 · 贝特（Philip Bate）正在制作一部十分出彩的系列节目，名为《初学者芭蕾》（*Ballet for Beginners*）。舞蹈家米歇尔 · 德 · 鲁特里（Michel de Lutry）和他的妻子在节目中讲解和示范古典芭蕾最基本的舞步，很受欢迎。我和德 · 鲁特里取得了联系，询问他是否愿意根据一段充满韵律感的文字编一支芭蕾舞。他很乐意试一试。

我先录下了一名演员用还可以忍受的方式、充满节奏感地朗读桑塞姆这篇诗歌般的文字。设计部制作了一个大理石台面，实际上是个背投屏，其上不断变换着略为抽象的大虾或鳕鱼的图片。就这样，直播开始了。德 · 鲁特里身着鱼贩的围裙和草帽，在不断变化的大理石台面前旋转；他的妻子则从起初的甜美可人，最终变得相当悲惨。于是，西里尔 · 杰克逊再也不用继续和那50英镑较劲了。

只有《每日镜报》（*Daily Mirror*）注意到了这期节目。“好吧，”文章评论道，“这么说‘阿姨’想要进行文字配舞蹈的试验。现在我们知道了，试验并不成功，以后可别这么干了。”

* * *

我无意转型成为一名音乐电视节目的制作人，毕竟有那些专业的音乐制作人呢。另外，似乎也没什么人对民间音乐感兴趣。我是无意间听到一位叫艾伦 · 洛马克斯（Alan Lomax）的美国民谣收集者在《第三频道》上的系列谈话的。他的父亲约翰曾经收集了一批早期最重要的牛仔歌曲。艾伦自己也一直在努力将爵士乐先锋人物杰利 · 罗尔 · 莫顿（Jelly Roll Morton）带到国会图书馆，并在那里录下莫顿边弹钢琴、边讲述自己早年在新奥尔良的音乐生涯。如今，这批录音已成了历史档案。《第三频道》还委托艾伦收集欧洲的民谣，而玛丽 · 亚当斯同意了我的建议，我们也应该为艾伦制作一档电视节目。

三十出头的艾伦是个大块头，性格随和，时常大笑，带着得州口音。他本身就是名十分投入的表演者，声音高亢，带着轻微鼻音，拿一把吉他自弹自唱。我给他设计的节目形式再简单不过了：只需坐在亚历山大宫的摄影棚里唱歌，再介绍一下来自英国其他地方的两三位节目嘉宾。

艾伦已经适应了美国那些更为成熟的电视摄影棚，见到我们笨重原始的摄像机略有些吃惊。然而不管我们的技术约束如何，他知道美国那个时候的电视节目是绝不会投入整整六期、每期半小时的时间，关注当时仍然默默无闻的民谣的。

较之于美国，英国公众对民谣的接受度也没好到哪儿去。当时的主流，是维克多 · 西尔维斯特（Victor Silvester）和他的舞厅乐队，以及其他诸如比利·克顿（Billy Cotton）、杰拉尔多（Geraldo）等人的乐队这种，用萨克斯和小提琴演出的类型。用吉他伴奏的演唱，无论是独唱还是乐队形式的，在当时都前所未闻。不过，艾伦也不认为他需要迎合大众口味。我去拜访他，打算讨论第一期节目邀请哪些嘉宾，他却告诉我，他已经安排好了一群来自苏格兰外赫布里底群岛（Outer Hebrides）的老妇人，她们将乘飞机到伦敦来，演唱一首在织羊毛花呢时唱的传统歌曲。织的时候她们会坐成一排，用拳头捶打面前的十几码花呢。对此我有点生气，单是她们的机票钱，就要用去我前三期节目的所有预算。不过既然已经定下来了，我不得不去找负责部门财务的西里尔·杰克逊，争取特批一点经费。于是按照约定，这些女士就带着一大堆粗花呢来到这里，演唱了盖尔语歌曲。恐怕观看第一期《歌曲猎手》（*Song Hunter*）系列节目的观众多少都有些困惑吧。

这样一来，我必须在下一期节目上力求节俭。艾伦发现了一位顶尖的爱尔兰传统小提琴手迈克尔·奥戈尔曼（Michael O'Gorman），当时他正在帕丁顿做搬运工。他上了年纪、头发花白，他解释说，最开始的几首曲子可能拉得不会太好，因为刚搬过行李，手指还有些僵硬，不过等他热热身、熟练之后就好啦。接着，他用令人眼花缭乱的速度演奏了里尔舞曲和吉格舞曲，观众们都为此着了迷。

伊万·麦克考（Ewan McColl）唱歌的时候喜欢把一只手挡在耳后。他来演唱了一首关于罢工、坚定毫不妥协的工人歌谣，结果引来了广播大厦的严肃质询：这是不是一个极具政治性和煽动性的因素？这种内容在时事部门都会受到合理的控制和监督，却偷偷溜进了电视业务部的节目里。玛丽·亚当斯本身立场就颇为左倾，她作为谈话节目的头儿，巧妙地处理了这项调查。

艾伦迫切地想把玛格丽特·巴瑞（Margaret Barry）请到节目来。她是一位用班卓琴伴奏的爱尔兰流浪女歌手，在她演唱的曲目中有一首很有名的、关于幽灵爱人的民谣——《当她从集市经过》。然而，作为一名真正的流浪者，玛格丽特并没有固定的居所。我们要怎么找到她呢？艾伦搞民俗学研究的朋友告诉他，唯一的办法就是给在爱尔兰西海岸周边的警察局发电报，请求他们在下一次玛格丽特因酗酒和行为不端被捕时，让她知道：如果她愿意来伦敦的话，往返机票和酬劳都为她准备好了。他们回复说，在这档节目结束之前，她一定会进局子的。她也确实被抓了，而后不多时，就来到了伦敦。她是一位高个子女人，十分引人注目。她的皮肤深褐色，脸上长满皱纹，鼻子尖挺，一头黑色长发垂到肩下。

艾伦把她带到了亚历山大宫。简单排练过一遍，她和艾伦就回到各自的更衣室，在节目开播前休息半小时。同样，这次也是现场直播。我猜玛格丽特在屋里发现了一点爱尔兰威士忌。我一直待在控制室敲定最终的技术准备和摄像机的移动方式，工程师们则在对灯光做最后的调试。艾伦的策略是直到节目开始前的最后一分钟，才同嘉宾回到演播室，这样就不用在炽热的灯光下坐太长时间了。这一次，他差点儿迟到，在开播前最后一刻才冲了进来，坐下开始唱他每期节目的开播曲《一直旅行》。接着，他介绍了玛格丽特·巴瑞。玛格丽特拿起自彩排后就一直留在她椅子上的那把班卓琴，拨了一下琴弦。不幸的是，灯光的热度严重影响了琴弦，以至于没有一根弦在调上。玛格丽特似乎并没注意到这点，拿出在吵闹的爱尔兰酒吧打断众人谈话的音量，演唱了开头的几句。当我指挥一台摄影机给她特写镜头的时候才发现，她在更衣室里取下了假牙。看一个枯瘦又怪异、看不到几颗牙的女人弹奏一把刺耳、跑调的班卓琴，委婉点儿说，总不能算是这周电视节目的亮点吧。

观众打来了不少投诉电话。有一位军队里的先生说，他知道英国广播公司没有钱，但是上了年纪的街头艺人代替不了真正的音乐。“薇拉·琳恩（Vera Lynn）哪儿去了？”他问道。不过也有一小部分观众认可，玛格丽特是一项强大而重要的传统的守护者。一位研究运河驳船绘画及其他民间艺术的专家对玛格丽特印象特别深刻，于是她和玛格丽特取得联系，还带她去科文特花园听了场《卡门》。不过玛格丽特对此印象一般，她说《卡门》缺少灵魂。

《歌曲猎手》的参与者也不都是那么令人瞠目结舌。这档系列节目最后以一期精选作为完结篇，许多最热门的歌手都再次现身。为了让这档节目在一种兴高采烈的气氛里终结，艾伦突然决定，不再忍受笨重的摄像机那过于呆板和拘谨的移动方式。他二话不说就风风火火地带领整个团队在摄影棚里忙起来，在摄像机、麦克风杆和灯架间来回穿梭。那是我入行以来，在技术层面应付得最吃力的一期节目。但现在回想起当时的节目参与者——诺福克（Norfolk）帆船的船长鲍勃·罗伯茨（Bob Roberts）、六孔哨笛演奏名家谢默思·恩尼斯（Seamus Ennis）、演奏甜美的诺森伯兰管的杰克·阿姆斯特朗（Jack Armstrong）和伊万·麦克考，他们都是英国民谣复兴中的明星。如今，一些音乐学者相信，他们极大地推动了流行音乐的问世。

2

Zoo Quest

动物园探奇

20世纪50年代早期最成功的电视节目，是伦敦动物园哺乳动物部当时的负责人乔治·凯斯代尔（George Cansdale）在一张铺着一块脚垫的大桌子上，展示他所掌管的动物。事实上，他的节目之所以吸引人，主要因为节目是现场直播的。他带来的动物，比如黑猩猩、小狮子、猴子、蟒蛇、鹦鹉，可不会按照他的想法去做。它们也许会一直只把屁股对准摄像机，在他的衬衫前襟上撒尿。有时它们还会逃跑，站在桌子两旁的饲养员就会把它们捉住。它们时不时还会咬凯斯代尔先生一口。这一切都使节目极具娱乐性。不过，尽管他努力想要细致展示动物们的生理结构，并解释了他的展示如何符合动物们的日常习性，这档节目也几乎无法阐述自然史；那些动物都被半夜从围栏里带出来，扔进袋子或锁进小型行李箱中，接着就暴露在了摄影棚的灯光下。我们怎么可能要求它们表现得自然呢？

在我看来，英国广播公司除了报道和娱乐的使命外，还应该尝试一些更有野心的东西。我不奢望拿到充足的经费来拍电影，我的工作就是在摄影棚里制作节目。但是，或许我们可以用动物园里的动物来阐释一些最基本的动物学法则。既然电视是视觉媒体，或许我们就应该先从视觉的角度开始，探究动物们的外貌和行为模式为何如此。何不尝试将节目分为三个段落呢？一段关于变色龙，一段关于警戒色，还有一段关于求偶炫耀行为。我做了些功课，最后写出一份相当详细的节目内容大纲。我将节目命名为《动物的行为模式》（*The Pattern of Animals*）。

玛丽对此很感兴趣。"我们必须让朱利安主持这个节目，"玛丽说，"我会和他聊一聊。"从她办公室传回的消息说，朱利安·赫胥黎爵士愿意考虑这个点子，并让我过去见见他。

我来到他位于汉普斯特德（Hampsted）的摄政时期风格的精美宅邸，被带到了楼上他的书房。我想，为一档严肃的动物学节目列出大纲，要比邀请他参加一个室内游戏费力得多吧，未免有点惴惴不安。我把自己的设想告诉了他。幸运的是，朱利安爵士认为这是一个好主意。他是否愿意考虑一下，或许给我些建议，希望我去找哪些可以佐证他观点的例子？"不用，"他说道，"没必要这么做。你看起来对自己想要的东西思路已经很清晰了。就把你的想法详细写出来，再让我看一看。"

从技术层面上讲，这档节目并不新奇。朱利安爵士只需坐在一张桌子后面，面对一台摄像机；另一台摄像机就沿着一只特制的笼子边缘上下移动，拍摄笼中居民的画面，来表现他谈及的内容。然而，这仍是个有点风险的操作。因为节目是现场直播的，我们无法保证要观察的动物在需要看它的时候，正好能被看清楚。由于透明玻璃会导致糟糕的反光，我们就把笼子正面彻底打开了。提供动物的动物园园长们向我保证，多数情况下这样做都不会有问题，因为笼子里的照明比摄影棚的灯光要强得多，鸟类和爬行动物都不愿闯入未知的黑暗里。

就有一次例外。为了展示挑衅炫耀行为，我们在节目中要用到一条埃及眼镜蛇。在我看来，完全没必要冒让这么一种动物溜进摄影棚的风险。爬行动物馆的管理员很了解约束它的方法。我们用一截透明胶带缠绕在眼镜蛇的中段，在胶带下面系了一根绳子，并将绳子穿过笼子底部胶合板上的圆孔，系在了摄影棚里的一件重物上。这条眼镜蛇可以自由移动前半身和后半身，就不太可能逃脱了。

朱利安爵士充分熟悉了第一期节目的内容，以便可以就他在监视器上看到的（也就是观众们在电视上看到的）那些动物图片即兴给出一些恰当的评论。然而到了第二期，他就省事儿多了，只是将准备好的文字稿从头到尾读完，甚至没有抬头看一眼摄像机。第三期节目也差不多。不过，这档节目还是相当成功的，在去自然博物馆归还之前借走、用来阐释昆虫拟态的标本时，我对自己非常满意。我请求见一见昆虫部的管理员，想当面对他表示感谢。“请不要谢我，”他愤愤地说，“电视就是浪费时间。要让我决定的话，肯定一件标本也不借给你。我只是按照上级指示这么做的。”当我离开后，才想到原本我可以和他说，也许昨天晚上通过我们电视节目看到这些昆虫标本的人，要比过去一年进入他博物馆的人都多。但当时我没有想起来。

这档节目对我个人而言有着十分重要的意义。伦敦动物园爬行动物馆的馆长杰克·莱斯特（Jack Lester）在挑选活动物方面给了我很多帮助。在《动物的行为模式》结束后，我和他坐在爬行动物馆超热的办公室里，周围全是水槽和笼子，饲养着他最爱的一些动物——夜猴、食鸟蛛、变色龙、鹦鹉，甚至有太阳鸟。杰克是一名全面的博物学家，他对各种动物都具有广泛的热情。

我们讨论了赫胥黎的节目。我们肯定能做得更好，应该给观众提供更多动物在自然界中生存环境的信息。但另一方面，我也确信英国广播公司不会把我派去拍摄野生动物的影片。还有一件事就是，我也不知道该怎么拍。毕竟我的工作是制作电视节目而不是摄像。但即便只是在实况直播摄影棚里的动物之前，先看几条讲述动物栖息地的短片，都会有帮助。该怎么做呢?

我们想到了动物收集探险队。当时，伦敦动物园依然保留着19世纪的一些观念，它的目的之一就是尽可能展示更多不同的物种。繁育动物并不算它最重要的目标。那时候许多动物园都认为，自然界中有取之不尽的动物可供展览。似乎没人会想到，或许有一天这些动物可能面临灭绝的危险。因此，对于一些大型动物园来说，派探险队去寻找尚不为人知或没被驯养过的珍稀动物，也不是件新鲜事。

我们说好，让杰克去试着劝说他的老板们启动一场这样的旅行，就说没准还可以让英国广播公司额外派一支摄制组跟队，这样一来就可以给动物园带来宝贵的知名度。同时我需要告诉玛丽·亚当斯，我发现动物园在组织一场探险，并提出我或许能够获准与他们同往，如此一来就可以从他们的专业知识中受益。等我们回来后，我就可以制作一些电视节目，用上杰克捕捉动物的一系列小影片了。每段影片播完之后，我们会在摄影棚现场用特写镜头呈现同样的动物，杰克则会对着摄像机进行详细展示，指出这种动物极为有趣的生理细节。接下来，或许还会出现一些未经排练的动物行为。比如说杰克被咬了一两口啊，也可能是动物逃跑了一回，这些都是令乔治·凯斯代尔那档节目大获成功的元素。

那么我们究竟要去哪儿进行探险呢？很简单。杰克曾在塞拉利昂的一家银行工作，在那里他爱上了热带。他对这个国家很了解，在那儿还有他的一些朋友可以给我们提供一些帮助。

“但是，我们需要一个明确的目标，”我说，“一种很少有人知晓，也从未在动物园中见过的动物。可以是一种稀有的猿类，也可以是一种笼罩着种种诡异传说、神秘可怕的爬行动物。然后我们就可以为这场探险命名为‘什么什么的探奇’。”

杰克思索了一下。“好吧，”他说，“我想不出哪种稀有的或未知的哺乳动物，甚至是爬行动物。但是在塞拉利昂有一种鸟，很少有人见过它的活体，没有人了解它的筑巢行为。这种鸟叫白颈岩鹛（*Picathartes gymnocephalus*）。”

我觉得《白颈岩鹛探奇》不能成为设想中可以产生轰动效果的节目的名字。

“它没有其他名字吗？”

“当然有，”杰克说，“它俗称‘白头岩鸦’（Bald-headed Rock Crow）。”

即便换上这名字，还是不足够吸引我。最终，我们把这个项目简单叫作《动物园探奇》（*Zoo Quest*）。我们都向各自的领导汇报了这个想法。他们一起吃了个午饭，然后传回话来——可以着手开始了。

下一个需要解决的问题就是，谁来做摄影师。我想用16毫米的胶片。而那个时候，英国广播公司制作的为数不多的影片用的都是35毫米的胶片，也就是当时、乃至今日电影剧情片的标准尺寸。广播公司的全职摄影师大都是电影行业出身，或来自新闻短片公司。他们并不想操作其他类型的胶片，尤其肯定不想用16毫米的，这对他们来说太业余了。他们嘲笑它为“鞋带”。可另一方面呢，35毫米的摄像机又大又笨重，里面的胶片也是一样，而且还十分昂贵。无论是考虑到我们的预算，还是将带摄像机前往的地点，都决定了16毫米的胶片是最合适的。我将这些理由写下，交给了玛丽。玛丽把它交给了影片部的老大。

传回来的是一则愤怒的回复：这个项目只能用35毫米的胶片拍。英国广播公司是一个专业的机构。降低水准？想都不要想！我坚持要用16毫米的。最终为此开了一个会。节目总监站在我们这一边，这样一来，影片部的负责人就必须做出让步。“但是，”他说，“要想把16毫米胶片弄成英国广播公司电视业务部的标准操作，除非我死了。”

现在，我又面临另一个难题。英国广播公司的摄影师谁也没用过16毫米的胶片。如果我想要操作这些设备，就必须得自己找个人来。我迅速想起了一个名字。电影院线曾经上映过一部关于第一次攀登珠穆朗玛峰的纪录片。就我所知，这部影片是由一名叫汤姆·斯托巴特（Tom Stobart）的摄影师用16毫米胶片拍摄的。我把他找了出来。他刚从另一场喜马拉雅探险中回来，这次是去寻找喜马拉雅山的“雪人”。他本人还有别的事要忙，不过他有一名年轻的助理摄影师叫查尔斯·拉古斯（Charles Lagus），或许可以加入我们。

我和查尔斯在莱姆·格罗夫顶层的一间酒吧里碰了面。他个头矮小，黑发，说话细声细语。他的父母是在20世纪30年代从捷克斯洛伐克来到英国的。在学校时他想做一名医生，不过他在初次考试时表现得不是太好，于是就放弃了这个念头。他一直对摄影感兴趣，但一直没有接受过任何形式的专业训练。不管怎么说，他曾和汤姆·斯托巴特在喜马拉雅山脉待了三个月，他认为自己可以应付我所描述的这种类型的旅行。我猜他对制作纪录片的了解程度比我只多不少。我们都为同样的事情哈哈大笑。喝完啤酒，我们就将一起旅行了。

* * *

几周之后，在1954年9月初，我、查尔斯、杰克和阿尔夫·伍兹（Alf Woods）四人相聚在汉普郡（Hampshire）的一座小型飞机场，我们即将乘坐的廉价航空就从这里起飞。阿尔夫是伦敦动物园鸟类馆的负责人，也是那种罕见的、动物界的“绿手指”——也就是说，他具有常人无法理解的技能，可以安慰受惊和生病的动物、分辨它们出了什么状况、劝诱它们进食，最终让它们安顿下来。他在照顾杰克捕捉到的动物方面，具有极为珍贵的价值。

查尔斯带来的16毫米摄影机是当时最先进也最粗犷的摄影机。它是由发条驱动的，一次只能工作40秒，就得上发条。它用的是100英尺的胶片，因此每拍摄完2分40秒，就得再次安装。既然那时候彩色电视还没发明出来，我们就打算用黑白胶片了。尽管它比当时的彩色胶片还要敏感，成像也很慢，只有在阳光充足的情况下才能勉强拍得差不多。我用电池驱动的手提式录音机里的开盘式磁带录制声音。录音机有一个大文件盒那么大，由10个手电筒大小的电池驱动。倒带的时候需要关上盖子，在按住一个按钮的同时转动一个小手柄。当时还无法将磁带和胶片连接起来，因此就不能在录制一个人讲话的时候听到他说了什么。或许影片部的负责人在批评16毫米摄像机太业余时，还是有他的道理的。

我们乘坐的小型达科塔（Dakota）飞机并不能直飞塞拉利昂。没有导航系统可以指引飞机夜航飞过非洲西海岸，而且不管怎样，飞机还需要着陆几次，续加燃油。我们第一夜停在了丹吉尔（Tangier）。我以前从未出过欧洲，睁大了双眼和其余三人一起在旧城区里漫步。第二天我们飞往达喀尔（Dakar），在夜里抵达了热带非洲。之后，第三天的下午，我们在弗里敦（Freetown）登陆了，当时这里是英属殖民地塞拉利昂的首都。

* * *

在西非湿热的午后迈出房门，就像走进一间桑拿房。年久失修的机场路旁，树篱被木槿火红的花朵点亮。太阳鸟嗖嗖地从一朵花飞到另一朵，靠近每朵花前吸食花蜜，胸前闪烁着彩虹色的光，有绿色、紫色和红色。在它们当中，我突然发现一只鲜绿色的变色龙，紧贴着树枝，一动不动。我往前走了一步，想看得更清楚些。我的脚踏上了草地边缘的叶子，令我惊奇的是，叶子迅速缩了回去，紧贴着茎。这是一株敏感的含羞草。总之，小小一片树篱就显示出了热带地区大自然的辉煌和富饶，这是我以前无从知晓的。

杰克是一名出色的向导。他对当地动植物的了解使我震惊。他能辨认出所有鸟类，知道怎样用植物的汁液制出一种特殊的、有弹性的黏结剂，涂在树枝上就能捕捉太阳鸟。捕到一只后，他也懂得如何引诱它从装着人造花蜜的小瓶子中进食。他喜欢蝎子，尤其是又大又黑的帝王蝎，他会用镊子夹住蝎子储存毒液的尾巴，把它们拿出来。他指给我看浮土之下蚁狮做的漏斗形小小陷阱，我们一起观察倒霉的蚂蚁误入蚁狮埋伏，跌跌撞撞地从陷阱光滑的侧壁，最终落入坑底这只像大蜻蜓幼虫一样的昆虫的血盆大口。夜间，当我们在湿地中的红树林间漂流时，他会捕捉鳄鱼。他用手电筒照射鳄鱼的眼睛，两只黑漆漆的、煤球一样的眼睛就在手电筒的照射下泛出红光。接着，他再偷偷靠近，从独木舟的一边侧过身去，趁鳄鱼还在头晕目眩之时，一把抓住它的脖子。

他尤其喜爱蛇，也擅长捕蛇。加蓬毒蛇有3英尺（约91.4厘米）长，伏在森林地表的灰色枯草堆里，我完全看不到，却逃不过他的眼睛。这是一种最危险的西非毒蛇，很容易被踩到，而且会迅速产生致命的毒液。然而它们移动的速度不太快，杰克向我演示了捕捉的方法。它们又肥又重。在头部以下大约三分之一处，把一根竿子插到身体下面，蛇就两头平衡了，这样你就可以轻轻提起来，然后扔进一个早已打开口等着迎接、有活动盖子的箱子里，再迅速关上盖子。这里蛇类数量众多，有很多非常小的蛇被杰克归类为“后毒牙”型。它们虽有毒性，但是毒液来自口腔后部的毒牙，而且嘴张开的幅度很小，很难真正咬到你，因此没什么危险。杰克在捕捉它们的时候，会用一根灵活的小木棒压住头部，同时用拇指和食指捏住脖子。

我们把基地安置在了农业部管辖的一个站点。这有一大间茅草房，周围是养护得干净整洁的草坪，我们可以任意使用。阿尔夫·伍兹在这里慢慢建起一座小型动物园。除了蛇以外，这里还有夜猴、捕鸟蛛、乌龟、变色龙、太阳鸟、猫头鹰幼鸟，还有鹦鹉。杰克格外喜欢那十几只翠绿色的椋鸟，这是一种异常美丽、泛着绿色光泽的鸟类，只栖息在西非很小范围的一片区域内，所以它们将成为动物园收藏到的一个新物种。

我和查尔斯在拍摄杰克和阿尔夫如何安置这些收集到的动物时拼尽了全力，但也遇到相当多的问题。我们第一次跟随杰克深入热带雨林，准备拍摄的时候，查尔斯拿出了测光表。

“我们在这儿拍摄要想光线充足，唯一的办法，”他为难地说，“就是把树都砍了。”

同样，我们也毫无机会拍摄到高居树冠上的鸟和猴子。当时还不存在16毫米摄影机的长焦镜头。我现在理解，为什么很多有关于非洲野生动物的影片都是在东非空旷的大草原上拍摄的了。那里的大型动物，比如大象、犀牛、长颈鹿，都在耀眼的阳光下漫步。但我的节目计划一直都是，只用影片展示杰克捕捉动物的画面，而非动物本身的样貌，这里的阳光刚好够拍这些画面了。特写镜头方面，我们主要靠把杰克捕捉的动物运回伦敦，然后在摄影棚里直播它们的细节。

尽管如此，我依然渴望拍摄真正的野生动物影片。我们必须集中在那些多数时间栖息在森林以外的动物身上，例如织布鸟和鳄鱼；或是像蝎子和变色龙这样的小型生物，我们可以把它们带到有充足日照、适合拍摄的地方。这个方案至少有一个好处，那就是这些生物都是被之前的野生动物影片制作人长期忽略的。

行军蚁就是其中一例。一队行军蚁出现了，穿过林中草地去捕食。在这里，查尔斯就可以坐在一英尺以内的地方，集中拍摄这些魁梧的黑色兵蚁张着强壮的大颚，排成一列向前进。如果我们等得足够久，还能看到这列士兵举着受害者被肢解的躯干，回到蚁后及其随行人员驻扎的露营地。就在我们十分投入地拍摄它们的时候，还目睹了一段小小的戏剧性场面，这是我此前完全不了解的：矢车菊大小的食虫虻俯冲向这列队伍，抓住了一只运输虫蛹的工蚁。它们刺进蛹里，吸食干净里面的东西，再把它丢回蚁队。这期间，那名搬运工始终紧紧抓着虫蛹。

尽管这些蚂蚁为我们提供了极好的节目素材，对杰克和阿尔夫而言，它们却是实实在在的危险。如果一列兵蚁进入我们收容动物的小屋，就能轻而易举地侵入笼子，杀死那些无处躲避的动物。因此，杰克安排了守卫带着一罐煤油，日夜坐在小屋旁。如果蚂蚁从森林那边出现，穿过草丛来到这间小屋，守卫就需要在它们的路上倒上煤油，将它们引向一边，并在路上点火。除此之外，没有其他办法能让它们回头。

有天晚上，我们从森林里回来，发现守卫睡着了，一列行军蚁已经侵入小屋。我们飞快地把每只动物拿出来，摘掉正在咬它的蚂蚁，再放到阿尔夫为即将捕捉的动物准备的新笼子里。转移变色龙和千足虫很简单，但蛇类就是另一回事儿了。杰克拿住蛇的头部，阿尔夫固定住尾部，我和查尔斯就努力从它身上清除掉能发现的每一只蚂蚁。有些蚂蚁的大颚紧紧固定在了蛇鳞之间，我们揪的时候，让它们的头和胸腔直接分了家。抢救加蓬毒蛇、黑颈眼镜蛇、黑白眼镜蛇、树眼镜蛇、黑树眼镜蛇等都如法炮制。我们忙活到深夜，将每只动物都处理了一番。尽管如此，还是有三分之一的蛇类未能幸免于难。

* * *

我们同样尝试了拍摄蝙蝠。杰克在出发前告诉我们，有报告称，在森林的一处洞穴里生活着一种种类不明的蝙蝠。他想为自然博物馆收集些标本。而我想，这会是一期很好看的节目。但是我们该怎样在洞穴里进行拍摄呢？当时也没有能为手提灯供电的便携电池。我决定用镁制信号弹来解决这个问题。拿到这类物品的空运许可证可不太容易。它们必须用金属盒包装，焊接密封好。然而我们还是办成了这件事，我很有信心可以制作一档极富戏剧性、出人意料的系列节目。

通向蝙蝠洞的路，是地面上一条长长的横向裂缝，裂缝最高处有5英尺（约1.5米）宽。洞穴里，岩石地面向下倾斜得厉害，大约走了50码（约45米）后，下行的路变得更陡峭了，几近垂直，路也变得更宽，通往无底的深渊。我们用火把向下照了照，光线还远远达不到洞底。这倒不要紧，因为成千上万的蝙蝠都悬挂在上方的洞顶。我猜它们都处在信号弹能照亮的范围内，因此当查尔斯准备就绪后，我打开了密封的金属盒，拿出一枚信号弹。这个12英寸（约30厘米）长的圆筒看起来像大型焰火的头部。查尔斯借着火把的光亮，把镜头对准了蝙蝠。接着，我点亮信号弹，把它举了起来。

它嘶嘶地响了几秒钟，紧接着，突然间，整个洞穴都充满了明亮耀眼的光，将蝙蝠照得清清楚楚，但只持续了几秒。燃烧的信号弹产生了氧化镁，呛人的白烟包围了我们。“把它扔掉！”只听查尔斯大喊，在烟雾中也看不见他在哪里。我把信号弹猛地扔向深渊，但它一定是掉到了下方一个我没看见的几英尺深的平台上。无论如何，照明的烟雾还一直在我们四周翻腾，成千上万的蝙蝠惊慌地飞出了洞穴。它们可以利用回声定位飞出去，但是我们只能一动不动。烟雾十分浓重，我们看得不够清楚，既不能爬出洞穴，也不能爬到信号弹落下的地方，把它扔更远一些。束手无策的我们只能坐等烟雾消散。洞穴里的空气似乎完全不流通，在信号弹持续燃烧期间，烟雾变得越来越浓。我俩都剧烈地咳嗽着，我感觉自己快窒息了。我记起，商家曾保证这些信号弹可以持续燃烧两分钟。在伦敦采购的时候我还觉得，这个时长就拍摄而言简直短得可笑。现在看来，我一生中从未经历过如此漫长的两分钟。

终于，镁燃烧生成的耀眼火焰闪烁了几下，熄灭了。我和查尔斯大声咳嗽着、喘息着，沿着陡峭的洞穴地面艰难地往上爬，呼吸到了新鲜空气。关于蝙蝠的系列影片，在节目里也不是那么必不可少吧。

* * *

无论我们走到哪里，都要和当地居民打听他们家附近的动物信息。杰克带上了他格外想收集的一些生物的画像，包括岩鹛。他把这些画拿给当地的猎人看，问他们是否知道这些动物是什么，我们在哪儿可以找到它们。一周周过去了，我们对一些村庄变得很熟悉，和他们的酋长也成了朋友。其中一位酋长对我们的帮助尤其大，为表示欢迎，他还为我们准备了一场歌舞表演。我们都高兴极了，准备对这场表演进行拍摄和录音。

第一个节目是酋长的一名非洲木琴手的独奏。非洲木琴的每根琴键底下都有一只葫芦作谐振器。在这位音乐家演奏的时候，我录了音。村民们之前从未见过录音机，因此在这支曲子结束后，我把录音机盖子里的手柄倒了回去，通过小型扬声器重放了木琴的演奏。每个人都听得着了迷，大为惊喜——除了这位木琴手，他突然发现自己不再是晚会上的明星。他不屑一顾地说，他对我的盒子学会了他的曲子毫不吃惊，因为实际上，这支曲子很简单。他会再表演一首难得多的，让我的盒子好好费费脑子。这么说着，他又进行了一场技艺超凡的表演，他用两只顶部裹着橡胶的小木棒，飞快地在木键上扫过，令人目不暇接。我又重放了这支曲子，除他以外，所有人都在赞叹我的盒子竟然是一个这么聪慧的学生。

接下来是舞蹈，由两名戴着华丽头盔、身着拉菲草编服装的舞者表演。这会儿已经到了晚上，舞台被煤油灯照亮，吸引了一团团昆虫。一只特别大的蟋蟀落在了杰克衬衫上。这对他昨晚刚收集的夜猴来说，可是极好的食物。他反应很迅速，用手一扫就捉住了这只蟋蟀。为了不打扰这场表演，他把蟋蟀放进胸前的口袋里，扣紧了扣子。一位站在他旁边的村民注意到了这件事，皱了皱眉。几分钟后，舞蹈结束了。杰克打开同一只口袋，这次拿出了一张小纸币，递给其中一名舞者。旁边那位村民疯狂地鼓起掌——很显然，如果杰克可以把蟋蟀变成钱，那我们就真的是魔术师了。

演出结束后，至高无上的酋长送给我一顶刚刚舞者佩戴的华美头盔。这是我拥有的第一件货真价实的部落雕刻，也是接下来的五十年间我不断扩大的收藏当中的第一件。

* * *

杰克想前往塞拉利昂东部的一小片热带雨林，据说那里栖息着黑白疣猴。这很对我们的胃口。虽然镜头条件有限，但这些猴子的大小刚好可以让查尔斯拍出些图片。我们想，或许可以在河岸边光线较好的树上找到它们。前往雨林十分不易。我们得沿土路开上几天，桀骜不驯的本地人也会带来不小的麻烦。不过眼下看来一切还很平静，我们把阿尔夫留下照看动物，就出发上路了。最终，我们抵达了政府所在地。那地方不大，建在森林间的空地上。我们到达后迅速前去拜访地区长官，以示敬意。他和我想象中的帝国缔造者一模一样，个头高大，胸膛宽阔，有着古铜色的皮肤，穿着很短的卡其短裤。

“我会给你们一间空的平房，”他大声说，“还会派一些仆人伺候你们。我的副手住在隔壁的一间平房里。他会监督你们。”

当我们还在卸载空笼子、捕网、摄影器材的时候，副官出现了。他和地区长官正好相反，个头矮小、面色苍白，一看就没怎么晒过太阳。他友好地邀请我们共进晚餐。他的平房是一间典型的西非政府建筑，房间都很大，四周环绕着宽敞的游廊。我们有些兴奋地进着餐，服侍我们的是打着赤脚、身披精致猩红色缎带、仪态端庄的非洲仆人。

在餐桌上，我以询问副官有关疣猴的事情，开始了我们的谈话。他曾经见过吗？不，他没见过。这儿的鸟都有什么呀？唔，这附近是有一些，不过他不知道它们是什么鸟。当地的人有什么特殊的兴趣爱好吗？就他所知，没有。

谈话有点儿进行不下去了。我正琢磨他为什么会有兴趣做一名殖民地官员时，他生硬地说：“你对铁路模型有没有点兴趣？”

“我相信这些模型一定很有趣，”我小心翼翼地说，有些迷惑不解，“但我恐怕对此了解不多。”

“也许你会想看看我的装备。”

他从桌子旁站起身，我随他一同走进了隔壁房间。这个房间比宴会厅还要大，有一个特制的架子绕房间一周。这是一个铁路轨道模型，上边有道岔、信号灯和几个车站。有一段轨道穿过一小块田园，模型车站在染绿的海绵做成的树下。靠近门的地方有一个控制台，配有电闸和道岔控制杆。

我搜肠刮肚地想找些话说。接着，我注意到在这间宽阔房间的另一头，有些松散的电线和烙铁。

“你是正在那边建另一个控制台吗？”

他微微有些脸红。

“是的，”他说，“我上次休假返乡的时候订婚了，我的未婚妻会在一个月内过来陪我。我们希望周末能有充足的闲暇时间，一起运行一次完整的列车时刻表。”

* * *

无论走到哪儿，我们都会询问岩鹏的情况。终于，我们在这个国家的东部发现有人能辨认出杰克画中的鸟。它生活在森林深处，那人说，在巨大的岩石侧面筑巢；但这是一种危险的生物，不应去打扰，因为它是一个只有一只眼、一条腿的恶魔的仆人，而这个恶魔，就住在大岩石的里面。至于他讲这个故事的目的，是不是只为让杰克增加一点给我们带路去找这种鸟的报酬，就无从知晓了。但经过一番讨价还价，他愿意带我们去那个地方。

我们在森林中走了大约一个小时，最终到达了一处高耸的岩石前。在岩石的一面，高约8英尺（约2.4米）的位置有三个泥筑的巢，和燕子巢很相似，不过岩鹛的巢直径约有1英尺，深约8英寸（约20厘米）。没看到岩鹛，但其中一个巢里有几枚还是温热的鸟蛋。这片地方显然是岩鹛的栖息地。虽然在光线晦暗的森林中拍摄并非易事，不过上午阳光刚好穿过树枝和岩石之际，会是绝佳的拍摄机会。当天下午，我们就在附近的灌木丛周围堆满小树枝和树叶，搭建出一处隐蔽拍摄点。

第二天早上，我和查尔斯回到这里。当我们靠近的时候，目光就捕捉到一对飞走的岩鹛。我们在隐蔽处坐下来等待。只过了几分钟，其中一只就再次出现了。就像它的俗称表明的那样，它有乌鸦那么大，背部为黑色，腹部为白色。但是它最醒目的特征，还是那光秃秃的头部。它的头是明黄色的，只在脑后有一块黑，看起来好像戴了一顶盖住耳朵的无檐便帽。它飞落在林间高高的树枝上。过了几秒，另一只岩鹛也加入了。其中一只飞下来，就落在离我们不远的地面上。紧接着，它一跃而起，跳到泥巢边上。查尔斯的摄像机呼呼作响，我还以为它发出的噪声大得会把岩鹛惊飞。不过好在岩鹛似乎并没注意到这些，最终安定下来，坐在了它的蛋上。

我们一直在这待了两个半小时，直到太阳移到了岩石后面。这么一来，鸟巢就处在阴影中，对于拍摄而言就有些太暗了。我们开始往回走，同杰克会合。那天夜里，我们的向导回到这处岩石，用网捕捉住了其中一只鸟。就这样，杰克最终获得了神秘鸟儿的一个活体样本。

如何保持岩鹛存活成为下一个难题。它对自己的食物很挑剔。阿尔夫尝试了所有他能想到的东西，但是唯一可以引起岩鹛兴趣的，是一种拇指指甲盖大小的青蛙。它一天至少要吃十几只。阿尔夫就组织当地儿童给他供应青蛙，直到他渐渐成功地让岩鹛断掉了吃青蛙的念头，改吃另一种更容易得到的食物。

我们离开英国已经两个月了，收集到的动物数量，让阿尔夫、杰克，再加上不太熟练的我和查尔斯刚好应付得来。我们把所有动物都装进一辆快散架的大卡车，开回了弗里敦。在那里，杰克在一架货运飞机上预订了空间，把我们自己连同收集来的动物，一道运回伦敦。

在飞机起飞前，我们还有三天时间，我决定进行最后一次短途旅行。就我计划制作的六期节目而言，我们已经有足够多的影片了；不过很显然，还缺少大型动物——没有狮子、豹子、长颈鹿或犀牛。这些动物并不生活在塞拉利昂的森林里。但是有一个可能的拍摄对象，那就是侏儒河马（*pygmy hippopotamus*）。这种河马只在西非的一两条河中才能发现，而且同非洲其他地方发现的那些比较知名的品种相比，看起来有着显著的差异。我并不期待可以捉上一只，但我想或许我们可以拍到几个有用的镜头。于是，杰克和阿尔夫留下为返程做最后的准备，查尔斯和我就出发前往利比里亚边境附近的沼泽了。

我们租到一艘配备舷外发动机的小型摩托艇，逆流而上，航行了两天，四处询问有没有人见过河马。没人见到过。

第二天夜晚，也就是我们能在非洲丛林中度过的最后一夜，我们沿着河缓缓向下游漂流，穿过红树林，返回我们停车登船的村子。我和查尔斯躺在快艇顶上，看着黑丝绒般没有一丝云彩的天空中的灿烂星光。在我们两侧，比星星更明亮的是红树林中成群结队的萤火虫，它们腹部的“小灯”在一闪一闪。我在脑海中回想着所有拍摄到的影片。

“你看，”我对查尔斯说，“我还以为咱们离开前能拍到它。但如果我们策略得当的话，或许可以忽悠他们让我们再来这么一趟。”

“我都行。”查尔斯说着，便睡着了。

* * *

我们回去六周之后，第一期《动物园探奇》开始现场直播。节目的主角是变色龙、翡翠椋鸟、织巢鸟和蟒蛇。杰克在摄影棚讲解并展示这些动物，我在控制室指挥摄像机。但是杰克感觉不太好。他在非洲时就不舒服、发烧，并认为这是自己染上了疟疾的缘故，他相信自己完全可以撑过去。而现在，摄影棚里的压力，再加上他生的不管是什么病，都令他对主持这档节目开始犹豫不决。我们面临一个重要的问题：下一周他是否还应该在节目中出现？但是，这个问题不需要他做决定了。他恶化得很严重，被送进了赤道病医院。医生说他必须在里面待上一段时间，他们要做一些化验。第二期节目已经在《广播时代》上做了广告，必须有其他人接手摄影棚里的讲解工作。

这时候，玛丽·亚当斯已经去负责其他工作了，谈话节目部新的负责人叫伦纳德·迈阿尔（Leonard Miall），温和而又精明，之前是英国广播公司纽约办事处的新闻记者。他决定第二期节目让我离开控制室，代替杰克在摄影棚中的位置。同时，从策划部门刚刚转入谈话节目部的南

希 · 托马斯（Nancy Thomas）可以接管摄影指导的工作。西里尔 · 杰克逊以部门财务主管的身份召见了我。

“关于你在摄影棚露脸这件事，有一点需要明确，”他说，“鉴于在我的字典里‘员工’是一个特殊门类，所以，没有报酬。”

* * *

距我们的节目开播大约一周前，另一档关于非洲野生动物的系列节目也刚刚开始在电视上播出。它的名字可够准确的，就叫《拍摄野生动物》，节目的主角是一名比利时电影制片人阿尔芒 · 丹尼斯（Armand Denis）和他金发迷人的太太米凯拉（Michaela），他们都在肯尼亚生活了很长时间，并在那段时间里拍摄了海量野生动物影片。他们的节目有一集已经播出了，另一集被安排在第二集《动物园探奇》之后三天播放。这种极不恰当的节目安排是因为我的节目属于谈话节目部，而且是在摄影棚里制作的；而《拍摄野生动物》完全是胶片拍摄的，还是从外人那里买回来的。我担心我们的短片和丹尼斯夫妇拍摄的大型动物相比会输得很惨，但是我没料到这种安排会引起怎样的麻烦。

在第二集《动物园探奇》播出后的第二天，丹尼斯夫妇就给节目主管塞西尔 · 麦克吉文（Cecil McGivern）打了电话。彼时他们已经到达伦敦，特地为自己新节目的播出接受媒体采访。他们在电话中要求，《动物园探奇》必须立刻停播，不能有另一档关于非洲自然史的节目和他们竞争。麦克吉文认为解决问题的最好办法，就是举办一次晚宴来化解这个矛盾，于是邀请我和丹尼斯夫妇参加。

晚宴在莱姆·格罗夫餐厅附近一个简陋得像车库似的房间里举行。我和麦克吉文、伦纳德·迈阿尔、几位策划人，以及电视部的其他一些重要人物一同等在那里。阿尔芒和米凯拉一到这里就表现得十分亲切，以显示他们其实是多么明事理的人——直到他们来到我跟前。我伸出手，米凯拉脚跟一转，走开了。这不是个好兆头。我们坐下来就餐了。

我被安排坐在米凯拉正对面。她一直在刻意同坐在自己两边，甚至是坐在我两边的人交流，但是始终无视我的存在。而就在大家正在享用头盘时，她突然把身体倾向我，目光很凶，用她所能积聚起的所有恶意对我说："那个把我的脚本卖给你的叛徒是谁？"

似乎是我们第一集节目里关于织巢鸟的那部分短片和他们下期节目即将展示的内容很相似。这当然很不幸，但两档节目中的解说词听起来有些相似也不太出人意料，因为关于织巢鸟织巢的故事，能说的也就那么多。我尽了最大的努力道歉并解释，但是米凯拉没有平静下来。阿尔芒加入后，用他浓重的比利时口音说道："你够了，米凯拉。"

"但是那个男人偷了我们的脚本！"米凯拉尖叫道。

"够了！"阿尔芒拉着她的手肘，把她带出房间。

几分钟后他回来了，坐了下来，我们继续晚餐。不一会儿，米凯拉也回来，若无其事地坐下，好像什么都没发生过一样。她已经表明了自己的态度，在接下来的几年里，我们这两个系列节目的播出时间就安排得合理多了。

随着《动物园探奇》的持续播出，它开始收到一些不错的媒体评价。在第三期节目中，我介绍了一只幼年黑猩猩，是我们之前遇到的一位地区长官送给我们的礼物。她和我成了特别的朋友，在节目期间表现得非常活泼可爱，观众们都和我一样，被她迷住了。在每期节目的最后我都会提起，我们还没有成功找到我们这次探险的主要目标——少有人知的岩鹛。不过，如果观众们继续收看我们下期节目，他们就会发现接下来发生了什么。这个节目的观众数量增加了。就在第五期节目开播前，我和查尔斯坐在他的红色双座敞篷车里，行驶在伦敦的摄政街。红绿灯前，一辆大型伦敦巴士在我们身边停了下来。司机摇下车窗，探出身来。

“之后，大卫，”他说，“你是不是要去捉那该死的叫什么白脖子岩鹛了？”

我觉得是时候向伦纳德·迈阿尔提议，让我们制作第二档系列节目了。

3

Guiana

圭亚那

在去过非洲后，我对我们第二趟《动物园探奇》之旅将要去的地方毫不犹疑，那就是南美——另一片被广阔丛林覆盖的大陆。1955年1月25日，我们塞拉利昂的系列节目播完了最后一期。两个月后，我们再次启程前往圭亚那。当时这里依然是英联邦的一部分，称作英属圭亚那。杰克看起来已从神秘的疾病中康复了，动物园的医生允许他参加这趟旅程。和他一起来的是蒂姆·维诺（Tim Vinall），他是伦敦动物园经验最丰富的工长之一，此行是为了在圭亚那首都乔治敦（Georgetown）建一座迷你动物园，以及就像阿尔夫在塞拉利昂做的那样，照看杰克收集的动物。我和查尔斯像之前一样，负责用影片记录下全过程。

今天，如果有人展开这样一场旅行，他们一定会有认真筹划过的脚本、长长的一串联系人清单，以及很多页详细的行程安排。现在还可以借助通信卫星，跨越半个地球进行实时通话；同科学家们通过电子邮件，确定某个物种最适合的拍摄时间。飞机和渡轮都会提前订好，住宿也得提前预订，详细的花销要通过审批，影片编辑设备和录音室都事先分配好，完成时间也得约定清楚。而在1955年3月，似乎我只用轻轻松松说一句，估计我们可以在6月的某天回来，理想的话拍够供六期半个小时的节目所用的素材，就够了。至于西里尔·杰克逊，他代表谈话节目部告诉我，在路上这段时间不要花超过1000英镑。

想去乔治敦，我们必须先到达阿姆斯特丹。过一夜后，第二天取道尼斯、马德里、里斯本和亚速尔群岛（Azores），当时航空旅行的艰难程度可见一斑。我在行程日志中是这么记录的："我们跃了一大步，从亚速尔群岛来到苏里南（Surinam），一夜之间就进入了赤道地区。"

在苏里南，我们乘坐另一架飞机飞往乔治敦。这座城市靠近德麦拉拉河的河口。这里南美原汁原味的东西已经很少了，乡间大片大片地种植着甘蔗，是源自印度的大型草本植物。贯穿种植园的沟渠和防护墙，则是荷兰人19世纪首先在此殖民时修建的。我们遇到了英国人、来自西印度群岛的非洲人，或是来自印度的印度人；然而完全没看见当地原住民的影子。由于哥伦布对他登陆地点的错误认知，这里的原住民又被称作印第安人*。即便如此，这片大陆原生的野生动物仍给我们提供了很多激动人心的影视素材。

种植园间蜿蜒分布着许多溪流，最终汇入大海，它们为一种极为有趣的鸟——麝雉（hoatzin）提供了生存的家园。化石清楚地显示，鸟

---

* Indians，在英语中与"印度人"相同。

类是由爬行动物进化而成的。经过上千年，它们的前腿长出了羽毛，一些趾骨退化变成了翅膀。而麝雉就让我们可以想象，这些古代鸟类进化到中间阶段的样子，因为这些鸟直到现在，翅膀的前端还带有爪子。你在成鸟身上很难观察到这一特征，因为翼爪都深埋在了羽毛里；但在未长出羽毛的幼鸟身上就很明显了。它们用翅膀上的爪子在树上攀爬的方式，正好就是人们想象中，半鸟半爬行动物的生物会做的那样。

成年麝雉很容易被发现。它们一群群蹲在某种魔芋叶片在溪流两岸堆积成的厚垫子上，用它们巨大的鸟喙拉拽着叶片。它们的体型很大，和鸡差不多，身体呈深栗色，眼周的皮肤则是亮蓝色的，衬着闪闪发亮的眼睛，还有鬃毛般长直的羽冠。它们完全以叶为食，必须吃大量叶子才能获得足够的养分，因此有发达的胃部。其结果就是，它们在空中飞行时十分笨拙。当我们沿着小溪向上游慢慢进发的过程中，查尔斯毫不费力地拍到了所有我们想要的视频。但我们真正需要拍摄的，是麝雉的幼鸟。

通过望远镜，我发现了一个很像鸟窝的东西，我们就划着小船过去，看看怎么拍它最好。当我们靠近时，两只幼鸟从凌乱的树枝搭成的窝中探出头，往下看着我们。我们的船头碰到了所在的灌木，它们直接从窝中跳了下来，落到水面上，勇敢地挥动那小得可怜、只长出一半羽毛的翅膀，挣扎着飞向灌木垂在水面的树枝。令我们惊喜的是，它们在树枝上攀爬时，可以看到它们用翅膀上的小爪子抓住树枝。看起来，拍摄这个迷人行为的难度并不大。我沾沾自喜地想，我们才刚来几天，就要完成一期新节目啦。这处鸟窝并不是理想的拍摄场所，但是我肯定我们还会找到另一个的。

然而，并没有。我们努力找过了，可一只幼鸟也没再得见，几天后当我们返回最初那处鸟窝时，它已经空了。直到大约二十年前，我才遇到另一次机会，拍到了这个令人印象深刻的行为。

在这个农耕为主的沿海国家，杰克的主要目标是捕捉一只海牛（manatee）。这种生物往往潜伏在溪流底部，用它们肌肉发达的上唇拱开植被。鉴于没有能下水的装备，我们毫不指望能拍到它们，另外也因为，据说它们栖息的那个地方阴云密布，我们顶多只能在极其偶然的时候，看到它们的鼻孔完全出乎意料地划破水面，猛吸一口气又消失。杰克设法让渔夫们知道他想要一只海牛。不久之后，一个男人过来告诉我们，他的网意外捕到一只，他就把它扔在了附近一个水塘里，等我们去看。

我们和杰克一同去看海牛的捕捉过程，拍摄到大量男人们在水塘里蹚水、在拿铁咖啡一样的水中摸索的画面。他们大声叫嚷着、水花四溅，因为这只看不见的怪兽在他们腿边游弋。最终，他们当中有个人成功地把绳子拴在了海牛尾巴根上。它总算被拖了出来，一动不动地倒在河岸上，就像一大袋湿沙子，一头是铲子般的尾巴，另一头是鬃毛般浓密的胡须。我们叫来一辆小型水罐车，把海牛拖运到乔治敦的动物园，暂时安置。它在那儿吃掉了数不清的生菜。旅程结束时，它被运到了一个安放在商船甲板上的特制帆布游泳池里，和收集到的其他动物一起被带了回去。

* * *

圭亚那沿岸密布着已被开垦的土地，但都不超过8英里（约12.8千米）宽。内陆则是绵延千里、直抵巴西腹地的热带雨林。然而，这片广袤的绿色被毯并非完好无缺。往南200英里（约322千米）的地方，雨林被一片草原所替代，那就是鲁普努尼（Rupununi）草原——圭亚那一些独有物种的家园。很显然，我们必须去那儿走上一趟，看看能发现些什么。

开往鲁普努尼的主要聚居地莱瑟姆（Lethem）的飞机，一周一班。飞行员是一位上了年纪的美国人，阿特·威廉姆斯（Art Williams）上校。没人确切地知道他到底有多大，但是据小道消息说，他只能在一些中美洲小国更新他的飞机驾驶证，因为这些国家的官员对诸如年龄之类的细枝末节并不十分在意。他身材高大、头发灰白、皮肤粗糙，戴着一顶卡其色遮光帽和一副深绿色太阳镜。他的飞机是一架老旧的双引擎达科塔运输机。据他说，这个型号的飞机第二次世界大战期间一直在被使用。他邀请我坐在了他身边的副驾驶位子上。

我们与查尔斯和杰克，以及所有捆绑在飞机后部的行李物品一起，风驰电掣地飞过了乔治敦的颠簸带。这架达科塔与我之前坐过的其他飞机相比，似乎有更多部件能够独立活动。机身和机翼上有若干块面板都在颤动着，甚至我面前的刻度盘似乎也在摇摆。当发动机轰鸣着开足马力的时候，我观察到远处有一排棕榈树在以惊人的速度向我们靠近。上校向前探着身子，握紧了拳头。突然间，我们好像飞出航线，就要撞进树林里了。他把操纵杆拉向自己，身子往后倾。飞机骤然向上攀升。就在这个紧要关头，上校开始在胸前的口袋里疯狂摸索。“找不到我该死的双光眼镜了！”他大吼。

好在他从口袋里成功取出了眼镜，在飞机还在极速攀升的时候，换上了他想戴的那副。可能是我看起来有些发抖，他觉得无论如何需要稍微解释一下。

“在无人区飞行的时候，”他大叫道，“我经常喜欢让我的老伙计沿跑道飞得越快越好，这样的话，如果其中一个引擎坏了，我还能借助气流。”

鲁普努尼这片土地，曾经属于麦尔维尔（Melville）家族。早在19世纪90年代，出生于圭亚那的苏格兰裔年轻采矿人H. P. C. 麦尔维尔（H. P. C. Melville），沿这处殖民地境内的主要河流之一埃塞奎博河，向上游寻找着黄金和钻石。由海岸向内陆进发若干天后，他得了疟疾。一群去往鲁普努尼的瓦皮斯安那（Wapisiana）印第安人，半路上在一片沙地上发现了倒在帐篷里奄奄一息的他。他们照料他，喂他喝他们的草药，带他一起去了鲁普努尼。他很喜欢这个地方，就定居了下来。他购买了瓦皮斯安那人制作的吊床、陶器，还有其他东西，并把这些东西带到河岸下游出售。回来的时候，他再买上印第安人需要的钢制鱼钩、斧头、砍柴刀等物品。他娶了一个瓦皮斯安那女孩，并到两国边境，从塔库图河对岸的巴西买了牛，开了一个大牧场。他的第一任妻子给他生了五个孩子。当她不能再生育时，他又娶了一个妻子，再生了五个孩子。在这座私人帝国里，他一直处于完全与世隔离的状态，直到1919年。之后，一条路穿过森林，连接起草原和向北200英里的海岸。鲁普努尼的牛就可以赶到乔治敦贩卖了，于是牧场兴旺起来。

到了19世纪20年代末，牧场经营状况良好，H. P. C. 麦尔维尔就离开草原，启程前往祖辈的土地——苏格兰。接下来的故事是这样的：当他刚到苏格兰的时候，发现下榻的旅馆墙上竟然没有吊床钩，这令他十分困扰，最初几个晚上只能睡在地上。不过无论如何，他很快就适应了，不久之后就娶了一位苏格兰新娘。当消息传回草原，据说他原来的两位太太都笑了，说她们一点也不难过。不管怎么说，她们都在他年轻时拥有过他。三十年后，也就是我们这次到访时，他的儿女们依然掌管着全鲁普努尼除两块牧场之外的所有的牧场。

在莱瑟姆经营旅馆的泰迪·麦尔维尔（Teddy Melville）帮了我们大忙。他让杰克列出要找的动物清单。大食蚁兽是单子上的第一个。泰迪说，这个简单。也确实是这样。第二天，他就派出几名骑马的瓦皮斯安那牧牛工人，我们则乘坐他的吉普车一路跟随。不到一个小时，他们就发现了一只。它正在一丛高草里睡觉，用那好似一面长条幅般的粗糙刚毛尾巴替自己遮挡着阳光，浑身粗粗拉拉的毛发就像一条毯子盖在身上。它摇摇晃晃地穿过大草原，于是我们开始跟踪它。它看起来十分无害，毕竟你不可能被没有牙齿的大食蚁兽咬伤。它的长嘴，不过是一根容纳舔食昆虫用的黑色索状舌的管子。但是泰迪告诉我们要小心。大食蚁兽可能无法咬人，但还是会伤人。它们弯曲的前腿是用来撕开白蚁巢的，肌肉十分发达，而且还有弯曲的爪尖。所以，还是留给他来抓吧。他在头上旋转着索套，熟练地套住了大食蚁兽的脖子。很快，它就被拴到吉普车后面，跟我们回了莱瑟姆。杰克认为，用切碎的生肉混合鸡蛋可以替代大食蚁兽平时吃的白蚁，很快，它就平静了下来。

接下来是水蟒。在水塘中发现了一条合适的，他们几个及时将它捕到，并成功装进了一只麻袋里。这时候有消息传来，说在附近湖中捕鱼的印第安人发现了一只巨大的凯门鳄，也就是非洲鳄鱼在南美的同类。它正卧在湖边的一个洞里。我们就又赶了过去。唯一能看到的是，它的颚前端伸在洞口外面，上边仔仔细细捆着一圈绳索，而且系得紧紧的，防止咬伤人。接着，渔夫们沿着鳄鱼背部向洞里推进一根长长的杆子，再将鳄鱼缓缓拖出来，每隔大约一码就再捆上一道。结果，这条鳄鱼有10英尺（约3米）长。

在莱瑟姆度过了大约一周之后，我们往北开了50英里（约80千米），穿过大草原，前往卡拉南博（Karanambo），去和为数不多既不属于麦尔维尔家族后裔，也没有嫁或娶了这个家族成员的普鲁努尼拓荒者中的一位，相处一段时间。泰尼·迈克特克（Tiny McTurk）在圭亚那出生并长大，于三十年前从沿海地区来到这里。他用茅草和泥土砖建造了一个临时住所。房子一建好，他的妻子康妮（Connie）就过来一起生活。他们现在依然住在那里。他又加建了几处宽敞的走廊，用来储存枪支、船外发动机、书籍、伐木斧头、印第安皮制头巾、磨石、水罐、鱼线、划桨，以及其他本地区的男人们需要放在手边的东西。我们坐在装橙子的箱子上，他为此感到抱歉。这些箱子不像战前的那批质量好，他说，即没有那么结实，高度也没那么合适。不过这都没关系，因为他认为大部分人宁愿躺在挂在房间柱子上的吊床上。

泰尼解释说，他之所以选择这里，是因为普鲁努尼河附近流域的渔业状况相当好。在这里你可以捕捉到巨滑舌鱼，它是世界上最大的淡水鱼之一，可以长到超过6英尺（约1.8米）长。他还购入了一些牛，尽管最开始的时候，饲养它们绝非易事。他说在最初的几年里，大约每隔几周就得杀死一只美洲虎，否则自己的牲畜就保不住了。

他带我去一个水塘看那里栖息的一些鸟类。我们必须徒步穿过一片森林。和他一起走，就像上了一堂课。

“知道这是什么吗？”他指着一根有孔的小树枝，“是木蜂的杰作。”

“闻到什么气味了吗？吼猴在附近睡觉。”

“看这个足迹？——草原鹿。”

“知道是什么把这棵树的树皮剥下来的吗？——貘。”

“这个气味呢？——什么东西死了；不是什么大型动物；可能是一只蜥蜴。”

“现在这个是死掉的巨滑舌鱼的气味。印第安人在这儿待过。是的，他们在这儿宿营了，这儿有巨滑舌鱼的骨头。他们昨天还在这里。”

当我们到达湖边的时候，湖里满满都是白鹭、美洲大白鹳、野鸭、水雉，其中最可爱的是粉红琵鹭，它们在浅水中通过左右摆动喙来进食。我们两个蹲伏在灌木丛中，透过树叶形成的帷幔偷偷观察。我从未见过这么特别的水禽阵容，而泰尼应该见了有一千遍了。不过我想，这种景象依然会让他同我一样感到兴奋。

那天晚上，吃过康妮给我们做的鲜鱼和精心烤制的鸭子，我们窝在吊床上听他讲故事。差不多一年前，一个瓦皮斯安那男人在他捕鱼时来到他身边，询问他自己捡到的三块小晶体是不是钻石。泰尼看了看，告诉他这是不值钱的石英，接着一把扔进了河里。“当然了，它们就是钻石，”泰尼说，“但我不想让沿海的那帮小混混以后都跑过来寻找更多钻石。”

接连几个晚上，我用笨重的录音机录下好多他讲的故事——或许广播电台愿意播放这些故事。然而，很可惜，我不能在电视节目里展示他讲故事的样子。20世纪50年代，我们仍然无法把录音带和16毫米胶片同步。

* * *

不过，我们主要的工作还是在热带雨林里，为此飞往了这个国家西北部的卡马朗（Kamarang）。当地的地方长官比尔·塞格尔（Bill Seggar）和他的妻子达芙妮（Daphne）刚在马扎鲁尼河（Mazaruni River）的一片水域旁建起一座停靠站。这条河长而直，正适合让水上飞机降落。

据我所知，还没有任何关于南美自然史的影片在电视上播出过，至少在英国是这样。所以即便是本地最常见的生物，对于观众来说也是新鲜的，也会很有趣。切叶蚁在森林里到处都是，自从达芙妮·塞格尔开始尝试建造小果园和菜园，它们就成了她生活里的灾星。它们不分日夜地沿着自己的轨道前行，在头上1英寸（约2.5厘米）处举着它们刚从树上切下的叶子。它们把树叶搬进地下蚁穴中，并在那里嚼碎，作为它们食用的真菌的养料。查尔斯趴在一列切叶蚁旁，像在非洲拍摄行军蚁一样拍摄它们。只要他的三脚架不越过它们队列的边缘，蚂蚁们就不会注意到他。

树懒不太容易找到，不过一旦找到，它们同样对查尔斯和他的相机有着很高的容忍度。两趾树懒是动物园饲养的主要品种，那时和现在都是如此，尽管它们白天的大部分时间都在倒挂着睡觉，拿不出什么激动人心的表演。醒着的时候，那流着鼻涕的湿鼻子和乱蓬蓬的棕色皮毛也缺乏魅力。然而，出现在我们眼前的，是三趾树懒，和二趾树懒极为不同。它们的皮毛是浅灰色的，带着一块块奶白色的斑点。雄性的后背中部还有一处亮黄色的放射状图案，有些甚至略呈绿色，是毛发的缝隙中生长的微型藻类造成的。它们毛茸茸的奶油色脸颊最为迷人，有明亮的小眼睛和俏皮的黑鼻子，脸颊边缘还生着一圈橙黄色的毛发。速度不是它们所擅长的。它们每次只移动一条腿，还非常缓慢，以至于只要伸手够得着，捉住它们就毫无难度。而当你放开它们时，它们就会冲你眨眨眼，露出遥远而永恒的笑容，仿佛刚被唤醒的样子。但在伦敦动物园，无论是从前还是今后，可绝看不到这样的魅力。两趾树懒还能吃水果和各种蔬菜，但三趾树懒就要挑剔得多，只吃树叶，而且是几种在雨林之外绝无仅有的叶子，因此杰克没有抓捕三趾树懒。但我们可以拍摄它们。

对于生手而言，在森林中发现树懒并非易事，但卡马朗的阿卡瓦欧（Akawaio）印第安人能毫不费力地发现它们，并能迅速爬上一棵树，把它们带下来。我们把他们带回的第一只树懒，重新挂到停靠站前的一棵孤零零的树上。它不太可能冒险爬下树，再奋力穿过空地回到森林，所以我们并不急于拍摄，而是优哉游哉地先去别处整理相机装备，寻找梯子。当我们回来的时候，注意到它肚子上有一小块湿乎乎的东西。它刚刚生产了。一只成年的三趾树懒或许很迷人，一只树懒宝宝就更令人着迷了。我们花了相当多的时间拍摄母亲与孩子的照片和短片，比我们真正需要拍摄的量多得多。

* * *

塞格尔夫妇建议，杰克最该做的一件事就是去参观当地的村庄，因为阿卡瓦欧人特别热衷养宠物。这条建议对于我和查尔斯也很适用。我们就乘坐装有船外发动机的独木舟，日复一日地沿着马扎鲁尼河及其几条支流向上游行进。

有时一切进展得很顺利。当我们的船开过，鸬鹚就飞离它们狩猎的栖木，沿着河岸在我们前头飞翔。它们极不情愿离开河面，也不愿意我们靠近它们，因此才会二三十只聚集成群，飞到我们前头去，直到其中一只积聚了足够勇气，一头扎进岸边的灌木丛，其余的鸟儿也都会随之降落。随着河道变窄，我们就要在河面漂荡的一堆堆黄色花朵间开路前行了，它们是从岸边垂下的开着花的树上飘落到褐色河水中的。有时候我们遇到湍流，就不得不下船，在及腰深的河水中拖着独木舟前行。

我们遇到的当地人起初都表现得比较淡定，对我们也没有什么夸张的表示，但他们总是很热情地招待我们。许多女人都驯养鹦鹉。她们的丈夫从森林打猎回来，有时候会给她们带雏鸟，妻子们就饲养这些小鸟，用嚼碎的木薯喂它们。凤冠雉（curassow）就像瘦小的黑火鸡，在村子里闲逛。这里还有被驯养的水豚（capybara），个头有猪那么大，是世界上最大的啮齿类动物，大部分时间待在水里。在许多村子，水豚的幼兽都被当成宠物来养，孩子们会和它们一起游泳。杰克作为伦敦动物园爬行动物馆的馆长，更是睁大了眼睛，寻找动物园潜在的新房客。他捕捉到了水龟、看起来好像被碾平了一样的苏里南蟾蜍，以及各式各样的蛇——有致命的剧毒矛头蛇，还有温和一些的大蟒蛇及幼蟒。不久之后，他就在自己能照管得过来的情况下，搜集到了尽可能多的各类动物。

大约一周后，查尔斯和我发现了一个村民极为热情的村落。我们决定和他们待上几天，这样或许可以对当地人增加一点了解，赢得他们的信任。我们拍摄了孩子们和他们的水豚小伙伴在水中嬉闹与潜水的情景。我们详细记录下了制作树皮独木舟的每个步骤，从剥树皮开始，到涂抹从雨林树木上提取的树胶，再到在火上加工弯曲，最后制作定型，插入横梁，直至最终下水。我们观看了妇女们编织她们当中很多人都在穿的串珠围裙，还录下她们如何用长编织锤从磨碎的木薯里榨出有毒的氢氰酸，再将它们烤成蛋糕的过程。

有一天，男人们带我们踏上一段漫长的旅途，穿越森林，去看悬崖上的赭石壁画。画面里有幼树懒、猴子和其他动物，以及几何符号和一大片零星分布的手印。我们拍了清晰的照片，后来被大英博物馆纳入了他们的档案库，因为此前还从未有过关于这些壁画的记录。

村民们耐心地帮我们找到了鹦鹉的巢和吼猴睡觉的地方。我始终为他们目光之敏锐感到深深震惊，他们总能发现动物，而我却完全视而不见，除非他们替我指出来。他们的听力也异常灵敏，能够发现和辨别微弱的呼哨声，而我只能勉强听到。但他们还有一项天赋，就让我完全想不通了。当一艘独木舟还远在下游、很久之后才能抵达的时候，他们就能预测到，还会以一种对话的方式说：“独木舟来了。”无一例外，正好一个半小时以后，一艘外挂发动机的独木舟就出现了。关于他们是怎么做到的这一点，我困惑了很长时间，但最终找到了答案。我们住处附近的河流异常蜿蜒，其中一处弯道上的下游河段，恰离村子很近。于是，当独木舟驶入弯道的下游时，人们就可以持续一两分钟听到发动机的声音；随着独木舟渐行渐远，声音就听不到了，直到一个半小时后，它才会绕到村子正下方的河段出现。

在我们离开的前夜，这些朋友为我们举行了一场告别晚宴。我们在一间公共小屋内围坐成一圈。我们吃了下午在河中捕捞的鱼。我们的饮料是一种从一个巨大的葫芦里舀出的粉糊糊。我听说过这种饮料，主要成分是木薯。为了使其发酵，妇女们会咀嚼木薯饼，并将其吐入葫芦中，然后放在一边让它缓慢地冒几天泡。他们递给我满满一葫芦。它看起来像结着块的白粥。当我把它举到唇边，那气味就钻进鼻孔，让我感觉到一阵反胃。我知道出于礼貌，应该全部喝下去；但我也知道，我喝到第二口就很可能会控制不住呕出来。于是我干脆一口气把它灌了下去，然后虚弱地笑了笑。把它递给我的那个人回之一笑，显然我很喜欢。接着，他又递过来一个葫芦。这次，我觉得自己可以礼貌地婉拒了。

* * *

我们的拍摄工作进行得十分顺利。在卡马朗逗留三周后，我认为我们拍到的影片素材已经足够制作让《动物园探奇》名副其实、以“收集动物”为主题的内容了。而我们在这里还要度过一周，或许正好有时间进行一趟和捕捉动物不相干的旅行，只是可能多多少少也会被剪入其中一期节目里。

我们和世界上最浪漫的山——罗赖马山（Roraima）距离不到50英里（约80千米）。它是被当地人称作特普伊（tepui）的桌状山峰里最大的那座。其边缘是足有2000英尺（约610米）高的垂直岩壁。当欧洲人在19世纪第一次见到它的时候，认为它是不可攀登的。那时的科学家们推测，在其他地方均已灭绝的、早期地质时代的各种动物，可能仍在其山顶的高原上存活着。据说，柯南·道尔（Conan Doyle）就是受到这些想法的启发，写下了小说《失落的世界》（*The Lost World*），描述探索者们在这样一座与世隔绝的南美洲桌状山顶部，发现了活生生的恐龙和翼龙的故事。而事实上，当1884年有人登顶罗赖马山时，那里根本没有这样的生物。但即便真相大白，也无法折损这座山的魔力。

标准的上山路线，是沿一条向西南倾斜的岩脊向上。大家都说，这条线路爬起来会令人筋疲力尽，不过技术难度并不大。但是，从我们在卡马朗的住处到达那段岩脊，需要花的时间比我们还剩的时间长多了。尽管如此，我们觉得，只是看看这座山就很好。

查尔斯和我查阅了比尔·塞格尔的地图。我们同罗赖马山之间的这片国土尚未经过航空勘测，所以地图的准确性并不是很高。根据我们目前掌握的信息，有一条在卡马朗上游几英里处汇入马扎鲁尼河的卡口河（Kako River），或许能让我们近距离地观赏罗赖马山。比尔说不清我们是否真能看到山，他也不知道有谁曾沿卡口河逆流而上过。这使得整件事变得更令人激动了。于是，查尔斯和我用独木舟装上我们剩下的所有食物，就出发了。

第一天我们进展顺利，第二天就抵达了一片大草原的边缘。我们向草原望去，看到了罗赖马山巨大的矩形轮廓，在远处呈现出朦胧的蓝色。我们离它还有大约20英里（约32千米），但它看起来已然广阔无垠。或许沿河再往上游走几个小时，我们就能离得更近。但同地图所示截然相反的是，卡口河开始远离罗赖马山，向北转向。如果我们继续前行，就有可能错过那架已预定好载着杰克和他所有动物——还有我们去乔治敦的水上飞机。于是，我们就此掉头。至少这一次，我是无缘涉足那个“失落的世界”了。

* * *

几天后，我和查尔斯乘飞机返回了伦敦，杰克和蒂姆会带着收集的动物由海路跟上。可是，杰克这些日子感觉不太好。在我们离开后不久，他很明显是旧病复发了，而且病得很厉害。他不得不紧急飞回伦敦，再去看专家。动物园派了其他人前来协助蒂姆在返航途中照料收集的动物。

回到伦敦后，杰克直接住进了医院，无法继续主持这档本该由他担任主角的电视节目。我不得不主持了节目，而他躺在医院的病床上观看。几个月后，病情还未得到确诊，他就去世了，年仅47岁。

4

Infant Empires

新兴帝国

电视业现在进入了快速发展期。随着播出时间的延长，所需节目的数量也相应增加，于是制片人开始专门化。谈话节目部内的各个“帝国”，纷纷开始扩张版图。每个“帝国”都以一档节目及其制作人为核心。《全景》（*Panorama*）节目在创建之初，是一档公共热点类的节目；但在被我培训班的同学迈克尔·皮科克接管后，改为了一档每周时事调查。从海外服务部征调过来的唐纳德·巴夫斯托克（Donald Baverstock），是个年轻叛逆、才华横溢的威尔士小伙子，一直在制作一档名为《要闻》（*Highlight*）、每个工作日播出的十分钟短节目。因在工作中展现出了十足的魄力，他被委任打造一档半小时的夜间节目，叫作《今夜》（*Tonight*）。于是他得以组建一支如他本人一样突破传统的团队，其中之一——阿拉斯代尔·米尔恩（Alasdair Milne），日后成为英国广播公司的总裁；还有一位极具才华的作家托尼 · 杰（Tony Jay），创作了最机智风趣的电视喜剧《是，大臣》（*Yes*，*Minister*）。

休 · 威尔顿（Huw Wheldon）从公司的公关部门调到了谈话节目部。他是一位身材高大、口若悬河的威尔士人，比我们大部分人都要年长，曾是一名军人且战功赫赫。在诺曼底登陆日，他同空降师一起降落到了法国，因其在战火中的英勇表现被授予了十字勋章。他在儿童节目领域已经积累了一定声誉，主持着一档名为《你自己的才艺》（*All Your Own*）的系列节目，采访小朋友们的兴趣爱好和他们获得的一些小成就。他的主持风格霸气十足又直截了当，那些年幼的被采访人大都兴高采烈地回应他。凭借在军队里的人脉，他成功劝说布莱恩 · 霍罗克斯将军（General Sir Brian Horrock）同意制作关于"二战"期间重要战役的节目，其中就包括将军本人发挥了主要作用的阿纳姆战役。

谈话节目部打算开英国电视史之先河，创办一档关于艺术的节目，名为《显示屏》（*Monitor*），每两周播出一集。最初试播的几期据说都有些惨不忍睹，相关的负责人就都被调到其他项目上去了。这么处理是否公平，我们也无从判断。因为试播和其他节目一样都是现场直播的，当时依然无法用电子设备把节目录下来，因此包括我在内的大多数人，都从没看过这些试播节目。此后，这档节目就被分给了休来负责。对于那些仅仅因为《你自己的才艺》和他的军事节目知道休的人，这一任命无疑令人很吃惊。他同样组建了一支强有力的队伍，其中的许多位，后来成了英国艺术界的重量级人物，包括梅尔文 · 布莱格（Melvyn Bragg）、约翰 · 施莱辛格（John Schlesinger）、肯 · 罗素（Ken Russell）、约翰 · 德拉蒙德（John Drummond）和汉弗莱 · 伯顿（Humphrey Burton）。

我觉得，是时候也投身这场“帝国”建设的滚滚洪流了。因我的个人兴趣和资历都在博物学方面，就向伦纳德·迈阿尔提议，我们部门应该开设一档关于英国乡间野生动物的常设节目，比如每个月一期专题；与此同时，我也能继续进行大约每年一次的《动物园探奇》之旅。这个提议石沉大海。之后，我明白了缘由。在公司的西部片区，有一位可以说在无线电台开创了博物学类节目先河的广播节目制作人，名叫德斯蒙德·霍金斯（Desmond Hawkins），彼时正忙着筹划将业务扩展到电视领域。由于英国广播公司的布里斯托尔（Bristol）分部那时还没有摄影棚，他的计划就有点受阻。不过对于深谙公司政治的精明老手德斯蒙德而言，这也算不上什么阻碍。布里斯托尔当地有那么一家供音乐会和独奏会使用的大型录音棚。于是他设计出一种工作模式，让一个外聘的电视录制团队可以在录音棚里施展他们的摄像器材，非常高效地打造出了一间电视演播室。就这样，《看》（*Look*）系列节目开播了，节目的主持人及旁白讲述者，是因德斯蒙德的广播节目而名声大噪的博物学家彼得·斯科特（Peter Scott）。

冲突似乎一触即发。德斯蒙德抛出了橄榄枝。他建议我到布里斯托尔来，负责一个他称之为“自然历史部”（Natural History Unit）的新团队。这对我来说并不是很有吸引力，因为彼时我和简已经在伦敦安顿了下来，并开始为里士满的一栋房子还房贷。我们有了第二个孩子苏珊，第一个孩子罗伯特也快要上学了。我们的父母都日渐老去，兄弟姐妹不是住在里士满，就是住在附近的邱园。而且尽管德斯蒙德的事业在布里斯托尔，但不管怎么说，伦敦才是电视行业的新鲜事方兴未艾的地方。我想留在原地。

我和伦纳德，以及布里斯托尔分部的节目总监安排了一场会面，后者还带来了德斯蒙德·霍金斯。我们达成一致，同意让《大不列颠博物志》成为西部片区“自然历史部”的保留项目；作为交换，伦敦的谈话节目部也可组建一个名为“旅行与探险单元”的小团队，简言之就是制作海外探险类的节目，甚至还能以《动物园探奇》系列续集的形式，讲述充满异域风情的博物知识。团队将有我和一位秘书——如果一切顺利的话，未来可能还会有一位助理制作人。这个小团队并不能和“帝国”同日而语，不过于我而言已经足够了。

* * *

关于工作要点中有关探险的那部分内容该如何呈现，我胸有成竹。如果说我在孩提时期有什么兴趣爱好能同对博物学的热爱不相上下，那就要数对于登山的热忱了。我最喜欢的一位姨妈——我妈妈的妹妹玛格丽特，嫁给了一位小有名气的登山家，名叫吉尔伯特·匹克（Gilbert Peaker），是位身材结实、黑头发的约克郡人。“二战”前，他曾在阿尔卑斯山脉成功完成了若干引人瞩目的攀登。他也获得过马拉松冠军。他以前的职业是数学家，战争爆发后被征召入了财政部。鉴于无暇再去攀登那些令自己心驰神往的崇山峻岭，他就把所有业余时间都花到了在英国境内爬山和攀岩上。他还问我母亲，我是否愿意跟他一起去。那个时候我14岁，觉得这个主意棒极了。

我们大部分时间是在威尔士登山。通常情况下，我们会带着自行车，乘坐不怎么准时的战时火车，从班格尔（Bangor）沿南特弗朗孔山道（Nant Ffrancon Pass）一路骑到希利（Helyg）去过夜，那是一处坐落在奥格温山谷（Ogwen Valley）里的登山者俱乐部小屋。吉尔伯特教给我在崎岖的山间行走的正确姿势，要缓慢但控制节奏。他说服我，在大热天里每路过一处山涧都去喝水纯属浪费时间，因为一喝下去很快就会通过汗液排出来——这显然不是今天的主流医学认可的观点。他还向我示范了突逢骤雨又没有合适的雨具时该怎么做：即便在复活节前后那样寒冷的天气里，也应把衬衫脱掉、塞进背包，这样淋过雨后还有干爽的衣服穿。这可让我一开始挺惊诧、沮丧的。也是在同他一道出行期间，我第一次体会到了极度疲劳后睡上一觉，醒来时那种深刻的愉悦感。

在希利，我遇到一些著名的登山家，甚至同他们一起爬了山。其中最有名的当属艾瑞克·希普顿（Eric Shipton），他曾在20世纪30年代攀登过珠穆朗玛峰，也曾在喜马拉雅山脉和喀喇昆仑山区探险。他因攀登冰雪巨峰而闻名，通常就不大愿意应付我们在威尔士山区的岩壁上挑战的种种体操问题。以此为由，他常常慷慨地允许我带着他攀登一些难度较高的路段。我简直骄傲得要命。我甚至还协助皇家廓尔喀步枪团（Gurkha Regiment）的吉米·罗伯茨（Jimmy Roberts）少校训练过英国伞兵打登山绳索的基本要领。训练结束后，他把自己那件伞兵迷彩服送给了我。此后多年，我每次到山区进行户外活动时都穿着这件制服。少校在“二战”结束后，成为喜马拉雅山脉探险活动的主要组织者之一。

在读大学期间，以及海军服役休假的时候，我一直和吉尔伯特还有其他人一起登山。但1950年和简结婚后，我就决定放弃了。因为当我把一年一度的两周假期花在悬崖峭壁上，她却在山下带着幼小的孩子等待，这对于不会登山的她而言也太不公平了。不管怎么说，我在登山界还有很多好朋友，也有足够多的人脉，便于在那个圈子里展开联络，并从中评估可能转化为节目资源的各种机会。于是我主动请缨，每当有重大登山探险活动的队伍返回英国，就制作一期相关节目，其中包括攀登喜马拉雅山脉的干城章嘉峰（Kanchenjunga）的查尔斯·伊万斯（Charles Evans）团队，以及维维恩·富克斯（Vivian Fuchs）和埃德·希拉里（Ed Hillary）横跨南极洲的探险。

* * *

我开创了一档名为《旅行者的故事》（*Travelers' Tales*）的系列节目，邀请那些从世界各个异域国度回来的人们，在节目里讲述他们的经历，并展示他们在旅程中拍摄的16毫米影片。这需要一双编辑般的火眼金睛。一位自称曾经深入南美丛林腹地的探险家，胳膊下面夹着一盒胶片来找我，说自己抵达过巴西热带雨林之中一处极其偏远的所在，以至于那里的动物从未见过人类，因而温顺异常。我很感兴趣，于是我们一同来到一间小型放映厅，看了他的片子。在一些拖拖拉拉、并不连续的步行穿过森林的镜头之后，我们看到一片长满草的林间空地。

“看这个。”他说。

一只草原鹿从树林间走了出来，迈向摄像机。

“看到了吧？完全无所畏惧，却又野性十足。”

“是的，但为什么它脖子周围有缰绳的痕迹呢？”

“有吗？”他难以置信地说，更近一点盯着屏幕看，“确实是！你看，我之前从没注意到。”

这我相信。

大约在这期间，一位颇具商业野心的旅游公司老板，在当时还是比利时属地的刚果开辟了一条深入热带雨林的路，并在路的尽头建起一座大型旅店。他还在当地雇用了一群俾格米人，轮班为客人们提供特殊服务。游客只需花一点小钱，便可同一群俾格米人合影。如果还想看到更多俾格米人，他们可以进入森林，去参观一处真正的俾格米人宿营地，并观看一场祭祀舞蹈。

我开始对其中一位俾格米人熟悉起来，因为他一直出现在我们放映厅的屏幕上。他的脸格外粗糙，也是这群俾格米人中最矮小的，因此常常被选中，站到某个探险者的身旁，好让他们伸出一只胳膊把他夹在底下，以便记录下俾格米人到底有多矮小。这些旅行者不会意识到，那位俾格米人在他们腋窝下咧嘴笑的脸，正是我自动取消他们在电视上展示自己独特际遇资格的凭据。

距离价格低廉的全球航旅时代的来临，还为时尚早。即便是最寻常的镜头，只要来自那些有着浪漫名字的地方——君士坦丁堡、曼谷、马卡萨、撒马尔罕、廷巴克图——也会格外令人着迷。在探险单元推出过的最好的节目当中，有个短系列是由六名来自牛津和剑桥的学生制作的。他们是从伦敦驱车到达新加坡的第一拨人。在20世纪的50年代，世界尚未缩小到一个地球村。

5

Dragons

科莫多龙

我迫切地想把《动物园探奇》系列保留为一档常规节目，那些妙趣横生的旅程实在不容错过。在反复考虑第三季节目的目的地时，我回想起一本在自己还是小男孩时就印象深刻的书，那是艾尔弗雷德·罗素·华莱士（Alfred Russell Wallace）写的《马来群岛》（*The Malay Archipelago*）。

华莱士是19世纪最杰出的博物旅行家之一。他年轻时对昆虫学很有热情，渴望能够前往热带探险。由于他既没钱，也没有和他同时代的查尔斯·达尔文（Charles Darwin）那样的社会关系，他就想，或许可以靠收集蝴蝶、甲虫、鸟类皮毛和其他门类的标本，再卖给那些比他有钱、但没那么大抱负的收藏者们，筹集旅行的资费。他的首趟旅行，是与另一位自学成才、观点相近的博物学家亨利·贝茨（Henry Bates）一起去巴西。在亚马孙热带雨林里艰苦工作了四年后，他踏上了回家的旅程。但在海上航行的第三天，他的船就发生了火灾，所有藏品付之一炬，华莱士本人侥幸生还。这一切并未使他退缩，在英格兰短暂地待了一段时间后，他再度启程了。这次的目的地是东南亚的岛屿。

就我对他书中内容的了解，可以肯定，在那片华莱士曾经穿越过的土地，也就是今天的印度尼西亚，有充足的素材为《动物园探奇》制作一个精彩的新系列。单单是木版画插图展现出的内容，就足够有说服力了。其中一张图片是一只大猩猩在攻击他的挑夫，还有一张是一条巨蟒缠绕在小屋的一根柱子上，他的一个仆人正拽着它的尾巴，想把它拉开。第二卷卷首的插图是最令我兴奋的一张：一群极乐鸟正在树上炫耀羽毛，而前景里是一帮蹲伏于地的本地猎人，在张弓搭箭。

这些动物都很引人入胜，但随后那里还发现了其他传奇生物，甚至华莱士也从未得见。时值1910年，一名驻扎在当时还是荷属东印度群岛一部分的爪哇岛（Java）的殖民地官员，听说在从爪哇岛往新几内亚方向朝东延伸的岛屿链间、一个名为科莫多（Komodo）的弹丸小岛上，栖息着一种巨型蜥蜴，就启航到科莫多展开调查，并带回了西方科学史上已知的第一批巨型蜥蜴标本。这种生物体长超过10英尺，是世界上最大的蜥蜴，“科莫多龙”（Komodo Dragon）的名字很快就传开了。作为一部探寻极乐鸟和龙的节目，我们当然要去那里！

摄影师查尔斯·拉古斯同意和我再赴冒险之旅。然而伦敦动物园方面却不打算派人接替杰克·莱斯特的角色了，尽管他们表示很乐意接收我们带回的任何生物。收集动物的环节是《动物园探奇》最有价值的元素之一，不仅为节目提供了一个很强的叙事线索，而且使我们能在录影棚里拍摄活生生的动物，提供了限于当时的镜头条件和胶片储备量依然无法在野外拍到的特写镜头。那么，谁来捕捉动物呢？查尔斯得在镜头后面忙碌，唯一能腾出手来捕捉动物的，就只有我了。

我曾和杰克学过些本事，但不太多。然后我就听说，有一位曾经带回过许多极乐鸟、厉害得几近传奇的动物捕手塞西尔·韦伯（Cecil Webb），刚刚抵达伦敦动物园交付另一批动物。我急忙赶去见他。我们一起在动物园共进了午餐。如果像别人说的，人总会长得像他们拥有的动物，那么韦比（Webbie）——大家伙都这么叫他，更像一只亚洲秃鹳而非极乐鸟。他身材高大、气质不凡，绝不沉迷于自我夸耀。他源源不断地提供着建议和信息——怎么用奶瓶给一只猎豹幼崽喂食，鸭嘴兽不再吃它常吃的蠕虫了怎么办，以及如何安抚一条蟒蛇。他也曾去过华莱士本人看到极乐鸟的地方。他给我画了一幅阿鲁群岛（Aru Islands）上一个村落的地图，甚至将酋长的名字告诉了我。他就是在那儿捉到大极乐鸟的。告辞时，我满脑子想的都是赤道丛林里的冒险；然而对于如何与一只猩猩搏斗，或是遭遇一头马来熊时应该做什么，我还是不甚明了。

不管怎么说，抱着一种现在看来颇为荒唐可笑的乐观精神，我和查尔斯在1957年9月一起踏上了我们第三次探险之旅。我俩谁也不会说印度尼西亚语，在印度尼西亚既没有私人关系，也没有被引荐给当地的什么人，有的只是伦敦动物园给爪哇泗水（Surabaya）动物园园长的一封信，用以证明我们的身份。我们获得了印度尼西亚驻伦敦大使馆签发的签证，他们也答应给雅加达的信息部部长写封信，请当地给予我们协助。不过，那基本也就是我所能做的所有准备工作了。按我的设想，在爪哇的雅加达着陆后，我们就会想方设法北上婆罗洲（Borneo），然后转向东行，在岛屿链间边走边拍摄和收集动物，沿途经过巴厘岛（Bali）、松巴（Sumba）和松巴哇（Sumbawa），一直抵达科莫多。然后我们会继续前行至阿鲁群岛，看到极乐鸟。我估计此行将花费三个月左右。

* * *

第一次碰壁发生在我们离开伦敦之前。我给印度尼西亚大使馆打电话，询问他们是否从雅加达得到了什么反馈。在那个年代，往那边打电话基本就是侈谈；而不知何故，他们本来说要写的那封信尚未动笔。不过他们可以马上用打字机打一份东西给我。他们还说，鉴于邮政投递花费的时间太长了，如果这封信由我们自己随身携带、亲手递交，就快得多，也安全得多。

落地雅加达后，这封信没能帮上我们任何忙。移民局官员明确地指出，它只是个请求罢了，在印度尼西亚没人批准我们做任何事。于是，我们的拍摄器材就被没收了，似乎也没人能说得清，我们该如何把它要回来。我前去拜访内政部的官员，想获得诸岛之间的旅行许可。他们问，能否提供一个准确的日程，好知道我们要去的地点和时间？呃，我回答得很模糊，但也完全属实，我们没有精确的时间表，但我们想去阿鲁群岛。阿鲁群岛！这绝对不可能。这片群岛接近新几内亚的西端，后者当时还属于荷兰的殖民地，而印度尼西亚正在索要这块土地。外国人是不允许离边境如此之近的。还有其他很多地方我们可以去吗？我一遍又一遍地重复说，我们想去阿鲁群岛拍摄极乐鸟，在印度尼西亚其他地方是没有的。但是显然，内政部里没人相信我。我和查尔斯说，或许，他们认为只要是个脑子正常的人，就不可能只为拍摄某种特定的鸟跑那么远吧。

直到二十年后，一本关于国际间谍活动的图书问世，我才发现曾经对我们慷慨相助的韦比，旅行期间一直在为英国情报局工作，或许新独立的印度尼西亚的官员们有充分理由怀疑我们的动机。不管怎样，我们被明令禁止前往阿鲁群岛。因此，华莱士曾在他那戏剧化的卷首插图里描绘过的大极乐鸟，无法成为我们新的“白颈岩鹛”了。这对我们的计划是个沉痛的打击。

拿什么替代极乐鸟呢？我们还有科莫多龙。那么，我们能去科莫多吗？官员们似乎对此很困惑，那是哪儿？我们指了指松巴哇西部和弗洛里斯岛（Island of Flores）东部之间的一个小点。他们说，嗯，可以，去那儿的话不会产生什么后果，所以如果想去就去吧。

接下来，我们去了自然资源部。那里的官员对我们带去的伦敦动物园的信件，同样不以为然。官员问我可以列出打算捕捉的动物吗。我在脑子里思索着。熊、猩猩，或许还有蟒蛇，我轻快地说，还有一头科莫多龙。那位官员本不知道科莫多龙是什么，我越描述，他就越感兴趣。然而，我用力过猛了。当我描述完毕，他也因为太受触动，就下定了决心，不能允许我们将这样一种生物运出国境。无论我说什么，也改变不了他的想法。这么看来，我们的探险一个镜头还没拍，就已经成了一场灾难。我决定，我们得去一趟科莫多，即便最后不允许我们带一只科莫多龙回伦敦，至少可以拍到它。

我们逐渐意识到，申请许可就是个自我衍生的过程。我们越是申请，就越发现需要更多的许可。只有一个办法可以摆脱这种局面——

停止申请。当我们最终从海关取回设备后，就坐上一趟火车，拿着去往泗水的车票一路向东行进。

* * *

泗水是爪哇岛上第二大城市，靠近爪哇的东端，离科莫多及印度尼西亚其他更荒凉、人烟更稀少的岛屿都近得多。我们把伦敦动物园给我们的推荐信拿给泗水动物园的园长。他很热情、友善，带我们参观了动物园，但也无法给我们直接的帮助。不过，他倒是在一家中国餐厅为我们举办了一场小型宴会。我们的好运气终于来了。席间我们遇到了胡布勒支（Hubrecht）夫妇——达恩（Daan）和佩吉（Peggy）。

达恩是荷兰人，出生在印度尼西亚，在英格兰接受教育，在城外拥有两座大型甘蔗种植园。佩吉是一位仪表堂堂的大个子英国女士，有上流社会的口音和爽朗的笑声。在餐厅里一顿饭的工夫，他们就决定，我们的事包在他们身上。首先，我们一定要和他们住在一起；其次，我们应该会需要一辆吉普车，他们糖厂里应该还有一辆闲置的；最后，达恩能不能和我们一起去，至少待上一小段时间？我们答应了全部三条建议，心怀深深的感激。

第二天，我们开始制订计划。我们想去远在北部的婆罗洲。达恩想和我们一起去待上几周，但他不能马上出发。不过反正要预订从泗水驶往爪哇岛东端的货船舱位，都得等上一段时间；或者，我们可以租用他工厂里的吉普车，一路往爪哇岛的东端开，那边有些地区还比较自然原始。然后，我们可以穿越狭窄的海峡去巴厘岛，达恩在当地有朋友可以好好安顿我们。待到我们从那儿回来的时候，达恩就可以从生意上脱身，和我们一起去婆罗洲了。

两天之后，吉普车出现了。这是台上了年头的车，看上去历经沧桑。从仪表盘上电压表刻度盘上的名字看来，它起初应该是空调设备上的部件；奇怪的临时接线，就那么缠绕在气缸盖上；如果想按喇叭，需要触摸方向盘柄上的一个地方，那里已经被一段裸露的双股电线头磨光了油漆。不夸张地说，这辆车行驶的时候不仅会吓坏前方的行人，司机本人也会——字面意义上的——略微被震到。

第二天上午，我们想我们应该把它开出去跑跑，以便更好地适应它的脾气。这可真是个“反高潮”。查尔斯发动了车，引擎咆哮起来，但车子却纹丝不动。经检查，我们发现车子的半轴——通过轮毂安装在轮轴中心并将轮子连接到引擎上的杆子——丢了。达恩显得很淡定。是他愚蠢地把吉普车停在了外面的车道上，有人把半轴偷走了。我们去小偷销赃的市场应该就能找到，手里有货的摊贩会把它们保留上一两天。在那里有个共识，应该为东西的原主人保留优先买回自己财产的机会，这样才公平。半轴果然就在那里。

一天后，我和查尔斯就从泗水开车向东进发了。在接下来的三周里，我们拍摄了许多爪哇的野生动物，有蟒蛇、穿山甲、绿树蚂蚁和凤头鹦鹉。我们观察并拍摄了海龟在遥远的岸边产卵，还有野生孔雀拖着长尾滑翔过天空，栖息到树顶上去——对于那些看惯了它们在英国乡间大宅精心修剪的草坪上大摇大摆的人而言，这可是最出乎他们意料的景象了。最后，我们到达了爪哇岛最东端的外南梦（Banjuwangi），搭乘一条摇摇晃晃的渡船穿过不足两英里宽的海峡，抵达了巴厘岛。

巴厘岛在当时，还是一个遥远东方乐土的缩影。那里唯一的机场，小到无法容纳国际航班；在它的主要市镇登巴萨，也只有一家旅馆。这座城市以其音乐、舞蹈、绘画，以及寺庙仪式之华美闻名于世。曾经，在一千年以前，印度尼西亚全境一直被信奉印度教的国王所统治，都定都在爪哇岛上。然而在15世纪，伊斯兰教的信徒来到了爪哇。两种宗教的信徒之间爆发了激烈的冲突。印度教的苏丹们率领其王庭向东撤退，最终跨入巴厘岛。伊斯兰教信徒们也没再步步紧逼。于是在五个世纪前，巴厘岛获得了高度的文化融合，催生出至今仍充盈在巴厘岛人内心对艺术的热爱。几乎每一个村落都有自己的管弦乐队，或称“甘美兰”（gamelan）。其中最主要的乐器是金属木琴——和木琴很像，但琴键是铜制的；而最完整的巴厘岛甘美兰还包含竹笛、大锣和鼓，奏出的音乐充满了奔腾的涟漪、微妙的旋律和碰撞的和弦。

甘美兰在寺庙仪式中扮演着至关重要的角色，主要是为激动人心的舞蹈和源于印度教传说的戏剧片段伴奏。于是，我们有了许多视觉盛宴可供摄影机录制。尽管我们无法与影像同步录制声音，我仍可以将那些音乐“原始地”录下来，再将图片粗略地依次对应上。我也不确定是不是真的能在节目中播出这些内容，毕竟这档电视节目的主题——至少从它的名称来看，是围绕为一家动物园寻找动物的。不过，我决定冒个险。度过两周幸福的时光后，我们开车返回了泗水。

* * *

又和胡布勒支夫妇碰面了。婆罗洲之旅已万事俱备，我们的船只三日内即将出发，前往位于该岛东南海岸的三马林达（Samarinda）港。达恩打听到当地有一个为泗水动物园收集动物的男人，如果我们能雇他，他就可以提供我们明显缺乏的专业知识了。

我和查尔斯都急切地渴望着家里的消息。我们两人的妻子都写来过几封信，不过最近的几封也都是两周前的了。我们尝试过打电话，但是发现往欧洲打电话至少要提前三天预约，并且要轮流使用陆上线路。即便如此，大部分时候电话都打不通。

查尔斯就更焦急了，他的妻子毕蒂（Biddy）即将生下他们的第一个孩子。就在我们动身前往婆罗洲的头天晚上，他收到一封电报——毕蒂诞下了一个女婴。我们出去一起吃了顿庆祝晚宴，想着如何给毕蒂回一封祝贺的电报。

“孩子准备叫什么？”佩吉问。

查尔斯没什么想法。

我们又喝着米酒考虑了几个可能的名字，似乎查尔斯哪个都不太满意。

“那么，”我说，“我们明早即将前往三马林达港，我觉得‘萨玛琳达’（Samarinda）这个名字不错。”于是我们给毕蒂回了电报，庆祝萨玛琳达的降生。就这样，这个地名成了查尔斯第一个孩子的名字。

四天后，我们到达了那里。在达恩的帮助下，我们购买了大量物资储备，一袋袋的大米、一罐罐的肉、包在香蕉叶里的棕榈糖，以及一些我认不出的奇奇怪怪的水果，还有烟草和几块盐。达恩向我们保证，我们肯定会用到，因为我们需要用烟叶和盐与内陆人进行交易。他还帮我们找到一艘愿意载我们开往上游的汽艇，名为克鲁翼号（Kruwing），配有五名船员。

第一天晚上，我们停泊在一个小村庄外的码头边，听说就在这个村里，我们可以找到那个叫“萨布兰”（Sabran）的男人，是泗水动物园推荐的得力帮手。在克鲁翼号上，天气闷热得令人难以忍受，我们就把野营床扎在码头上。这里的蚊子又多又凶猛，不过我们有一个蚊帐，由床角边的四个钢柱支撑着，把我们罩在中间，免受蚊虫的侵扰。

半夜我醒了过来，透过月光，发现蚊帐顶上有一只大老鼠的影子。支撑蚊帐的钢柱上的弹簧，令老鼠在离我几英寸的位置上下晃动。这情景太过超现实，有那么一会儿，我还以为这只是场噩梦，就猛地挥了一下手背。我正好击中老鼠的腹部，接着它就在夜空中划出一条抛物线，扑通一声落入了克鲁翼号背后的黑色河水中。

第二天早上再次醒来时，我就感觉愉快多了。一个年轻的圆脸印度尼西亚男人正在低头盯着我看。“萨布兰。”他指着自己胸口说道。达恩从船舱里钻出来，在他的帮助下我们了解到，萨布兰听说码头上有人找他，就骑了一整夜自行车来找我们。我们迅速谈妥薪水，萨布兰加入了我们。

和他交流并不容易，因为我当时还不太熟悉印度尼西亚语的日常对话，但我和他很快就发明了一种我们自己的洋泾浜语言，方便进行特定的交流。一天早上，当我们沿着河缓缓向上游行驶时，他叫了我一声，兴奋地指着岸边的一棵树。

“布浪-阿大。”他说。这个我能理解，他是说那儿有一只鸟。

“阿帕？”我问，意思是“什么鸟？”

然而他这次的回答我就听不懂了。他重复了几遍，但我还是很困惑。

于是他说出了：“*Irena puella puella*。”这下我立刻就懂了，原来那是一只和平鸟（拉丁文学名为*Irena puella*）。萨布兰在为动物园收集动物的时候学会了这种鸟的学名，我则是从关于东南亚鸟类的野外指南中学到的。他从未离开过他的家乡婆罗洲，而我是一个从英格兰远道而来的陌生人，两个人却蹩脚地讲着欧洲学者们18世纪就使用的拉丁语，实现了相互理解，一想到这点，我就感到开心。

我特别期待此行能够拍到长鼻猴（proboscis monkey），因为这种生物的样子很特别，而且据我们所知，还从未有人拍摄过长鼻猴。雄猴长着长长的、下垂的鼻子，很像一只被拍扁的香蕉垂到唇边。这应该是有一定性别意义的，因为雌猴的鼻子就很短，且向上翻。但它具体代表什么，没人研究过。这个物种在印度尼西亚语中的名字是“orang belanda”，意思是“白人”。考虑到多数印度尼西亚人精巧的面部轮廓，这个昵称就好理解了。长鼻猴只吃很少几种树叶，最喜欢的是红树林的叶子，因此很少能在动物园里见到它们。因为这一点，加之奇特的外表，意味着它们的影片对我们来说将是一个巨大的奖励。

清晨，猴子们就在河边的红树林觅食，但拍摄它们绝非易事。当克鲁翼号马达轰鸣着驶近猴群，它们便纷纷受惊逃窜。我们曾尝试从它们身边驶过，继续向前开一段再停船下锚，在距岸边不远处坐上一艘救生艇，然后悄悄往回顺流漂向猴群。但即便它们还留在那里，对查尔斯而言，在一艘晃动的小船上也几乎无法拍摄。我们也试过靠岸，穿过蚊蝇肆虐的沼泽泥泞，从岸上靠近它们。这种方法只是些微奏效，付出的辛劳却要大得多。我们为此花费数天时间，终于拍到了一些镜头。放在今天，这些影片的质量可能只会归为第五级。尽管如此，当这期节目播出时，还是引起了相当大的轰动。

我们在奋力穿过沼泽时还遇到了鳄鱼，但并不是什么能在某集节目戏剧性的情节里扮演反面角色的巨型食人兽。我们所见到的都只是幼年鳄鱼。既然如此，我觉得我们可以玩点拍摄技巧，开一个无伤大雅的玩笑。查尔斯用特写镜头拍摄了这些漂浮在水生植物间的小动物，令它们显得庞大而可怕；接着，他又拍了我慢慢脱下衬衫，一边把它像斗牛士般举在胸前，一边涉水前进的镜头，显然是随时要把衣服扔到一条大鳄的头上。这两组镜头，将会交叉剪辑到我逐渐靠近它的过程里。我们希望，到时候全英国的电视观众都会为我伪装出来的勇气屏住呼吸。然后当我猛扑过去，而我的战利品看起来还不足两英尺长的时候，观众们就会哈哈大笑。这段情节播出后，似乎大多数观众都以为我就是想让他们相信，我当时是在拿死亡当儿戏。我收到了一两封指责我过于耸人听闻的来信。这使我意识到，在自然类的纪录片中最好不要随便开玩笑，除非能让观众们一眼看出端倪。

几星期后，达恩不得不返回他的糖厂了。他带着棕榈藤和屋顶木瓦这些货物，登上一艘开往三马林达的船。我们在克鲁翼号上继续向上游行进。慢慢的，我们遇到的人类型发生了变化。从岸边移居过来的人少了，巴豪人（Bahau）越来越多，他们是住在森林里的达雅克人（Dyak）*。最终，我们抵达了一处完全传统的聚居地，那里的人热情又善良，他们建议我们可以留下来住段时间。

他们都住在一座独栋的长屋里，这是建造在木桩之上的大型建筑。

---

* 达雅克人，即达雅族，是东南亚加里曼丹岛的古老居民。婆罗洲中部和东部的巴豪（Bahau）诸部落是其最重要的大群体之一。

屋子的正面朝向河流，前有一整条长廊贯通；后面是开放的公共生活区域，屋顶由巨型木柱支撑，社区里大部分人的大部分时间都在这里度过。建筑背面有一排门，每个门里都是一间大房间，各自容纳一个家庭。许多男人还围着长长的缠腰布，他们黑亮的直发依然剪着传统发型——长及肩膀，前额盖着刘海。其中很多人的手臂、大腿和脖子上还有蜘蛛网般的蓝黑色刺青。大多数上了年纪的妇女，耳垂上都穿着沉重的黄铜耳环，使耳垂一直拉长到肩膀。

我们把克鲁翼号系在长屋下方地面层的木桩上，就可以睡在船里了。我们和一些给我们做向导的猎人，在森林间共度了一些时日。到了晚上，我们就和他们及其家人一起，坐在长屋的长廊里喝我们带来的罐装啤酒或是他们的米酒，并借萨布兰的帮助，想方设法提高自己的印度尼西亚语。我们逐渐收集了一些动物——松鼠、蜥蜴、小灵猫、凤头鹧鸪，以及最吸引人的翠绿色长尾小鹦鹉。它们比雀类大不了多少，脖颈和尾部为猩红色，额头上有蓝色的星星。许多家庭把它们当宠物养在柳条编的笼子里。当夜晚来临，这些小鸟就会攀爬至笼顶去睡觉，脚趾勾住笼子，头朝下倒悬着，这也就是为什么它们在英语里被称为“倒挂长尾鹦鹉”（hanging parakeets），而在印尼语中叫作“burung kalong”，也就是“蝙蝠鸟”的意思。

我希望我们能拍摄到婆罗洲的红毛猩猩，猎人们说他们知道在哪儿能找到。最终，在他们的帮助下，我们在高高的树冠上发现了一只。我们一直跟着这只猩猩拍了好几个小时，直到查尔斯觉得他已拍到了充足的素材，我们才启程返回长屋。正打算离开时，一个猎人举起了手中的猎枪，朝这只猩猩开火。尽管他并没有击中，但我十分愤怒：

“你为什么要打它？”“这不是什么好东西，”猎人说，“它吃我的香蕉，还偷我的米。”我就无话可说了，毕竟，那个需要在森林里谋生养家的人，不是我。

一天晚上，在结束了一整天森林中的艰苦跋涉和拍摄后，我坐在长屋的长廊里，拿着一杯米酒，享受夜晚的凉意。这时，我被下游远处的一个小斑点吸引了。透过望远镜，我看出那是一艘小独木舟。舟里的人一定非常着急，因为他划桨的动作很卖力。独木舟越来越近了。现在我能看到划舟人浑身赤裸，只戴着一小块头巾，围了条围裙。更近一些时，我注意到船头插着个东西，看似一面带旗杆的小白旗。这名划舟人向我们登陆的渡口驶来，系好独木舟，一探身拿过船头的白旗子，把它朝上举着，沿着从河岸渡口通往长屋长廊的原木台阶，一路跑了上来。直到那时候，我才看明白他拿的究竟是什么。那是19世纪帝国编年史中最著名的元素之一——一封夹在裂纹木棒顶上的信。以前我常觉得奇怪，为什么会有人用这样的方式传递信息。现在我明白了。在信使只裹着一块腰布的情况下，就没有其他办法能保持信件完好无损了。

他来到长廊上，把信交给了我——这真是吓了我一大跳。我不安地打开它，是电视摄制部寄来的。信上说：“最新测试表明，反光板的运用对柯达彩色胶片十分关键，尽快联系沙捞越博物馆（Sarawak Museum）听取建议。”在开始拍摄的头几天里，我们已经按照要求拍了一卷实验性的彩色胶片。在此之后，我们用的就全部是黑白胶片了。联系沙捞越博物馆当然也不是不可能。我听说曾有一支探险队大致就是从我们所在的地方出发，穿越了婆罗洲的中部山脉，再沿拉让江往下游走。我记得那段路程足足花了他们六个月时间。我又喝了口米酒，公司似乎离我很遥远嘛。最终到了要离开的时候。我们听说，下游有个猎人几天前杀死了一只糟蹋他家庄稼的母猩猩。她还有一个宝宝，猎人把它带走，关进了一只板条箱。在回程的路上我们找到了这个猎人，他同意我们用剩下的全部盐和烟叶换走这个小孤儿。我们给这只小猩猩取名为查理（Charlie）。它的四肢上有很多破口和擦伤，我们给它涂了消毒药膏。它显然非常迷恋香甜的炼乳，在把满满一勺炼乳喂给它时，我们自己也会感到很满足。没过多久，它就变得很温顺，于是我们允许它在船上自由活动。大部分时间它都待在驾驶室，和掌舵的人坐在一起。

一天晚上，我告诉萨布兰我们计划去科莫多，并询问他是否愿意和我们同去，还是想留在三马林达。他没有犹豫，想和我们在一起。他也想见一见“龙”。

* * *

回到泗水，萨布兰去和亲戚们一起住了，我们则再度和胡布勒支夫妇会和。佩吉直言，在自家走廊上有几只倒挂鹦鹉实在太令人开心了。小猩猩查理、小熊崽和我们收集的其他动物，在户外的地面上各自分到了一块属于自己的区域。园丁们被指派负责照料这些动物。园丁们说，能让自己的日常工作换换样，他们也很开心。

据泗水的航空公司办公室那位女士说，我们要去科莫多的话，接下来一周前后，离那最近的航班可以飞到毛米尔（Maumere），那是弗洛里斯岛上的一个主要城镇，靠近岛的东端。不巧的是，科莫多却位于弗洛里斯岛西端以外的海域。但地图显示，在这座长长的香蕉状岛屿上有一条贯通全岛的路，我觉得我们肯定能想办法到达那里，于是就订了机票。

飞机很小，我、萨布兰和查尔斯是飞机上仅有的乘客。当飞机的轮子接触到毛米尔野草丛生的跑道时，水就从轮子两侧溅了起来，这里正下着毛毛雨。我们猛地停住了。荷兰裔飞行员帮我们把行李搬了下来。

“祝你们好运！”他说道，“要是我，可不想在这么个鬼地方待上三个月。”

“哦，我们只会在这儿待几周。”我说。

“那样的话，”他答道，“你们就不能乘飞机离开了。这里的跑道现在太潮湿，已经不安全了。今年的雨水来得太早。我一回到飞机上，就会用无线电通知雅加达总部，在雨季结束前都不要再派飞机过来。如果你们想坐飞机离开这儿，那最好趁还有机会，现在就跟我走。”

我和查尔斯快速商量了一下。经过那么多艰难险阻好不容易到了这里，现在就说回去无疑是不用考虑的。不过，看着飞机在一团水雾中沿着长草的跑道缓慢滑动、费力冲向天空、消失在灰色云团中的时候，我的心里还是稍微有些惴惴不安的。

达恩给了我一个中国商人的名字，此人经营着毛米尔最大的店铺。我们从他那里得知，通往弗洛里斯岛西端的道路并不像地图上显示的那样连贯。路上有几处塌方中断了道路。岛上本来就只有一辆货车可以走这趟路，而眼下，道路的状况又不太理想。唯一的办法就是取道海路。我们到了港口，不过那里几乎空空如也。大多数帆船都出海打渔去了，只有一艘停在港口。我想，我本该质疑一下它为何留下，但一看到还有一艘能出海的船，我太开心了，以至于什么也没多想。

船长是一位面色阴沉的男人。通过萨布兰的翻译，我解释了我们想要做什么。他说他可以带我们去科莫多，然后我们商定了一个价钱。我们把设备搬到船上，并从中国商人那里购买了食物。船长找了两个应该都还不到12岁的小男孩做船员。那天下午，我们启航了。

这是一艘单桅帆船，只有大约20英尺（约6米）长。船上有个茅草做的屋顶，能提供一小片阴凉，遮住了我们放置设备的一个开敞式货舱，船长和两个男孩也睡在那里。我和查尔斯就不得不睡在露天甲板上。这倒正对我们胃口。因为货舱里满是腐烂的鱼和椰肉发出的恶臭，在新鲜的空气里就好多了。拍打在船头的轻柔水声和在微风中摆动的帆的嘎吱声，伴着我们入眠。

半夜里，我们被一阵惊心动魄的摩擦声惊醒，整条船都在剧烈抖动。我望向船的一侧，借着月光清晰地看到船身撞上了珊瑚礁。查尔斯、萨布兰和我抓起竹竿，一起帮船长把船推得离珊瑚礁远一些。幸运的是，当时没什么风，所以船开得很慢，这次触礁相对还算温和。情况也可能会糟糕得多。最终，我们回去睡觉了。不过，我对船长航海技术的信心多少有些动摇。

第二天，一丝风也没有。我们的小船在波浪中轻轻摇摆着。弗洛里斯岛的北岸，就在地平线向南几英里。我和查尔斯坐在船尾，光脚在船舷外晃荡，抽着烟（人们在当时会这么做），并把烟蒂扔到船外。令人沮丧的是，有几只烟蒂依然漂在水面，在船尾附近打转。连水都没有动。

我尝试问问船长天气的事。这样没风的情况会持续很长时间吗？

“蒂达克-头（*Tidak tau*）。”他不知道。

到科莫多还有多远？

“蒂达克–头。”

路上有很多珊瑚礁吗？

“蒂达克–头。”

他去过科莫多的吧，是吗？

“波鲁姆（*Belum*）。”

这对我来说是个新词。我爬进货舱，翻出包，仔细翻阅了字典。

“波鲁姆：‘还没有’。”书上说。

我决定，还是比之前更密切关注一下航行为妙。

我唯一能找到的地图，来自航空公司的宣传册。科莫多是一个句号大小，弗洛里斯则不到半英寸长。我们要沿着北海岸前进多远？船长还是不知道。显然，我们何时往南拐，需要我和查尔斯来决定了。

第二天早上，弗洛里斯还在那里，贴着海平面薄薄的一片。直到下午起风前，我们的行进速度都极其缓慢。傍晚时分，我觉得自己看到海岸上出现了一个向南的缺口。当然了，它可能只是一个海湾的入口，但也可能通往弗洛里斯与科莫多两岛之间的海峡。我觉得应该去一探究竟。如果是个海湾，那我们就可以在其中躲避强劲的海风，到了早上再继续向东行进，总比不知不觉中驶过了通往科莫多的海峡要好。于是，我们掉头向南。

要是我当初仔细思考一下，应该就能想到，在印尼群岛长长的岛屿链上，仅有的少数几条狭窄缝隙都会无可避免地禁受潮汐的撕扯。而那时，我对即将看到的景象可谓毫无准备。水面被可怕的急流撕裂，击打出白色的泡沫。狂风就在我们身后呼啸，没有回头路可走。我们掠过一个巨大的漩涡，大海开始咆哮。我们被推到另一个巨大漩涡的边缘，我能看见珊瑚从漩涡中心伸出的尖刺。一个男孩抓着舵柄。船长坐在他身边，紧紧抱着头，一脸惊恐。我和查尔斯、萨布兰还有另一个男孩抓着竹竿，把我们的船从暗礁的边缘推开。船身被漩涡卷得打转，冲进一片沸腾的水里，又径直冲向另一块暗礁，白浪翻滚。

要不是有大风在身后猛烈吹着，我们就会失去航速，那么毫无疑问，船只就会被卷入某个漩涡里。当我们被风从一个漩涡吹到另一个漩涡时，我们拼尽所有力气，试图躲避漩涡中心的珊瑚礁。当前方的海峡终于开始变宽的时候，天已经黑了下来。在昏暗的光线下，我可以看到有个海湾的入口，就在右前方。我们驶了进去，在平静的水面抛下锚，躺在甲板上，筋疲力尽。我们三个都立刻睡着了，根本不知道自己到了科莫多没有。

* * *

黎明时分，我们醒了。昨晚我们抛锚的地方刚好是在一个开阔海湾的入口处。在白色的沙滩后面有一些山丘，上面覆盖着干枯的棕色杂草，零星长着几棵棕榈树，像帽针一样直直立在那里。在更远处，我只能看到一处由茅草屋构成的小村落。潮水昨晚就退了，现在海水很浅，我们可以直接蹚水穿过珊瑚礁，到村子里去。

村子的首领在他的茅草屋里接待了我们。是的，这里是科莫多；对，这里有“布阿甲-达拉特”（*buaja darat*）——就是科莫多龙，在山地游荡。就在几天前的夜里，一条科莫多龙钻进村子，还弄死了他的几只鸡。它们危险吗？这个嘛，这位首领实事求是地说，几年前有条科莫多龙害死了一位老人，不过也不能全算，因为那位老人很虚弱，可能是在科莫多龙找到他之前就已经去世了。我们想看看科莫多龙，这肯定没问题。只需准备一头山羊的尸体，最好是已经微微腐烂发臭的。这个他可以帮忙弄到。

第二天，几个男人带着一头死羊，跟我们走到一个长满灌木的小山谷。在一条干涸小溪的河床，我们把山羊尸体挂到了一棵树上，这样它那恰到好处的浓重气味就能扩散得更广。在岸边，我们用树枝搭建起一个小型掩体，查尔斯就把他的摄影机安置在掩体后面。

等待中，我们用望远镜扫视着对面的河岸，急不可耐地期盼着看到这种非同寻常的爬行动物，它正是我们千里迢迢赶到这里的原因。

在我们身后很近的地方，传来一阵沙沙声。我以为是那些搬运工去而复返，我转过身把手指放在嘴唇上，要他们保持安静。然而那不是搬运工，是科莫多龙。它离我们只有不到十码远。我用胳膊肘碰了碰还在盯着河床的查尔斯。他转过身，我俩就和那条科莫多龙面面相对了。查尔斯甚至都没法拍它，因为摄像机装的是长焦镜头，而科莫多龙离得太近了，对不上焦。我们似乎无计可施了，只能干坐在那里。

科莫多龙一动不动地待在原地，像雕塑一样完全静止，这是爬行动物的典型特征。它抬起头，下颚边缘的鳞片已经磨掉了，所以在身体的某些地方露出了下面粉红色的肉。而正常情况下，它的装甲外皮是铁灰色的。嘴角的线条稍微向上翘起，令这种动物总保持着一丝冷酷的笑意。它那条长长的黄舌头前端分了很深的叉，从嘴的前部滑出来又滑进去。毫无疑问，它正在空气中品评着我们的气味。

一只蝴蝶轻轻拍打着翅膀，落到它的鼻子上，但是科莫多龙仍然没有动。然后，它非常缓慢地转过身，极其从容不迫地绕着我们走了半圈，沿着低矮的河岸走上干涸的河床，向诱饵走去。

我们计算失误了。这条科莫多龙太大了，它直立起身子已经能碰到山羊尸体的下缘。现在它离得足够远了，刚好在查尔斯的焦距范围之内，于是他拍下了科莫多龙试图抓取诱饵的镜头。它一下抓到了，然后开始拽，使出浑身的力气往后猛拉。如果它把尸体拖下来，可能就会带着它溜走。想让公司的会计部核准两头腐烂山羊的采购可够呛。我从掩体后边跳出来，挥舞起双臂。那条龙松开羊尸，闪进了灌木丛里。

它有多大？肯定比我见过的任何圆鼻巨蜥（water monitor）都大得多。那种巨蜥和科莫多龙是血缘最近的亲戚，体型也非常庞大。不过圆鼻巨蜥的尾巴格外长，以至于躯干部分只有身长的三分之一；而科莫多龙的身体占到了体长的一半。所以就体重而言，科莫多龙的块头就大多了，也比任何圆鼻巨蜥更加孔武有力。萨布兰很想抓一条。他说自己只用在灌木丛里能找到的材料外加一段绳子，就能做个陷阱。我解释说我们没有带它出境的许可。不过转念一想，如果我们真的用陷阱捉住一只，就可以给它测量一下了。不管怎么说，用陷阱捕科莫多龙的过程本身也会是一段有趣的影片。

在萨布兰的指挥下，我们把木桩钉进河床的沙质土壤，用藤蔓拧成的绳子在木桩周围绑了一圈树苗的细茎。我们在前面挂起一个陷阱门，并将它固定到一个简单的触发器上，触发器连着一个倾斜的平台。我们在里面放了一大块臭气熏天的尸体。

科莫多龙的表现十分完美。它走进了陷阱，陷阱门掉了下来。我们近距离拍摄了它透过陷阱的木栏盯着我们，发出嘶嘶声的样子。我们还测量了它的长度——刚好9英尺（约2.7米）。并未打破这个物种身长的世界纪录，但也够大的了。接着，我们就把它放走了。

那天晚上，我们和首领及其家人一起吃了顿庆功宴。像往常一样，由萨布兰来帮助我理解他们说的话。首领告诉我们，你们这个船长，不好，“蒂达克-贝克（*Tidak baik*）”。我说，这个，我们也知道。但为什么说他不好呢？这个嘛，他就不是个渔夫，甚至不是弗洛里斯人。他是爪哇的一名军火贩子，在新加坡买了武器，走私到北边苏拉威西岛（Sulawesi）的叛军手里。军方正在追捕他，所以他才要躲在毛米尔港。这样一来，好多事情就解释得通了——他对这片水域的无知，以及他那拙劣的航海技术。然而，更糟糕的还在后头。他告诉村民们，我们有很多钱和贵重物品，并问他们，在我们离开科莫多时有没有人愿意加入他。他们联合起来的话，就能制服我们。

“那有人加入他吗？”我问。

“没有。”首领笑着说。

第二天，我们又拍摄了科莫多龙撕扯山羊尸体的画面。之后，就心满意足地启程了。我们觉得，船长在没人协助的情况下，也不太会动念制造什么麻烦。即便如此，还是决定，在余下的航程中，我们几个不要同时入睡。

没必要原路返回毛米尔岛了。船长不会说那里是他的常驻港口的，我们也知道可能未来几个月都没有飞机能从那儿接我们走，于是我们继续向西航行，驶向印尼群岛长链上的下一个岛——松巴哇岛，那里的比马（Bima）有一座小港口。它在我们的航空地图上被格外粗重地标记出来，看来那边很可能有一条适合任何气候的跑道。二十四小时后，我们到达了那里，怀着如释重负的心情，给船长结清了酬劳。

这里的飞机跑道是实实在在的混凝土，同毛米尔湿漉漉的草地比起来算是进了一步；但没人说得清飞机何时能着陆，或是会往哪个方向飞。我们决定在一座混凝土方盒子里扎营，其中有一张桌子和一组刻度盘，被用作机场办公室。无论飞机往哪里飞，我们都不想错过。萨布兰进城去买吃的，我们则在地板上舒舒服服地安顿了下来。不久，我们就和这里的一两名工作人员半开玩笑地达成了一致。他们效力于航空公司，偶尔会来上几个小时。每天都有一到两趟航班，有时会被取消，有时飞机并不飞往时刻表所列的目的地。没有开往爪哇的航班。不久后，我们就成了当地名人。人们从附近的村子来到这里，坐在我们旁边，毫无顾忌地凑近了看我们古怪的进食方式。

到了第三天，一架飞机降落了，接下来它要飞往北部的苏拉威西岛。我们还在争论是否要乘坐这架飞机，因为那边或许会有更多飞往爪哇的航班，然而，这架飞机已经满员了。飞行员原来就是把我们留在毛米尔的那一位。当他看到我们的生活状况时，他回到飞机上，给我们拿来六份午餐盒饭。这是我们几星期来吃到的最好的饭了。第二天，来了一架开往泗水的小型机，这次我们顺利登机。大约一小时后，又回到了胡布勒支家的豪宅。达恩和佩吉好久没有听到我们的消息，都十分担心。他们差点要去附近的美国空军基地为我们组织一次空中—海上联合搜救行动。

萨布兰帮助我们把分散在胡布勒支家花园和泗水动物园各个角落的动物收集到一起。我们共同把动物们装上了一趟前往雅加达的货运列车，接着，他就要留我们自行乘船回到三马林达了。我的印度尼西亚语依然很糟，但即便讲得再好，也感到很难找到合适的词来感谢他为我们所做的一切。但我希望他能理解，包含在我那支离破碎的语句背后的意思。

我们在雅加达把动物转移到一架货机上，接着就同它们一道回了伦敦。三天后，我开始剪辑我们的影片。

* * *

小猩猩查理成了节目的明星。它还成为伦敦动物园历史上的一道分水岭——它做了第一只在这儿出生的猩猩的父亲，也因而成为动物园枝繁叶茂的繁殖种群的老祖宗。至于科莫多龙，似乎没人介意它其实并不在伦敦动物园里，而是在我们初次见到它的地方——它自己的岛上。我当然是不介意的。

6

A Plunge into Politics

投身政治

20世纪50年代的政客们，还不太关注电视领域。彼时电视观众的规模依然很小，而且电视节目往往也都不希望在任何程度上涉及政治。但随着我们观众群体的增长与节目领域的拓展，政府和反对党都变得更加机警，很快，争议出现了。英国广播公司的时事评论员和出镜记者，都被指摘太具敌意。广播公司对政客们如此密集地质询，使他们无法对其政策作出前后一致的陈述，这么做是不负责任的。每个政党都声称，他们的对手要么被轻易放过了，要么提供给他们上电视的时间比给自己的多。

为平息这种指责，公司——我猜实际就是格雷丝·温德姆·戈尔迪（Grace Wyndham Goldie）建议，应该每年制作一定量的短节目，让政客们能够直接面向观众讲话，而不再接受各种形式的质询。这些节目被称为“党派政治广播”，变成了谈话节目部负责的事。

我们都没兴趣接这种活儿。没什么好处不说，还得受不少气。于是，大家只好轮流上。我们尽了最大努力，然而政客们坚定地认为，英国广播公司无法提供最专业的服务，理由不明。或许他们怀疑，如果有些制作人不认可他们那套说辞，就可能会故意抹杀他们的努力。没多久，他们内部的一些人被任命为大众传播专家，开始来到节目现场提意见，并察看英国广播公司有没有在认真干活。这就难以避免地造成了混乱。

最让我记忆犹新的，是一期有关住房问题的节目。在野党想在节目里阐述，他们在一年内能建造的房屋是执政党已建成数量的五倍（我忘了确切的数字）。我听说，他们的电视节目顾问设计了一种特殊的“视觉材料”，以着重强调这一点。但那个设计究竟是什么，直到节目录制之前他们都一直对我保密。

节目当天，那位顾问女士及一位政党发言人带着“视觉材料”一起出现在了现场。原来这个“视觉材料”由两部分组成，一个是座小型娃娃屋，另一个的外观设计完全相同，但要巨大得多。这位顾问向我解释说，她希望能有一个小房子放在大房子旁边的镜头，这样两个房子在尺寸上的巨大差异对观众们来说就一目了然了。

“你看，”她说，“我们要建五倍数量的房子，所以这个模型是另一个模型的五倍大。”

“但它是长了五倍，宽了五倍，也高了五倍。”我说道。

“当然。”她泰然自若地回答。

“但那，”我说，“就是一百二十五倍大了。”

“我们该怎么办？”她的声音小得几乎像在耳语。

"我认为最好的办法是，让这两个模型绝对不要同时出现在一个镜头里。"

"真是个好主意。"她咕哝了一句。

* * *

1955年，时任首相的安东尼·伊登爵士（Sir Anthony Eden）很快就抓住了新兴媒体带来的机会，要求进行一次首相电视讲话。轮到我来监制这档节目。我在莱姆·格罗夫的入口处等待他的到来。我们的高级门卫、曾在英国部队里任军士长的斯泰西先生（Mr. Stacey）也已就位。他穿着自己最好的制服，戴着白手套，还佩戴了肩章。外面的台阶上已经聚集了一大群人。时间差不多时，首相的劳斯莱斯专车隆隆而至。

首相下了车，向他的支持者们微笑。一些人挥舞着纸片向他索要签名。我认为，英国首相作为世界上最具影响力的政治家之一，却被当作电影明星一般，实在有损身份。但是伊登知道如何处理这种情况。

"收集一下，"他说道，"在我离开前我会签字的。"斯泰西先生就照办了。

伊登坐在一张桌子后面，发表了电视讲话。这段讲话并无特别之处，比较简单明了。播报结束后，我们回到了接待室。我递给首相一杯威士忌，并称赞他表现得有多好。他没有忘记自己的支持者们，就和我们要他们的纸和签名簿。我把它们一份一份递给他，他一一签了名。最后轮到了一张皱巴巴的什么收据。我觉得要求首相在这样一件东西上签名，实在有损他的尊严，于是偷偷把它扔到了餐具柜后面去。

伊登喝完他的酒，向仍在外面等着他的人群挥手致意，然后就离开了。我们其他人拖着疲惫的身体回到接待室，把剩下的一点公司为这种场合准备的招待酒喝完了。这是属于制片人的特权。我们做剪辑的时候，门开了，斯泰西先生走进来。

"对不起，先生，"他说，"我们在外面遇到点问题。一位先生说他递了一张纸要签名，但还没拿到。现在他有麻烦了，因为那张纸上有他酒店的地址，而他自己不知道酒店在哪儿了。"

我伏在餐具柜后面的地上，把它递给了斯泰西先生。

"但上面没有签名。"他说。

"当然没有，我才不会给首相这样一张脏兮兮的纸。"

"好吧，没关系。"斯泰西先生说。他靠在墙上，从胸前的口袋里掏出一支铅笔，小心翼翼地写上"安东尼·伊登爵士"，咧嘴笑着离开了。

据透露，安东尼爵士对他的讲话播出效果非常满意。所以在安排下一次首相广播时，他要求再让我来监制节目。这也被认为是唐宁街10号的成功。不久之后，安东尼爵士的内阁私人秘书菲利普·德·祖鲁塔（Philip de Zulueta）给我打了电话。

"首相想知道，"他说，"您是否愿意周末来契克斯庄园打网球。"

我已经很多年没玩过了，但很明显，这不是一个可以拒绝的邀请。我翻出自己那副古老的球拍，六根弦都断了。我应该买一副新的。简说，我也应该买一身新的网球服，但是当我为球拍付完钱，便觉得自己买不起其他新装备了。就用我的旧短裤和网球衫凑合吧。简吓坏了，她坚持至少得把衣服新洗一遍，再熨一下。

那天下午早些时候，一辆政府公车来接我。当我们在契克斯庄园门前停下时，菲利普·德·祖鲁塔出来迎接我。一位侍者打开了车子后备厢，拿出我的破箱子，把它提走了。我与安东尼爵士和伊登夫人共用了茶和烤饼，接着，首相就迫不及待地想打网球了。我们打算先换衣服，半个小时后在球场上见。我被带到我的房间。箱子已经被打开了，牙刷和刮胡刀被放进浴室，几件替换的衣服都在床上。我洗了个澡，然后才发现我的网球衫和短裤都不见了。我只穿着内裤，在箱子和衣柜里找网球服，但没有找到。拍球的声音从外面传来。透过窗户，我看到安东尼爵士在练习发球。我正让首相等着我呢。

我打开门，向外看看空荡荡的走廊。

“有人吗？”我轻声喊。

菲利普·德·祖鲁塔从走廊那头的一扇门里探出头。

“有麻烦？”

“我的网球服不见了。”

“别担心。我把我的借给你。”

他真是太好了，我万分感激地接受了。只可惜，菲利普的体重是我的两倍，但我别无选择。当我最终出现在球场上时，这么说吧，样子是有点窝囊。我的网球衫像套在身上的气球，短裤长到了膝盖以下。

首相轻而易举赢得了胜利，他还慷慨地说，这是一场很好的比赛。后来我才知道，那位为我整理箱子的契克斯庄园侍者觉得，我的衣服在简洗完之后还是太湿，不能穿，就把衣服拿去熨了。

当天晚上，菲利普和我同首相一起进餐。伊登夫人有点头疼，就没加入我们。

“你觉得这酒怎么样，大卫？”伊登问道。

我谨慎应对了这个问题。我对酒一无所知。

“实在太好了，首相。它究竟是什么酒？”

“法国总理居伊·摩勒（Guy Mollet）给了我几箱。是安布瓦兹（Amboise）的。”

好了，我知道安布瓦兹在哪儿。我和简一年前刚刚开车去卢瓦尔河谷度过假，我们还游览了安布瓦兹城堡。所以，现在我手里有了一张会话牌。只有一张。问题是，如何把这张牌打出去。

“真的！”我说，“这不是特别典型的卢瓦尔河谷酒，对吧？”

“不是吗？”首相用惊讶的语气说。

我很惶恐。“我只是觉得……”

首相让人把酒瓶拿给他。瓶身带有一条腰线，原来，这确实是一款非常少见的酒。

他拿出眼镜，仔细看瓶上的标签。

“你说得很对，”他说，“我真傻。从瓶子的形状就可以看出来，这是一种双重发酵的酒。是阿尔布瓦（Arbois）的。”

我谦虚地笑了笑。有时候，一个人真是配不上他的好运气。

几个月后，那是在1956年，我再次被征召制作一期首相电视讲话。这一次是出于更为严重和紧迫的原因。一个外聘的广播摄制小组正在赶往唐宁街的路上，我必须尽快到那边同他们汇合。我知道原因。埃及总统纳赛尔（Nasser）已经接管苏伊士运河（Suez Canal），并驱逐了英方管理人员。“苏伊士危机”爆发了。

简开车送我过去。可足球迷们堵塞了道路，切尔西正在主场作战。我们无法从人群中穿过，不得不以步行速度开了大约一英里。终于到达唐宁街时，我径直走进10号门找威廉·克拉克（William Clark）。克拉克曾是一位为《观察家报》（*Observer*）撰稿的杰出记者，现在是首相的公关负责人。我被带到他在地下室的办公室。

“这是怎么回事，威利？”

“不知道。我想那老人家已经疯了。他甚至都不见我。你最好到楼上的公寓去。”

在顶楼的公寓里，伊登躺在床上，面色惨白，神情憔悴。拉伯·巴特勒（Rab Butler）、塞尔温·劳埃德（Selwyn Lloyd）、哈罗德·麦克米伦（Harold Macmillan）和其他内阁成员围着他坐在椅子上。两名漂亮但严肃的首相办公室的姑娘也坐在那里，膝盖上放着打开的记事本。在伊登脑袋后边的架子上，瓶瓶罐罐的药物多得吓人。

“啊，大卫，进来。我们正在通读我的电视讲稿，看看你觉得怎么样。”然后，他继续大声朗读自己面前的文字。稿件是用大号字打印出来的。在那个年月，似乎只有最高级别的政府官员才用这种字号。

“有的时代需要的是勇气，”他吟诵着，“有的需要行动。而今天，我的朋友们——”他停了下来。

“你觉得我在这时候应该说‘我的朋友们’吗，大卫？”

“我不确定，首相，可能我需要再多听一点儿。”

于是他继续读下去。读到其中一页的末尾，他就把这张做过些修订的纸页递给坐在床一边的秘书，秘书拿走稿件去重新打印，床另一侧的姑娘就递给他下一页稿子。我意识到这个流程已经持续一段时间了。那些重新打好的稿页又都拿了进来。当伊登读到上一版的末尾，他就开始从头读新改的那一版。在我听到内容完整循环了一遍后，他又准备开始另一轮试读。我紧张地建议首相，是时候休息一下了，他需要为电视讲话保存一点体力。于是，我们都陆续退出了房间。

我们在可能是唐宁街10号最大的起居室里架起若干台摄影机。除了首相要坐的那张桌子周围一小圈灯光照到的区域外，各种设备难免把房间弄得一团糟。那个年代最原始的提词器已经就位了，它需要极其精细的调试才能正常工作，操作员还在精益求精地调整它的位置。高架上的照明灯炙烤着这片场地。视频监视器摆得这儿也有，那儿也是。伊登夫人在它们当中走来走去，看起来对我们对她家的“洗劫”十分气恼，这当然是可以理解的。

我出门到转播车里去查看了图像，然后回来准备迎接首相，尽我所能让他就位并且放松下来。时候差不多，他露面了，看起来虚弱得可怜，但仍对摄影师和电气技师们展现出他那好莱坞式的笑容。他七拐八绕地穿过丛林般的灯架和纠缠不清的电缆，坐到了桌子后面。化妆师姑娘在他脸上搽了粉，好遮盖掉脸上的汗迹。我探过身，对他说了几句老套的担保和鼓励的话。在像这样的场合下，导演们经常会对嘉宾说这些。突然，伊登夫人冲了过来。

“这是个阴谋吗？”她叫起来，“我刚才看了一眼监视器。播音现在不能开始，首相的胡子看不见了。”

就在全世界即将获悉英国将不惜发动第三次世界大战前的几秒钟，她打开自己的手包，拿出睫毛膏，开始往首相上唇上的胡须刷起来。

7

New Guinea

新几内亚

我还是非常想拍极乐鸟。虽说印尼人拒绝了我们前往华莱士初次观看极乐鸟表演的阿鲁群岛的申请，但那里只是极乐鸟栖息地的边缘。而极乐鸟家族的大本营，是在更东边的新几内亚境内。那正是我们接下来要尝试去到的地方。

在20世纪50年代，新几内亚的西半部被荷兰统治，东半部则属于澳大利亚。对我们来说，显然去东半部更合理，至少那儿的官员会说英语。但还有一个障碍：在外拍的系列短片之间，插播在演播室内展示的活体动物仍是《动物园探奇》节目中的重要环节。我并无意捕捉极乐鸟，只是想拍摄它们求爱时的炫耀行为；不过从新几内亚还是能带回不少其他令人兴奋的东西——小型哺乳动物、不同寻常的鹦鹉、色彩鲜艳的蛇和蜥蜴、奇特的竹节虫和色彩斑斓的青蛙。任何一种动物都不能空运回伦敦，因为澳属新几内亚同世界其地角落之间仅有的航线，都要途经澳大利亚，而澳大利亚当时有着严格且不容变通的检疫规则——至今依然如此。尽管事实上野生鸟类一直在新几内亚和澳大利亚北部之间往来迁徙，但任何进入澳大利亚的笼养鸟，都必须经过为期数月的隔离检疫。

不过，它们可以通过船只离开新几内亚，然后穿过中国南海，到达中国香港，再从香港空运到伦敦。但是它们不能单独运输，必须得有人陪着它们，给它们提供充足的食物和保持清洁。我向伦敦动物园提了这个问题。他们回复说，如果能获得一批新几内亚的动物，他们当然会非常高兴，但是没有多余的人手能帮忙运送。看样子，似乎我得自己应付这件事了。

这样一来，行程就得再延长几周。我不确定英国广播公司要是知道其全职制作人将会花掉一个月的时间去扮演动物管理员，会是什么反应。在为《动物园探奇》去新几内亚的拍摄写计划书时，我把这项安排在细节里提了那么一下，不过没人提出任何反对意见。或许，根本没人注意到。

不过，伦敦动物园还是为我提供了一张王牌——爱德华·霍尔斯特伦爵士（Sir Edward Hallstrom）。他是澳大利亚的大富翁，靠生产冰箱发了大财。同时，他也是个富有热情的鸟类饲养者和悉尼动物园的主要捐助人。而在我看来非常重要的是，对于极乐鸟，他充满了激情。他在新几内亚中部高地的农杜格尔（Nondugl）建了一处实验农场，打算在那里的高海拔牧场上饲养绵羊，至少从表面上看起来如此。爱德华爵士还将澳大利亚著名的动物收集者弗雷德·肖·迈耶（Fred Shaw Mayer）安顿在那里，让他负责捕捉极乐鸟，然后把它们送到悉尼动物园。在那里，鸟儿们将被隔离数月，直到可以合法地对外展出——或者，被纳入爱德华爵士的私人收藏。伦敦动物园写信给爱德华爵士，告诉他我们的诉求，他同意我们可以用他在新几内亚的产业作为我们的基地。1957年6月，查尔斯·拉古斯和我到达了那里。

* * *

直到1933年，农杜格尔所处的瓦吉山谷（Wahgi Valley）还是一处完全不为人所知的地方。在那之前，人们认为新几内亚内陆这片未被探索过的土地上遍布着交叉纵横的山脉。但在1933年，来自澳大利亚的莱希（Leahy）兄弟米克（Mick）和丹（Dan），在沿着普拉里河（Purari）这条新几内亚东部最大的河流之一往上游淘金时，碰到一些人类的尸体，顺着由西边汇入大河的一条支流漂下来。从尸体上的伤口来看，这些人似乎是在一场部落战争中丧生的。他们身材高大，胡须浓密。莱希兄弟以前从没见过这种长相的人。他们是谁，他们从哪里来？

三年后，米克·莱希再次回到普拉里河畔。他注意到在岛中心偏西一些的方位，远远地有云在聚集。他认为这些云更像是典型的草原类型，而不是山区里的。再加上对那些奇怪尸体的记忆，令他确信，在内陆当中一定有一处不为人知且人口众多的山谷。1937年，他和丹在一名政府官员的陪同下，出发去寻找这处山谷。

他们深入普拉里河源头那片无人探索的国度，爬上陡峭的山壁，然后就走进了一片广阔的高地山谷——瓦吉谷。他们遇到一个人，他从未听说过大海的存在。那里的人们从未见过金属工具。他们拿着石斧，戴着华丽的极乐鸟羽毛做成的头饰。米克·莱希使他们被公之于世、他对他们的反应以及他们对他的反馈，堪称20世纪的探险故事中最为经典的一则。

两年后，第二次世界大战爆发了。于是直到1945年以前，这座山谷始终没有外人涉足。即便在我们到访的那个时候，十二年过去了，当地也依然鲜有变化。那些在农杜格尔农场工作的人，以及帮助弗雷德·肖·迈耶捕鸟的猎人，都还穿着传统的服饰——一条宽腰带上，前面挂着一片用动物毛发织成、长及膝盖的围裙，后面缀着像裙撑般的一束树叶。几乎每个人都戴着用极乐鸟羽毛做成的头饰。

一开始我觉得这是个好兆头。这意味着这个地区肯定有很多极乐鸟。弗雷德·肖·迈耶纠正了我的错误，实际情况恰恰相反。因为极乐鸟的羽毛不仅仅是华丽的装饰品，它们还是金钱，是许多部落间进行交易必不可少的货币。其造成的结果就是，这些鸟一直在被大规模地捕猎。十年前，人们很少离开他们自己的村庄去捕捉极乐鸟，因为彼时部落间的战争还很普遍，被伏击的危险实实在在存在着。于是在森林里无人涉足的角落，还有很多极乐鸟得以繁衍生息。但在过去几年间，澳大利亚政府将法律和秩序带到了瓦吉山谷。现在，一位猎人可以随心所欲去他想去的地方。这样一来，那些羽毛丰满的鸟儿几乎从瓦吉山谷消失了——而人们戴的头饰，则比以往任何时候都更光彩夺目。

关于他们狩猎的强度，我们很快就看到了令人咋舌的证据。在农杜格尔对面、山谷的另一侧，一座叫明季（Minj）的村庄将要接待南部山区中居民一次礼节性的到访。两个村子之间将展开贸易，交换猪和珠贝。旧债会被偿还，新债即将欠下。此外，就像在新几内亚所有重要场合常有的那样，会有舞蹈和歌唱。于是，我们前去观看。

上午，人们开始往村外的一块空地聚集。远处有鼓声和吟唱声传来，透过望远镜，我看到一排小小的人影从南部山壁覆满野草的陡峭山脊上走下来。通常来说，一个人走到谷底只要不到半小时的工夫，但由于来访者们不断地停下来跳舞唱歌，一直到两三个小时之后，他们的大队人马才全部走了下来，聚集在明季村外。

从第一支小分队到达时，打鼓和吟唱的喧闹声就开始了，一直没有停下。声音越来越大，到中午时分，已经变得震耳欲聋。最后，那里聚集了几百号来访者。他们排出一个个方阵，五人一排，十排一组，向前、向后猛烈地跺着脚。他们身上涂满了红色黏土、烟灰和猪油。脖子上戴着新月状的珠贝吊坠，穿了孔的鼻子上也挂着珠贝制成的小圆片。尤其，每个男人都戴了一顶羽毛头饰，华丽得难以用词汇来形容。我认出了小极乐鸟（Lesser Bird of Paradise）如黄纱般的羽毛，以及它的近亲——新几内亚极乐鸟（Count Raggi's Bird of paradise）*的红色羽毛。但仍有些羽毛我头一次见到，属于那些人们在欧洲大陆从未见过活体的物种——斯氏长尾风鸟（Princess Stephanie's Bird）的黑色长尾羽，丽色极乐鸟（Magnificent Bird of paradise）胸前所覆的虹彩绿色盾状羽，以及蓝极乐鸟（Prince Rudolph's Bird of paradise）的蓝色侧羽。其中最超凡脱俗的，当属萨克森极乐鸟（King of Saxony's Bird of paradise）头上长的那对长长的饰羽，上面有亮蓝色的三角形花纹，如同贝壳的碎片点缀其间。舞者们将这些羽毛穿过鼻子上的洞，并把它们系在头顶中心上方的

* 新几内亚极乐鸟，又名红羽极乐鸟或红羽天堂鸟，是一种大型的极乐鸟，分布在新几内亚南部及东北部。学名*Paradisaea raggiana*是为纪念热那亚侯爵弗朗西斯拉吉（Francis Raggi）。新几内亚极乐鸟是巴布亚新几内亚的国鸟，该国的国徽和国旗上都有这种鸟。

头饰上，在面部围合成一个框。

要计算这些头饰代表多少只鸟太容易了。萨克森极乐鸟的雄鸟只能生出一对头部饰羽；新几内亚极乐鸟的体侧只有两簇饰羽；每只大极乐鸟（Superb Bird of paradise）只有一副绿“围嘴”。因此我很容易看出，每个人戴的羽饰都是由二十到三十只极乐鸟的羽毛做成。在场至少有五百名舞者。在那一次演出中，明季村的男人们就用了近两万只被猎杀的极乐鸟羽毛装饰自己。

* * *

弗雷德·肖·迈耶住在离他鸟舍不远的一间小屋里。他与那位曾向我详细介绍阿鲁群岛的动物收藏家、身材高大、长相庄重的塞西尔·韦伯截然不同，弗雷德很矮小，背有点驼，显得有些羞怯。他戴着一顶奇怪的猎鹿帽，两侧的耳罩永远是垂下来的，还套着几件长款羊毛开衫，因为瓦吉这里夜晚会很冷。但正是这个男人，年轻时曾只身一人在太平洋和东南亚最荒蛮的丛林间穿行。他本人就发现了好几个极乐鸟的新种。其中最为华美的一种，最初是他在一场像我们在明季村看到的那种歌会上，通过一个瓦吉男人头上佩戴的两支将近三英尺长的白色信号旗般的尾羽识别出的。最终，当这种鸟本身被发现，并获得科学描述时，它就被冠以弗雷德的名字：*Astrapia mayeri**。

弗雷德的一生都献给了他的鸟儿。每天早上，他都会在黎明前就

* 该拉丁学名中包含了弗雷德的姓——迈耶（Mayer），这种鸟的中文名为绶带长尾风鸟。

起床拌鸟食。他说他喜欢趁天亮之前把食物放进鸟舍，这样鸟儿就可以在和野外栖息时同样的时间吃到东西了。每个极乐鸟都有自己独特的口味，弗雷德全都知道。他把当地的水果和专门收集的蜘蛛、黄蜂幼虫或是蝌蚪搅拌在一起，给每种鸟儿准备的都是它们最喜欢吃的。

我问他，我们有多大机会能看到这些鸟儿在农杜格尔的丛林中求偶炫耀。他对此不抱希望。不久以前，新几内亚极乐鸟在瓦吉还很常见。我对这种鸟很感兴趣，因为它和华莱士在阿鲁群岛看到的极乐鸟很相似。主要区别在于华莱士描述的那个种类羽毛是金色的，而新几内亚极乐鸟的羽毛是暗红色。两种鸟的习性也很相似。若干只雄鸟会凑成一组，聚集在某几株特定的树上，用舞蹈来吸引雌鸟。未成年的雄鸟哪怕羽毛尚未发育成熟，也会飞去那里。这正是华莱士的著作中卷首插图所描绘的场景，激发了我小时候对鸟类的兴趣。

弗雷德向我解释说，这些炫耀树的主人会非常小心地守卫着它们。等到雄鸟的装饰羽一长出来，他们就会趁它的羽毛被求偶舞蹈弄得支离破碎前，把它射杀下来。整个山谷——乃至远在密林深处，大多数炫耀树上的鸟儿都已被射杀殆尽了。即便哪个猎人知道一棵更偏远的炫耀树，他也不大愿意领我们去看，以免被别人发现，并抢在他之前杀死那些鸟。

最有可能观赏到极乐鸟表演的办法，是去吉米河（Jimi River）所在的峡谷。那条河与瓦吉河基本平行，向北一直延伸到山脉之外。但吉米河谷仍是一片未受管控的领土。要想进入这片区域，我们需要拿到地区专员的许可。他的办公室设在瓦吉山谷上方芒特哈根（Mount Hagen）的定居点。

今天的哈根（Hagen）已是一座繁荣的大城镇。而在1957年，那里只有四五座波形钢板的建筑。镇上有一个医疗站、一间行政办公室，以及地区专员的家。你可以沿一条蜿蜒小路走陆路到达那里，只是时常会陷入淤泥——走那条路可能要花很长时间，而且陷在半路的风险也不小。而多数欧洲人在定居点之间往来时，会搭飞机。每隔几天就有几架飞机会沿山谷飞上一趟，为所有站点送去邮件和物资。乘坐这些飞机，几分钟内就能到达目的地。我们就坐上了一架。

地区专员是位虚张声势又粗鲁的澳大利亚人，在哈根，他坐在桌子后面，目不转睛地盯着我。他穿着熨烫平整的卡其布制服，但显然，他在办公室里一点儿也不自在。我毫不怀疑，对于自己所管辖的这片荒蛮之地，他就和其他欧洲人一样知之甚少。他可能只是在区域内半数地方插上了澳大利亚的国旗而已。他是个令人望而生畏的人物——反正我是被吓到了。我极尽所能向他解释，我们想进入吉米河谷去拍摄极乐鸟。在我说话的时候，他的表情毫无变化，看起来既不吃惊，也不感兴趣。

我无力地结束了这番演说。然后，轮到他说了。吉米是一处粗野之地。几年前，有飞行员从瓦吉经吉米河谷飞往位于北方沿海地带的马当（Madang）时，曾报告说看到有村庄起火。他就派了一位年轻的巡警及六位从当地招募的武装警察，前去查看发生了什么情况。这支巡逻队中了埋伏，几位警察被弓箭射伤，他们就匆忙撤了回来。于是他亲自上阵，同另一位叫作巴里·格里芬（Barry Griffin）的巡警一道去了那里。他们在一个叫塔比布加（Tabibuga）的地方共同选定了一处永久站点，然后他就留下格里芬来启动这个站点。这是一年多前的事情了。尽管格里芬曾短暂地回过哈根几次，但从那时起，就没有别人进入过吉米河谷了。如果我们想在那里转悠一段时间，需要有一支武装力量护卫。而格里芬是能够提供护卫的唯一人选。但他就算不用忍受我们这帮惦记着到处拍摄小鸟的英国佬，可能也已经忙得不可开交了。不管怎么说，他还是会用无线电和格里芬联系一下，问问他愿不愿意与我们合作。他不会授意格里芬必须这样做，但如果格里芬同意了，我们就可以搭乘下一趟给他输送补给的运输车，进入吉米。按计划一星期左右就将启程。

四天后，我们通过农杜格尔的无线电得知，格里芬巡警同意接待我们。他建议说，我们进入塔比布加之后，应该沿着吉米河谷向下游走，翻过北部的俾斯麦山（Bismarck Mountains），最后到达艾奥梅（Aiome）——拉姆河上的一个站点。那儿有一条飞机跑道，会有专机来接我们。

突然间，我们就有了一大堆事情要做。我们搭乘下一班飞机来到沿海地区，采购了一个月的食物供给。我们去政府商店买了旅行用具，有可以搭建帐篷的防水油布，还有内置撑杆、可以用来搭床的帆布管。我们还买了一些能够用于交易的商品，包括盐、镶金边的珠贝、镜子、口琴，以及梳子。我们预订了一架小型飞机，五周内到艾奥梅接上我们。

在我和地区专员见面后的第八天，我们把所有行李装进了农杜格尔一辆卡车后的拖车里，驶往瓦吉山谷北部山壁脚下的一座小定居点，开始了我们的长途跋涉。当卡车卸下所有行李、沿着红色的泥路开远后，我意识到，从此刻开始，在接下来的五周里，我们去往其他地方唯一的方式就是步行了。

一位身材高大的“警察”迎上来，递给我一张纸条。他光着脚、赤裸着上半身，腰间围着一块干净的卡其布。信是巴里·格里芬写的，信上简短地说，送信的人瓦瓦维（Wawawi）是巴里最信任的警察之一，他会招募一些搬运工，并领我们到塔比布加。

我们第二天拂晓就出发了。瓦瓦维招募了四十位瓦吉人来搬运我们的行李。他把每件行李分配给两个人。他们从灌木丛里砍来杆子，把行李系在上边。当我们所有的行李都处理完毕，瓦瓦维扛起步枪，发出了启程的号令。他在前面带路，搬运工们用肩膀担起杆子，另一位较年轻的警察在队尾殿后。就这样，我们出发了。

最初，泥泞的小径沿着一条小溪蜿蜒而上，但很快就变得更陡峭，攀爬也更困难，温度也降低了很多。这条简直不能叫作路的小径，在灌木丛间穿行，树丛中满是雨水的叶片，打湿了我们的肩膀。小径沿着陡峭的岩石表面迂回向上，与溪水并驾齐驱。每隔一小时左右，我们就停下来休息一会儿。到中午时分，我们已经爬到海拔8000英尺（约2438米）左右的高度，云雾都在林中飘荡。

坡度稍微变缓了一点，我们来到一座光秃秃的山口前。当走在队伍后面的我来到山口时，发现前面的搬运工放下了他们的货物，聚集在瓦瓦维周围，争吵得很厉害。

那个时候，我掌握的洋泾浜新几内亚语已经足够和瓦瓦维交流了。他告诉我，搬运工们拒绝继续走。他们想下山回到瓦吉。我说，我理解他们一直背着沉重的行李，都很累了，所以建议从现在开始，我们休息得频繁一点，每次时间也更长一点。但是瓦瓦维说，那并不是问题所在。这些人不愿再走下去，是因为这里到了他们部落领土的边缘。前面的人都是坏人。按瓦瓦维的话说就是：“Ol ’e kai-kai man（都是‘凯凯’

人）。”查尔斯站得很近，正在拍摄这场争论。他比我更快明白了这句话。“他的意思是，他们是食人族。”他嘟囔了一句。

就在这时，我看见前方几百码的一堆岩石后面有动静。我再仔细一看，那是一根头饰羽毛的闪光。然后我又看见一个。突然间，五六十个男人从躲藏处冲了出来，沿着小径扑向我们，一边用最高音喊叫着，一边挥舞着用灌木做的刀和斧子。我能想到自己唯一可做的，就是伸出手向他们走去，尽量让自己看起来显得平静而友好。几秒之内，他们就到了我跟前。令我惊讶的是，他们抓住了我伸出的手开始上下摇晃，还拍着我的肩膀。显然，他们很高兴见到我。我最初想不明白，他们为何要表现得那么凶悍。然后我突然意识到，既然这是部落的边界，当他们遇到来自另一边的人时，尽可能地表现得强壮和好战，无疑是明智之举。如果他们看起来温柔、平和，瓦吉人可能就会认为他们很弱小，正适合下手。

不管瓦吉人对此怎么看，很显然他们只想尽快回到自己温暖的家乡。既然下一个部落的人显然也很想帮我们搬运行李，再把瓦吉的搬运工强留下来就没必要了。我从我的巡逻箱中掏出一袋硬币，瓦瓦维按照政府工资的标准，给每位搬运工付了一天的报酬。这会是这一个月里，我们最后一次还能用钱币进行支付了。从这往后，我们就必须用汤勺度量盐或是玻璃珠的重量来付账了。

我们的新朋友抓起行李，兴高采烈地出发了，一路用最高音唱着歌。这条路穿过长满草的山脊。一开始我以为，我们就要到达吉米谷的谷底，最难走的那部分已经走完了。但不久之后，我们又开始在另一条山脊的侧面攀爬。我们走在吉米河的上游，不得不穿越这个部落的田地，一会儿爬上，一会儿爬下。到了下午晚些时候，我们筋疲力尽地走进一处小定居点，也就是依一道弯曲山脊而建的两排茅舍。我们就在这儿过夜。路，只走了一半。

第二天的旅程堪称一个小高潮。瓦瓦维发布了消息，要招募一些搬运工。结果来的人远比我们需要的多得多，都是从周边的定居点跑来看我们的。没有被我们雇佣的人，也无论如何要和我们同行。搬运工们唱起一首欢快的、没有完结的小调，所有人就都跟着一起唱。一路上，每当我们走近一座村庄，人们听到歌声，就从村子里跑出来迎接我们，然后围绕在我们身边，欢呼雀跃着一起前行。中午时分，我们爬上另一道山脊，再次沿着山脊下坡时，透过翠林间的缝隙望去，我看到在下方很远很远的地方，有一处小小的赭色斑点。是一片空地。那里一定就是塔比布加了。

这时候，我们的队伍已经有几百号人了。在我们前头，几十名勇士一字排开，挥舞着长矛疾驰，然后停下来跳舞，他们跺着右脚，得意洋洋地喊叫，直到我们眼看就要赶上，他们便会再往前冲一段，重复刚才的表演。甚至我们的搬运工们，尽管身负重担，也会尽力猛地小跑上一段。瓦瓦维则用标准的军姿扛着枪，并用阅兵场上的古板姿势挥动着不托枪的那只手臂，迈着大步向前进。

前方的路变宽了，直通向我从上方森林看到的那片红土露天空场。至少有一千人在那里等着我们。当我们从林中走出来，他们就兴奋地尖叫和大喊起来。在他们身后，空场的对面，矗立着一座四周开敞的茅草屋顶建筑，在其凉台上，一位身穿整洁的白色衣服的欧洲人坐在椅子上，正读着膝盖上的一本书，丝毫不受周遭喧嚣的影响。当我走向他时，人群分开了一条路。当我离他不到二十码时，他从容地合上书，放在椅子上，慢慢向我们走来。这很难不让人联想起发生在乌吉吉（Ujiji）的那次著名的相会*。我努力克制自己不要脱口而出："你就是格里芬医生吧？我猜。"其实，是他先开的口。

"格里芬。"他说，与我握了握手。

"爱登堡。"我适时回应道。

"很抱歉这么吵，"他接着说，"我的老伙计们见到你们有点激动，因为你们是我来之后第一批到这里的欧洲人。我猜他们之前以为我就是世上唯一一个欧洲人，现在他们发现原来还有几个，可能很震惊吧。"

* * *

巴里住在他建在山脊上的一栋房子里，可以俯瞰大部分站点。房子只有一个房间，他一丝不苟地保持着整洁。鞋子——靴子、便鞋、拖鞋，都沿着一面墙一字排开；两摞澳大利亚杂志堆放在另一面墙下，一摞是他读过的，一摞是没读的；角落里放着一张行军床，床单铺得整整齐齐；屋中间摆着一张小搁板桌。这就是房间的全部了。此外还有两间户外小屋，一间是厨房，一间是盥洗室，盥洗室里悬挂着一只帆布桶，

---

* 乌吉吉是坦桑尼亚最古老的城镇之一。1871年10月27日（斯坦利日记上记载的是11月10日，但据考证他的记录有误），英籍美国记者兼探险家亨利·斯坦利（Henry Stanley）在乌吉吉寻找到了失踪多年的苏格兰著名探险家、医师、传教士大卫·利文斯敦（Dr. David Livingstone）。据说斯坦利在找到利文斯敦时，说了一句："你就是利文斯敦医生吧？我猜。（Dr. Livingstone, I presume？）"这句话后经媒体引述及文献收录，成为西方历史上的一句名言。

用作淋浴。

我提出我们自己搭个帐篷，睡在里头，但巴里不听。他坚持我们应该和他住在一起。把我们的摄影设备和旅行箱扔在如此整洁的房间中，简直是一种亵渎。那天晚上，我们吃了羊舌罐头，喝了瓶装啤酒。在如此偏远的地方能把这样的食物摆到我们面前的桌上，消耗了多少人力可想而知，我知道，这几乎是我吃过的最昂贵的一餐了。

巴里已经通知周围村子的人我们到了，并让他们把自己能找到的动物都带给我们。两天后，来了一百来个弥尔马人（Milmas）。他们的部落领地离这里有一天的脚程，与塔比布加本地的马拉卡人（Maraka）是宿敌。最初正是由于这两个部落间的火拼，才创建了塔比布加站点。巴里把站点设在马拉卡部落的中心地带，因为似乎这个部落的人更有攻击性、更好战。他对任何再度挑起事端的人，都会严肃处理。为尽量减少暴力冲突再次爆发的可能性，他只许弥尔马人每周里在特定的一天才能到站点这边来。而这一次，是他要求他们带着动物过来的。

他们看起来很强悍，服饰基本上和瓦吉人的一样，前面是编织围裙，后面是树叶，但他们的样貌却显得更加狂野。他们的羽毛头饰更小巧、更务实，没有时髦的瓦吉人穿戴那么奢华。许多人还戴了一条由树袋鼠后半身的皮毛制成、毛茸茸的超大领巾，把袋鼠后腿系在脖子上，巧克力棕色的尾巴就垂在他们胸前。他们为我们收集了各种各样的东西，有甲虫、蜘蛛、蛇和食火鸡的卵。有些是我们想要的，但大部分不是。不过我们把所有动物都收下了，也付足了钱。你很难指望弥尔马人会知道伦敦动物园里适合展出些什么。

其中最妙的，是有个人孵化了三只小麻雀那么大的鹦鹉雏鸟。他们养鹦鹉只是为了得到羽毛。饲养它们绝非易事。我应该做的是把香蕉或其他蔬菜嚼碎，然后用嘴唇喂给它们，就像它们的妈妈用喙那样。这会耗费大量的时间和精力，但我无法拒不收留它们，而且不管怎么说，单是从体型猜测，我觉得它们很可能是矮无花果鹦鹉。这种迷人的小鹦鹉只在新几内亚出现，其他地方罕见踪迹。于是我担负起了这项持续四周、每天喂养它们的任务——不过最终，我成功将它们驯养成了一群可以用手抚摸、人见人爱的袖珍小鹦鹉。

两天后，轮到马拉卡人从边远的村庄到这来做生意了。他们也得到了消息，给我们带来各种动物——有一英尺长的多刺竹节虫、树蛙和脊背上有一排白色鳞片的绿树蟒。有一个人还带我去看了他们村外的极乐鸟炫耀树，但是所有曾在那驻足的极乐鸟都被射杀了，就和在瓦吉一样。显然，我们离人类的居住地还不够远，找不到一棵未被洗劫过的炫耀树。

我向巴里解释说，拍摄极乐鸟是我们此行的首要任务。他也承认，在吉米河谷更下游、人烟稀少的森林里，找到它们的可能性会更大一些。我们就制订了一个计划。他不愿让我们在没有任何保护的情况下深入河谷。虽说最近他没听说什么麻烦，但各部落间的冲突并未完全停歇，不能保证他们不会伏击经过其领地的陌生人。他在站点还有事要做，不能离开一个多星期；但如果我们想要早点启程也行，可以先由瓦瓦维护送我们，之后巴里会带更多武装警察出发，趁我们还没走太远就赶上来。我们可以一起走到艾奥梅，然后他可以借光搭我们的包机，和我们一起回瓦吉度几天假。

* * *

在塔比布加待了六天后，查尔斯和我再次启程了。我们第一站的目标是门吉姆（Menjim）的村子，坐落于吉米河的一条支流甘兹河河畔，步行两天就到。那里的人仍会制作石斧，所以我们相信，此行至少能拍到点内容。

我们发现有一群人正坐在小溪边干活。制作石斧用的鹅卵石就躺在河床底。他们用一块石头捶击另一块，先将石头砸碎，然后把其中较大块的石头碎片粗略切割成斧头的形状，最后用粗糙的砂岩小石片将它打磨成型。斧刃非常薄，还泛着耀眼的光泽，所以看上去十分脆弱。如果有人用它们去砍树，一定会碎得四分五裂。而且这些斧子看起来也太大、太笨重了，无法在战斗中使用。原来它们是歌舞会上演出用的道具，也可以在某些交易中当作基础货币。如果我们是在观看一幕从石器时代流传至今的场景，那么眼前的这一切也是去日无多了。

一个门吉姆的男人告诉我们，他知道有棵树，极乐鸟会在上面跳舞。于是第二天，我们满怀期待地跑去看它。这是一棵巨大的树。最靠近地面的树枝也有大约100英尺（约30米）高。我们没有绳索，我也找不出什么办法爬上去。站在地面上的话，我们是根本看不见在树冠上求偶炫耀的极乐鸟的。或许我们可以搭一个梯子，沿着树干爬到150英尺（约45米）高的树枝上，再在上面建一座摄影平台。这都要花上一些时间，但是，当巴里傍晚赶到的时候，我们连这个机会也没有了。

他告诉我们，计划有变。就在他离开塔比布加之前，哈根的地区专员通过无线电联系了他。一个名叫吉姆·麦金农（Jim McKinnon）、在吉米河谷对岸的俾斯麦山区谋生的淘金者，花了几个月时间自己动手修了条自用的飞机跑道。他包了一架飞机，想运些机械设备过来，用在淘金作业上。但那飞机只肯降落在地面有官方标志、证明跑道可用的地方。这个标志需由政府官员放置，而巴里是附近唯一一个有权放置标志的人，因此他必须尽快赶过去。他对这段路程会途经的部落和村民并不熟悉，因此必须把瓦瓦维还有其他所有警察都带上。这么一来，我们也得和他一起去了。

第二天，我们继续沿着狭窄的甘兹山谷往吉米河前进。我们的身体现在已经很强壮了，长途跋涉也不再像之前刚出发时那样，令人筋疲力尽。虽说是在走下坡路，不过雨刚刚停，路况不容乐观，但是我在摆动双腿时，好像毫不费力。我们大步走过一片片壮观的热带针叶林，南洋杉笔直的圆柱形树干有工厂的烟囱那么粗。林中回荡着鸟儿清脆的鸣叫。时不时，我们会听到犀鸟在树冠上方飞行时发出的、缓慢而有节奏的嗖嗖声。我三次看到森林上空金色羽毛的闪光——这里有小极乐鸟。令人沮丧的是，我们没法停下来，花点时间去查看一下它们有可能求偶炫耀的地方。但是，森林是如此的美丽又原始，空气是如此的清新又清洁，甘兹河又是如此欢快、轻盈地在我们身旁潺潺流动。这是我有生以来在森林中度过的最轻松惬意的日子了。

由于巴里的加入，我们现在的搬运工有将近一百人了，他们协力担负着数量甚多的行李。我们又不能指望在一路经过的丛林里找到食物或是住处，因此带上了可能需要的所有东西：帐篷、烹饪用的锅碗瓢盆、为我们可能找到的动物准备的笼子、摄制器材，以及最重要的——食物——我们的食物，搬运装备的人的食物，还有搬运食物的人的食物。

我们要去位于吉米河岸上一座叫图姆邦吉（Tumbungi）的小村庄。巴里以前去过一次，但也只有那么一次。人们在那里修了一座藤编的吊桥，我们可以从那儿过河。在那里我们应该也能招募到更多搬运工，因为那些把我们一路送到这里的人，不愿意越过吉米河谷到北面去。对他们来说，那是敌人的领地了。

我们当天晚上到达了图姆邦吉，那座桥倒是还在，却已下垂成一道浅弧，软塌塌、破破烂烂的，还和一团乱糟糟的藤条缠在了一起。藤条从形成桥面步道的、纤维拧成的粗绳中冒出来，一直蔓延到了桥两侧的树冠上。不过这地方连个小村庄都算不上，只有两座小茅屋和一个用树枝和树叶粗粗搭就的棚子。而且这里已经被遗弃了，四下一片寂静，只有嗡嗡的虫鸣，吉米河的河水掠过岸边时柔和的潺潺声，还有吊桥在风中摇曳时发出的轻微嘎吱声响。

在我们清点行李、以确保所有物品都送到了的时候，瓦瓦维指向对岸。有一群身形超小、戴着巨大圆顶帽的半裸男人，正静静站在那里看着我们。瓦瓦维爬过那座桥，鼓励他们跟他一起回到巴里坐着的地方来。他们的首领是位小精灵般的小个子男人，大约有四英尺半高，戴着一顶超大布丁碗似的帽子，帽子上环绕着一条长长的棕色皮毛，是用树袋鼠的尾巴做成的。他的鼻孔上插着几根牙签粗细的小竹片，一只犀鸟喙挂在后脖子下。他瞪眼看着我们，慢慢地，不再对着我们露出焦虑困惑的表情，而代之以犹犹豫豫的微笑。与他沟通可不容易。巴里和瓦瓦维说洋泾浜语；瓦瓦维会说一种语言，我们在门吉姆村招的一位搬运工能听懂；而这位搬运工虽然不会说这些俾格米人的语言，却会一种似乎能让俾格米人的首领听得懂的语言。

巴里提了两个要求：提供食物，以及帮我们搬运行李。俾格米首领拼命点着头，他头上那顶布丁碗似的帽子摇晃得厉害，我真怕它掉下来。其实一点也不用担心这个，因为我后来发现，这顶帽子是由碎头发和泥巴构成的，并和他头上生长的头发捏在一起，融为了一体。从他的点头和稍微没那么短暂的笑容看起来，他似乎同意了巴里的请求。大约一小时后，他就和他的同伴们穿过那座摇摇晃晃的桥，回到自己领地去了。

他说话算数。第二天，四五十位小个子的男男女女，带着香蕉、芭蕉、面包果、山药和甘蔗出现了。不仅如此，其中一人还带来一只被驯化的葵花鹦鹉，就站在他肩膀上的小棍上。他很开心地用鹦鹉换了三块盐饼，我们则把它纳入了收藏。

在我每天为我们收集的动物进行例行清扫和投喂时，人们就围坐在空地上看着我。我每天都会更换鸟笼底的托盘上垫着的那层报纸，这样那些待在栖木上的笼中居民就不会把自己的排泄物粘到尾羽上去。当我把报纸取出来时，俾格米人会急切地抓住报纸，拿到河边仔仔细细地冲洗，再晾干。第二天，他们会把报纸撕成条状，包上当地种植的烟草，开始吞云吐雾。

关于我们到来的消息传得很广，以至于第二天出现了一百多名俾格米人，准备来搬运我们的行李。我们穿过河，开始向大山前进。我们只有三天时间，在那架飞机到上空寻找巴里的标志之前，赶到麦金农的营地了。

我们成功地在三天内赶到，不过非常勉强。有些搬运工很不乐意离开自己领地走这么远，就趁没人注意，直接把身上的行李放下来，消失在森林里。瓦瓦维设法劝说留下的搬运工拿上双倍的行李，也会给他们双倍酬劳。但我们还是差点就不得不扔掉些东西了。

当我们终于和吉姆·麦金农碰面时，他热情欢迎了我们。他的营地一团糟——一间简陋的小木屋，里面只有一张破旧的桌子和一张乱糟糟的营地床，到处扔着打开后吃了一半的罐头。在几码远的地方，他挖了一条长长的水沟，把河水引过来形成了一个洗矿槽，这样就可以在里边筛洗砾石，从中提取可能含有的黄金。他很有信心，用他自己的话说就是："运气会好起来的。"他相信只要弄到所需的机器，自己很快就会变成富翁。

他有好多个月没见过任何欧洲人了，现在有几位出现在面前，令他激动万分，加上已经不太习惯讲母语，他说起话来结结巴巴，语无伦次。他还表现出一种尴尬和歉疚，却另有缘故。原来，在请求巴里前来审核跑道时，他只差弄一个碾子把跑道压实了。他预约了一架飞机把碾子空投下来——这是获得补给的常规操作。但由于种种原因，空投并没成功。可那时候，巴里已经离开塔比布加，联系不上了。现在，这条跑道还没有压实，吉姆心里也清楚，它还不够坚固，无法让飞机降落，所以他已取消了运送器械的包机。这么一来，我们一路上的匆忙、此次改道额外花费的时间，以及放弃的那些拍摄极乐鸟的机会，此时就都变得毫无意义了。

那天夜里，又有些俾格米人不见了。巴里决定把他的一些设备留在吉姆这儿，下次来的时候再拿走，尽管他也不确定那会是什么时候。我们不能再耽搁，因为在我们的包机按约定时间到达前，只剩四天时间穿越俾斯麦山区，到达拉姆山谷和艾奥梅站点了。没有无线电，我们也无法推迟预定的时间。如果没能赶上这趟航班，就得再等上好几周。于是我们辞别了吉姆，他结结巴巴地向我们悲伤地告别。接着，我们就以最快的速度赶往艾奥梅。

第二天夜里，更多搬运工不辞而别。即便行李已经减量，而且每个人都负担了双倍份额，搬运行李的人手依然不够。我们必须分头行动。查尔斯和我第二天黎明时分就会出发，只带我们的摄影器材、笼子里的动物和仅够一天的食物，从剩下的搬运工里也只带走将将够用的人手。我们将一路急行，希望当天晚上就能赶到拉姆和艾奥梅。我们会在那里雇一批艾奥梅本地人，让他们回来接上巴里和剩余的物资。如果一切进展顺利，他还来得及在艾奥梅和我们汇合，一起乘坐包机返回瓦吉，去度他期待已久的假期。

不过，事情进展得不太顺利。第二天一早我们就及时动身，奋力跋涉。下至拉姆山谷前，还需要再次穿过那条支流。而当我们到达那里却发现，那座用树枝和藤蔓粗制滥造的桥有一部分已经被水冲走了。我们花了三个多小时紧急修理。当天晚上，我们把随身带的最后一点食物也吃完了。

我们抵达艾奥梅时，已是第二天的中午时分。负责这个站点的巡警给我们提供了冰啤酒、歇脚的座椅，还能让我们冲个澡。他发出招募搬运工的消息，傍晚前，就有几十人出发，尽快往巴里那边赶了。我们的飞机是两天之后到。

第二天，我们沉醉在艾奥梅奢侈的享受中，在修剪整齐的草坪上悠闲地漫步，再也不用拼命走啊走，这里简直是天堂。不过，有一件事为此蒙上了一层阴影，因为无论我怎么算，巴里都不可能及时同我们汇合、赶上明天一早的飞机了。

那天晚上，查尔斯坐在巡警家的露台上畅饮冰啤酒的时候，歪起了脑袋。他觉得自己好像听到远处传来了歌声。确实是歌声。我们的目光越过飞机跑道，看向耸立在跑道远端尽头的山体剪影，我们看到了些许细微的光点。后来光点消失了，声音也逐渐减弱。不管来者何人，他们一定是离开了开阔的草坡，进入了覆盖谷地的密林。然后我们又听到了歌声，距离越来越近、声音也越来越大，接着，明亮的光就出现在跑道的尽头。我们冲出去欢迎来的人，不管他是谁。

巴里大步走在队伍前面。在他身后，担着我们遗留下的行李走来的，并不是俾格米人，也不是我们派去帮他的艾奥梅人，而是塔比布加那边的马拉卡人。原来，这帮马拉卡人带着为我们捕捉的各种蛇来到站点，却发现我们已经离开了，于是开始一路追随。这些男人对自己的勇士身份是如此自信，时刻准备与狭路相逢的人进行较量，所以他们敢于跟着巴里的足迹穿过吉米河，最终在麦金农的营地赶上了他。

巴里大笑起来。

“正当我想起，我手里还有几项针对他们、证据确凿的谋杀指控时，这些混蛋就吹吹打打地出现了。”

* * *

我们的包机准时到达。过了一小时多一点，我们就同巴里一起回到了瓦吉山谷。此次吉米之行收获颇丰，我们收集到了数目相当可观的蛇、一只犀鸟、我从俾格米人手中换来的那只葵花鹦鹉、一只斑袋貂——这是一种浑身雪白、行动迟缓、和猫差不多大小的有袋类动物，还有我们的三只小矮无花果鹦鹉。可是我们没有捉到极乐鸟，连拍都没拍到。不过，弗雷德·肖·迈耶给我们带来了完全令人意想不到的特大好消息。在我们离开的几个月里，他手下一名叫噶拉伊的工人，发现一棵木麻黄树上，有一只羽毛丰满的新几内亚极乐鸟开始求偶炫耀。那不是一处传统的舞蹈场地，所以不像其他地点会有几只或更多极乐鸟一起竞舞，这棵树上仅有这一只，每天早上都会有规律地出现。目前为止，噶拉伊还没受欲望驱使将它射杀，但迈耶不知道噶拉伊的自制力还能持续多久。

第二天天不亮，我们就在噶拉伊的带领下出发了。当我们走近木麻黄树时，一只鸟飞离树枝，向山谷深处去了。当时天太黑，我们看不出它的颜色，但是它的轮廓和侧腹拖下来的一簇簇羽毛，足以让我们判定，这是一只极乐鸟。我们来晚了，但我已经看清这只鸟是从哪根树枝上飞走的。于是我们可以先计划一下，把摄影机放在哪里能够最好地拍摄它。

第二天，我们凌晨3:45就出发了。天色还未亮起的时候，我们就躲在了计划好的位置。我有一个直径2英尺（约61厘米）、中间有个麦克风的抛物面反射器，可以聚集鸟的叫声。当年我们还没有超指向话筒，用来记录远处的声音。下方的山谷笼罩在云雾里。当天色开始泛白，从山谷的上空飞来一只羽毛华丽的鸟，正好落脚在我们希望的位置，开始用喙整理羽毛。等到梳妆打扮完毕，它看起来却并不急着开始起舞。其实这倒帮了我们的忙，因为对查尔斯的摄影而言，那时的光线还不够充足。

太阳从地平线上升起时，两只羽翼未丰的极乐鸟也来到了这里。从外观判断不出它们到底是雌鸟，还是羽毛未长全的雄鸟，不过鉴于那只羽毛华丽的鸟对它们的到来没什么反应，就可以猜到它们都是雄鸟了。因为只要其中有一只雌鸟，那只羽毛华丽的鸟就会冲到它面前试图交配；而没什么羽毛的雄鸟也没什么竞争力，它就可以直接忽视了。当阳光开始洒满这片山谷，那只雄鸟突然埋下头，把赤色的饰羽高高竖起在后背上。阳光照在它金色的头上，又在它那翡翠色的喉部闪闪烁烁。

查尔斯的摄影机转了起来。噪声大得有点吓人，但是正在跳舞的极乐鸟沉醉于自己的表演，并没有注意到。它上下翻飞着，发出激动的尖叫声。查尔斯给摄影机换了一盒新胶片，继续拍摄。随着天色渐亮，他就可以把比较广角的镜头换成更厉害的长焦镜头，以便拍一些近距离的镜头了。但我感到越来越焦急。因为摄影机的噪声太大了，只要他在拍摄，我就录不到任何能用的鸟鸣。我急切地悄声对查尔斯说，请他暂停几秒钟；但好不容易总算拍到了极乐鸟，可想而知这有多令人兴奋，所以查尔斯根本不愿停下来。最终，当他把胶片拍完，必须停下再装一盒的时候，摄影机刺耳的噪声停下了。我打开录音机。这只鸟叫了两声，就张开翅膀滑翔到山谷中去了。

弗雷德·肖·迈耶又给我们带来了好消息。爱德华·霍尔斯特伦爵士发了话，我们可以从他的饲养场带回一些雏鸟，作为礼物送给伦敦动物园。弗雷德为我们选的这些鸟，种类极其丰富，除了新几内亚极乐鸟——也就是我们拍摄的这个品种，还有丽色极乐鸟、大极乐鸟、王极乐鸟、斯式长尾风鸟，其中最棒的，是一只幼年雄性萨克森极乐鸟，这个品种在澳大利亚之外，还从没被任何动物园展出过。

查尔斯带上所有未经冲洗的胶片飞回了国，我则带上鸟儿及其他动物去往腊包尔（Rabaul），乘货船穿越南中国海到达香港，然后飞往伦敦。动物园方面说，这些动物是这么多年来，送到动物园的新几内亚物种里最全面和最重要的一批。

* * *

把我们拍的极乐鸟求偶炫耀的胶片剪辑好，并不太容易。这些镜头都是逆光拍摄的，因此极乐鸟基本只有一个轮廓，加之当时的电视和影片都是黑白的，这就意味着，电视观众看不出这些鸟儿实际上是多么的华美。声音也是个大问题。我只设法抓住了那只雄鸟的短暂叫声——先是一组两个快速重复的音节“哇-哇”，接着是一组三音节的“哇-哇-哇”。在影片中，不仅极乐鸟求偶炫耀的部分需要这段录音，开场镜头里，黎明时分云雾缭绕的山谷也需要用。所以我将这段录音的开头和结尾连了起来，形成一个循环。这段录音可以一直持续播放，并在需要时加入渐弱的效果。在我看来，最终制作完成的音轨气氛不错，自然也是很好地利用上了我们手头有限的素材。

节目播出后，我们收到了一些表扬信。其中一封是我从前的动物学教授写的，他是鸟类叫声方面的专家。他先是祝贺我成功播出了极乐鸟求偶炫耀的节目，然后特别提及了新几内亚极乐鸟的叫声是多么有趣。他问我有没有注意到，这只鸟要么一次叫两声，要么就是一次叫三声，它这是严格遵循着一个顺序？因为它从未连续两次叫过两声，也从未连续叫过三声。他认为这实在是不同寻常，因此督促我为一个学术期刊就此写篇文章。我有点尴尬，不得不写信向他解释，这是录音循环播放的缘故。不过他的来信的确使我意识到，我们对这些奇妙鸟儿的拍摄还多么不足。下次再有机会，我必须做得更好——尚未到将制作极乐鸟影片的事抛诸脑后的时候。

8

Paraguay

巴拉圭

现在，我已不太记得，当初为什么我和查尔斯决定我们下一站应该去巴拉圭了。或许只因为南美洲的动物同非洲的比起来，在电视上更少见吧。确实，我们自己在五年前去过了圭亚那，但巴拉圭是在亚马孙流域的另一边，比圭亚那还要往南1000英里（约1609千米）。我们应该能够在那发现很多之前没拍摄过的动物。就其国土面积而言，巴拉圭也是一个非常多样化的国家。它被南北绵延500英里（约804千米）的巴拉圭河（Paraguay River）一分为二。河东边是热带雨林，西边则是平坦的查科（Chaco）平原，那里雨季时会洪水泛滥，旱季时则是一片长满仙人掌的干旱沙漠。而在该国遥远的南部地区，草原开始出现，向南蔓延过巴拉圭的边境，最终在阿根廷境内形成平坦的潘帕斯（Pampas）草原。我推测，每个区域肯定都有一些独特的本地动物，我也很有把握，每个地区都能以这样或那样的方式，为一两期节目提供素材。

我在伦敦辗转找到了一位在一家大型英国-阿根廷肉类加工公司说得上话的人，该公司在巴拉圭拥有多个大型牧场，他们帮了大忙。一位公司代表会在机场和我们碰头，好确保出入海关时不出问题。他们还在被称作“大庄园”的牧场里，给我们免费安排了客房。公司用于接待贵宾的汽艇也可任我们调遣，来往于河流的上下游。若有需要，我们甚至能使用公司的小飞机。这无疑是有史以来最奢侈的一次《动物园探奇》之旅了。

在首都亚松森，公司的一名巴拉圭修理员带我们逛了逛商店，确保装备齐全。宽檐帽（sombreros）绝对不可或缺；当然也需要“篷却”（poncho），就是中间有个洞的毯子，可以当斗篷穿。而这才刚刚开始。他说，在查科平原上唯一的出行方式就是骑马，所以我们必须穿“波巴赫”（bombacho），一种有褶的宽松长裤。又因为那里的仙人掌长得很茂密，因此长裤需要用一种叫“皮尔奈拉”（piernera）的皮质绑腿保护起来。我们自然也需要围一条“法押”（faja），一种6英寸（约15厘米）宽、4英尺（约1.2米）长，可以绕腰三圈的装饰性呢绒布条。我温和地建议，或许我们可以省略“法押”。但向导很坚持，他说每个骑马的人都必须围一条，用他的话说，这可以防止内脏四处乱撞。

我们全副武装地出来了。查尔斯说：“不知这些东西到了查科平原是不是真的管用，但我敢肯定我们能在化装舞会上赢得冠军。”

在去巴拉圭之前，我就发现那里有一种令人愉悦的音乐传统。以一种16世纪由西班牙人引入南美的独特竖琴演奏为基调。我想，这种音乐如果运用得当，可以赋予本期系列节目一点独特的色彩。令人开心的是，我们发现了一支由三名竖琴手和五名吉他手组成的出色乐队，并录下了他们弹奏标准的巴拉圭舞曲和民谣时神气活现的样子。其中有一支曲子格外朗朗上口，它的开头模仿了一段巴拉圭国鸟——铃鸟的叫声。我决定，就用它做我们节目的开播曲。这样一来，大家看到我穿着“篷却”“波巴赫”“皮尔奈拉”还有“法押”出现之前，就有心理准备了。

* * *

我们第一趟短途旅行去的是热带雨林。我们请了一位名叫桑迪·伍德（Sandy Wood）的翻译，他出生在巴拉圭，父母是澳大利亚移民。他会说西班牙语、当地印第安人的瓜拉尼语，以及带着澳大利亚口音的英语。从一个从未离开过南美的人嘴里听到这种口音，感觉还挺怪异的。他说他知道哪儿有我们要找的那类森林。我们应该沿着巴拉圭河向上游航行100英里（约160千米），然后往东转到它的一条主要支流赫惠河去。他曾在那里做过伐木工人，所以他清楚。

这建议听起来不错。那家肉类加工公司也慷慨地说，他们的卡塞尔号汽艇可以让我们用上个两三周。我们去码头上查看那艘汽艇。它有30英尺（约9.1米）长，是一艘柴油驱动、带船舱的大型游艇。厨房和冰箱里已经堆满了豪华美食，包括很多该公司产的各色罐头。船尾还拴着一艘大功率的小快艇。如果沿途有什么东西引起了我们的兴趣，它就可以立刻载我们深入更窄的水路，来一趟短途航行。

我们将住在船上，每人都有自己独立的小房间。查尔斯也有足够大的地方摊开他的设备。他们说，可能我们会遇到的唯一不太满意的事，是汽艇上的会客厅罩着防蚊虫的网子。

卡塞尔号的船长是个身材矮小、大腹便便的男人。他戴着一副墨镜和一顶钟形大草帽，帽檐在眉毛下压得很低。这情形，再加上我们水平有限的西班牙语，我们恐怕很难和他建立融洽的关系。桑迪帮忙解释了我们的打算，不过船长对此不以为然。他之前的那些贵宾乘客们从没离开过河流主干道。他自己从来没去过赫惠河，而且也没这个雄心壮志跑到那里去。我们本想和他解释，之所以想去那儿，是为了离人类聚居地越远越好。这么说似乎会吓到他，于是我们明智地放弃了用这条理由说服他。最后他耸耸肩，同意开到赫惠河去看一看，但很明显，他不会和我们成为同伙的。

* * *

我们在船上安顿好后，就开始沿着巴拉圭河向北行驶。我和查尔斯、桑迪度过了一段安逸的时光。船长还在自己熟悉的水域中，于是一路上将卡塞尔号开得飞快，我们身后的小艇在水中上下浮动。他唯一需要应付的危险，是大团大团悬浮在水面上的卡米洛特（*camelote*）——一种浮游植物。它们生长得太密了，卡塞尔号很难从中穿行。这正是我们第一次遇险的原因。启程第二天的下午，我和查尔斯在客舱中小憩，引擎突然熄了火。我们走上甲板，看到小快艇上的靠垫和木头长凳都在船后部的水里越漂越远，快艇还系在卡塞尔号船尾，不过已经沉了底。船长为避开一片水草，鲁莽地拐了一个急转弯，后面的快艇就翻了。

结果船上只有我和查尔斯两个人会游泳，要靠我俩去把快艇弄回来。好在这边的河水不太深，即便如此，我们也花了两个多小时，才把沉船拽到浅滩，再将它拖出来。但是船上的座位和坐垫就都丢了。我们再次出发，比之前收敛了许多。

次日，我们往东向赫惠河驶去。之前在巴拉圭河里行驶时派头十足的船长，现在就开得缓慢多了。赫惠河的弯道很多，现在他驶过每一处转弯，都会越来越小心。在方向骤变的地方，他还会驾驶快艇先去勘察一番，再把卡塞尔号开进去。到了第四天晚上，他踩点回来后，脸色比平日里还要阴沉。他说卡塞尔号太大了，在里头绕不开。我们不能往前走了。天色已晚，我们先停泊一夜，明天就启程返航。我们甜言蜜语，再三恳求，据理力争，可他很顽固。这不是我们的船，所以我们也没办法否决他的意见。

那天夜里，我们沮丧地爬上床铺，看来不得不返回亚松森了。这么一来，就浪费了整整一周的时间。我们正在讨论这件事的时候，听到了舷外发动机的声音。我们跑到甲板上去看谁这么勇敢，能在黑夜中行船。桑迪认识他。他是一位伐木工，名叫卡乔（Cajo）。他带着三名斧工和一批补给，正要去一条更小的支流——库鲁加提河（Curuguati）那边伐树。桑迪说，那正是他认为我们应该去的地方。他知道有个木工和他妻子在一个叫伊雷武-夸（Ihrevu-qua）的地方有个小宅子，他肯定我们可以住在那儿。

我们拟定了一个计划。卡乔的汽艇马力较低，而且已经装载了大量货物，不过还是能够容纳我们储备的物资、油桶和行李。他可以先把我们这些物品带到伊雷武-夸，到了明天早晨，我们会乘快艇赶上他。卡乔把行李扔到伊雷武-夸后，就可以继续沿河而上，寻找适合伐木的森林。他或许会待上一两周，这取决于他能找到怎样的伐木场。他和斧工交代完需要做什么就会回来。返程时他的汽艇差不多就空了，这样一来，他就可以从伊雷武-夸接上我们，并带上我们所有的装备，返回在巴拉圭河上等着我们的“卡塞尔号”了。我们都很赞成这项计划，迅速把所有物资归拢到一起，搬到了卡乔的汽艇上。他发动了汽艇，消失在茫茫夜色中。我们就寝时都感到松了一大口气，可算找到了这么一个皆大欢喜又非常幸运的解决办法。

第二天早上，我们意识到，这个在午夜时分的绝望中草草拟就的计划有多愚蠢。那艘小快艇并不适合做我们的长途交通工具。上面没有让乘客容身的舱位，由于座位之前都丢了，也没有能舒服坐着的地方。快艇只有很简单的两挡速度，不是慢得不可思议，就是快得能让船头抬起，船身贴在水面滑行。在狭窄的河道上这样航行可不太明智，因为水中可能有障碍或是潜在水中的原木，会把快艇的底部撞破。由于我们只带了很少量的食物，除吊床外也没有其他露营设备，如果我们在追上卡乔之前就抛锚了可怎么办？假设卡乔发现有太多事情要做，决定再待上几周，我们又该怎么回来？还有，我们在燃料用完前能够开多远？油桶都让卡乔带走了，我们只剩下两只装满的油箱，一只装在发动机上，一只备用。但是此刻阳光正明媚，一想到要去河上及其上游的森林中探险，我就兴奋不已。无论如何，我们的大部分行李已经先走一步，我们之前也都约定好了。而且不管怎么说，能挥别船长，可实在是个解脱。

* * *

那天我们很快活。赫惠河还是足够宽阔的，我们不必担心危险，可以轰鸣着飞速向上游驶去，看着鸬鹚在前方拍打翅膀，巨嘴鸟和鹦鹉在上方的天空飞过。我们在午夜时分赶上了卡乔，开心地向他挥挥手，超过了他。

“伊雷武-夸”这名字的意思其实相当倒胃口，是“秃鹫的洞”。这地方的位置比桑迪记忆中要远得多。我们在夜幕降临时还没能到达，于是就在森林里挂上吊床，晚餐时吃掉了随身携带的大部分食物。午夜时，我们听见卡乔的汽艇轰隆隆地从身边驶过，不过他没有停下来。

第二天就没那么顺利了。我们遇到一个急转弯，桑迪又开得飞快，于是他不得不火速转动方向盘，结果把连接方向盘和船舵的钢缆弄断了，花了足足两个小时才修好。一想到卡乔带着我们的行李在前方，与我们渐行渐远，两个小时就显得更加漫长了。天空中云层低了下来。一过正午就开始下雨，我们没有任何可以挡雨的东西。很快下成了倾盆大雨，雨点在河面溅起一层泡沫。如果你浑身湿透又在飞速前进，就会觉得非常冷。但这也比用蜗牛的速度前进要好多了。一次又一次，我们每绕过一个河湾，就透过狂风暴雨看向前方河岸两侧的森林，却始终没见到一处空隙。直至夜幕将沉，我们才发现了那处空地。

听说我们到了，一男一女冒着瓢泼大雨出来迎接我们。他们就是桑迪的朋友纳尼托（Nennito）和他的妻子。我们在他们的小茅屋中避雨，但里面只能再挤出一个人睡觉的地方。无疑，桑迪最适合睡在那儿。纳尼托说，我和查尔斯可以睡在一间更小的茅屋里，那是他们的储藏室。当我们打开门，两只蝙蝠飞了出来。其他蝙蝠或许就和我们一样不愿在雨中外出，都停在椽子上休息，我们进门时就转过头来看着我们。房间里气味刺鼻，是腐烂的咸牛肉发出的，来自一个粗陋的木架底下、靠墙而立的三只大罐子。房间里只能挂一张吊床。查尔斯挂上床，蜷缩进里头。我则躺在臭气熏天的肉罐之上的架子上。

躺在黑暗中，我想我听到了周围一阵奇怪的窸窣作响，即便当时雨点不停打在茅草屋顶上发出沙沙声，也还是能听到。我打开手电，发现离我耳朵不到一英寸的泥墙和板条墙上，覆盖着一层闪闪发亮的蟑螂移动幔帐，它们是从下面罐子里腐烂的牛肉中爬出来的。当我用手电筒照它们时，它们全部转了个弯，“蟑螂幔子”就沉入了架子下面，像一块投影仪的幕布卷起收回到筒里一样。它们消失后，我关掉手电筒。几秒钟后又开始沙沙作响，再打开手电筒，发现蟑螂又爬了上来。如此折腾了两三回，我放弃了。毕竟没有别的地方可去，总比在雨中坐着要好吧，虽然只是好上那么一点点。

伊雷武-夸简直是昆虫学家的天堂。这里不只有蟑螂，我从没在别的地方见过数量那么庞大、种类那么繁多的叮人虫。它们会轮流上岗。蚊子上的是早班，它们也分好几种。毒性最强的是一种与众不同的白头蚊子，凶狠异常。我们只得坐在烧饭时木头燃起的炊烟里吃早饭，徒劳地希望能让它们离远一点。到了上午，它们下班了，退回河边树下的老窝。“姆巴拉吉”（*mbaragui*）接了班。这是一种类似绿头蝇的大苍蝇，当它们用口器蜇人时，会在皮下留一个深红色的血点。如果你动作够快，还来得及抽打它们，扳回一局。但是，把我们迫害得最惨的家伙们，甚至连这点满足都不给我们。那是一种叫作“珀维英斯”（polverines）、尘埃粒大小的微型黑蝇，小得简直让人不敢相信它们是生物——直到你开始感到痒，因为它们叮了你。蚊帐挡不住它们的长驱直入，杀虫剂也完全没用。从下午到傍晚，以至后面的一整夜，它们一直令我们痛苦不堪，直到黎明时分白头蚊子杀回来接班。

但是，昆虫除了给我们带来很多折磨外，也为伊雷武-夸带来令人难忘的光彩。这儿有很多蝴蝶。一场暴雨过后，天色如洗，太阳猛烈地炙烤着河边的岩石，赤脚踩上去会感到灼热难耐。成千上万的蝴蝶出现了，如阵雨，如狂风，如漩涡，如暴雪。数量如此之多，你甚至没办法透过它们看到对面的空地。它们从周围高大的树木上飞下来，如同纽约市欢庆胜利的游行当中纷飞的彩带。我完全不知怎样才能对它们的数量做个哪怕最粗略的估计。我尝试收集了一些飞舞在茅屋周围的蝴蝶，在收集到九十多个不同种类时，我放弃了。这些蝴蝶不算大。有些是纯净的硫黄色，有些是浓艳的橘色。有一种前翅上贯穿着一道红色条纹，后翅则有蓝色的闪光。还有一种翅膀外缘呈现出精美的锯齿状边缘。有一种蝴蝶被桑迪称为“八十八条”，因为它身体底部有优雅的黑色数字“88”的纹样。

在河流下游，河水轻轻拍打着窄窄的沙滩，那里有其他品种，大个的蝴蝶。有翅膀后部延伸成黑色逗号状尾突的凤蝶，至少有六七个品种，一些是黄底带黑色图案，一些是天鹅绒般的纯黑色，上面嵌着深红色斑点。每种蝴蝶在选择落脚地时，似乎都会被自己同族的图案所吸引，于是乎，每个蝴蝶种群都在岸边聚起了各自的方阵。

蝴蝶们在队伍中彼此挨得很近，它们直立的翅膀扇动着，口器像钟表发条一样盘绕在头部下方，探入沙子吸取水分。这样它们可以摄入河水中溶解的盐，然后将其他无用成分从腹部后部喷出来。如果我们小心翼翼地走近，就可以坐在它们旁边。接着蝴蝶就会飞过来停在我们手上和脸上，吸吮我们汗液中的盐分，这可比河水中盐的浓度要高多了。感受着它们丝线般的口器在我们皮肤上弹来弹去，着实非常愉悦，但代价就是，和蝴蝶比起来，蚊子更喜欢汗渍渍的皮肤。如果不被蚊子叮就能享受蝴蝶给我们挠痒痒，那就太走运了。

最大的蝴蝶品种都生活在森林里，包括南美洲大名鼎鼎的铁蓝色的蝴蝶——大闪蝶（morpho）。它们更喜欢在较为开阔的场地飞翔，而不是徘徊在树枝之间。它们会悠闲自得地沿着纳尼托在林中砍出的伐木通道飞行。想要捉住一只并不容易。一开始，我追在它后面，然而一旦挥网扑了空，大闪蝶立刻就会改变飞行方式，不再懒洋洋地扇动翅膀，而是猛然加速垂直向上飞起，很快钻进树枝间，我就够不着了。由于一些说不清的原因，在那之前我从没意识到昆虫也能看见远处的事物，还能充分辨识情况，从容地应对，就像鸟类一样。不过我很快就发现，如果拿着网有所行动，即便离得几码远，大闪蝶也会转弯躲开我。为了成功捕到一只大闪蝶，我举着网，站在那里一动不动，就像板球运动员面对一个动作敏捷的投球手那样。只有当蝴蝶飞到面前时，我再出击。

不过，这并不是捕捉或者拍摄它们的最有效方式。大闪蝶的进食偏好，与它们的美丽形成了鲜明对比，它们喜欢尿液、粪便和腐败的气味。任何一种散发这类气味的重口味诱饵，总能将它们从树顶吸引下来，给我们一个良机，尽情欣赏它们的风采——尽管我们可能不得不捂住鼻子。

我的日志里，写满了我们在森林里见到的鸟类名字——苏鲁美洲咬鹃（Surucu trogon）、绒冠蓝鸦（plush-crested jay）、棕帽翠鴗（rufous-capped motmot）、巨嘴鸟（toco toucan）、蓝帽亚马孙鹦鹉（blue-fronted Amazon parrot）、红黄金刚鹦鹉（red and yellow macaw），但是我们只拍到了一点点它们的画面。森林里大部分区域的光线都太过昏暗了，根本无法拍摄。虽说查尔斯的镜头已是当年最好的装备，但对森林里的动物，依然无法拍出像在双筒望远镜里看到的那种比较清晰的近镜头。

日子一天天过去，我们开始了对周边的探索，或乘快艇溯小溪而上，或步行前往林中几英里外的一处印第安村落。但我们不敢离开伊雷武-夸太长时间，如果卡乔在返程时和我们擦肩而过，他可能会以为我们已经离开，继续径直往下游走。这样一来，我们就得困在这里好几星期了。

终于，两周后卡乔又出现了。我们多少松了一口气，登上他的汽艇，装上所有装备，把快艇系在汽艇尾部。由于载重量轻了许多，又是顺流而下，卡乔的汽艇速度比来时要快得多。两天后，我们回到了巴拉圭河。我也没想到自己再次见到船长竟会那么开心，但确实如此。

* * *

我们的南方草原之行，总体来说是非常成功的——也舒适得多。那家公司派飞机把我们带到阿根廷北部的一座农场，这里曾经由一位苏格兰人掌管，他是个狂热的自然主义者，在农场里保留了一块完全野生的区域，他的继任者们也让那里一直保持着老样子。

那里有很多鸟。潘帕斯草原上的鸟儿面临的主要问题是，如何为它们的蛋找一个安全的地方，因为草原上几乎没有树木或灌木丛供它们筑巢。穴小鸮（burrowing owl）是利用地洞来解决这个问题的。这名字有点误导人，因为尽管它们自己也能挖洞，但还是更愿意借啮齿类动物挖好的洞一用。白天时它们就坐在洞穴入口处怒目而视，以此来宣示主权。灶鸟（oven bird）则用泥来筑巢。它们的巢有足球大小，是半球形的，有点像当地人用的炉灶。巢的入口是个直上直下的窄缝，里边有一面侧壁，就像一道屏障，这样，无论谁的一只爪子（或一只手）都无法在里头摸到鸟蛋。肉垂麦鸡（wattled plover）什么巢也不筑，它们就直接在地面的浅洼地里产卵，依靠自己近乎完美的伪装术来隐身。美洲鸵（rhea）就是南美洲的鸵鸟，它们也把卵产在地上，不过它们的身形如此庞大又强壮，能赶走任何威胁鸟蛋安全的东西。

美洲鸵的巢非常可观，每个蛋都有鸡蛋的12倍大，我们发现的一个巢里有30只蛋。我们在它旁边搭了一个隐匿处，拍摄了这窝蛋是如何诞生的。

美洲鸵的雄鸟负责筑巢和照料鸟巢。它的后宫差不多有12只雌鸟配偶，居住在它的领地，吃其中的草。它依次向它们求爱，像跳扇子舞一样挥动着翅膀，直到雌鸟被诱惑，伏身在地，好让雄鸟跳到身上。当雌鸟几天后准备产卵时，雄鸟会殷勤地把它护送到自己窝里，守卫在它身旁来回踱步，直到它将卵产下，准备离开。当它后宫中的雌鸟都产过卵后，就会陆续离去，留下雄鸟自己来孵化所有鸟蛋。

* * *

我们还想去巴拉圭西部的查科草原，应该可以发现那种极具代表性的南美动物——犰狳（armadillo）。伦敦动物园希望我们可以带几只不同种类的犰狳回去，我也很乐意做此尝试，因为我确信，它们会成为《动物园探奇》不可或缺的演播室环节当中引人入胜的表演者。但是在查科旅行绝非易事。如果我们早来两个月，情况可能更糟，那时的查科草原大部分都泡在水里。现在，到了9月，洪水已经退去，留下广阔而泥泞的平原，在阳光的炙烤下，已经变得坚硬。草原上有几处沼泽水还未退，几周前还是岛屿的几处高地上，零星地长着几株仙人掌和灌木。这里没有任何可供机动车通行的道路。

对我们助力甚多的肉类加工公司，允许我们乘他们的小飞机去往更遥远的农场，在那边可以借一辆两头牛拉的四轮车来装载我们的设备，以及即将在那里捕捉的犰狳。而我们自己都将骑马赶路。我们向西边的皮科马约河（Pilcomajo River）进发，这条河构成了巴拉圭西部与阿根廷之间的国境线。

在那边至少能看到六种不同种类的犰狳。在瓜拉尼语中它们被称为“他图”（tatu）。当我们和别人表示，我们想追寻各种各样的“他图”时，好几个人的反应都很古怪，之后我们才发现，“他图”还是“女孩”的俚语，相当于英语里的“烤松饼”*吧。误会澄清后，人们似乎觉得我们想追四条腿的“他图”，比两条腿的还要奇怪得多。

犰狳有着盔甲般的角质鳞甲，大块的鳞甲覆盖肩部和臀部，在两者中间，有几条窄窄的条带环绕腰部。种类不同，条带的数量也不同。最

* crumpet，在英语俚语中意为性感尤物。

常见的犰狳有九条这样的条带，和体型较大的兔子差不多大，本地人会捉它们来吃肉。我们在农场里遇到做牧牛工的印第安人，这个品种他们随时捉得到，只要我们说一声。所以我们直到临行前才去捉了九带犰狳。

六带犰狳同九带犰狳有些相似，但它们的体毛更浓密，也更稀有，喜欢吃腐肉。七带犰狳则喜食如蚂蚁和白蚁这样的昆虫。它们长着独一无二的长耳朵，故被当地人称作“木里他”（mulita），意思是小驴子。所有品种的犰狳都是强大的挖掘者。如果我们没能在它们消失在洞中之前抓住它们，就干脆放弃捕捉，因为它们挖洞的速度要比我们快得多。即便我们在洞中摸索，设法抓住了它们的尾巴，它们也会撑起脚来，将后背压在隧道的顶部。当它们用上这种姿势，人是绝不可能把它们拽出来的。

其中最可爱的，要数只有葡萄柚大小的三带犰狳了。与其他物种不同的是，它可以蜷缩成一个全副武装的圆球。它的头部有一块三角甲，与尾部一块大小相似的三角甲刚好吻合，可以组成一个长方形。一旦紧紧蜷成一团，就很少有什么东西能够伤害它了。你别去管它，只要静静坐在一旁，它就会裂开一条缝。一只亮闪闪的小眼睛会忧心忡忡地向外张望。如果外界的情况令它心安，这颗葡萄柚就会裂开，犰狳会踮着它的小爪子尖溜之大吉。

三带犰狳很容易捕捉，因为它们唯一的防御方式就是蜷成一团，经常因我们走近时脚步的声响和震动而惊慌失措。我们会发现它们像掉落一地的水果般，躺在灌木丛下或仙人掌旁边，等待着危险过去。我们会把它们捡起来，为安全起见，放入布袋中，直到我们能在牛车中给他们安排一处更大的生存空间。大多数以这种方式收集的动物，包括蛇、小鸟和哺乳动物，都会静静躺在黑暗里。然而三带犰狳这个小家伙就会在布袋中伸展开身体，开始奔跑，就像它在外面会做的那样。我们一个不留神，就会看到一只布袋在地面上一路滚过去，里面是一只在黑暗中奔跑的小“他图”。

而犰狳当中个头最大那种，就是另一番情形了。当地人叫它“他图-卡瑞塔”（tatu carreta），也就是“牛车犰狳”。说“牛车”或许有些夸张，但这种动物肯定也有小手推车那么大。这么一只一定很宝贵，因为伦敦动物园还从未展出过这种犰狳，而且它们在任何人工圈养的环境下都非常罕见。我们每到一个地方，就会问起这种犰狳。农场里的人告诉我们，如果我们想找到一只，就要去查科草原遥远的西端。他们说，不管怎样我们也应该去那里看看，因为在那些最偏远、荒凉的农场中，有一家的老板是位英国人，他很为自己的国籍自豪，而且一直抱怨巴拉圭是个野蛮的国家。在查科，没人能让他用母语交流。他说英语是世界上最丰富、最美丽的语言，英国的文学则给了他无穷无尽的快乐。我们到那儿一定会受到热情接待。我问起他的名字，被告知叫“赫奇·赫尔勒斯”。在我听来这可不太像个英国人名，随后我反应过来，它就是西班牙语发音的“乔治·贾尔斯”。我问我们要如何找到那儿。“就朝着落日的方向骑。”他们说。

于是，我们这么做了。想到要连续好几天骑马赶路，我本有些担心，不过我们很快就习惯了。我们的马不像在英国常见的那样会让人上下颠簸，不管它们以怎样的步态前进，我们在垫满羊皮的马鞍上都坐得稳稳当当。我们的坐骑也称不上什么勇往直前，只有在经过一处日渐干涸的沼泽时，它们才表现出奋进的迹象。因为一群群咬人的虫子从沼泽里冒出来，发出令人毛骨悚然的嗡嗡声，二十码外都能听到。

当我们的马儿听到这种声音，就全然不顾我们试图拉动缰绳、让它们靠得再近些的指示了。

查科草原上的马能在荆棘丛中找到各种食物。如果有一段时间用不上它们，农场主就会直接把缰绳松开，让它们自谋出路。我们借的马过了一周左右开始疲劳，于是我们拜访的一座小农场的主人就提出，再给我们提供两匹新的马，减轻现在这两匹马的负担。我向他解释说我们不会原路返回，所以没法把它们还回来。“但那也没关系啊，你们可以把它们买下来，”他说，“等用不着了，直接把它们放走就可以。”它们的瓜拉尼价格兑换成英镑只要5英镑，这似乎是个可以接受的办法。

经过几天的跋涉，我在遥远的地平线上看到一处，我确信是乔治·贾尔斯牧场的地方。当我们靠近时，我通过望远镜看到有人躺在阳台阴影下的吊床里。当我们走近时，那人影一动不动。直到我们下了马，把马拴在拴马柱上，他才把腿从吊床里甩出来。

我伸出手，解释说我是一个英国人。我们来这里，是因为我们听说他也是个英国人，渴望说自己的母语。

“我的老天！”他说。可惜，原来这就是他从弥尔顿和莎士比亚的语言中，能回忆起的唯一一个短语。

* * *

乔治证实，他的农场里确实偶尔可以发现牛车犰狳。一个在他手下工作的印第安人第二天就带我们去寻找。我们发现了它们挖白蚁时掘出的洞，这些洞大得惊人，我都可以爬进去。唉，可惜洞里空空如也。我们也没有发现最近新挖的洞，于是就继续往前走了。

我们夜里就在荆棘丛中宿营。一天晚上，在用砍刀为吊床清理空间时，我不慎把刀挥到了一棵棕榈的树干上，一根6英寸（约15厘米）长的刺扎进了我一只手的侧面，并断在了里面。鉴于查尔斯之前曾有志从事医疗事业（尽管没有通过初审考核），就由他来负责治疗。他翻出急救包，检查了伤口，试图用一把镊子把埋在肉里的刺拔出来，但是没有成功。他说，必须实施手术，看起来很严肃。他找到一把手术刀，我躺在吊床上，把目光移开。但就在查尔斯开始动手时，我忍不住畏缩了。他说，我表现得这么胆怯的话，他就没法把刺取出来，我必须躺着不动。如果我做不到，那就需要用镇静剂了，也就是吗啡。我感觉这是不是有点过头，不过还是屈服了。查尔斯就在我的屁股上打了一针。

我想不起后来做的什么梦了，只记得是一些美梦。醒来时，我发现自己的手包在一大堆绷带里，有一个足球那么大。然而查尔斯有些懊悔，刺还在里头。他最终也没能狠下心，将手术刀在我的肉里切得足够深，去够着那根刺。或许他也放弃了自己行医的念头。在接下来几天里，我的手一直阵阵作痛，还一点点肿了起来。当我们终于回到亚松森后，我去看了医生。那时候手已经肿得很厉害。医生用手术刀割开伤口，那根刺就在内部压力的作用下，像挤牙膏一样自动从肉里冒了出来。

彼时，我们已经收集到了各种动物，有树栖蜥蜴、幼鬃狼、草原狐、侏儒猫头鹰、鹦鹉、凯门鳄和长鼻浣熊，但在我们的收藏中最令人骄傲的，还要数犰狳，有三带犰狳、六带犰狳、七带犰狳和九带犰狳。不过很遗憾，我们没找到一只大犰狳。

我们把所有动物都空运到布宜诺斯艾利斯。在等待下一班回伦敦的飞机时，航空公司允许我们把它们安置在一间空置的飞机库里。每天在喂养动物和打扫卫生之余，我们就不剩什么空闲时间了。但我听说有个英国人和他妻子刚刚到达这座城市，正要踏上动物收集之旅。我稍加调查就找到了他，并给他打了个电话。原来是杰拉德·达雷尔（Gerald Durrell）和他的第一任妻子杰姬（Jacqui）。我和他们之前素不相识。杰拉德当时很年轻，也还没留胡须，脸上总垂着一缕头发。他本人就和他当时刚刚开始写的书一样好玩。那个时候，他尚未在新泽西建立自己史无前例的动物园，但在灌进大量廉价智利葡萄酒之后，他向我讲述了他关于梦中动物园的计划。我给他看了我们收集的犰狳，并把我们学到的饲养知识告诉了他——例如，饲养幼年的三带犰狳时，在它的食物里掺些泥土就可以预防痢疾。我也向他诉苦，我们一只牛车犰狳也没见着。不得不承认，当我听杰姬说他们已经弄到了一只时，心里可不止是有点嫉妒。她说那只牛车犰狳在阿根廷北部的一个小镇等着他们。后来我听说，他们和我们一样不走运，那个说他有牛车犰狳的男人实际的意思是，他确定自己可以捉住一只。但最后，无论是他还是他俩都没能捉到。这么一来我就感到宽慰多了，像杰拉德这样经验丰富、成绩斐然的动物收集人，这次的收获也没比我们好到哪儿去。

* * *

回到伦敦后，我做的第一件事就是整理文件夹，里面塞满了皱巴巴的纸片，还有一些不知所谓的涂鸦，都是我们在过去三个月里积攒的。我尝试从中整理出收据，好报销一些费用。说真的，想得出一个正确的总额，确实需要用上那么一点想象力，但我已经尽力把账目做精确了。即便如此，在我把这份文件寄出后不久，就接到了那通必然会打来的电话。

“爱登堡先生？”打电话的是位女士，她说话时仍保持着20世纪50年代电话通话时的正常礼节。

“我是大卫·爱登堡。”

“这里是会计部。我想询问一下您所列花费中的一项：1000瓜拉尼买了两匹马，您肯定这不是它们的租金吗？”

我清晰地回忆起了我们在查科的交易。

“不是，”我说道，“我们必须把它们买下来。”

“但是那样的话，”那个声音一本正经地说，“它们就算公司的财产了。你把它们怎么处置了？”

“夫人，”我阴森森地回答，“我们把它们吃掉了。”

* * *

在我们制作影片期间，我穿过莱姆·格罗夫摄影棚破旧的门厅，看见了维多利亚时期文物的鉴赏家、未来的桂冠诗人约翰·贝奇曼。他瘫坐在沙发上，带着他常戴的那顶破旧的三角帽，心不在焉地抽着烟，丝毫没有注意到烟灰落在了他的背心上。看到我时，他的眼睛亮了。

“我亲爱的侄子！”他叫道。

几年前，在我第一次邀请他参加我设计的那个注定失败的旅行知识问答节目《地球何处》(*Where on Earth*)时，他就发明了这么个亲戚关系。这是基于他认识我的父亲且曾在我家暂住。从那以后，我们就一直因各种电视节目经常通信，他在信里也一直称呼我为“侄子”。不过他自己的署名就五花八门了，“著名的康沃尔民族主义者简·特雷贝奇曼”、“约翰·奎奇曼(马恩岛人)”或是“X·弗兰克·桑给巴尔(主教)”。

“约翰叔叔,”我边说边坐到他身旁，“见到您真好啊。”

“告诉我,”他热切地说，“你刚从哪个激动人心的地方回来?”

“巴拉圭。”

“实在是太棒了!我一生最大的野心之一就是到……”

他的声音低了下去:“……提醒我一下，巴拉圭的首都是哪来着?”

“亚松森。”

“是的，亚松森，当然了。一定是座激动人心的城市。告诉我,”他朝我倾过身来，两眼发亮，“他们那儿有……有轨电车吗?”

遗憾的是，如果他看了《动物园探奇》的巴拉圭特辑，一定会对此感到失望。我不确定观众是否也像我一样被犰狳吸引，但是几乎所有人都同意——节目配乐很吸引人。那时候巴拉圭竖琴演奏的音乐，在英国几乎还前所未闻。要是放到现在，英国广播公司毫无疑问会迅速推出一张巴拉圭竖琴唱片，但是当时公司还没有自己的商业部门。不过那会儿有个巴拉圭的三重奏乐队，刚刚开始为一家欧洲公司录制唱片。他们穿着比我们之前的衣着更具装饰性的斗篷和“法押”，戴着宽檐帽演奏的曲目里也有很多我们录过的民谣。他们在英国的电视上看到自己国家的四腿“他图”，或许会很开心；不过更令他们高兴的是，观众们大量购买他们的唱片，好回想起一只小小的三带犰狳像发条玩具般，小步跑着穿过查科仙人掌丛的情景。

9

Solving Sound

搞定声音

为我们的影片画面配上音轨，可能是件很复杂的事。摄像机噪声很大，我们当时还无法将录音机连到上面，实现完全同步的录制。因此我们通常会先拍摄，后录音，就像我在拍摄极乐鸟的镜头时做的那样。然后，磁带上的声音会被转录到16毫米胶片上。剪辑室里，画面和声音是在两条平行的滚轴上剪辑的，这样我们就能把一个声音“放”进去，使之大略能匹配那个理论上发出此声音的动作。只要声音比较简单，比如狮子咆哮之类，而不是像一个人在说话那么复杂，这项技术产出的成果就还算可以。

然而有时候，我们没能录下所拍动物发出的任何声音，不过这也不太会构成大问题。英国广播公司已经拥有了一个庞大的动物声音库，通常总归能找到一条匹配的录音。声音库中收集的鸟鸣声数量是全世界最多的。如果在一段制作完成的影片中，一只鸟的唧啾和啼叫声与其咽喉鼓动和鸟喙开合的图像对应得不太精准，似乎也没给任何人带来困扰。当然，我们要确认所使用的鸟鸣录音属于影片中展示的那个品种，因为我们很清楚，一旦出现错误，一百个正提笔等着讨伐我们的狂热鸟类学家就会写来出离愤怒的信件，以展示他们自己有多么渊博。

那时候，一直是我在负责《动物园探奇》在外录制期间的所有声音录制工作，所以如果回来之后发现录音不足，那也只能怪自己。但在《动物园探奇》系列的间隙，作为旅游和探险单元的负责人，我还制作了名为《旅行者的故事》(*Travelers' Tales*)[后改名为《冒险》(*Adventure*)]系列节目，它们的素材就都是由旅行者和探险家带回来的了。对他们来说，拍摄和录音都是次要的事。他们的影片镜头会比较杂乱无章，也几乎从未考虑过录一些附带的声音，比如划独木舟的声音、热带森林中的虫鸣，以及一大团蝙蝠振动翅膀的声音。所以我们常常不得不在录音库中找到什么用什么，拼凑出一条音轨。

制作一段音轨——或说配音，需要在专门的配音棚里进行。在黑暗的棚里，录音师坐在一张巨大的桌子后面，桌面上有大约一百个旋钮和调节器。他需要根据投射到面前屏幕上的影像进行音轨制作。

他要将若干不同来源的声音汇编在一起。如果我们能提供给他的某段重要声音只有一分钟左右，他就会让磁带一遍遍循环播放，就像我处理极乐鸟的叫声那样。然后他会让这个声音在必要时淡出。我们也用同样的方式处理人们的谈话声。我总是要求负责摄像的旅行者，在遇到一群人交谈时就录上几分钟。聊天的声音是很独特的。一群非洲人的闲聊听起来就和意大利人或是印度人大不相同，即便你一个字都听不懂。

在《旅行者的故事》系列中，有一部影片是关于布须曼人（Bushmen）的。他们的语言格外特别，会运用大量的咔哒声。我们的摄影旅行者带回了一小段录音，不够给其中一些场景配音，于是我就让剪辑师把它做成一段循环音频。

剪辑师过了很久都没到配音棚来，以至于我把电话打到了他的剪辑室。他连声道歉。当他终于露面的时候，解释说出了一些技术问题。他说旅行者的录音机出现了奇怪的故障，谈话录音里布满了奇怪的电子咔哒声，他不得不手动把这些杂音一个个剪掉。不过咔哒声实在太多，剩下的部分几乎不够循环播放了。结果，他回到剪辑室把布须曼人说话中的咔哒声加回去，又耽搁了一段时间。

录音师也可以使用每分钟78转的塑料唱片上的声音。通用音效留声机库可以为他提供丰富的声音素材——雷鸣、关门声、狗叫声、铰链的吱嘎声，以及舷外发动机的砰砰声。一位能操作一排四部唱片转盘、经验丰富的留声机技师，会用一支黄色蜡笔把所需声音的位置精准标注出来，然后把唱针放到转盘上，使其完全在正确的时间发出声音。

队列行进是个比较特殊的情况。人们的脚步声必须准确无误，听起来才比较可信。调整唱片转盘的转速就可达到这个效果，当然，这么做就会无可避免地降低或升高声音的音调。其他重复的声音，可以用没那么明显的方式制造。一位大无畏的探险家在沼泽中行走时发出的声音，可以用一头驴子咀嚼干草的声音来凑合，只需把唱片用四分之一的速度播放出来，再配合他的步伐，将音量在调高和调低间迅速切换。安静的状态也比较难处理，或许这有些奇怪。完全不加任何声音，会让观众们以为他们的电视机出了毛病。因此，我们会为撒哈拉沙漠中部那片惊人的寂静，配上一段播放得非常缓慢、极其轻柔的维多利亚瀑布的录音。

然而，还有很多杂音是在配音棚里徒手制造出来的。有许多人掌握着惊人的拟声技巧，其中最有名的，当属一位被称作“靴子贝丽尔”（Beryl the Boot）的女士。她可以用自己穿的鞋子，以及金属盘里的小石子、沙子、椰子壳，即兴创作出各种你能想到的脚步声。如果是雪地中的脚步声，那就用恰当的节奏挤压一只长丝袜里装的蛋糊粉。她仅用一本伦敦电话号码簿就能创造出的声音幻象，令人难以置信。

她最广受赞叹、令人折服的表演，是动物进食的录音。对这种音效的需求量比你想象的多得多。对一位摄影师而言，拍摄一个近镜头并不困难——比方说，一只猫头鹰坐在高高的树枝上，撕扯着一只田鼠的身体。但要想得到一段适用的同步音效，必须让麦克风离猫头鹰的喙非常非常近才行，而这几乎是不可能的。对这种情况，“靴子贝丽尔”很是得心应手。她会靠近麦克风，眼睛斜盯着屏幕上播放的猫头鹰进食的影像，同时嘴里咀嚼着一些特别有嚼劲的东西。

如果其他办法都失败了，还可以用音乐来弥补。20世纪50年代，我们的预算还太少，承担不起委托专人为我们影片作曲的费用，于是就用英国广播公司的管弦乐队专门录制的一些默默无闻的作曲家的作品替代。这些作品用在我们的音轨上，就无须额外付费了。我们会向音乐录音素材管理员约翰·卡特（John Carter）描述有待配乐的画面。这个男人有着最高深莫测的音乐品位，他会向我们推荐当年很少有人听说过的作曲家的作品。如今回想起那些人名，我都感到吃惊。特勒曼（Telemann）、维瓦尔第（Vivaldi）和柏辽兹（Berlioz）的作品当年还鲜少被商业演奏或被录制成唱片，他们的作品为我们解决了很多问题。我还记得自己把巴尔托克（Bartok）写的用弦乐、打击乐和大提琴演奏的音乐，为螳螂突然袭击的镜头做了伴奏，还自认为这么做也是十分大胆、前卫了。

把所有声音素材提取出来并进行流畅的混音处理，使之没有刺耳的不自然跳音，需要高超的技巧。这项操作会令人精神高度紧张，因为这一整段精雕细琢的创作，得录到一盒时长十分钟的磁带上。哪怕前九分钟都录完了，一个计算失误，就意味着全部流程都必须从头来过。

鲍勃·桑德斯（Bob Saunders）是一位了不起的配音大师。每个工作日，他都坐在电视影片工作室的黑暗中，蜷缩在他那张巨大的混音桌后面，耸着肩膀，一根接一根地抽烟，依照屏幕底部显示的镜头计数器的数字，剪出自己所需的段落。他拧着旋钮，对着留声机技师大吼大叫，对“靴子贝丽尔”打着手势。为了追求控时的平衡感和准确性，他就像许多管弦乐队的指挥那样，高度紧张又全情投入。

当我们全力制作一档探险节目时，每周都要和鲍勃预订他配音棚的档期。上午的时候我会朗读一篇自己写的解说词，下午我们就会准备一条由音效和音乐混剪的音轨，并将两者混合成最终版。午餐时分，我们在配音棚对面的红狮酒吧一起喝些小酒，吃个饭。这几乎是鲍勃每天唯一一段可以见到日光的时间。他尤其喜爱我们的旅行节目，他说这些节目使他回想起阳光是什么样子。要能使他从配音棚日复一日的黑暗中走出来，进入广阔、开敞的空间里，让他付出什么代价都可以。

10

A Quest for Custom

风俗探奇之旅

我们从巴拉圭回来后不久，一封信送到了我的桌上。寄信人是人类学家吉姆·斯皮柳斯（Jim Spillius）。他和妻子伊丽莎白（Elizabeth）在南太平洋遥远的汤加岛上工作。他向我转达了汤加统治者萨洛特女王（Queen Salote）的邀请，去参观她的王国并拍摄他们那的一场顶级重大的仪式。

在20世纪50年代，每个英国人都知道汤加的萨洛特女王是谁。尽管人们或许很难在地图上定位她的王国的位置，但大家都知道她。1953年，她参加了伊丽莎白女王的加冕游行。从威斯敏斯特教堂回来的路上，下起了雨。起初只是毛毛雨，后来就变成了瓢泼大雨。大多数国家元首、外交人员和皇室要员都升起了车篷，不过萨洛特女王没有这么做。她未加任何防护地坐在那儿，被大雨浇透了，还喜气洋洋地挥着手。伦敦各街道两侧湿漉漉的人群热情欢呼着，数百万在家中的观众都兴高采烈地观看了加冕典礼，堪称英国电视史上第一个轰动时刻。

有人说，她巡游时之所以没有避雨，是因为她的车篷卡住了。不过她看起来对此毫不介意的样子，就足以令人们对她充满好感了。而事情的真相甚至更令人感动。其实，她有一名随从提出要把车篷升上去，但是被她拒绝了。她说想和民众一起分享这个日子里的喜悦。

她想请我们拍摄的汤加仪式由她本人参加，仪式叫作“塔乌玛法-卡瓦”（taumafa kava），非常神圣，迄今为止还没有任何欧洲人被允许亲眼见证。然而如果英国广播公司愿意录制这样一部影片，那么整个制作团队在此期间都会受到款待。如果他们想拍摄汤加生活的方方面面，也会获得全方位的协助。同时，她甚至会允许我们将部分或全部皇家卡瓦仪式（Royal Kava Ceremony）也纳入节目之中。

我毫不怀疑女王的性格依然迷人，会令观众很乐意看到她在自己王国里的一些情形。汤加仍是一处鲜有人知的岛屿。很少有人造访该地，因为当时那里还没有机场，就算人们到了那儿，也没酒店可住。可是另一方面呢，这个“塔乌玛法-卡瓦”仪式，根据斯皮柳斯的描述，听起来也没有格外令人兴奋。基本上，它是由岛上的传统饮料——卡瓦酒的准备和饮用环节组成的。即便再加上很多关于这座岛的背景资料，我也想不出如何用它们撑够不止一集节目。而我必须策划出至少六期系列节目，来证明我们大老远跑到地球上这个地方来是值得的。

我没法提议去那边拍摄《动物园探奇》。因为太平洋那片区域的岛屿面积都很小且过于分散，几乎不存在什么可以探奇的野生动物。不过另一方面，相邻岛屿的人类居民有着各式各样壮观的仪式。探奇节目既然可以把动物学的内容做好，或许人类学的也可以。为何不把我的下次出行定为太平洋奇异风俗的探险之旅呢？这么一来，萨洛特女王的“塔乌玛法－卡瓦”仪式就可以列为其中一期了。我的老板们同意了。

查尔斯·拉古斯在四年拍了五期《动物园探奇》之后，决定在家里歇一段时间。他曾是第一个用16毫米胶卷为英国广播公司拍摄影片的摄影师；但现在，由于这款胶卷物美价廉，加之摄像机和电视机都发生了许多技术进步，很多作品都在用它拍摄，也有几位经验丰富的摄影师或许可以接替查尔斯的工作。我问他的助理杰夫·马利根（Geoff Mulligan）愿不愿意来，他抓住了这次机会。

* * *

我们飞到斐济，在那里登上一艘以固定航线在诸岛间环游的轮船，会停靠在汤加。当我们停在该岛首府努库阿洛法（Nuku' alofa）的码头时，吉姆·斯皮柳斯正在那里迎接我们。和他站在一起的是女王的特别代表，负责管理宫廷记录的维哈拉（Ve' ehala）。

维哈拉是受萨洛特女王委派在我们逗留期间关照我们的。他身材矮胖，留着一头剪得很短的黑色卷发，总是发出一种难以抑制的咯咯笑声。那笑声绵长得每次不到必须吸气的时候就停不下来——使他那通持续的咯咯声变成了假声的尖笑，在你习惯之前，很是令人惊恐。作为这个岛国传统的守护者，他还是一位知名的汤加鼻笛（nose-flute）演奏者，习惯穿着正式的汤加服装。其中包括一件名叫“瓦拉”（vala）的布裹裙，外面绕着一条用露兜树（pandanus）的树叶编成的垫子，用绳子系在腰间。在汤加，垫子是极为重要的，有些垫子的年头很老，是一个汤加人可能拥有的最为昂贵的物品之一。它们在腰间还有不同的围法。在日常穿着中，维哈拉会围一条很窄的垫子，上面垂下几条短带子，就像一个象征，展示着一条垫子恰当的长度。而在一些重要的场合，以及每次与女王见面的时候，他就会穿上完整尺寸的，那是一只巨大又僵硬的管子，从他的小腿中部一直延伸到胸部半高，用一根椰子纤维编成的粗腰带束住。当然，这种装束在周围都是欧洲风格的家具——比如椅子时，就显得非常笨重了。所以在那种情况下，他会小心翼翼地从管子里迈出来，把它竖在一个角落里。

我的第一项工作，就是和维哈拉及斯皮柳斯夫妇一起研究到底如何拍摄“塔乌玛法-卡瓦”仪式。我们坐在维哈拉的办公室里，这儿离王宫很近。屋里除了一张桌子和一部用于联系王宫和镇子的电话以外，几乎别无他物。还有一本书。不得了，原来是一本伯克编的《贵族姓名录》。他重重地叹了口气告诉我们，因为有为数众多的人来信索要汤加邮票，他的大部分时间都被给他们回信占去了。但他还得处理皇家礼仪方方面面的事情，接下来卡瓦仪式的准备工作也需要他全力以赴。所以集邮者们的诉求，本月里只能退居第二位了。

卡瓦酒是取一种胡椒的根部磨碎成粉，用水调制而成的。它呈乳白色，有一点点消毒剂的味道。它并不含酒精成分，但据说如果你喝得足够多，会有一些轻微的麻醉作用。以我有限的经验来看，它似乎会使双腿丧失知觉；不过，那也可能是因为我喝卡瓦酒的时候通常都是盘腿席地而坐的，以这个姿势坐上一会儿，腿部失去知觉也是迟早的事。

饮用卡瓦酒有一定的仪式。酒应盛在椰子壳里。你要安静地接过酒，一口气喝干，再双手击掌，嘴里咕哝着“玛洛、玛洛”以示感谢。它是各种聚会中不可或缺的良伴。朋友们相互拜访时习惯共饮卡瓦酒，商务谈判也不可避免地要从饮用卡瓦酒开始，无论什么类型的宴会，没有卡瓦酒都是难以想象的。而“塔乌玛法-卡瓦”仪式是所有场合中最为神圣的。因为被大部分臣民视为半神的女王，会在那时同人们一起饮用卡瓦酒。

斯皮柳斯夫妇和维哈拉解释了仪式中会发生的细节。届时王国里所有的首领和贵族都会聚集在宫殿旁一片开阔的草地“马拉埃”（mala’e）上，面朝内围坐成一个直径约一百码的大圈。女王将坐在一旁专门搭建的亭子里。她王国中的每个村落都将向她献上礼物，以表敬意，礼物将展示在大圈的中央。接着，卡瓦酒将被倒入一只巨大的木碗搅拌混合，女王会先饮用一些，接着每位贵族都会依次获得一杯。整个仪式将持续四五个小时。他们告诉我，完成的影片里必须包括那一百来位贵族每一个人饮用卡瓦酒时的特写镜头。

这听起来可不怎么让人来劲，但接着我告诉自己，我可以为女王的版本拍下所有人的镜头，而在英国的电视上只需展示其中一小部分。可是出现了一个障碍。整个仪式非常的“坦布”（tambu），也就是“神圣”的意思。那么，鉴于我们会是有史以来第一批出现在这种场合的白人，就应该尽可能保持低调，最好不要移动；如果万不得已一定要动的话，也不能直起身，而要蹲伏着前进。最重要的是，一旦仪式正式开始，我们就绝对不能踏入那个圈子，因为那是一种亵渎行为，会冒犯参与仪式的人。

我解释说，在这些限制条件下，我们很难拍出女王想要的影片。因为无论坐在圈外的什么地方，都会有一半的参与者背对着我们；而另外一半面对我们的人也会由于离得太远，几乎分不清谁是谁。维哈拉被这个情况吓坏了。如果影片中遗漏了任何一位贵族，都会是一场可怕的灾难。

我们花了三天时间坐下来讨论这个问题，确定了可以把摄像机移到另一个位置的时机。我们弄清了一个尴尬的问题——哪些参与者的级别比较低，以免万一拍摄过程中不可避免地出现了一些停顿的话，他们在影片中的缺席还能遮掩过去。我们也一致同意，对那些极为重要、有权势的人士，无论如何都要让他们出现在影片里。斯皮柳斯夫妇作为人类学家，对仪式本身的细节还有他们自己的疑问，必须征求不同贵族的意见，才能确定应该怎样做。维哈拉一趟趟往返王宫，把书面建议带给女王考虑。伊丽莎白开始撰写一份详细的视频脚本，上面规定了哪个人应该说什么、做什么，以及相应的顺序。每一条建议都必须得到女王本人的批准或驳回。随着脚本越写越长、细节越列越多，我意识到这部影片并不会如我所设想的，记录自然发生的事情，而是一个对伊丽莎白脚本的视觉转化。甚至有人建议说，如果仪式中出现了偏离脚本设定的情况，那么影片应该按照脚本进行剪辑，而不是展示实际发生了什么。这完全不符合我对人类学影片拍摄的想法。

在这些漫长的讨论间隙，以及等待女王对他们的提案做决定期间，我们在岛上各处进行了拍摄。人们招待我们吃着土炉里烤出的乳猪和面包果，我们盘腿坐在露兜树叶织成的地毯上，脖子上挂着鸡蛋花花环，边吃边观看村民们为我们唱歌跳舞。我们参观了皇家陵墓，双层方形平台上铺满了白色的碎珊瑚。我们还去看了汤加著名的古纪念碑——毛依三石塔，在两块高12英尺（约3.6米）的巨型长方形珊瑚灰岩顶部，横置着第三块巨石，形成一个拱门。我们还记录了制作树皮布的整个过程：女孩们在一根圆木后坐成一排，用木槌敲打一条条桑树的树皮芯，直到它们变得比先前宽了很多倍并可以粘在一起为止。我们下到海岸边，太平洋的浪花涌向低矮的珊瑚灰岩峭壁，又从孔隙中喷发而出，好似巨大的喷泉。我们还在王宫内外进行了拍摄。

俯瞰着汤加环礁湖的王宫宫殿，是一座两层楼的白色山墙建筑，有木质墙板和红色波纹状的铁皮屋顶，是19世纪末时由新西兰建筑工人建造的。就地理位置而言，它并不位于城市的核心地段，不过社会意义上的核心就当之无愧了。有十几个人是永久居住在里边的——包括各类官员，还有仆人；不过，还有两倍多的人每天都待在那里。汤加人传统的好客之道似乎是这样的，只要能和王宫里的任何一个人搞好关系，几乎任何人都能住进来。来自边远村庄的首领们，到这里向女王致敬；政府官员源源不断来到这里，请求王室成员对法律问题作出决定；成群结队的人们从岛上各处来到这里，排着队向女王献礼以示敬意。

在一条走廊里，有一个小乐队几乎在不间断地演奏。他们用吉他和曼陀林伴奏，和声唱着南洋流行音乐。女王本人非常喜爱音乐，曾创作过几首曲子。当然，这些曲子也是她乐队的演奏曲目。不过他们最喜欢的一首歌是《你是我的阳光》，这是“二战”期间传至汤加的一首欢快的歌曲，现在依然备受喜爱。我们和这支乐队一起待了很长时间，要么是为得到有关“塔乌玛法-卡瓦”仪式更多问题的决议，等着和某些宫廷官员的又一轮会晤，要么就单纯是为了享受听着他们的演奏喝卡瓦酒的乐趣。他们甚至给我们取了汤加名字。我的汤加名字是“拉图-塔夫塔”（Ratu Tavita），“塔夫塔”是波利尼西亚语里的“大卫”，而“拉图”大概的意思是“首领”。

终于，“塔乌玛法-卡瓦”这天到来了。赤足的汤加警察穿着他们最好的制服“瓦拉”，戴着卡其色的丛林帽，驻扎在“马拉埃”草地周围，以确保岛上其他的欧洲居民不能靠近。尽管整个仪式最终将在电视上播出，但是外国人——比如政府的英国顾问、商人和公司代表，还是不被允许见证这一过程。这令他们有些人十分恼火。

贵族们开始聚集，在谁该坐在哪里的问题上爆发了激烈争执。身着华丽巨幅垫子的维哈拉不得不被叫过去处理这些事情。一位级别很高、身材也极为魁梧的贵族，拒绝坐在维哈拉为他安排的“合适”的位置上。在事情马上就要变得难堪时，一位警察大步走过去，递给他一张纸条。这位贵族读完后，就顺从地坐在了他之前抱怨的位置上。后来我发现，那张纸条是女王让人送来的，她一直在四分之一英里外的王宫阳台上，通过双筒望远镜观察着事态的发展。

杰夫和我坐在“马拉埃”一侧巨大的小叶南洋杉下。在事情还没有变得过于“坦布”之前，我走到圈子中央，把一只麦克风相当乐观地固定在了地上，然后从它上边引出一根长长的电线，连接到录音机上。我坐在杰夫旁边，并确保录音机一直在自己身边。

仪式开始时，一队队携礼物而来的村民就唱着和声入场了。每队村民敬献的都是依照传统的特定物品。有烹饪好的鸡、鱼和木薯、肝脏串在胸上的烤全猪、露兜树叶垫子，还有成卷成卷的树皮布，大约有一百码那么长。最重要的是，还有十几株连根拔起的大株卡瓦胡椒树。每一种类别的礼物送到时，一位宫廷官员就会指着它，大声数数，这样所有人就都知道那是什么礼物、是谁进贡的了。另一位官员坐在女王亭子对面一个直径5英尺（约1.5米）的木碗后面，卡瓦酒将在这个碗里搅拌。

万事俱备，就准备迎接女王了。

她在王宫花园中亮相了，走到小亭子里坐下。女王腰间围的那块垫子，据说已有大约五百年的历史了，全岛闻名。她高大挺拔、端庄威严，看起来确实有王者风范。最大那株卡瓦胡椒树的树根已经被碾碎，放到卡瓦碗中和水搅拌了。

接着，开始奉酒。第一杯被献给女王。她喝完之后，盛典的司仪，一位名叫莫图–阿普阿卡（Motu’apuaka）的老者念了一位贵族的名字，给了他一杯酒。奉酒的顺序是按照社会地位来的，莫图–阿普阿卡并没有给围坐一圈的人依次奉酒，而是从一边转到另一边，这就给我们造成了不便，杰夫不得不一直换镜头。我按照摊在膝盖上的最终座次表和伊丽莎白脚本里的次序，提前告诉杰夫下一位接受卡瓦酒的会是谁。我惊奇地发现，莫图–阿普阿卡念名字的顺序和伊丽莎白所写的一模一样——接着我就看到，他面前也藏着一份同样的脚本。

第二天，我们和维哈拉及斯皮柳斯夫妇一起检查拍到的素材。有些事件没被拍到，不过我们已经计划好了，如何通过剪辑画面来填补这些空白。有些口令和回答只录下了声音，不过我们知道可以用什么画面来支撑。有一些讲话离得太遥远，录音里几乎什么也听不到，好在我们可以安排莫图–阿普阿卡稍后把整个脚本再重新录一遍，那时我就可以把麦克风拿到离他合适的距离了。我当然是听不懂汤加语的，斯皮柳斯夫妇担心我们剪辑整部影片时会把有的口令和回答放错位置。作为女王的顾问，他们坚持要监督影片最终完整版的剪辑，尽管几个月后他们才会回英国。最后我不得不同意了这个要求，不过前提是我们可以从影片的主底片上充分选取素材，为我们自己的节目制作一个五分钟浓缩版的仪式短片。

在我们逗留的最后一段时间，他们为我们举办了一场聚会。在岛上三周里，我们交了很多朋友，庆祝活动非常热烈。宫廷乐队不停地演奏，人们喝着啤酒，载歌载舞。我们的脖子上挂满了鸡蛋花花环。午夜时分，尽管现场一片混乱，还是有人听到了电话铃声。是女王打过来的。她听说聚会的氛围很好，所以建议我们至少再持续一个小时。第二天早上，我们疲惫不堪又依依不舍地乘船离开了。

* * *

一些古老的仪式经过整理和编纂，被用作维持社会秩序和现状的一种工具，汤加的"塔乌玛法-卡瓦"仪式正是一个典型的例子。事实上，我们正是被聘来协助这一过程的发生的。但在西南太平洋地区，还有很多其他类型的风俗可供我们拍摄。有些渐渐没落，有些经过改头换面，用来吸引游客，还有一些近期刚刚萌芽，正在迈向全盛。然而其中最罕见的，是那些低调、不起眼的类型，虽年代久远，却仍在偏远而鲜有人问津的地方悄然流传了下来。我们在瓦努阿姆巴拉武岛（Vanua Mbalavu）上，就找到了这么一种。这座小岛和其他六座更小的岛构成的岛屿群，坐落在汤加和斐济之间。

我们住在洛马洛马（Lomaloma）的一处小村庄。穿过四十年光阴回首过去，当时这里看起来，就像一个单纯得不可思议的波利尼西亚天堂范本，好似从一位好莱坞设计师的画板上直接取下来的。这里的房子都是茅草屋，看不到任何波纹铁皮屋顶。房屋间的空地上覆盖着修剪整齐的草坪，到处自由绽放着鲜红的木槿和紫色的三角梅。空气中有浓郁的鸡蛋花的香味，蓝水晶般的环礁湖岸边生长着棕榈树，季风稳定而又轻柔地在羽毛似的树叶间吹过。我简直不敢相信有如此景色，然而那是真的。

位于斐济首都、现代化大都市苏瓦（Suva）的政府官员，给我们派了两位年纪和我们相仿的男子做导游。这两位导游在洛马洛马当地都有一些家族联系——这在波利尼西亚地区总是非常有用、令人难以拒绝。按照当地的习俗，我们带了礼物，包括现在仍然必不可少的鲸牙，这是我们好不容易在政府商店里买到的。当地首领“姆布利”（mbuli）迎接了我们，分配了一栋房子让我们住下。我们睡在铺着丝绸般柔滑的露兜树叶毯子的地面上。多数早晨，我们都到环礁湖里去和男人们一起游泳，去捉要吃的鱼。在夜里，大伙儿一起喝着卡瓦酒，交流彼此会唱的歌。这样的日子让我们真的很难、很难想起，还有一部片子要拍。

我们来这座小岛，是为拍摄一项鲜有人知的捕鱼仪式。仪式的发生地在这座岛中心低矮丘陵之间的一处浅水湖。湖里生长的大型淡水鱼味道极其鲜美。据说如果仪式执行无误，这些鱼儿就会自己从水中跳出来，落到人们手中。有一位部落祭司负责看守这片湖，他已经有很多年不允许人们从这里捕鱼了。但如今，在洛马洛马人以及其他几个沿海村落的压力下，捕鱼仪式即将再次进行。

全洛马洛马有一半人都去了湖边，在岸边安营扎寨。我们也同他们一起前往。祭司已经到了那里，每一队人马到达时，都会给他献上卡瓦酒——在这里被称为“阳戈纳”（yanggona）。人都到齐后，他宣布了仪式的各项规则，都非常具体：当天晚上，每一个人，无一例外都必须去湖里游泳；除了用周围灌木丛里的一种特定植物的叶子做的裙子，身上什么都不能穿；每人身上都要涂带有碾碎的花蕾芳香的椰子按摩油，这种油村村都会制作。如果有人无视这些规则，这个湖就会惩罚他，咬他的皮肤。一整夜，人们都必须两人一组一起游泳，用刻成特定形状的原木让自己浮在水面上。无论如何，湖里就是不能空无一人。如果能够严格执行这些规定的话，到了早上，鱼就会自己送上门来。

我们洛马洛马的朋友不需要鼓励，我们也不需要。我们帮彼此涂抹按摩油，穿上树叶裙。我们在湖里游来游去，放声歌唱。大约一小时后，我们从湖里出来，喝了点卡瓦酒，吃了点火上烤着的猪肉和鸡肉，接着又回去游了一会儿。凌晨来临，湖的秘密不再神秘了。一股轻微的硫化氢气味开始飘出湖面。这个湖泊很浅，周围岸上的树木落叶沉入湖底，腐烂形成了厚厚的淤泥。所以，为数众多的人不停游泳，就搅起淤泥，释放出水底的气体，使湖水变为了弱酸性。

到了凌晨，水中的酸度越来越高，于是鱼就游到水面上。这些鱼约有两英尺长，抓住鱼尾就不难捉到。但是下手的时间还没到。祭司会说什么时候可以捕鱼，而我们必须等他开口。黎明时分，在营地里喝酒或打盹的人已经比在湖里游泳的多了，不过按照祭司嘱咐的，湖里仍一直有人活动。当暖洋洋的太阳升起时，人们的热情又回来了。上午，祭司发出了另一个指令。这时，所有营地里的人都冲到了湖边，跳入水中。这阵骚动搅得湖面上满是从水中跃出的鱼。有些鱼被男人们用矛叉到，有些跳得离游泳的人太近了，伸手就能捉住，还有一些靠近岸边的，就直接跳到岸上。很快，几百条鱼就躺在了河岸上，只待被分发出去、在火上烤熟。人们大快朵颐的同时，营地里再次响起了欢快的歌声。

将这样的事件仪式化并置于一位祭司的控制下，好处是显而易见的。这片湖面积相对较小，如果不加约束，鱼很容易就会被捕尽了。这种捕鱼的方法需要很多人来游泳，那就需要一个权威人士进行组织协调。仪式规则要求人们用油脂涂抹身体，是为防止搅动淤泥时产生的酸刺激皮肤。除了树叶裙什么都不穿的原因也很明显，毕竟，这是一次狂欢嘛。

＊　＊　＊

在斐济更往西的瓦努阿图（Vanuatu），我们拍摄了完全不同的事件。我们去的那个年代，欧洲人仍然称这些岛屿“新赫布里底群岛”（New Hebrides Islands），这还是库克船长在近二百年前取的名字。这里的美拉尼西亚人（Melanesian），在身体和性情上都和波利尼西亚人不同。他们的肤色更深，头发卷曲，习俗也较少基于享乐和欢庆，而更强调的是身体层面的勇敢，甚至是惩罚。

在瓦努阿图北部、彭特科斯特岛（the Island of Pentecost）的南端，人们沉迷于陆上跳水运动。直到1959年，外界才刚刚听说了这种习俗。已经有相关的照片发布，但还从未被拍成过影片。当我们询问可不可以录像时，村民们欣然同意为我们表演。

仪式将在村外陡峭的山坡上举行。一棵大树大部分树枝被砍掉，人们围着它搭起一个约一百英尺高的脚手架。大树脚下向下倾的山坡上，植被已被清除干净，土地也被挖开，形成了一片软着陆的场地。我们到达时，人们正在搭建从塔顶伸出的跳板。跳板一共有四五十块，最低的离地面约二十英尺高，最高的则在塔顶端。每块跳板由两块木板组成，并由两根垂直的支柱撑在平台端头与塔身之间的某个位置。两根长长的树藤被固定在塔心的柱子上，然后沿着每个平台垂下，悬在前面。这些藤条会被拉上去，绑在从跳板上跳下的人脚踝上。藤条的长度显然是至关重要的。太短的话，跳水者会头朝下悬在半空中。而如果太长，他就会撞到地上，摔断脖子。你可能以为，每位跳水者都会想要好好查看一下自己要用的那根藤条；但村民们很肯定地和我们说，那些细枝末节的事全权交给搭建跳台的人就好，跳水的人是不会费心去检查的。

跳水那天，全村人都来了。不准备跳水的男女们就在塔下排成长队，开始跳舞。接着，一些几乎还是男孩子的年轻男人爬上脚手架，一个接一个在较低的跳板上就位。每位跳水者都有一个帮手，负责把藤条系在他们的脚踝上。系好之后，跳水者就站到跳板的前端，鼓足勇气，手臂举向侧边或头顶上方，像奥运会的跳水运动员一样。接着，他身体向前腾入空中。当藤条绷紧时，他仍在下坠，远离塔身，向更低、更远的地方俯冲。剧烈的拉力拉断了他跳板下方那些用来固定支架的绳索，于是板子塌下来，缓冲了一些冲击并减缓了他坠落的速度。当藤条无法再延长时，跳水者就会被猛地向后拉回，落到松软的土壤上。

当男人们在平台上越爬越高的时候，塔底的舞者们也越来越兴奋地跺着脚、吟唱着歌谣。一小时后，只有最高处那块跳板还从未被用过了。爬上那处跳板的男人实在是非常的勇敢。他站在跳板的最前端，犹豫了很长时间。他大叫一声，举起了手臂又放下，抛下一朵红色的木槿花。接着，他张开双臂，俯身向前做了一个优雅的燕子式跳水动作。他和前面的人一样是仰身着地的，没有受伤，欣喜若狂。每个人都欢呼起来。

村民们要我们为拍摄这次仪式支付一大笔钱，我们当然毫不吝啬。不过，这项仪式的起源是什么呢？难道是源于一种成年礼，一个男孩必须经过这个勇敢程度的测试，来证明自己已经是个男人了？我们不得而知。那么，现在人们主要是把它当作一项体育运动来进行么？或许吧。在不久的将来，这项运动是否会成为一个常规的旅游项目和收入来源呢？迟早有一天，它会的。

* * *

不过，瓦努阿图南部的其他仪式肯定就不适合游客了。实际上恰恰相反，这些仪式专门是反欧洲的。我们在新几内亚时，一位传教士向我解释过这回事，这种反欧立场是一种全新的宗教——“货物崇拜”（cargo cult）的组成部分。在过去一个世纪中，东至大溪地，西到新几内亚，这项宗教运动在太平洋的很多地区风靡一时。

“货物”（cargo）是个洋泾浜词语，指的是用飞机或轮船运抵太平洋的工业制品。当小岛居民第一次看到金属餐具、玻璃酒杯、塑料笔等东西时，他们感觉很神奇。这些物体显然不可能是用任何他们熟悉的技术制造出来的。你怎么可能凿出或编织出一台收音机或一把来复枪呢？如果这些东西不是人做的，那么它们肯定是神创造的。岛民们问起这些新神的情况，有些新来的白人就兴高采烈地谈论起来，并吸引岛民们成了信徒。但是新宗教让人们失望了，他们得到的货物份额很小。所以他们不再在意神的使徒们所说的话。他们又去问商人，如何才能分得货物。商人们说，他们应该去种植园工作，赚些钱，在商人的商店里购买他们想要的东西。许多人这样做了，但是无论多么努力，除了一些零零碎碎的小东西，他们赚的钱永远什么都买不起。

这些殖民者一定有什么他们没发现的秘密途径来获取货物。岛民们仔细观察着这些新来的人，发现他们的所作所为，很多并不起什么实际作用。他们进食的方式很奇怪，坐在小平台上，面对着一个更大、更高的平台，上边还铺着白布。他们坐在那儿时，还会来回翻着纸。他们说服一些当地人穿起一模一样的衣服，夸张地来回跺脚*。也许所有这些都是这个神秘宗教的某种仪式，他们借此诱使众神，将物质财富只单独赐予了他们。于是，这些岛民也开始模仿起欧洲人的种种做派。与此同时，他们开始拒绝同殖民者合作，拒绝为他们工作，也拒绝他们给的钱。

这套说辞不太可能是哪个岛民自己想出来的——那些理论逻辑太浅显、显然也太简化了。毫无疑问，驱使岛民们做出这些行动的，是人们在看到周围发生的情况时，一种更加下意识的、难以名状的反应。而这就导致了所有这类运动的一些共同特征——他们主张反欧，行动中却又结合了对欧洲人行为的模仿；他们呼吁人们抛弃白人传教士传授的东西；他们声称可以同众神交流、说服神灵把货物赐予被殖民的人们，而不是殖民者。

许多货物崇拜的宗教都塑造出了一个最终会带来货物的、人格化的超自然存在。在塔纳岛（Tanna），这位神的名字叫作约翰·弗鲁姆（John Frum）。生活在这座岛上的欧洲种植园主们在1940年第一次听人谈起这位神祇。据说当他降临之时，一场大灾难就会到来。山将夷为平地，白人将被驱逐，约翰会带来他自己的钱，这种硬币上会有一只椰子的图案，而白人的钱届时就将一文不值。于是商店里挤满了人，人们想在旧钱失去价值前赶快把它花掉。一块地方的灌木丛还被清理出了一条飞机

* 这里指的应该是白人雇佣了一些本地人当警卫，走正步。

跑道，这样约翰·弗鲁姆的飞机就可以在此降落了。跑道旁边还建起了巨大的货棚，用来放置他带来的货物。

殖民政府试图通过武装力量镇压这些运动。货棚被烧毁，飞机跑道被破坏，宗教头目被关进了监狱。但这只是迫使宗教活动转入地下，变得更加难以监视和控制。几乎没人相信这种宗教彻底消失了。到20世纪50年代，这一宗教再次浮出水面。这一回人们说，约翰·弗鲁姆叫他们组建一支军队。他们用树皮布自己做了制服，用竹子仿制了步枪，统一穿着约翰·弗鲁姆专用色——红色的汗衫，成群结队地开始学政府警察那样操练起来。他们开始在各村巡逻，命令人们支持他们，给他们食物。政府再次派出武装警察逮捕了头目。不过他们不可能把所有村民都投入监狱，因此在塔纳岛的南部和东部，依然活跃着很多人，穿着约翰·弗鲁姆军队的红汗衫，时刻预备迎接那个标志着他降临人间、开始统治的天启。这一次当局决定，既然约翰·弗鲁姆的士兵也不用暴力威胁其他人，那就听之任之好了。

还有一个种植园主仍然住在那边，是个名叫鲍勃·保罗（Bob Paul）的澳大利亚人。当初他刚尝试在岛上建立自己的种植园时，被那些来了有些年头的种植园主们欺负得很惨，甚至有个种植园主曾用枪指着他，阻止他装载干椰肉。这令当地人对他的态度和对其他欧洲定居者大相径庭。现在，他成了唯一一个可以劝说当地人在自己的农场里干活的人。我们就请他做我们的使者，希望同这个宗教的一些成员见上一面。

鲍勃看起来不像是那种能以一人之力对抗整个敌对群体的人，然而我们知道，他做到了。他四十多岁，说话轻声细语，不露声色，身材瘦高，有着浅褐色的头发和一撇小胡子。他带我们去看亚乎维（Yahuwey）

火山。这座火山靠近东海岸，处在约翰·弗鲁姆之国的核心地带。在开车带我们穿过椰林种植园的泥土路时，他举起手向几个路过的人打着招呼，既不过分热情，也不高高在上。男人们大多穿着红汗衫，女人们大多用额头挂着盛物品的网兜，都面无表情地看着我们。

火山之间的差异很大。它们可能很阴郁，可能充满威胁，可能隐隐露出不详的气息。也有一些火山则异常美丽，尤其是夜里，当岩浆从火山口倾泻而出，会发出你前所未见的绚丽红光。还有一些就丑陋不堪了，熔岩里满是不规则的硬块，一点点向前挪动时翻腾着发出嘎吱声，像工业熔炉里流出的废料一样。但是，亚乎维火山有着与其他我所见过的火山全然不同的氛围，怪异得令人恐惧。

从远处望过去，它只不过是一处低矮的圆顶山，上面升腾起一片脏黄褐色的蘑菇状烟雾，在空中翻腾盘旋。我们能听到低沉的爆炸声，就像远方惊雷。在离它大约还有一英里远的时候，我们来到一座灰色的土丘，土丘已经侵入了长着树蕨和笔挺的露兜树的茂密树丛，就像从一座矿井里溢出来的。从那里开始，在向火山口缓缓上升的斜坡上，就蔓延开了一片光秃秃的不毛之地。

这里之所以显得怪异，是因为在火山灰里插着一排排涂成红色的木桩，高度和栅栏之间的柱子一样，同样也是两两相隔一段距离，但之间却没有栅栏把它们连接起来。在一个地方，我们发现一扇门，同样涂成了红色，铰链还能转动，连着一个由木质的拱搭在两根门柱上构成的门框。同样诡异的是，门的两侧都没有栅栏。这让我想起欧洲城市里那些矗立在车水马龙当中的纪念碑式拱门，它们只在最重要的仪式场合开放，一些重要人物的车才允许通过，以示尊贵和荣誉。我们艰难地走过这些木桩，沿着坐落在那些灰土丘褶皱处的一片小湖的边缘，向火山口走去。山口有一座将近7英尺（约2.13米）高的十字架，受火山深处气孔喷出的刺鼻烟雾腐蚀，上面的红色已经剥落。我们向脚下600英尺（约182米）深的那些气孔望去——直到突然间，一声震耳欲聋的爆炸响起，底下喷出一连串的熔岩，我们赶紧往回冲。

在亚乎维火山边的一条小路上，我们发现路边有座茅草屋顶的小神龛，其中有一个人形塑像，双手和脸是白色，红色的身体上围着一条白腰带。他笔直站着，手臂向外伸出，右腿膝盖处向后弯曲。这或许就是约翰·弗鲁姆本人的形象。在他一侧，是个神秘的动物形象，看起来像一只长着翅膀的老鼠，关在围栏一样的小笼子里；另一侧则是一架轮子很大的四引擎飞机模型。我们猜想，这架飞机代表能够运来货物的运输工具，但另外那个形象代表什么，我们就搞不清楚了。

我们绕着全岛兜了几天风，让大家都能看到我们，同时避免做出任何会让人误以为我们和官方勾结的事，也不和官方进行接触，好让大家明白，我们代表的是外部世界中渴望了解约翰·弗鲁姆的那群人。

鲍勃安排我们见了萨姆（Sam），他是这场运动的高层领导人。他曾在长老会开办的学校里做过教师。因其作为学生极其优秀，能讲流利的英语，就被传教士选中任此职位。他有意同我们交谈，但态度平静而谨慎，眼睛一直盯着地面。他说自己从未见过约翰·弗鲁姆，不过他的兄弟曾在十九年前见过。约翰是一位穿着鞋的高个子白人男子，所以很显然，他不是塔纳本地人。然而，他说的是塔纳语，不是英语。萨姆知道约翰马上就要来了，还会带来货物。因为他曾在几个人面前现过身，还向他们许诺他会这么做。我说，十九年可不短了，约翰还没兑现他的承诺，等待时间不是有点长吗？萨姆把目光从地面抬起，用一种庄严但有挑衅意味的神情，直视着我。

“如果你们能花两千年等耶稣降临，而他都没有来，”他说道，“那么，我也可以等约翰不止十九年。”

我们到达后的第一个周五，去了位于硫磺湾的村子。这里是约翰·弗鲁姆教的中心，也是宗教领袖和先知南巴斯（Nambas）的家乡。他曾领导约翰·弗鲁姆军在全岛游行。鲍勃·保罗认为如果他不和我们一起去，人们同我们交流起来会更自在。

周五是约翰的圣日，他的信徒们会进行集会。当我们驱车进入村庄时，有几十个身着红汗衫的男子坐在村中央一棵巨大的榕树下，不远处，立着一根30英尺（约9.1米）高的竹竿，顶部有一个红十字架，基座周围是一圈小小的护栏。一群人围了上来，一个身材高大、头发灰白的男子走上前自我介绍，他就是南巴斯。

“我知道你们会来的，”他大声说着，让所有人都能听见，“约翰·弗鲁姆两周前告诉了我。”

他预料到我们会来并不奇怪。我们自从到了岛上就一直在极尽所能地散播消息，告诉大家我们想了解约翰·弗鲁姆。

约翰告诉他我们要来的时候，他见到约翰了吗？没有，约翰是通过无线电通知他的，南巴斯指着那根高竹竿。

我们听说过这个无线电装置，它的信息由一位老妇人接收。她把电线缠在腰上，在南巴斯紧邻那根竹竿的小屋里、一扇屏风的后面，陷入一种恍恍惚惚的状态。没人能听懂她发出的声音，只有南巴斯可以解读。

我问："可不可以看一下无线电？"

南巴斯说："那不可能。约翰说过白人不许看。"

我问："为什么在火山的斜坡上建了那些门？"

"因为人在火山里停下来，"他说，"很多人属于约翰·弗鲁姆。红人、棕人、白人，属于塔纳的人，属于南美的人，都沿着火山停下来，带来货物。"南巴斯见过约翰吗？很多很多次了。

他长得什么样呢？

"他和你长得很像。"南巴斯说道，用手指戳了戳我，身体前倾，眼神灼热。

"约翰什么时候会来呢？"我问。

"他没说什么时候，但是他来。"南巴斯信心十足地说，围在我们四周的人也都聚精会神地听着，咕哝着表示赞同。

那天傍晚，一群男人拿着吉他、曼陀林和锡罐制成的鼓开始演奏。穿着长草裙的妇女们跳起了舞。很快，每个人都开始用一种尴尬而笨拙的方式，时而昂首阔步，时而蹦蹦跳跳。和我们在这些岛上见到的其他舞蹈风格截然不同，他们演奏的音乐和所唱的歌曲，既不是传统的塔纳当地咏唱，也不是贸易商店里不断传出的那些太平洋流行音乐。约翰·弗鲁姆的信徒们，不属于任何一个世界。

* * *

我们的太平洋之旅还有两个后续，一个很欢乐，一个就完全相反了。

我从太平洋回来的时候，正赶上圣诞节和家人团聚。紧接着，我就不得不开始为已定于明年4月播出的节目做剪辑了。然而斯皮柳斯夫妇的归期一拖再拖，最后我不得不在没有他们指导的情况下，自己剪完了汤加这集，作为此次系列节目的最后一期。不过我曾保证过，只有在他们亲自监督的情况下，才会开始制作“塔乌玛法-卡瓦”仪式全过程的影片。直到第二年9月，也就是在我回来九个月后，他们还是没回来，而我不得不踏上前往马达加斯加岛的探险之旅。因此，汤加那些未经剪辑的工作样片被送到一处影片保管室，等着我以及斯皮柳斯夫妇回来。

12月，我从马达加斯加岛回来，得知伦敦发生了一起灾难性的事件。那年秋天下了好几轮倾盆暴雨，英国广播公司的几处影片保管室都被淹了，被毁坏的胶片中就有汤加的样片。这场灾难十分彻底，没有任何补救或修复的可能。我尽了最大努力写信向维哈拉做解释，之前我已给他寄过一份电视节目放映版。他觉得非常好，也一直对完整版的影片寄予厚望。对此我也无能为力，只能道歉，并请求他向萨洛特女王转达我最深切的歉意。虽然这场灾难也不是我可控的，但我仍然非常沮丧。付出了那么多努力，我们还是没能制作出自己承诺过的电影文献。

另一个欢乐一些的后续，也和汤加有关。我从太平洋回来几个月后，电话铃响了，只听一个声音说：“拉图-塔夫塔！”正是汤加宫廷乐队领队伊萨亚（Isaia）。

他告诉我，他的乐队全体决定，是时候拓展一下他们音乐的听众群了。他们确信，既然我在英国广播公司的电视部门工作，又是他们的朋友，那么如果他们来伦敦，我一定能把一切都安排好。所以他们在一艘游轮上边打工边坐到了英国。现在他们已经到了，只要我一声令下，他们准备好了随时出现在电视上。当然，他们也明白，可能不会当天晚上就能上电视不过放到下周的话也很好。

我解释说，我的工作与音乐节目无关。上电视是件很难的事，有一些经纪人知道怎么处理这些问题。我能找到最优秀、也最值得信赖的经纪人。伊萨亚耐心地解释说，乐队已经考虑过聘请一位经纪人的可能性，不过他们不喜欢这个想法。他们觉得最好还是我本人来帮他们解决各种问题。

我必须做点什么。第二天上午，我给一个朋友戈登·沃特金斯（Gordon Watkins）打了电话，他是《今夜》节目的导演。每天下午，在晚间直播节目开始之前，制作团队会利用空荡荡的演播室来尝试一些新创意，或让一些表演者试镜。他可以让我的汤加朋友进来，对着镜头唱几首歌吗？我明白，这也不会有什么后续，但至少能证明我试过了。戈登欣然同意了。

那天下午，伊萨亚和他的朋友们来到莱姆·格罗夫，穿着不合身的休闲裤和运动夹克，看起来有点儿不自在。随身的一只帆布包里还装着塑料花环和布瓦拉裙。我将他们带去演播室。他们对我说，他们仔细琢磨过要演奏什么曲目，并决定或许他们最拿手的就是《你是我的阳光》。我劝说他们，英国观众也会愿意听一听萨洛特女王创作的歌曲，于是他们同意也演奏其中一首。当他们表演时，摄像机在他们面前前后移动，他们的影像就出现在了演播室的监视器上。他们对此非常高兴。

当我送他们坐出租车回酒店的时候，我又一次强调说，从试镜到出现在正式播出的节目上，还有很长的过程。“别担心，拉图-塔夫塔，”他们一直说，“我们信任你。”

当天晚上六点，戈登一个电话打到我家。他有点惊慌失措，因为他那档节目每次进行结尾演出的卡利普索民歌歌手，本该在大约一小时内到达现场，却得了喉炎，嗓子完全哑了。而如果能以《你是我的阳光》结束节目，他的问题就会迎刃而解。他们之前已经按惯例把这次试镜表演录了下来。然而，他和我的汤加朋友们没有合同；不签合同就让演员上节目是完全违反规定的。谁是他们的经纪人？"别担心，"我说，"我们之后会把费用算出来的。"我给汤加朋友们打了电话，告诉他们这个好消息。他们很感激，但一点儿也不惊讶。"我们就知道你会安排好一切的。"他们说。

他们之后就销声匿迹了，我没再听到他们什么消息。直到几个月后，我写的一本关于我们太平洋之旅的书出版了，出版商在伦敦西区一家波利尼西亚风格的餐厅安排了一场庆祝宴会。当我们穿过一丛丛塑料椰子树，经过墙上挂的渔网和上边嵌着的满是灰尘的干海星，走下楼梯时，《你是我的阳光》的歌声飘向了我。

他们就在那里，还戴着同样的塑料花环、穿着同样的布瓦拉裙，但每人都至少增加了几英石*的体重。他们显然过得还不错。我们站在门廊上听着，伊萨亚突然看见了我。他在演出中途停下来。"拉图-塔夫塔！"他大叫道。乐队其他成员也都停了下来，所有人都奔跑着穿过就餐区来拥抱我。然后，我们揽着彼此的肩膀，都哭了。努库阿洛法那条宫殿走廊，似乎已是很遥远的记忆。

* 英石（Stone）是不列颠群岛使用的英制质量单位之一，亦被英联邦国家普遍采用。1986年废除了法定地位，但在称量体重时仍被广泛使用。1英石等于14磅，约合6.35千克。

11

Radio Excursions

小试广播节目

广播电台也有自己的探险类节目。那里的制作人留意到我在电视节目里涉足相似的领域，也由此结识了一些他们的嘉宾，因此他们会偶尔邀请我去担任采访人。然而，他们选择的受访者很少有善于言辞的。受访者们大都不愿承认自己曾遭遇过任何形式的危险，除非危险是由于他们自己行为不当所造成的。甚至只是提到他们或许曾经历过些许不便，都会让他们不自在。他们的嘴只会闭得更紧。

比尔·蒂尔曼（Bill Tilman）是一个典型。1934年，他跟随埃里克·希普顿（Eric Shipton）书写了欧洲人探索喜马拉雅的重要篇章——对楠达·德维（Nanda Devi）山区的侦查以及接近珠穆朗玛峰的尝试。两人全靠当地食物为生——也就是说，他们几乎仅靠糌粑为生，并且在整个旅途中共用一个小帐篷。据说这样过了一个月左右，希普顿有点害羞地对蒂尔曼说:“既然我们对彼此都很了解了，你觉得我们是不是可以不再用姓氏称呼对方了?”对此，蒂尔曼回答道:“你是想让我叫你埃里克吗?恐怕我做不到。我会觉得自己蠢死了。”

后来，当蒂尔曼上了年纪，无法继续最高水准的登山活动时，他又转而乘上小船，驶向他所知的最狂暴的大海。他拒绝携带任何电子设备，并且只有一间极小的厨房可供料理最简单的食物。他们说，从来没有人会随他出海第二次。

他写了一本关于某次南冰洋(Antarctic Ocean)航行的书，电台则让我去采访他。考虑到我是在试图为他的书做宣传，他的态度很难称得上是主动。

“我了解到你在这次航行中有一名同伴。”

“系的。”他回答道。他是一个大烟枪，大部分时候是从紧咬的牙缝间挤出点话来。

“你是怎么找到他的呢?”

“大家最常用的办法，不然呢?我在《泰晤士报》的个人启事栏登了一则广告。”

“他有哪些资历呢?”

“他曾随玛丽女王号(Queen Mary)横渡大西洋，是船上伴舞乐队的低音提琴手。如果这他能挺过去，那我想他什么都能挺过去。”

蒂尔曼此行的目的地是克罗泽特群岛(Crozet Islands)，想让他承认到达那里有一点点小困难几乎是不可能的。

“克罗泽特群岛很远，对吧?都快到南极洲了。”

“系的。”

“在南纬40°的咆哮西风带里，我想，海面一定波涛汹涌吧？”

“系的。”

“我敢说，在那么南边的海面航行肯定很艰难。”

“不好办。”

“克罗泽特的岛不大，对吧？”

“系的。”

这跟想从石头里挤出血来似的。

“那么，你们两个人就这样在一艘小船上，狂风一直呼啸着，在翻滚的巨浪中把你们往西吹去。能用来确定航向的只有一个六分仪，却得在一堆很小的岛上找到登陆点。你们很容易就会错过它们，不是吗？”

“系的。”

“那你们又会怎么办呢？”

“再转一圈。”

他要围着再转一圈的，当然，是地球。

* * *

每次海外旅行后，我都会把精选的录音录像集送到英国广播公司广播大楼。在那时候，公司把创建和维护各种档案视为履行社会责任的一部分。公司保存的音乐家、作家、政治家等人士的历史声音记录可追溯到20世纪20年代，还系统地收集了称得上最全面的鸟鸣声和其他自然界声音的记录，并委托民俗学家精心策划了对英国民乐的调研，而完全不考虑这些录音能不能用在近期的节目里。来自其他文化的音乐则由一名热情非凡、知识渊博的女士马德奥·斯图尔特（Madeau Stewart）负责。没有什么是她不懂的。每当有人即将出发去一个遥远的地方时，她就会力劝对方把听到的任何音乐录下来。很少有人会拒绝她。显而易见，我是她的目标人物，这些年间，我也成功为她的档案库贡献了巴厘岛甘美兰、非洲鼓和汤加鼻笛。

某年3月，她在第三电台争取到了一个特别栏位，想请我为她编制一档节目。我选择谈一谈示巴群岛（Sheba Islands）。

1957年，西班牙航海家门达尼亚（Mendana）在由南美海岸西行前往太平洋的途中发现了示巴群岛，岛上居民称其为“鲁弗里尔帕”（Looflirpa）。两年前，作为第一个到达所罗门群岛的欧洲人，他非常失望地发现那里并没有金子。然而他的赞助人，萨门尼托·达·甘巴（Sarmenito da Gamba）说服他两年后再次启程，重启他的探索之旅。这次他往北航行得更远，最终到达了这片群岛，他以所罗门王配偶的名字将其命名为示巴群岛，又以自己舰队指挥舰的名字托多斯·桑托斯（Todos Santos）为主岛命名。在他这次造访之后，这些岛屿实际上就消失了，很少有欧洲航海家能再成功找到它们的位置。即使在今天，由于它们远离所有其他航线，也几乎无人前往。不过，它们对博物学家却有着强烈的吸引力。

示巴群岛和加拉帕戈斯群岛有着许多相似之处。众所周知，偶然间到达加拉帕戈斯群岛的雀类后来在不同的岛上进化出了不同的种类。不过，示巴群岛上最主要的移民则是某种老鼠——起初可能只是作为漂游植物上的游客无意间来到此地。20世纪初，一位德国博物学家赫尔穆特·温德洛普（Helmut Winderup）第一次将这些物种记录下来。当时示巴群岛和俾斯麦群岛都属于德意志太平洋帝国（German Pacific Empire）。在这些啮齿类动物中，最有趣的其中一种被温德洛普叫作小家鼠（Mus minimus）。它进化到比小巧的英国巢鼠（English harvest mouse）还要小，在地球的其他地方由总在树上打洞的甲虫所占据的生态空间，在这里由它接管了。它的幼崽没有体毛，被示巴人视为美味佳肴，传统食用方法则是生吞。正如你所能预料到的，一个如此之小的动物声调是极高的。我在节目中播放的它们叫声的录音估计只有年轻人才能听到，因为他们的耳朵对高频率声音的敏感度要比年长的人高得多。我自己当然是听不到的。

另一类示巴特有的鼠科动物，在没有食草类竞争对手的情况下，朝着另一个方向完成了进化。主岛托多斯·桑托斯岛上耸立着一座大型火山，它就栖息在火山的草坡上。它的体型比不上南美大陆上猪一般大小的水豚，不过也相差不远。温德洛普将其命名为巨型鼠（Mus maximus），不过它还有一个更广为人知的名字——示巴豚鼠（Sheban guinea pig）。它的叫声非常像奶牛。

这些岛上物种中最迷人的或许当属树鼠（*Mus dendrophyllus*），也就是示巴蓬尾鼠（Sheban puff-tail）。这种鼠类生活在树上。由于没有任何掠食性鸟类的威胁，它们主要在白天活动，因此个体之间可以通过视觉交流——在头顶上挥动尾巴。每个岛上的种群都有其特有的颜色，例如，有黄褐色的蓬尾鼠和奶油色的蓬尾鼠，它们都各自生活在独立的岛屿上。它们身体大部分的毛都非常柔软，只有尾巴上的毛里混入了一条条丝状物，这些丝状物略粗且中空，可以发出一种极具特色、令人难以忘记的声音。因为每个种群脊柱的直径和长度都略有不同，所以完全可以根据音调高低判断一只蓬尾鼠具体来自哪座岛。我在节目里也成功演示了这一点。

鲁弗里尔帕人同样很有意思，他们有着复杂的音乐文化。他们用巨型鼠在正中间钻出洞的中空树枝做乐器，将树枝切割成长度各异的小段，制成排箫。在一处尤为神圣的地方，火山的喷气孔一刻不停地喷射着气体。节日里，人们会在气孔上竖起巨大的排箫，这样，仿佛小岛自身在演奏音乐。

这里的人们还会放置立石，托多斯·桑托斯岛更是立石遍布。乍一看起来，石头的摆放似乎毫无章法，其实并非如此。温德洛普是第一个发现所有的石头都是由直线连接起来的人。也就是说，如果他从一块石头中间的一个洞里看出去，就能看到另一块石头正好出现在正前方的直线上。确实，简单的直线正是示巴物质文化的主要元素。人们可能倾向于认为这是一种较为原始的状态，说得学术一些，叫“示巴还未发展出超越直线的艺术形式”。然而后来的学者则倾向于认为事实恰好相反，示巴的视觉语言实际上极为精练。例如，在新几内亚或是所罗门群岛发现的长矛和权杖上都修饰着极为复杂的曲线图案，而示巴文化远远没有止步于此。示巴人将他们的艺术精制、提炼、纯化之后，如今已不再有任何装饰。人们认为，这些立石曾被摆放形成了一条条长长的石头大道，然而由于示巴人极简主义的审美，他们去掉了中间的石头，只保留了大道起始和结束的两块。

我在结束时说，在今天这个特殊的日子播出这期节目非常合适，因为正是在四百年前的今天，门达尼亚发现了鲁弗里尔帕——四百年前的4月1日。

节目播出几天后，我们收到很多来信，询问如何能够前往示巴群岛，以及温德洛普博士关于“鼠属”的分类学著作的参考资料。我给每个人都回了信，温馨提醒他们再看一下广播的播出日期。

12

Lions and Lemurs

狮子和狐猴

我跑遍了所有的大陆。非洲大陆、南美大陆和东南亚的热带雨林我都拍过了。我想，我本可以选择下一站去南极，但我从来都情愿被烤熟而不愿被冻僵。那么，在热带地区的话，我们该去哪儿？哪里的动物能和我们之前四期《动物园探奇》中所展示的动物截然不同？在带着这个问题翻阅地图册的时候，我的目光落在了马达加斯加上。猛地看起来，它不过是非洲东海岸掉下的一块碎屑，事实上，也的确如此。不过这座岛屿极为广袤，有1000英里（约1609千米）长，而且它从非洲分裂出来时正处于进化史上的一个关键时期——爬行动物已然繁盛、而哺乳动物刚刚开始发展。那之后，超级大陆遗留给它的为数不多的几种动物开始在这里孤立地进行演化，并进化出了一系列独特的生物。

哺乳动物中最引人瞩目也最多样化的当属狐猴。狐猴是灵长类动物，是猴子和猿更原始的亲戚。它们中最小的看起来很像非洲的丛猴，而最大的则有猴子大小，和其他地方的任何物种都不像。岛上的爬行动物也很奇特。很显然，这座岛是变色龙进化的中心，这里的变色龙种类比世界上任何地方的都要多。这里还有华丽的日间飞蛾和美丽异常的陆龟。甚至这里的人种也很令人惊奇，因为并不像你或许会以为的那样，这里的很多人并不属于非洲人种，而是大约在1000年前来到马达加斯加的亚洲人的后裔。很显然，这里有着充足的素材，可以开发出另一期《动物园探奇》了。

我开始在动物学会的图书馆里做一些调查，发现大部分的书都是法语的。尽管伦敦传道会在19世纪初就已派出传教士前往马达加斯加，但法国人在这座岛上也很活跃，并于这个世纪末将其纳入了他们的帝国，因此大多数关于该岛博物学的书都是由法国科学家完成的。马尔加什人（Malagasy，对马达加斯加居住民族的总称）在1960年赢得了独立，不过法国在当地的影响依然强大，法语是岛上使用最广泛的欧洲语言。

然而，关于狐猴的详细第一手资料却不太容易找到。其中一种，环尾狐猴，当然是闻名于世，因为它们可爱亲人，在圈养状态下也能存活。不过我对一些更大的狐猴更感兴趣，在关于它们的文章里，插图要么是19世纪绘制的呆板图像，要么就是一目了然的标本照片。这是因为在欧洲很少能见到活体狐猴。它们对食物很挑剔，几乎不可能在动物园中长时间存活。如果没有这种动物活着时的静态照片，自然也不可能有它们的影像资料了。这使得它们对我来说非常有吸引力，下一个目的地就是马达加斯加了。

我们结束太平洋之旅后，杰夫 · 马利根非常想再开始一次旅行。在我们准备离开前两周，当时仍任谈话部门的负责人伦纳德·迈阿尔把我叫了过去。比利·柯林斯（Billy Collins）——伦敦的一位出版人——刚刚寄给他一本即将出版的样书，书中讲述了一只母狮被一位非洲狩猎监督官的妻子养大的故事。这故事本身没那么令人兴奋，也没什么特别的。不过让这本书与众不同的是，这只母狮一成年，她的人类养父母就教会了她狩猎，使她能够在野外找到属于她的位置。她不仅自己捕获了猎物，还与一头野狮进行了交配。产下幼崽后，她又带着幼崽回到了养父母家里。这本书的作者是乔伊·亚当森（Joy Adamson），书名是《生而自由》（*Born Free*）。比利·柯林斯说，如果英国广播公司派摄制组前往亚当森的营地，就能拍摄这个感人的故事。“为什么不在你们去马达加斯加的路上顺道拐一下呢？”伦纳德问。对啊，为什么不呢？

* * *

我和杰夫飞到内罗毕。之后，我们租了一架小飞机前往肯尼亚遥远北部荒野上的亚当森的营地。飞机颠簸地降落在了一片刚刚清理出来的空地上。乔伊开着路虎车在那里等着我们，她有五十多岁，个子很高、身材苗条，略宽的额头和略突出的下巴让她难以称得上漂亮，但却英气十足。她穿着卡其色短裤和宽松的卡其色上衣，戴着一顶遮阳帽。令我惊讶的是，她说话带着一丝淡淡的德国口音。后来她告诉我，自己是奥地利的女男爵。她带来了一个坏消息：这片区域里出现了一只陌生的雌狮，她想将埃尔莎驱逐出去。几天前的夜里，她们之间发生了一场打斗，埃尔莎受了伤。她现在消失了，乔伊也不知道她去了哪里。看起来，我们的影片可能会没有主角了。

乔伊用一种既傲慢又有风情的方式命令她的非洲工人来拿我们的行李。回到营地之后，她将我们介绍给她的丈夫乔治。她有多喋喋不休，乔治就有多沉默寡言。乔治留着山羊胡，上身赤裸，只穿着短裤和凉鞋，我们从没见过他穿别的衣服。同样，我们也很少见到他嘴里没有叼着烟斗。无论什么时候出门，他肩上总是扛着一支步枪。他是负责肯尼亚这一区域的高级狩猎监督官，尽管他就要退休了。正是他，在一年前左右射杀了一只雌狮，并且把三只失去母亲的幼狮带回家交给乔伊抚养。其中两只在长大后被送到了欧洲的动物园，第三只就是失踪的埃尔莎。

亚当森夫妇在此宿营一年多了。乔伊有一个大帐篷，周围有一圈高大且密不透风的荆棘树篱形成的围栏。乔治的帐篷就在旁边，要小上一些，不过在围栏的外面。非洲工人在后面也有他们自己的住处。为了安全起见，我和杰夫睡在封闭的车辆后备厢里，一个睡在乔伊的路虎车里，一个睡在小卡车里。这辆卡车是用来从几个小时车程远的小镇上往营地运送物资的。

天气非常炎热，我们头天夜里一直在路上奔波，现在已经非常疲惫。在一顿简餐之后，乔伊说她要睡个午觉。我们也决定眯上一会儿。我来到五十码开外的小河边上，在一棵枝繁叶茂的无花果树的树荫里支起一张行军床。几秒钟后，我就睡着了。

我是被一股强烈的、难闻的口臭熏醒的，睁开眼睛，发现沾满了口水的兽毛离我的脸只有几英寸远。我的上方是一只探身过来的母狮的下颚。如果我刚才猛地坐起来，我已经撞上她的下巴了。我僵硬地躺在那里一动不动，想着下一步该怎么办。就在这时，我听到乔伊高兴地喊道："埃尔莎，我亲爱的埃尔莎。"母狮转过身去，懒洋洋地向跑来迎接她的乔伊走去。

"Jinja mbusi。"乔伊一边跑过来一边喊道。在斯瓦希里语中，这是"杀一只山羊"的意思。

埃尔莎抬头看着乔伊，用头蹭了蹭乔伊的脸颊。乔伊跪倒在地，欣喜若狂地抱住了埃尔莎的脖子，接着，她俩一起躺在了地上。

乔伊温柔地给埃尔莎做了检查，轻言细语地跟她说着话。埃尔莎确实受了些伤，不过伤口不深，也不算严重。乔伊跑回帐篷拿来了一些抗生素药粉，她用药粉处理埃尔莎的伤口，还关切地赶走落在她身上的采采蝇。

当她们还在亲昵地交流时，我听到一只山羊突然哀叫起来。几分钟后，一个非洲人从乔伊的围栏后面走了出来。他拖着一头刚被割断喉咙的山羊，把它拴在乔伊帐篷前的树桩上。埃尔莎站了起来，走到山羊尸体前，开始专心撕扯进食。

当天下午就开始拍摄似乎并不明智，埃尔莎或许需要一定的时间适应我们的存在。然而，事实上，她看起来并不怎么在意我们。或许，更准确的说法是，我们需要先让自己适应有一只成年的母狮在周围走来走去，然后才能开始考虑怎么拍和拍什么。就在埃尔莎进食的时候，她的第一个幼崽出现了。乔治告诉我们，这只叫杰斯帕，是一只年幼的雄狮，在三只幼崽中，它最勇敢。亚当斯夫妇没有尝试过驯服管教它，因此它现在有些不太受他们控制了。而且它还不像其他野狮那样怕火、怕人。在当时即可想见，随着它越长越大，它很有可能会带来大麻烦。第二只年幼的雄狮一直跟着它。第三只幼狮——一只雌狮，被乔伊唤作小埃尔莎，一直到天黑之后才出现。

那天晚上，我们在围栏里乔伊乱糟糟的大帐篷中吃的饭。乔伊，眼睛闪闪发光，充满活力，埃尔莎和她的家人回来后，她很开心。但她很担心敌对雌狮的出现。她说让乔治第二天出去用枪解决掉敌对雌狮。乔治没怎么说话，乔伊态度就更激烈了。后来，这对夫妻间说的话实在太难听，我尴尬地从桌边站起来往自己睡觉的路虎车走去，乔伊从身后追过来。

“我知道，你觉得我俩吵架吵得太可怕了，”她说，“不过，乔治实在是太懒了。而且我就是爱埃尔莎，胜过任何男人。”

第二天，我们开始了拍摄工作。杰斯帕让我们举步维艰。它最喜欢的游戏就是在我们走路时偷袭我们的腿。乔伊穿上了皮裤保护她的腿，因为杰斯帕偶尔会忘记缩回爪子，很容易就会抓出血。我们能做的也就只有尽可能密切关注着它的一举一动，再设法躲开。另外两只幼崽就谨慎多了，埋伏在一旁，等我们经过时再伺机扑过来。

乔伊自己也没有让事情变得更容易。她对埃尔莎的保护欲比对杰斯帕还要强，她将所有的人类情感都赋予她，而我并没发现任何证据可以证明这一点。一天下午，我们跟着埃尔莎，看她昂首阔步地爬上一个光秃秃的岩石小山坡，在她最喜欢的一个位置躺下了——从那儿她能观察周围灌木丛的情况。我们静悄悄地朝她走去，就在这时，远方一只大象尖叫起来，埃尔莎抬起了头。

“马上下来！”乔伊在岩石下方命令道，“你们没看见她已经烦你们了吗？你们太无礼了，你们不能让她认为你们来看她只是为了拍电影。”

我们在此处的逗留并不如我预想的那样。我曾天真地以为我们可以拍摄一部田园诗，而实际上，暴虐隐藏在视线所及的所有表面之下。关在乔伊帐篷后围栏中的山羊，每次一看到埃尔莎经过，就会发出惊恐的叫声。那些半成年的幼狮也已有足够的能力制造危险——只要它们动起发动攻击的念头，非洲工人对待它们都非常谨慎。这些幼狮也完全不具备很多动物天性里对人类的怀疑，从而懂得约束自己的行为。它们习惯了无所畏惧地在帐篷间游荡。这不是什么好的征兆。乔治和乔伊的争执仍在暗暗冒着火星，并且动不动就会引燃一场公开的争吵。她对他表达自己意愿时的无礼仅次于她对非洲工人的专横。

我们离开后不久，甚至在我们拍摄的影片播放之前，埃尔莎就感染蜱虫病去世了。三只逃窜的幼狮开始袭击当地居民的牛群。新上任的狩猎监督主管——乔治的继任者——下令射杀它们。乔治在悲剧发生前成功抓住了它们，并把它们带到塞伦盖蒂（Serengeti）动物保护区，在那里放了它们。乔治和乔伊又在塞伦盖蒂待了一段时间。一天夜里，一只年轻的雄狮走进了乔伊的帐篷，没有伤害她。还有一次，她醒来看到一只母狮在她床边的一个碗里喝水。它们或许是埃尔莎的孩子，但也说不准。然而，那之后不久，一个欧洲男子在旅行时被一只狮子抓住。这个男子被狮子从帐篷里拖出来杀死了。狩猎监督官发现了两只雄狮的踪迹，射杀了它们。谁也不能确定这里面有没有埃尔莎的孩子，但也再没人听说过它们的消息。

乔伊的书《生而自由》被改编成了一部故事片，这同样导致了严重的后果。乔治训练了几只幼狮扮演埃尔莎生命中的不同阶段，这些狮子失去它们天性中对人类的警惕之后，也变得危险起来。其中一只袭击并杀死了乔治的一名助手，乔治不得不亲手开枪杀了它。几年后，乔伊被她手下一名非洲工人杀害了。而乔治死于当地的匪帮——索马里土匪之手，他们袭击他的帐篷，杀死了他。埃尔莎的故事，初看起来，是那么的温柔动人，然而，却是始于一次暴力行为——乔治枪杀了埃尔莎的母亲。故事如何开始，也就如何结束。

* * *

我和杰夫从亚当森夫妇的营地飞回了内罗毕，又接着飞向马达加斯加。我已经知道住在岛中心的梅里纳人（Merina）是亚洲人的后裔。确实，马达加斯加的首都塔那那利佛即便是从空中看来，也不太像非洲，而更像是亚洲城市，周围满是稻田。这里的传统建筑不是低矮的茅草屋，而是两层的砖瓦房，当时城里满是这样的房屋。机场里的人们留着直发、五官清秀，穿着颜色鲜艳的斗篷，头戴宽檐帽。

然而，在办公室间辗转获取许可的手续和其他任何地方并无不同，只不过这一次我们必须得使用法语。英语社区的人们热情地欢迎了我们，并每晚每晚地招待我们。像往常一样，我们向对当地博物学感兴趣的人寻求建议，很快就听说了一名长期定居在此的英国居民的妻子。她出生在一个白俄家庭，据说有点古怪，但是每个人都跟我们说她是一个狂热的动物爱好者。当她正式邀请我们去她家用餐时，我们都很开心。

她身材矮小，有些干瘪，穿着好几件斗篷似的宽大披风，一件套着一件，习惯摆出夸张的姿势。“欢迎。”她声音沙哑地说，并挥手让我们走进一间宽敞的起居室。起居室四周围着一圈宽大的架子，架子上陈列着壮观的水晶藏品。这很明显是一个打破僵局的好话题。我夸赞了一块双头水晶，这使她很高兴，接着，我又走到一根黑色矿石柱旁，这或许是碧玺？是的。我努力回顾了自己在剑桥矿物学讲座上学到的内容，变得更大胆了一些。很显然，这块透出些许粉色的漂亮云母标本一定是罕见的锂云母。有一瞬间，我担心自己可能有点过了头，但是她很受触动。

“你就是我一直在等的那个人，”她说道，“这里的人都太无知了，而你却很了解它们。”

我谦虚地表示反对。

“等等！”她转身轻快地走入隔壁房间，几秒钟后，又拿着一件用棉絮裹着的东西回来了。

“你会是这里唯一一个能意识到这个东西有多么罕见的人。”

我担心会暴露出我专业知识的局限性，于是多少有些忧虑地打开了包装。里头是一条长长的水晶，底部连接着两块小得多的，三块水晶都被赤铁矿所覆盖。赤铁矿是一种富含铁的矿物质，有着光滑的黑色表面，其包裹在各种晶体外层的情况并不罕见。

“你知道那是什么，对不对？”她小声说道。

“嗯，对，”我紧张地说，“这是三块覆盖着钟乳状赤铁矿的水晶。”

我感觉这好像不是正确答案。

“你错了，”她坚定地说，“这是俾格米人*私处的化石。你怎么会把它们认作水晶？”

“哦，”我说，“它们都是六棱柱形，它们都有六个面和一个尖头。”

* pygmy，俾格米人并不是一个种族，这一名称源于古希腊人对于非洲中部侏儒的称呼，后来人类学泛指男性平均身高不足150厘米的人种。

她把标本从我手中夺走，又用棉絮包起来。

“你怎么知道，”她傲慢地说，“俾格米人的私处在变成化石后就不能有六个面？”

关于这个问题，我无法作答。

* * *

我们购买了一辆路虎车，从塔那那利佛的科学研究所雇了一位马达加斯加专家做助手，该机构也管理着这座城市的动物园。接下来，我们在岛上转了三个月。在这段时间里，不管我们看向哪儿，满眼都是从未有过影像记录的景象。

在南部的沙漠中，就连植被也那么不同寻常。有一种成片成片出现的植物，它们40英尺（约12米）高，直径1英尺，只有茎，没有枝条，上面布满了刺和一排排的小圆叶子，有一些顶端垂着枯萎了的棕色花穗。这种植物是一种龙树*，它们之于马达加斯加正如仙人掌之于美洲的沙漠地带。就是在这样一种超现实的丛林中，我们第一次看到了一只马达加斯加冕狐猴（sifaka）。

我不敢相信这么一种美丽的生物竟然如此鲜为人知。甚至在几个月前，我都从未听过它的名字。它有一只大猴子那么大，正以一种非常不像猴子的姿势贴在一棵龙树顶部的枝干上。它直着身子，双手紧紧抓

---

* Didierea，马达加斯加岛有两种龙树科龙树属植物，外形不一，前文所描述的龙树应为阿修罗城，拉丁学名为*Didierea trollii*。

住胸前的茎干，后腿蜷缩在胸部下方。它头顶和脸部的毛是黑色的，而其他部位柔顺光洁的长毛则是绝妙的纯白。它用炽热的黄眼睛从树上盯着我们。接着似乎吓了一大跳，它伸直后腿，腾空而起，拖着长长的白色尾巴从空中掠过，落在足足20英尺（约6米）外的另一株龙树茎干上。龙树可怕的尖刺似乎对它毫无影响。它重重地落在上面，都没有挪动一下手脚。即便是到了现在，我也不太理解冕狐猴是怎样在不流血的情况下做到这一点的。我只能猜想它们的手掌和脚底像皮革一样厚。

这种超远距离的跳跃所需的力量来自冕狐猴非同寻常的长腿。它的腿几乎是整个身长的一半，比手臂要长得多，这种身材比例使得它很难像其他猴子那样四足奔跑。所以，当冕狐猴少有地下到地面时，它会直立，双腿似乎踩着怪异的芭蕾舞步，蹦跳着移动。我回忆起在动物学会图书馆看到的那些粗糙难看的照片。如果有一种动物曾在博物学书籍中被丑化的话，那一定就是这种迷人的生物了。

在南部这一片片多刺的丛林中，还有一种吸引我们的东西。我们希望能在此找到马达加斯加最不寻常的早期居民的遗迹。关于它的故事在欧洲流传已久，远远早于欧洲人听说马达加斯加这个岛本身。12世纪，从圣地归来的十字军战士讲述了水手辛巴达的传说。辛巴达穿过了阿拉伯湾，沿着非洲东海岸前行。他和他的船员们遇到了一个像房子一样大的蛋。他的一个手下不小心弄破了它。生下这个蛋的是一种叫“大鹏”（roc，或写作rukh，阿拉伯神话中的巨鸟）的巨鸟，作为报复，它飞到空中，用巨石砸沉了辛巴达的船。一个世纪以后，在这片地区，马可·波罗也听说了类似的关于一种鸟的故事。这种鸟体型巨大，以大象为食。它用爪子把大象抓起来，再扔在地上摔死。

17世纪中叶，一位法国旅行者在马达加斯加待了几年后，带回了一些关于一种巨鸟的更为严肃可信的报道。他说这种鸟存在于岛的南部，和鸵鸟一样，不会飞。之后，在19世纪，发现了这种鸟类存在的实质性证据——巨大的鸟蛋。

从大小来看，生下这些蛋的鸟不太像能抓起一只大象。但无论是当时还是现在，它们都已是人类所见过的最大的鸟蛋——大约有橄榄球那么大。之后，这里又发现了一种生物的残骸，极有可能就是它们产下了这些蛋。这是一种不会飞的鸟，像鸵鸟一样，大约有10英尺（约3米）高。科学家们将其命名为隆鸟（Aepyornis），也就是象鸟（elephant bird）。10英尺不是鸟类中的最高高度，已经灭绝的新西兰恐鸟（moa）更高，但是象鸟很健壮，比任何一只恐鸟都要重。一些科学家估计它大约有1000磅重，大多数人都同意它是所有存在过的鸟类中最重的。有时，在马达加斯加南部沙漠的沙地里仍能找到完好无损的巨大鸟蛋。关于这种已经灭绝的化石鸟类，我并没有真的奢求我们可以拍摄到一组充满戏剧性、情节紧张动人的镜头，然而，我的确渴望能有机会去找寻这神奇造物的蛋的碎片。

在塔那那利佛，有人告诉我们，象鸟蛋壳的碎片并不少见。人们说，在龙树林附近就能捡到。我在沙丘间漫步，眼睛紧盯着地面。我在干涸的小溪旁尘土飞扬的低矮峭壁上翻找。我手脚并用在地上爬行，在沙子里筛选。终于，我找到了。我找到一片不规则的、略微弯曲的薄板，长宽有1英寸，向内凹陷的一侧呈暗白色，另一侧呈淡黄色，有一道明显的纹路。我毫不怀疑这是一颗巨蛋的碎片。差不多过了一个小时，我又发现了两片。我得意洋洋地把碎片带回营地给杰夫看。

当天晚上，一群山羊走进我们的营地，后面跟着一个小男孩。我依然激动不已，向他展示了我的发现。他茫然地看着它们。

“还有吗？”我说。

我又用自己小学生水平的法语说了一遍：“还有？”

我向他挥动着一张钞票，但他完全看不出明白我的意思的样子。他的山羊在我们的营地中没找到什么吃的，慢慢走开了，他也就跟在后面走了。

第二天上午，一位高大威严、身穿类似纱丽样式衣服的女士，头顶着篮子朝我们的帐篷走来。她取下篮子，把几百片蛋壳碎片倾倒在地上，它们看上去像极了我捡到的。她伸出手讨要报酬。如果我当时让放羊的小孩完全明白了我的意思，那么现在就会面临破产的危险了，因为不得不为我收到的每一块碎片单独付钱。现在，不用太尴尬，我可以付一笔钱买下这一整篮子碎片，而我支付的金额她看起来也觉得很满意。但显然，我痛苦地发现我短浅的目光和我的法语一样糟糕。

随着这一天时间的流逝，这一点表现得越来越明显。每隔一小时，就会有人带整篮整篮的碎片过来。我的帐篷边上堆了一大堆碎片。我试着解释说我这里已经够了，但已经太晚了。我们为一篮子碎片付的钱似乎太多了，多到足以让人们热切地前来领取这笔轻松的酬劳。一篮子又一篮子碎片被送了过来，堆在我的面前。终于，我成功向他们解释清楚，我们现在已经有太多小碎片，我们现在需要的，是大碎片。

第二天，放羊的小孩又出现了，手里拿着一块包着什么东西的脏脏的布。他打开它，布里包着的是十多块大碎片。我迅速看出有几块可以拼起来，或许还有几块也可以。可能他是在同一个地方发现了所有这些碎片，也可能是他们村里有人找到了一颗完整的蛋，为了看看里头有什么，故意把它打碎了。我无从得知。但我们确实欣喜若狂，给了他一大笔酬金，从他脸上一闪而过的笑意看来，我想他认为那算得上巨款了。那天下午，我和杰夫把这些碎片用胶带粘到了一起，除了缺少一小块三角形碎片，这就是个完整的蛋了。

* * *

象鸟或许并不是唯一一种在欧洲诞生了传说的马达加斯加生物。在我为这次马达加斯加之旅做准备时，研究了岛上的博物志，我读到岛上有一种现存最大的狐猴，也是唯一一种没有尾巴的狐猴，它就是马达加斯加大狐猴（indri）。我当时找到的唯一一张照片是一张标本的照片，照片上它直挺挺地靠着一根树枝站立着。它看起来有点怪诞，就像是一个人长着狗的脑袋，这让我想起了欧洲传说中狗头人身的人。马可·波罗曾讲述过它们的故事，他把它们称为"狗头人"（Cynocephalus）。甚至到了16世纪，博物学家们还将其纳入了当时的百科全书。意大利一位大学者阿尔德罗万迪*甚至为它画了一幅画像。我看了一下，确实看起来很像那只可怜的大狐猴标本。即使大狐猴与狗头人毫无关系——然而谁能证明这一点呢？——只要我们能找到这种真实存在的动物，那么它一定可以做出一期令人瞩目的节目。

大狐猴生活在雨林中。马达加斯加只剩下很小的一块雨林带，断断

* Ulysses Aldrovandus，1522—1606，意大利博物学家。

续续分布在与东海岸平行的条状地带上，与海岸相隔大约100英里（约160千米）。我们安顿在佩里内特（Perinet），这里有一家空荡荡的酒店，专门为从首都塔那那利佛到东海岸港口城市塔马塔夫（Tamatave）的铁路旅客提供住宿。

我们很快发现“indri”不是马达加斯加当地对大狐猴的称呼。这就很奇怪了，这个词看起来也不像有拉丁语或希腊语的语源。这如果不是当地的名字，那是什么呢？后来发现，第一次记录下这个物种的是一位叫索纳拉（Sonnerat）的法国人。有一天他在雨林中散步，当地导游指着树上坐着的一只大狐猴，叫道：“Indri，indri。”自然，索纳拉写下了他们指给他看的这种动物的外形特征，并记下它叫作“indri”。不巧的是，这个词在当地的语言中只是一个劝告词，意思非常简单，就是“看那儿”。不过，这就是动物学命名法的规则，它在科学界依然被称为“indri”，这也成了它最广为人知的名字。当地人则称它为巴巴叩托（babakoto）。

在佩里内特周围的雨林中辨别出大狐猴的存在并不太难。第一天一大早，我们正走着，突然听到雨林的声音被一阵可怕的嚎叫所淹没。嚎叫声起起伏伏，像呼啸的警笛。我用双筒望远镜在树冠上搜寻，却看不到发出这种声音的动物。我蹑手蹑脚地爬进路旁茂密的灌木丛，然而叫声却戛然而止。几秒钟之后，前方不远处的一根树枝抖了抖，似乎某种大型动物刚从那儿离开。想要为一段看得过去的影片捕捉到清晰的画面，看来可不那么容易。

倒是有一个现成的方法我们可以试试。大狐猴的叫声清楚地表明这种动物是有领地意识的，鸟类也会发出宣示领地的叫声。如果把它们的叫声录下来再回放给它们听，通常会让雄鸟以为另一只雄鸟侵略了它的领地，它会迅速将其找出来并驱逐出去，这么一来，它自己也就暴露了。同样的方法或许对大狐猴也有用。

录下这些叫声并不难。这些大狐猴极有规律，每天早晚都不忘它们的演出。一天，在它们唱完晚祷歌之后，我们给它们来了一遍重奏。拥有这片领地的雄性大狐猴非常愤怒地回应了我们。它从一棵树跳到另一棵树，向我们直冲过来——那画面令人叹为观止——一直跳到了杰夫摄影机的最佳取景位置。它看起来既不荒唐也不古怪，正是你想象中的森林运动健将应有的样子：本领高超、技艺纯熟。对我们而言，这尤其令人兴奋，这又是一个第一次有人拍到的镜头。

* * *

我们几乎把所有的时间都用在了拍摄上，但我必须得记住眼下正在制作的系列节目，和前五季一样，叫作《动物园探奇》。在节目中，我得按顺序穿插播出这些影片，还要在演播室直播展示动物，所以得想着收集些动物。我不能也不应该收集冕狐猴、大狐猴或是其他大型狐猴，因为它们自然都是保护动物。即使能得到相关的许可，我也不应该捉捕它们，因为在圈养状态下，它们很有可能无法长期存活。

好在，有那么一个例外。鼠狐猴（Mouse-lemur）是狐猴科中最小的一种。它们名副其实，只有老鼠那么大，看起来很像它们的非洲近亲——丛猴，不过它们还要更小一些。的确，它们是世界上最小的灵长类动物。它们一点也不挑食，水果、昆虫、树叶、花都是它们的食物。而且它们也不难找，鼠狐猴是马达加斯加狐猴里数量最多的种类。它们住在树洞里，当地人知道去哪儿找，也知道如何抓住它们。很快，在能照顾过来的范围内，我们有了足够多的鼠狐猴。

还有一些其他动物也可以捕获带回伦敦动物园而不会遭受非议。马达加斯加陆龟（Malagasy tortoise）*长得特别漂亮。在它们巧克力色的外壳上，有亮黄色的条纹从每片龟甲的中心向四周辐射开来。它们喜欢慢悠悠地在马路上闲逛。每当走到路中间的时候，它们常常好像会忘记自己该往哪边走，于是要停下来思考这个问题。因此，想要收集几只马达加斯加陆龟，只需要把路虎转向一边，以免压到，然后时不时停下来把它们捡起来就行了。

动物园还要求我们带回一些马达加斯加的蛇。谢天谢地，他们最想要的是一种无毒的蟒蛇——马达加斯加树蟒（Malagasy tree boa）。然而，要做这事，我们却遇到了预料之外的麻烦。一些马达加斯加人恰巧认为这种蛇是他们祖先的化身，如果遇到一条躺在森林地面上的树蟒，他们会仔仔细细地查看：这是哪一位已过世的亲人呢？头上的疤痕、身侧的疣子、格外深的肤色或懒散的性情都会成为线索，指向一位具有相似生理特征的祖先。接着他们会问树蟒一些问题，如果它左右摆头，他们就会认为它说了“是”。而大多数蟒蛇经常左右摇晃脑袋，因而不需要多长时间他们就能得到肯定的答复。接着，这条树蟒就会被虔诚地捡起来，带回附近村子里，住在它尚为人身时住过的家里。在家中，有人给它牛奶，甚至会杀鸡给它献祭，它可以一直待在那里，直到自己离

* 此处描述的应为马达加斯加岛特有的一种陆龟——射纹龟（Radiated tortoise）。

开。

我们当然不想冒犯任何人，比如捡起谁的祖母放进袋子里之类的。幸运的是，这种信仰并不普遍。我们在开始捕蛇行动之前已经确认当地不会有人因此感到不快。从科学的角度来看，马达加斯加树蟒也很神秘。蚺类（boa）与蟒类（python）长得很像，都是大蟒蛇，身体两侧皮肤下都有后肢骨的残留。蟒分布于非洲和亚洲，为卵生。蚺则为卵胎生，仅在南美活动。因此，马达加斯加的蟒蛇显然更有可能与相邻的非洲蟒有着紧密的关系。但奇怪的是，马达加斯加树蟒其实是唯一一种生活在美洲大陆之外的蚺类。目前，还无人知晓马达加斯加地质或生物史上究竟发生过什么怪事，导致了这种奇怪的分布。

变色龙也顺理成章在我们的榜单上名列前茅。马达加斯加有世界上种类最多的变色龙，最令人惊叹的也在这里。最大的一种，一个色彩鲜艳的怪物，头顶华冠，鼻梁上有两道长长的鳞片，体长能到2英尺（约61厘米）。变色龙改变颜色的能力是出了名的，但是这个种类能变色的范围尤其出色。无论是青绿色的侧身、黄色的条纹、绿色的斑点，还是橙色的眼轮塔，都在它的变色范围之内。然而，想要拿起一只变色龙，确实需要一定的勇气。变色龙跑得都不快，不耐烦地一弹而起差不多就是能做出的最快的反应了。如果你追在一只变色龙后面，它很有可能会转过头对着你，凶狠地嘶嘶作响。它会警惕地瞪着你，张大嘴露出嘴里一层硫磺色的内膜，然后吸入空气，使自己膨胀起来，身体明显增大。如果足够勇敢，你可以走过去用手抓住它的脖子。不过它的脚趾有很强的抓力，很难扯开，因此可能会有一场恶斗。捕捉这种动物最好的方法是在它经过的路上放一根棍子，这样，当它神气活现地走过来时，就会不经意间走到棍子上，你就可以把它拿下来，放到袋子里。

当地人视变色龙为洪水猛兽——这已经不让我们觉得奇怪了，他们认为被变色龙咬上一口就会当即惨死，并且这种动物还有一种邪恶的魔力，会给任何跟它们作对的人带来灾难。不管怎样，我们最终利用了这一点。在旅行途中，有窃贼砸碎了路虎的窗户，偷走了一部分衣服和储备。从那以后，后备厢就不能完全锁上了。考虑到我们留在里面的摄影设备的价值，这就成了一个隐患。这时候，个头最大、脾气最坏的变色龙帮了我们大忙。我们定期放开它，让它在后面的行李上来回走走。这之后就再没人对我们的汽车做手脚了。

* * *

在旅程的最后，我们必须得去趟塔那那利佛科学研究所，获取出口变色龙、树蟒、陆龟和鼠狐猴的许可。那里的负责人又慷慨地赠送给伦敦动物园一对环尾狐猴（ring-tailed lemur）作为礼物。环尾狐猴数量很多，在研究所的动物园繁育良好，远超所需。他们还送我们一只领狐猴（ruffed lemur）。这种狐猴美丽非凡，长长的被毛柔滑光洁，黑白相间。它和环尾狐猴亲缘关系很近，前后腿长度相当。因此，不同于大狐猴和冕狐猴，它基本上是用四足奔跑，而不是用两足跳跃的。它也和环尾狐猴一样，对饮食毫不挑剔。我们这位是位上了年纪的女士。他们告诉我们，她早已过了繁殖期，在他们小小的动物园里很难再为她找到合适的生存空间，所以她也加入了我们。这次出行硕果累累，最终，我们将收集到的动物都送去了伦敦动物园。

它们在自己的新家都过得很好。伦敦动物园第一次收获鼠狐猴，因此对其抱有极高的研究热情。它们几乎立刻就开始繁殖，这个家族一直存活了很多代。有一条树蟒出人意料地产下了三只活泼的土黄色的幼蟒，充分证明它和普通的卵生非洲蟒毫无关系。领狐猴也令大家大吃一惊，她是如此的温和、漂亮，动物园专门为她准备了一块专属领地。他们还发现巴黎动物园有一群正值繁育期的领狐猴，而一只年长的雄性狐猴似乎被排斥在种群之外。因此，它被送到我们雌性领狐猴在伦敦的养老院。出乎所有人的预料、令大家目瞪口呆的是，这两位老人家对彼此非常满意，甚至生育出了一对双胞胎。所以，总的来说，我们带回动物园的动物家族都人丁兴旺、欣欣向荣。

* * *

每次在《动物园探奇》之旅结束、把旅程中收集到的动物交给伦敦动物园之后，我都会长舒一口气。每天饲养它们以及做好清洁工作需要花费很多的时间，即便如此，我还是会因为要和其中的一些动物分开感到伤心。有时我会尤其喜欢其中的一两个，在把它们送到最终的目的地——伦敦动物园之前，我会把它们带回家。环尾狐猴在动物园中没有合适的地方可以安置，因此它们就成了我家动物园的一分子。

从记事起，我就开始饲养动物。当我还是个孩子的时候，家里总是有狗跑来跑去，那是爱尔兰雪达犬。当然，我喜欢它们。它们是我沉默却友善的朋友、玩伴，有时也会给我安慰。但我对那些看起来不太友善的动物也同样喜爱，就像棘鱼、青蛙和草蛇，这些都是我骑着自行车从乡下收集来的。

那时我们住在莱斯特，我的父亲是莱斯特大学学院（莱斯特大学的前身）的校长。这是一所新近由当地慈善家资助成立的教育机构。在我父亲的管理和领导下，这所学院逐渐成长，最终发展成了这座城市的公立大学。它位于一座大型的维多利亚式建筑里，而这里曾是市政疯人院，这一点在当地也引起过一些争议。我们住的房子，我相信起初是为疯人院院长而建的。房子带有一个大温室，我会把捉到的动物放在温室的水箱里。

等我大点了，又开始在里头养热带鱼。我对孔雀鱼（guppy）十分着迷。它们不知疲倦地繁育后代，我惊奇地看着那些颜色鲜艳的雄性孔雀鱼追逐着更大、色彩更庄重朴素的雌鱼，由手枪状的臀鳍向着雌鱼的生殖孔发射小到几乎看不见的精子子弹。我每天检查每条雌鱼的身体下方有没有长出黑色的三角块，如果有，则表示她怀孕了，我就会继续看着她的颜色越来越深，直到比茶叶还小的细小的小鱼从她身体里掉出来，躲到水生植物的叶子下。我还养了丝足鱼（gourami），它们身体呈天蓝色，两翼有两个大黑点。它们也很乐于繁殖：在水箱角落里漂浮着的浮萍下面吐出泡巢，然后雄鱼将自己的身体横向裹在雌鱼上，两只鱼翻滚着向水底沉去，同时排出精子和卵子。精子和卵子会自动浮到泡巢中。雄鱼成功后全身通红，它会守卫在泡巢下，凶狠地赶走水箱中任何靠近这个角落的其他居民。

这些情景我百看不厌。在学生时代，我一直守护着水族箱，直到离开家去读大学时为止。我和简在1950年结婚，有了自己的家。我劝说她同意用我做出版实习生时得到的微薄薪水购买一个水族箱养殖白云金丝鱼（white cloud mountain minnow），“投资”——我想我当时是这么说的。这种鱼在20世纪50年代的水族圈中非常流行。我当时确信我可以让它们以工业生产规模进行繁育，这样就可以把它们卖给当地的水族店挣到足够的钱，从而支付水族箱和鱼苗的费用。不幸的是白云金丝鱼从来没有帮我这个忙，繁殖得漫不经心。尽管如此，它们在我们的房子里为热带鱼占据了一处领地，一占就是二十年。

因此，每次《动物园探奇》之旅后，我们在里士满的家庭动物园就会扩张一点。水族箱和雨林生态缸已经从餐厅蔓延到了门厅，里头生活着小宝石一样的热带青蛙、奇异的竹节虫和变色龙。有一次，我从非洲一片干涸的沼泽里挖出了一块大葡萄大小的土块，把它带回了家。它看起来毫无生命的迹象。我的两个孩子，罗伯特和苏珊，坐在那儿看着我把它扔进一箱水里。土块一边的小孔里冒出了气泡。水慢慢浸透了这块土，土块开始碎落，露出了一件像是包裹在皱巴巴的羊皮纸里的东西。这张纸也在水中泡软了。突然，它开始战栗，出现了一条裂缝。裂缝变宽，一个长长黑黑像是香肠的生物将它的尾巴从头上收回，伸展开了身体。这是一条肺鱼*。它和我们一起生活了很长时间，后来还在我的一个节目中担任了主角，说明两栖动物的进化。

几年后，我们决定将一楼的一整个房间都用来饲养动物。房间的一边被铁丝网隔开，在里头，一扇窗户开向一道长长的被圈起来的空间，一直延伸到花园的尽头。在不同的时期，这里的住客有过鹦鹉和猴

* 肺鱼，lungfish，分布于非洲、大洋洲、南美洲的淡水中，除了以鳃呼吸外，还能以鳔代肺呼吸。在旱季中，肺鱼会钻进湿泥中休眠；为了防止干掉，会从皮肤分泌特殊黏液裹住全身，形成防水层，只留一个小孔呼吸。非洲肺鱼可以不吃不喝休眠三到五年。

子，狐猴和蟒蛇，犰狳和丛猴。在印度尼西亚之旅中，我在婆罗洲收获了很多短尾鹦鹉（hanging parakeet），因此可以保留其中六只，它们住在餐厅的一个大笼子里。我从新几内亚的俾格米人那里买来的白凤头鹦鹉（white cockatoo）也来到了家中。它和更常见的澳大利亚凤头鹦鹉很像，不过没那么大，而且两只眼睛周围都有亮蓝色的眼圈。夏天的时候它大多待在房子后面的紫藤上。在它还小的时候，翅膀就受了伤，无法完全展开，因此不能飞。当我们用花园中的水管给它洗澡时，它会尽可能地努力伸展翅膀，大声叫着，很明显，它很享受这种感觉。但它一直也没能习惯英国的蝴蝶，无数次被它们吓到。如果有荨麻蛱蝶或者菜粉蝶飞到紫藤花上，它的尖叫声在一百码之外都能听得到。

理论上，这些动物是出于孩子们的兴趣和为了他们的教育而存在的，形式上，我是负责管理这些动物的人，而实际上呢，不用说，是简在照顾它们。她是如此温和，本能地明白它们的天性，很少会有动物对她不理不睬。我的动物学家朋友发觉她有这种技能之后，经常请求她帮忙照顾生病的动物。甚至连伦敦动物园都请她帮过忙：一只长臂猿幼崽被送去，当时小家伙还很小，患有慢性腹泻，完全不应该和自己的母亲分开。人们怀疑它可能活不下来。要活下来，它需要的是温柔的关爱，动物园里却没人能给他持续不断的关爱。简可以吗？她立刻就明白了需要怎么做。她做了一个婴儿布兜，这样萨米——我们这样叫那只小长臂猿，就可以全天和她待在一起了。如果简一离开，它就会痛苦地大声嚎叫，因此，不管她在做什么，都会让萨米待在自己旁边。

萨米的音域宽广。如果遇到某种形式的挫折，它会愤怒地大叫，但也会发出一连串温柔的咕哝声，它和简在房子里走来走去时，还会互相低声安慰。如果电话铃响了，简就得驮着萨米去接电话。它很快就意识到，在这种情况下，还有另一方也参与到了对话中，它会凑过去，冲着话筒轻轻打嗝。简说她简直不知道是应该要跟打电话的人解释一下，她背着一只长臂猿（她觉得这样说可能像是在炫耀），还是只是简单地咕哝一声“对不起”就好。

我们还照看过一只名叫威廉的小绒毛猴（woolly monkey）。一位少儿节目制片人买下它，希望它能成为一档新节目的常驻嘉宾，我们就在此期间照顾它。每周都会有专职司机开车来接它，带它去演播室。威廉对我尤其依恋。它很聪明，如果外面围栏门上的门钩没有上锁，哪怕只有一会儿工夫，它也能把门钩打开，然后连蹦带跳跑到花园的尽头，挑衅地坐在旱金莲中间。不过，想让它回来也很容易，我只需要让当时只有五岁的苏珊坐在我腿上，抱着她，威廉就会迅速跑回来，挤进我们中间。

我们养育得最成功的是丛猴。这种迷人的生物是一种原始猴类，它们长得小小的、毛茸茸的，有着大大的眼睛，持续抽动的膜状耳朵，长长的毛茸茸的尾巴，以及和人很像的可以抓握的手。它们是很招人喜爱的宠物，尤其对于那些白天不在家的人更是如此。因为丛猴是夜行性动物，它们白天只会蜷成一团睡大觉，到了晚上才开始活跃。它们会从黑暗中冒出来，很快就会变得很温顺，让你可以把它们从围栏里放出来，放到房间里，它们会兴奋地跳来跳去，从窗帘到挂画线再到壁炉架。不过，有一个习惯让它们不那么适合做家养宠物——它们会把尿尿在手上，然后兴奋地搓手。接着，就会故意在自己最喜欢的路线上留下黏黏臭臭的手印。如果它们可以在郊区一座房子的客厅里自由活动，结果可能会很可怕。最初的几周似乎一切都好，但最终，户主会发现家里弥漫着一种奇怪的味道。想要祛除，不是只要把丛猴送走就好，或许还得重新装修整个房间，并且换掉所有的软装。

一些养宠物的人会非常注意时时刻刻保持动物的清洁，定期用消毒剂擦洗动物住的地方。当然，这一点对丛猴不太管用，因为它们会孜孜不倦地重新创造自己最喜欢的芬芳气息。在从马达加斯加返程的途中，我从内罗毕捡回了一对丛猴。为了安顿好它们，我们采取了不同的方法：我把一根长长的空心圆木悬挂在动物室围栏内的天花板上，丛猴们立即用尿把圆木彻彻底底抹了个遍，在里面放松地待了下来。这样，这个房间很快就有了能让它们感到安定和放松的氛围。

丛猴很喜欢吃水果，不过它们最最喜欢吃的，是面包虫。这是一种拟步甲的幼虫，只需要把成虫养在旧饼干罐里，给它们的幼虫喂一些陈面包，就可以很容易大量繁殖。许多笼鸟喜欢吃面包虫，很多鱼也是，不过丛猴简直是对面包虫上了瘾。我从没有成功让一只丛猴吃面包虫吃到腻，在一餐时间里，不管我给多少，它们都能吃下去。我们的两只丛猴长得很好，很快就变得很顺服，会离开围栏，跳到我的肩膀上，从我的指尖叼走面包虫。

最终，令我们开心的是，它们生育了一只小丛猴。雌丛猴用牙叼着它在围栏里从一个换到另一个地方。慢慢地，丛猴家族壮大起来。有一段时间，足足有十只。这实在是太多了，我们不得不把一些幼崽送到动物园。最终，又有二十多只丛猴出生在动物园里。的确，有时来家里吃饭的客人会问起他们在大厅里闻到的奇怪味道是什么，时而也会发现面包虫的成虫爬到了地毯上，但是比起每晚看着这个小家族在围栏里互相追逐、哺育后代，这就都不算什么了。

* * *

一个年复一年出现在电视上、在热带地区收集动物的人，家里养着一些动物，我想对于这件事，来我家的客人应该都不会特别惊奇。然而实际上，我是在不得已的情况下才开始为伦敦动物园收集动物的。如果不是因为杰克·莱斯特病倒了，我绝不会这么做。我对拍摄影片记录动物的行为，比捕获动物感兴趣得多。《动物园探奇》模式也已显得越来越过时，如今想要用特写镜头展现动物，已经不需要再把动物带进演播室了。现在的摄影机镜头和高感光度胶片让我们在野外也可以拍到这样的镜头。我当然还是希望能继续热带地区的旅行，但是从现在开始，我想完全用拍摄的影片来完成节目的制作。《动物园探奇》完结了。

13

The Top End Australia

澳大利亚最北端

20世纪60年代初期，16毫米胶片技术取得了重要进展。最终人们找到了一种方法，可以将录音机和16毫米摄影机连接起来，使得两者可以使用同一套时间码进行工作，这样录像和录音就能同步进行了。便携式录音机也突然变小了很多。玻璃阀曾是录音机最为关键的组成部件，但此时被更小、更高效的晶体管取代了，又有了专用的隔音罩来掩盖摄像机的噪声。声音有了前所未有的重要性，它再也不是像我这样的节目导演在其他工作之余才会来录制的东西。我下次旅行应该要带上一位称职的录音师。我问了鲍勃·桑德斯要不要一起去，正是他为我们许多期《动物园探奇》和其他旅行节目做了后期混音。他没有犹豫。多年以来，他一直想要走出混音室。

我们该如何使用这个新功能呢？有一件事是显而易见的，《动物园探奇》系列节目的核心环节——演播室插播已经不再必要了。如果我要介绍节目，可以在我们拍摄的任何地方对着摄影机直接说话，这样效率也会更高。别人也可以这么做。亚马孙雨林的印第安人、刚果的俾格米人和婆罗洲的迪雅克人（Dyak）都不用再在电视屏幕上伴着模糊不清的背景谈话音，演着一目了然的哑剧。现在人们能在电视上看到他们，也能听到他们的交谈、争吵和歌唱，跟其他所有人一样。因此，我决定我们下一次探奇的重点应该有所转变。我们现在能像拍动物一样拍人了。我们该去哪里运用这项新能力呢？就我而言，有一个最想去的地方，远远超过了其他。澳大利亚。

提到澳大利亚内陆，我相信很多人都会想到沙漠。但是在这片大陆的最北端，有一片区域在当时即便澳大利亚人也知之甚少。比起悉尼，它更靠近印度尼西亚的首都雅加达，比斐济更靠近赤道。这里绝非干旱的沙漠，全年大部分时间都有雨水的灌溉。仍有原住民的群落生活在这里，遵循着最传统的方式。我们也能在此找到丰富的动物资源：沙袋鼠（wallaby）、袋狸（bandicoot）之类的有袋动物，华丽的鸟儿以及奇异的爬行动物。现在，这里建成了一座配有奢华酒店的国家公园，公园被命名为“卡卡杜”——这是住在这里的原住民的名字。然而，在当时，如果有人会提起这整片区域，只会模糊地称为“最北端”（Top End）。

查尔斯这一年都在家陪伴妻子和女儿，这时又想要开始另一段旅程了。他会担任摄影师。平生第一次，我们还会有一位录音师——鲍勃·桑德斯同行。

* * *

我们在一个叫作诺尔朗吉（Nourlangie）的地方安顿下来，一处废弃的伐木营地就是我们的基地。这里离北海岸大约有50英里（约80千米），靠近南阿利盖特河（South Alligator River）。从那里我们再开车进入丛林地带，到想去的地方扎营。当时正是旱季，不可能下雨，因此就没再多此一举地安置帐篷。我们把野营床置于桉树或者桫椤树下，除了蚊帐就没有其他的防护了。这对鲍勃来说很难适应。我们发现他从未在外野营过，事实上，他从未离开过欧洲。他发现头顶上没有屋顶很难安稳入睡，我们草草准备的饭菜他也不能适应。他开始尤其关注自己的肠道，他悄悄地告诉我："我已经五天都没有了。"我给了他一片药帮他解决这个问题，不过没什么用。第二天的第二片药也没起到作用，鲍勃的脸上笼罩着痛苦和担心的阴云。"所有的毒素都在身体里累积，"他解释说，"这不可能有什么好处。"

这种情况又持续了三天。第四天上午，当我们在树林里搜寻可以拍摄的东西时，鲍勃看起来已经彻底陷入了忧郁。我在满是尘土的地面上仔细地查看，希望能发现一些有趣的踪迹。然后，我发现在一棵树下有一大堆粪便。

我在它旁边跪下来。

"水牛。"我说道，尽力让自己听起来专业且无畏。

鲍勃突然拽住我的胳膊，喊道："至少我敢打包票，这不是我拉的。"

附近的蹄印消除了或许有过的一丝疑虑，这确实是水牛的粪便。当时这些动物在最北端很常见，它们是亚洲水牛。19世纪，英国人在北海岸建立军事定居点，带来了水牛为他们拉车、拉犁，供奶、供肉。在这些定居点被弃置之后，水牛就获得了自由。

在野外，它们迅速繁殖。没有体型相当的食草类动物与之竞争，它们不久就形成了很大的群体。这些水牛很危险。公牛的体重能达到四分之三吨，而且很有可能会冲向路上步行的人类。它们被放归自然之后不久就因为牛皮买卖遭到猎杀，它们的皮可制成很好的皮革制品。但是到了20世纪中期，这门生意已经没有多少利润可赚了。一位乐观的拓荒者艾伦·斯图尔特（Allan Stewart）租下了诺尔朗吉，试图说服澳大利亚南部猎杀大型猎物的狩猎者来北部参与猎杀水牛的运动。不过把子弹射入这些笨重的动物体内并非难事，因此很少有人买账。对于我们来说，水牛也不是特别吸引人的主题，但我们还是忠实地记录下它们在沼泽地里艰难行走的样子。事后我们认识到，应该更详细地拍下它们的生存状态。现在，这样的影片应该相当具有历史价值，因为在我们到访之后不久，当局就决定消灭掉水牛。这是一个外来物种，已经搅乱了当地的生态平衡。一队队的人马被派去系统性地射杀它们，那里现在已经没有水牛了。

不过，能供我们拍摄的本土物种太多了。潟湖中的水禽种类与世界上其他地方一样丰富，白鹭、鸭子、鹈鹕、鹮、棉凫、水雉，这些我们大多在其他地方见过。不过最北端的潟湖中有一种壮观的景象此地独有，那就是成群结队的鹊雁。

这些黑白相间的奇异鸟儿只生活在澳大利亚和新几内亚，是鸭科大家族的古老成员。它们是如此不同寻常，一些这方面的专家认为，它们应该拥有一个独属的科。它们的头顶有一个滑稽的锥状小凸起，脚为半蹼，身影曾经遍布整个澳大利亚。不过由于大陆南部沼泽的系统性排水，它们失去了捕食场所，很快就只有在最北端才能看到了。我们拍下它们成千上万地聚在一起、遮蔽了一大片湖面的壮观景象。

居住在诺尔朗吉一带的原住民不太多。有两三个人在我们附近扎营，希望能得到向导或是追踪者的工作机会。但是有充分的证据表明，在这片土地上曾有大量的人口居住。悬崖峭壁和散落的乱石之中随处可见绘有画作的石头，我们很快学会了如何推测岩画会出现在哪里。头顶上方突出来的岩石明显值得注意，因为人们或许会在此避雨或躲避烈日，待上一段时间。不管怎么说，绘制在这样的“庇护所”内墙上的画可以免受天气影响，比起完全暴露的位置上的画来说，更有可能保存下来。

另一个附近有画作存在的标志是平坦岩石上的杯状凹陷，它们似乎是画家用来研磨颜料的。重要的地标也是类似的标志。如今的原住民能从他们周围的景象中解读出自身的起源，几乎所有显眼的地标在他们的创世传说中都有自己的含义：一个水坑可能是一条化作长虹、贯空而过的巨蛇现身的地方，一块奇形怪状的石头可能是最初的人类投向远古的澳洲野狗（dingo）的木棒石化而成。这些在岩石上作画的艺术家，无论他们是谁，似乎也以同样的方式看待眼前的景物。他们装点四周的岩石，以赞美其中心那尤为重要、尤为神圣的部分。

有些岩画是自然主义风格的，看起来是一百多年前画的，因为内容是燧发枪、军刀、毛瑟枪或是两个烟囱里正冒着烟的蒸汽船什么的。其他的要久远得多。有几幅只是在石头上划出个轮廓——手持长矛、带着投矛器的骷髅小人们在岩石间奔跑。根据当地的传说，这些是米米（Mimi）的自画像。米米是生活在悬崖岩缝中害羞又温和的小精灵。它们是如此纤弱，一丁点儿小风都会把它们吹倒；它们又是如此纤细，如果有人靠近，它们能钻进最窄的岩缝里。因此从来没有人看到过。不管怎么说，根据诺尔朗吉原住民的说法，这些岩画肯定不是现在生活在这儿的人画的。

超自然的生物也用另一种风格描绘了下来。其中最壮观的是我们在一块叫安邦邦（Anbangbang）的巨石脚下发现的，这块巨石高出矮树丛有600英尺（约183米）。从岩壁上断裂掉落的石块有房子那么大，从远古时期起就静静地躺在它的脚下了。其中一处，岩石顶部伸出来形成了一个浅浅的檐，在那里的墙上我们看到了一些奇怪的人形。它们几乎和真人一样大小，用红色和白色的赭石画成。白白的脸没有什么特征，头上顶着大大的头饰，身体由圆点和交叉线构成的阴影图案画成。其中三位是女性，突出的乳房向外扩展，一直延伸到肘部。大腿以下的部分已经看不太清楚了，因为过去水牛常常在这处岩壁上蹭痒痒，把画的下部都蹭得模糊了。

几年之后，这组岩画成了卡卡杜的珍宝之一。它被绘入导游手册，并被选中制成邮票。我们似乎拍下了这组岩画最早的照片，但是现在的画面与当时又有了一点变化。它们经过润色，又加上了其他的图案。其中有一个巨大的人像，摊开手脚，凌驾于其他所有人像之上。这些画似乎原本就是一位在诺尔郎吉工作的追踪者老纳乔波米（Old Najombolmi，1895—1967，著名原住民艺术家，绘有约604幅岩画）画的，在我们到访之后的一年，他又对这些画作了修改和添加。

有许多画面我们都无法拍摄，因为它们所在的位置光线不够，有的是在庇护所的深处，有的是在头顶的岩石上。我们有一个用充电电池供电的手持灯，它能够照亮单个的图形，但是光线范围不够，没有办法照亮大部分岩画画廊的全貌。然而，在有一处地方，我们的确有个机会拍摄一整片岩画的全貌。乌比尔（Ubirr）坐落在我们位于诺尔朗吉的基地以东70英里（约112千米）处。这块岩石是粗糙的砂岩，呈水平分层。在它的最西边，有一片巨大的石板从整体上突出来，形成了一处又宽又深的庇护所。在这个庇护所的内墙上绘有一队巨大的尖吻鲈（barramundi）——这是当地一种主要用于食用的鱼类。鲑鲶（fork-tailed catfish）、长颈龟和巨蜥（goanna）也在其间畅游。所有的画中动物都像是经过X光的照射一般。艺术家们不仅画出了他们眼中所见的生物形象，还画出了脑中所知的生物内部结构，比如脊骨、肝脏和肌肉束。

一天中大部分时间里，这壮观的画卷都掩盖在浓浓的阴影之中。但是太阳快要落山的时候，近水平方向的夕照光线就能探入庇护所的深处，照亮内墙。为了清楚地展示出尖吻鲈岩画壮观的尺寸，也利用上新获得的录制同期声的能力，我们决定，由我沿着石墙从头走到尾，一边讲解沿途的各个画面，同时录下整个过程。有些地方的画面重重叠叠画了好几层，简直难以区分。但是，这面墙从被完全照亮到重归黑暗之间只有大约十分钟，之后太阳就落到地平线之下了。而且我们只剩下一个晚上来拍摄这个镜头，因为离开诺尔朗吉一个多星期，水快用完了。

我练习着自己要说的话，沿着画廊一边走一边自言自语，试着决定要讲解的画面。查尔斯在设置摄影机，让他可以随着我的步伐摇动镜头。鲍勃把录音机和麦克风并排架在一根长杆上，这样他就可以移动录音机进行录制了。阳光沿着庇护所的地面爬进来，缓缓爬上深处的内墙。一分钟，又一分钟，它越升越高。这个画面很奇妙，就像是剧场里幕布缓缓升起，露出壮丽华美的手绘舞台背景。

终于，整幅画卷直到最顶端都被照亮了。我清了清嗓子，迈开步伐。没走两步，鲍勃叫了暂停。他的录音机突然发出了尖锐的电子噪声。他拿出了螺丝刀。不到一分钟，机器错综复杂的内部暴露在我们眼前，鲍勃拿着螺丝刀在里头戳来戳去。时间一分一秒地过去，太阳也肉眼可见地直往下落。“去他娘的晶体管！”他说道。这是我们美妙的同步录音设备的新部件，他对此一直十分热衷。然后，他想起了它们的技术参数里有一条表明，超过一定的温度，它们就不能正常工作了。他用帽子给它们扇风，耳机里的噪声慢慢消失了。他竖起了大拇指；查尔斯按下了摄影机的按钮；我沿着墙再次出发，描述着眼前的画面。我成功地做到了没有出现一次不可容忍的口误。一切都刚刚好。就在我结束后的几秒，太阳落入了云层之后，岩画消失在黑暗之中。

* * *

近年来，考古学家们找到了给岩画断代的方法。就像我们在乌比尔和安邦邦拍到的那些，它们的检测结果令人大吃一惊，许多考古学家一开始甚至拒绝相信。其中有些岩画已经有四万五千年的历史了，的确，比法国和西班牙几乎所有令人赞叹不已的洞窟壁画还要古老，而它们又在很多方面如此相似。没有人确切地知道这些岩画或壁画是为何而画的。即便是在诺尔朗吉，至少其中一些岩画看起来刚画下不久，也没人能告诉我们。老纳乔波米，在安邦邦画画的那位，在我们拍摄时甚至不承认那是他画的。但是再往东一些的阿纳姆地（Arnhem Land），仍有一些人没有放弃传统的生活方式。他们依然在不停地游走，依然习惯于在所到的土地上找到需要的一切。他们也依然在画画。我想，在那里，我们或许可以得知他们沉溺于此的原因。

一些传教团在海岸边建立了定居点，每个传教团都希望让当地人转信他们那一支基督教派。他们鼓励当地人绘制树皮画（bark painting），再拿去卖给南方的收藏家，为教会募集资金。但鉴于这些传教团也力劝艺术家们放弃他们的传统信仰，在这样的定居点不太可能有很大希望发现原住民传统中的作画动机。不过，当时的政府正在靠近利物浦河（Liverpool River）口的马宁里达（Maningrida）建立新的定居点，它的目的是提供教育和医疗帮助。不管怎么说，都不是让原住民皈依基督教的。我想，在那里，我们也许可以多了解一些原住民对绘画的狂热心情。

* * *

从来没有人经由陆路到达过马宁里达。去往那里的访客只能从250英里（约402千米）以西的达尔文镇乘船前往，或是搭乘飞机。我们飞了过去。当时，马宁里达只有五六栋建筑——一所学校、一所医院、几处公共厨房、一家商店和一处欧洲员工的住所。但更多的建筑正在建设中。一艘小型货船停泊在河边的码头上，欧洲的砖瓦匠和木匠正热火朝天地把水泥袋、建筑机器和汽油桶搬上岸。天气热得要命，我对那些人在大热天里的工作热情感到惊奇。负责人米克·艾沃里（Mick Ivory）解释道："这是三周多来停靠的第一艘船。孩子们已经十天没啤酒喝了，我叫运货商把啤酒放在货舱的最下面，所以那些家伙得把20吨的货物都搬走才能拿到酒。"

原住民在这个还只是雏形的定居点周边扎营，住在用树皮、树枝和碎布临时搭成的低矮棚屋里。有的穿着残破的西式服装，但大多数人只是两腿间裹上一块方布，系在屁股上。这里有两支原住民部落。古纳威吉人（Gunavidji）占据了沿海的狭长地带，主要靠海生活，男人们渔猎尖吻鲈和海龟，女人们则在岸边收集贝类。住在靠内陆一侧的布拉达人（Burada）是猎人，他们依照传统捕猎袋鼠和袋狸，采集沙漠植物的种子和膨大的块根。两支部落都是被这个站点提供的面粉、糖、茶和其他食物吸引来的，但是他们不习惯互相住得那么近，或者说住得那么密，因此经常发生争端。我们正在米克·艾沃里的阳台上喝茶时，一百码外就有两个人发生了一场特别激烈的争执，都拿着长矛互相威胁。米克来回瞄了他们一眼，但对此不甚在意。他说："不用担心。他俩都穿着裤子呢。不知道为什么，如果真的要打一场的话，他们会把裤子脱下来的。"

米克告诉我们，有一个布拉达人是当地公认的好画家。他的名字叫马加尼（Magani）。我们在杂乱的灌木桉树丛边缘，一处相对独立的棚屋内找到了他。他肩膀宽阔，盘腿坐着，两膝着地，很少有人能想象这种姿势，除非他们生来就这样坐。他的胸口横着一道道伤疤，疤痕隆起，呈一道道粗壮的脊，从肩到肘，以及围绕着大腿也有一圈一圈带状的伤疤。吃了一辈子沙地里刨出来的粮食，他的牙齿磨到只剩个牙根，但当他露出笑容，却显得顽皮而耀眼。他已经画了一些树皮画，米克·艾沃里代他在站点的商店里售卖。我们向他说明我们是来看这里的人是如何作画的，他接受了，因为他知道自己是最好的画手，所以我们自然会来找他。

马加尼非常认真地演示了他的绘画技术，确保我们没有遗漏任何细节。他使用的是长椽桉树（stringybark gum tree）的树皮。为了把树皮弄平整，他首先把树皮内侧朝下扔到一堆小火上，这样树皮内侧表面附着的汁液就会蒸发掉，整张树皮会变得更柔韧。几分钟后，他就可以把树皮从火上取下来，摊平放在地上，再用石头压实，这就是他的画布。他用赭石作颜料，这些颜料是他从树丛中特定的地方收集来的。红色和黄色来自富含铁矿的砾石，黑色来自木炭，白色来自从红树林沼泽中挖出的黏土。他还有一块深红色的赭石，那是从很远的地方运来的，他把它储藏在一个用桉树皮折成的小包里。画笔是细树枝，一根被他咀嚼过，以便让纤维铺展开，另一根细枝上他系了几根动物的毛，用来画特别细的线。

* * *

接下来一周左右的时间，我们每天都去拜访马加尼，看他工作并拍下来。另一个更为冷峻、阴郁的男人，贾拉比利（Jarabili），经常跟他在一起。马加尼在树皮的一侧作画时，他时而会在另一侧加上一个图形。一次，我问过他某种鸟儿在他们的语言里叫什么，他因而断定我想学布拉达语，于是每次我们跟他坐在一起时，他都会口头教我一串布拉达的词汇。第二天，当我再次去到棚屋时，他还会考考我看我学得怎么样。他还试着跟我们解释他家和马加尼家的关系，他们有着非常亲密的联系，但同时也有着不同的权利和责任。其中的关系错综复杂，我得承认，很难听明白。

马加尼的工作安排得并不紧，他一天最多只画一两个图案。然而树皮还是渐渐被画填满了。那些图案都是简单的示意图，却很容易辨认。蜥蜴并不只是普遍意义上的蜥蜴，其中一只，从身体比例可以看出一定是澳大利亚巨蜥。另一只有着宽而平的尾巴，那是只壁虎。第三种在它喉部两侧各伸展出一块片状的器官，那是伞蜥。鱼的图形中可以辨认出鲨鱼、尖吻鲈和黄貂鱼。画面上还有跳跃的袋鼠，身后跟着一串成对的脚印，也有手持长矛或带着投矛器的猎人。米克告诉我，那一串身上覆盖着短线的小小的椭圆形生物英语名叫作“cheeky buggers”（不要脸的混蛋），“cheeky”在原住民所用的英语中意为“带刺的”（stinging）。我想，那应该是毛毛虫，当地好几种毛毛虫都有着长长的毛和一根讨厌的刺。

有一个比其他大部分都要简略的图案占据了他为我们所作的树皮画的中央位置。这个图案是一个长长的椭圆形，两侧有短而粗的投影，内部整整齐齐地画满了的白色和黄色的交叉阴影带。马加尼把这幅画称为“sugar-bag”（糖袋），这也是原住民使用的英语名字，表示中空的树里有一个装满蜂蜜的蜂巢。在旁边，他又画了一个细长的矩形，内部也是精细的交叉阴影图案，不过两侧没有投影。在矩形旁边，他画了一个男人，这个男人的头挨着矩形的一端，双手在矩形长边上。另一个人坐在第一个人旁边，手里拿着节奏棒（rhythm stick）。因为马加尼没有使用任何特定的透视角度，而是全凭他想要的样子画出人物的平面或是侧面，因此很难知道这些人究竟是站着的还是侧躺着的。

我问马加尼这个长矩形代表什么。第一次，他在回答问题前犹豫了一下。然后，他向前倾了倾身子。

他低声说道：“天蛇（Yurlunggur）。”

“你说话声音为什么这么轻呢？”我也小声回他。

“他是秘密。女人、男孩子们或许能听到我说他的名字。这是公事（business）。”

我这时已经知道很多原住民的英语词汇，知道他所说的“公事”指的是神圣的仪式。

“我女人不是，男孩不是，”我说，“行吗让我看看他？”

马加尼挠了挠鼻子，使劲地看着我。

“行。”他说。

第二天，马加尼带我们离开了营地，走了半英里左右，来到了一片人迹罕至的灌木丛。这里没有交错相通的小路，只有一条模糊的小径。这条小径通往一个相当大的棚屋，比我在站点附近见到的都要大不少。贾拉比利从里头走了出来，他和马加尼商量了一会儿，接着他俩走进帐篷，拿出来一根空心竿子。这条竿子有8英尺（约2.4米）长，修整得很光滑，上面涂着均匀的赭红色，还画着几条巨蜥。

“天蛇。”马加尼说。

他躺下来，把嘴放到竿子的一端，端口用蜂蜡封住了一部分。

“说话。”他说，然后他开始吹奏起来，竿子发出了一种低沉的隆隆声。天蛇，不管它代表着什么，从物质形态上来看，它就是一支巨大而又神圣的迪吉里杜管（didgeridoo，澳大利亚原住民的一种传统乐器）。

同时，它还并没有最终完成。马加尼解释说，它将会用在一个重要仪式上，他、贾拉比利还有很多其他布拉达男人都会参加。女人们永远不会被允许出现在这样的场合，而年轻的男人则会被召去观看，因为仪式期间将会重演一段创世传说中的情节。男孩们就是这样了解他们的神和祖先的。

天蛇是过去神话时期，也就是梦幻时代*的一条巨蛇。它从一个水坑里钻出来，吞下了整个人类的祖先——一对孪生姐妹。经历了许许多多的艰难险阻，布拉达地区所有的动植物都诞生之后，天蛇划空而过，升入天空。今天，他也时而会在暴雨过后以彩虹的形象出现在空中，用轰轰雷鸣向人述说。

在举行天蛇仪式之前，它的木制化身上必须画满画。马加尼不是唯一一个参与这项工作的人，贾拉比利也画了一些。还有其他人，偶尔会从灌木林里悄悄走出来，坐到马加尼旁边，拿起树枝，自顾自地添上一些图案。每个图案画完之后，他们会稍微停一会儿。贾拉比利会拿起节奏棒，和马加尼一起开始吟唱，为新加入的图案"唱到"。

我们每天都会去那里观察进度，不过在走近那座棚屋时得十分小心。布拉达营地周围的灌木丛看起来空无一物，但实际上，它被一些无形但又相当重要的边界区隔开来。有一次在去马加尼棚屋的路上，我看到一只色彩斑斓的小鹦鹉在路边不远的地方。它飞走了，我跟了上去，想看得更清楚一些。当时身边跟着一个帮我拿摄像机的小男孩，但是他落在了后面。我叫他赶上来，但奇怪的是他看起来好像不太情愿。然后我看见在身前二十码外的地方，有一位老人独自静静地坐在一根圆木上，膝盖上放着一件用绳子绑着的长长的木头制品，他正在把腋下的汗

* Dream Time，它及下文的Dreaming是早期人类学家提出的术语，专指由澳大利亚原住民信仰的宗教所产生的世界观，与普通意义上的梦没有任何关联。

水涂到那个物品上。我们误入了神圣的领域，在一个非常私人的时刻侵犯了他的隐私空间。这位老人把他手中的木制品推到他坐着的圆木下方，把男孩叫了过去。那个孩子回来后，向我解释说，他必须得为破坏了规矩支付几盒烟作为罚款。他和这位老人都知道我会支付的，但是如果这个男孩的年龄再大点，并且不是在按一个白人外来者的要求行事的话，那么惩罚可能要重得多。

天蛇终于完工了。两端都绑了一圈窄窄的橘红色鹦鹉羽毛。在吹口这一端，还有两条长长的流苏，是用白凤头鹦鹉的绒毛制成的，底部缀上了蜂蜡。一条条巨蜥贯穿始终，在象征着天蛇的长方形之间穿行，就跟我在马加尼为我们画的树皮画上看到的长方形一样。仪式就要开始了。

* * *

第二天是一个周六，站点因为周末都停工了。到了半上午，男人们开始陆续进来，在天蛇所在的棚屋周围坐下来。很多人我都认识，有一些人在锯木厂工作，干堆木板的活儿，还有些人则照料菜园。没有看到迪吉里杜管，可能放在后面什么地方了。每个人的脖子上都挂着一根绳子，绳子上吊着一个编织的带流苏的网兜。接着，人们开始在彼此的胸前画巨蜥。被画的那个人平躺在地上，闭上眼似已进入神游状态，另一个人则小心翼翼地在乌黑发亮的皮肤上用黄、红、白三种颜色交叉勾勒出巨蜥的图案。一群年轻点的男人静静坐在一边，他们是来观摩而不是来参与这个仪式的。

天蛇低沉的嗡鸣在棚屋里响起。巨蜥人一个挨一个躺成一列，那支巨大的涂满了画的迪吉里杜管从棚屋中浮现出来。马加尼匍匐着，举着吹口那一端，在下面吹奏着。另一个人弯下腰，拿着另一端举在离地面约一英尺高的地方。马加尼胸前没有绘制巨蜥，但他的脸上画有灿烂夺目的红白色条纹，头上缠绕着一圈橙色的羽毛。一位坐在一旁的老人敲打起节奏棒，唱了起来。天蛇低吟着，在离地一英尺左右的高度水平移动，从趴着的巨蜥人上方经过。它停了下来，巨蜥人苏醒了，他们一对一对地扭动着爬过天蛇脚下的尘土。等大家都爬过去之后，他们又一个挨一个地躺成一列。音乐的节奏突然变了。这些巨蜥人如同触电一般，膝盖着地直起身来，嘴里叼着网兜，直直地跪在天蛇前，肌肉不住地颤抖。

一遍又一遍，他们重复着这个过程，直到天开始黑了下来。天蛇在马加尼和老人的护送下，被运回棚屋，四周安静下来。巨蜥们变回了人，朝营地方向走去。他们胸前的标志因为在地上又擦又抹，还混杂了汗水，再难辨认。

那天夜里稍晚一些的时候，我们和马加尼坐在他站点附近的棚屋里抽烟。我试图弄清楚我们看到的这一切的含义。绘制天蛇的那个棚屋是梦幻时代虹蛇*现身的水坑，后来它发现了巨蜥的先祖，把它们都吞了下去，接着又吐了出来。这就是我能解读出的全部了。那为什么马加尼胸前没有画巨蜥呢？因为巨蜥是贾拉比利的梦境，而马加尼拥有的是雨云的梦境。正是雨云带来了虹蛇。此外，还有很多我们难以理解的意指

* rainbow snake，也叫rainbow serpent，是澳大利亚原住民的重要图腾，在不同的部落有不同名字和形象，这里提到的天蛇及其相关传说在澳大利亚神话学上有着极其重要的地位。

和内涵。然而，我理解了一件事，对原住民来说，他们所画的画绝不只是出于一种要填补空白的含混冲动而信手挥就的涂鸦，它是当地人民宗教生活中极为重要的一部分。

我担心我们拍摄的内容过于隐秘，将它播放给其他人看会冒犯到马加尼或是其他参与其中的人。我向他解释说当我回到“我的地盘”，各种各样的人都会看到它——不止有男人，还有女人和孩童。马加尼仔细考虑了一下。

“你的地盘哪里？”他问，“这个方向吗？”他指着南边。

“不，很远，很远。往那个方向。”我指向西边。

马加尼又想了想。

“好吧。”他说。

我们又抽了会儿烟。

我问他现在仪式结束了，天蛇会怎么样呢？据他说，它很有可能会被埋在河边的沙滩上，肯定不会再次使用了。

“大费，”他问我，“你喜欢天蛇？”我点了点头。

“好的，”他继续说，“你带走它。”

“我不卖它，”他补充道，“它礼物。”

我非常感激他。

“黑家伙*的习俗，”马加尼又补充道，避免产生任何误解，“一个人送礼物，另一个人还礼物。”

* blackfella，澳大利亚英语中对原住民的非正式称呼，非原住民说这个词可能会冒犯到对方。

我告诉他这也是白家伙的习俗。

那天夜里晚些时候，我把我们所有的烟都给了他。这似乎是我随身携带的东西中他最想要的了。我希望我的礼物在他眼中就像他的礼物在我眼中一样棒。

第二天晚上，在黑夜的掩护下，马加尼和贾拉比利用旧报纸包住天蛇，把它带到了我们在定居点的住处。我们又在外面加了几层纸，再用麻布条裹起来。在我们结束在此地的逗留时，一架小型包机飞过来，接我们回达尔文镇。我们没办法掩人耳目、偷偷把天蛇带走，因为它实在太长了，我们不得不把飞机上的座椅拆掉才能把它放进去。但没有任何一位原住民朋友对我们这件奇形怪状的新行李说三道四。

* * *

原住民并不是唯一一种生活在澳大利亚内陆偏远地区的人，一些欧洲人也会选择这样做。我们听说有三个人住在马宁里达（Maningrida）以南250英里（约402千米）的博罗卢拉（Borroloola）这个废弃的小镇上，麦克阿瑟河（MacArthur River）就是在此处流入卡奔塔利亚湾（Gulf of Carpentaria）。

早在19世纪80年代，牧牛人就开始从昆士兰州向西迁移，沿着卡奔塔利亚湾南边的海岸——这个海湾就像是有谁从澳大利亚北部海岸的中间位置咬下去一大口——进入阿纳姆地南部的半沙漠地带。麦克阿瑟河是最后一处他们可以给牲畜饮水的地方，他们通常就在河边扎下营了。于是，一个小定居点开始发展起来。到了1913年，已经有大约50

个白人住在那里。这个年轻的小镇有两家旅馆、五家商店和一所监狱。这里的警官一定是个很有文学品位的人，因为他发现有联邦法规赋予了一个城镇拥有图书馆的权利。他向墨尔本提出了申请，6个月之后，博罗卢拉终于有了图书馆。

但后来，在沙漠中有了自流井之后，这个城镇就失去了作为水源地的重要性。公路从南部的城市横穿大陆的腹地，几乎没有人需要再去博罗卢拉了。小镇渐渐地失去了活力。一家旅馆倒塌了，那些曾有人居住的木制小屋已腐化为尘、随风消逝了。除了一家还能买到汽油的商店、另一家旅馆剩下的那一堆摇摇欲坠的波纹铁皮，以及几件半掩在沙漠浅草中的古老而难以辨认的机器之外，这里几乎什么也不剩了。

尽管如此，有一个人——罗杰·何塞（Roger Jose）——留了下来。1916年，他来到这里，发现让小镇拥有了图书馆的那条法规同时也为图书管理员提供了一份年薪。他得到了那份工作，并且不打算放弃，尽管到最后除了他自己，没有人在读那里的书。他住在一个容量有5000加仑的波纹铁皮水箱里，这个水箱曾经属于那家仍然屹立不倒的旅馆。在大约一英里外的沙漠里，他把它颠倒过来，拆开，又重新组装起来。他在侧面开了一扇小门，但没再费心给它开上窗户。我想里面一定非常热，但罗杰大部分时间都待在外面，坐在临时搭起的遮阳篷下的凳子上。他是个仪态高贵的男人，有一副浓密的白胡子，经常穿着自己设计的奇装异服：一件从肩膀位置剪去整条袖子的卡其色衬衫、一条剪去膝盖以下部分的卡其色长裤，以及一顶露兜树（pandanus）纤维编织而成的鸭舌帽，但它的形状更像是外籍军团的平顶军帽。

罗杰的图书管理员职位可不仅仅是一种不劳而获、赚取国家工资的工具——尽管这是事实。他真的是热爱书籍和文学。他说自己读过曾归他管理的每一本书，一共有3000本。“我只是想赶在白蚁前面读完。”他说道。但最后，还是白蚁赢了。我们在旅馆的地板上找到了仅存的最后一本书。从封面可以看出，那是耿稗思的《师主篇》(*The Imitation of Christ*)。但博罗卢拉白蚁似乎对印刷油墨情有独钟，我打开封面，发现它们把圣人说的每句话都吃光了，只留下书页的白边完好无损。罗杰对这一损失表示遗憾。“现在，”他说，“我只好找到什么读什么了——果酱标签、酱汁瓶，什么都行。”

言辞让罗杰高兴。他像吃糖果一样，把它们含在嘴里来回搅动、吮吸。当我问他从哪儿弄来的食物时，他说：“好吧，我是很想去追那些难以捉摸的有袋动物，但我抓不到那些混球。”他有一个习惯，凡是有客人到访，他都要从记忆中搜罗出一个特别生僻的词，问问他们是否知道它的意思，这样他就可以享受一下解释词义的快乐。有一个警察大约一个月来一次博罗卢拉，检查一下当地的情况。每次遇到罗杰，他都会受到这种待遇。最终他生气了，决定对此做点什么。在下一次出发来博罗卢拉前，他查了词典。在他到来之后，罗杰问他是否知道“transubstantiation”的意思。

“不，我他娘的不知道，”警察说，“不过我也给你准备了一个，‘leotard’是什么意思？”

“我不确定，”罗杰说，“不过，我想我曾见过它的皮。”

“不，你他娘的肯定没见过。”警察说。

罗杰放弃了：“好吧，什么是‘leotard’？”

“我他娘的才不告诉你。”警察说着，钻进卡车开走了。

三天后，警察正在警察局的阳台上昏昏欲睡，有人抓着他的衬衫把他摇醒。一顶奇怪的帽子，一把长长的胡须，即使只是星空下的一个剪影，也绝不会认错，那就是罗杰。

“他娘的到底什么是‘leotard’？”罗杰从牙缝里挤出一声嘶喊。

博罗卢拉旅馆的最后一位老板也没离开。马尔（Mull），他的全名是杰克·马尔霍兰（Jack Mulholland），是一位年已五十后半的爱尔兰人，说话依然带点口音。他坐在旅馆的门廊上似乎还在准备迎接客人，不过生意，他告诉我，十分萧条。在他接受这个工作以来，一共只来过三位客人。旅馆里，下陷的地板上躺着一堆空瓶子。我用闲聊的语气问他是否考虑过把这个地方收拾一下。

“整洁，”他严肃地回答，“是一种精神疾病。”

他有一辆汽车，不过很难说它是什么牌子的。它更像是不同机器上的一些零件的集合体，那些机器在过去的几十年间一路呼啸着、咳喘着来到这座小镇，然后在这里呼出了最后一口气。从标签来看，这辆汽车的散热器是庞蒂克（Pontiac）牌的。车的后轮有木制辐条，和前轮完全不一样。巨大的发动机组基本是一个宏伟的矩形结构。看着轮胎四周长出的草，我差点冒犯地问马尔它最后一次开动是什么时候，但总算及时重新组织了一下我的问题。

“你多久开它出去一次呢？”

“你要愿意，随时都可以，”他防备地说，“你想转一圈吗？”

一旦这个念头说出了口，他就不愿放弃了。尽管我礼貌地表示他不必费心了，但他还是开始为短途旅行做起了准备。在对着发动机思考了很长时间之后，他认为水泵需要更换了。他在另一辆车的残骸里找到了一个，花了几个小时锉凹槽，使它能严丝合缝地放进去。第二天上午，他邀请我们去兜风。

这辆汽车是在电动起动机出现之前组装成的，所以必须手动发动。不过不幸的是，起动手柄丢了，于是杰克给车挂上挡，用千斤顶顶起后桥，直到两个后轮都离地，然后开始转动后轮。发动机发出一声巨响，轮子自动旋转起来。马尔走到前面，把车挂到空挡，又到后面卸下千斤顶，再邀请我们和他一起坐到前排座位上，然后我们威风地绕着旅馆开了一圈。

罗杰还给我们讲了以前发生过的一件事。那次，一位警官要来镇上视察。马尔听说之后决定开车出去避几天。这倒不是说他有什么要隐瞒的事情，只是他认为没有必要冒险，跟法律扯上不必要的关系。接下来，整整三个星期没有人听到他的任何消息。后来有一天，远处传来确切无疑的咆哮声，马尔的车出现在地平线上。当他离家还有半英里远时，引擎停了。他可以选择当场修理，或者也可以走完剩下的半英里，好回到自己的家里过夜。

但他都没有。他从车里爬出来，点起一堆火，在上面放上铁皮罐煮上茶，然后在车下的阴凉处摊开了行囊。他在那儿待了三天，思考引擎到底出了什么问题。终于，他打开引擎盖，清洁了一下里面的塞子。引擎立刻就启动了，马尔庄严地完成了回家之旅。

他说自己曾开着这辆车去勘探过金、银、铅、蛋白石（opal），但是什么值钱的玩意儿也没找到。我评论道：“我想这肯定很令人失望。”

“一点也不，”没想到他激动地说，“如果那人真的发现了什么，他才会伤心。那他还能为了什么而活呢？反正钱又没什么好处。”

“它能让生活轻松舒适。”我提醒道。

“如果我在这一生中学到了点什么，”马尔说，“那就是，一个人有多富有，取决于他的需求有多少。”

这三人组中的第三位，杰克·基特森（Jack Kitson），住在离小镇几英里远的一个小木屋里。据说他有时会独自一人坐在沙漠里拉几个小时小提琴，但我们被警告说未经邀请不要去找他。他脾气暴躁，据说曾用猎枪命令不速之客离开他的地盘。一天早上，我们在商店看到一辆没见过的卡车正在加油。马尔在和司机交谈，这位司机身材瘦小，戴着一副钢架眼镜。马尔给我们做了介绍。他就是杰克。

“这几位，”马尔指了指我们，“老问我我为什么到了这里。杰克，你认为你是为什么来的呢？”

杰克挑衅地看着我们。“为了英格兰好，我被赶了出来。”他兴致索然地答道。

我决定换个话题。

“他们跟我说你会拉小提琴。”我说。

杰克承认他会拉。我问他都拉什么音乐。

“主要是音阶。”他说。

“曲子呢？”

“那得等等，”杰克说，“弗里茨·克莱斯勒*和像他那样的家伙都是在很小的时候就开始练了。小提琴是一种需要技巧的乐器。我刚刚自己上手了七年。明年我可能会尝试一下亨德尔的广板，不过我不着急。”

* Fritz Kreisler，1875—1962，美籍奥地利小提琴家和作曲家。

他爬上卡车，说道:“好了，我不能再浪费时间和你们这些家伙叽里呱啦了。”

“我在想，我们是否可以找个时间去拜访你一下?”我试探性地问道。

“我认为你们最好不要过来，”他说，“你永远不会知道我到时候心情如何。”

他发动好卡车，然后探出窗外。

“如果你们不把那些摄影机、录音机什么的带过来，我觉得没准可以。”他说完就开走了。

第二天，我们按照他的要求去找了他。他的小木屋坐落在一个月牙形的死水潭边上，潭水中浮着一队鹈鹕。凤头鹦鹉们栖息在一棵枯瘦的桉树上，我们一到，它们就飞走了。透过没有玻璃的窗户，我们能看到杰克在忙活些什么。我们停车时他没有抬头看，我们向他问好他也没理会。几分钟后，他终于出来了，示意我们坐在屋檐下的箱子上。

我问他是否愿意给我看看他的小提琴。

“最好不要。”他说。

我们漫无目的地聊了有一分钟。突然，他站了起来，走到一张用树皮搭成的桌子前。他拿起一个搪瓷杯子，用布擦起来，虽然那块布明显都干透了。

“你知道吧，人们叫我们疯子，”他苦涩地说，“他们是对的。马尔和罗杰告诉你们他们很快乐，是不是?好吧，他们没说实话。他们和我一样都是疯子。一个人出于这样或那样的原因被放逐到这里，待了下去，还没人来得及弄明白到底发生了什么，他已经进入了这样一个状态，他即使再想改变生活方式也已经改不了了。”

他把杯子挂在钉子上。

“你们这些家伙是时候该走了。”他说着，消失在小木屋里，关上了门。

* * *

和我设想的一样，我们从澳大利亚带回的片子，既是关于动物的，也是关于人类的。这个系列节目被命名为《魔羯星下的探奇》（*Quest Under Capricorn*）。“探奇”这个词暗示了它与《动物园探奇》系列节目的联系，在它接班以前，《动物园探奇》已经播出六年了。但用这个词其实没什么道理。这个系列当然和动物园没有丝毫关系，而且我发现也很难解释清楚我们到底在探寻什么。这是我最后一次在节目的标题中使用“动物园”和“探奇”这两个词。

14

Casting Around

四处寻觅

伦纳德·迈阿尔把我叫到他的办公室。他说，是时候为我的未来做一些打算了，我应该申请一些后面会开放的管理岗位的工作，比如说一个副主管之类的岗位能带给我非常宝贵的经验。“毕竟，”他说，“你总不能到了50岁还满世界乱跑。”我并没被这个理由说服。不过我感谢了他的关心，并答应会考虑一下。

我认为他的话有一定的道理，不过却不是因为他所给出的原因。当时是1962年，我已经在制作人的第一梯队待了有一段时间了。环顾四周，我能看见那些到了这一梯队并待了很长时间的同仁很容易变得故步自封，因而被解雇，或者在其他人的评价中变成这样，总之也会被解雇。另一方面，不管伦纳德怎么说，我也不想放弃旅行。那该怎样保持新鲜感呢？在我看来，答案似乎是跳到另一架梯子上——戴着（容我混用一下比喻）另一顶帽子，接着做和以前一样的事。或许我是时候离开英国广播公司成为一名自由职业者了，不过我仍会继续执导同类影片。我还有一个野心。《魔羯星下的探奇》使我意识到我对人类学知之甚少，或许为英国广播公司工作6个月就足够支持我家一年的开销了，其他时间我可以再攻读一个人类学学位。

我去见了雷蒙德·弗思爵士（Sir Raymond Firth），这位伟大的波利尼西亚学者当时是伦敦经济学院人类学系主任。他非常慷慨地同意我可以业余参加系里的课程，最后写一篇关于电影在人种学研究中的应用的研究生论文。英国广播公司体贴地制订了一项计划，在接下来的五年里，他们每年只占用我6个月的时间，前提是我能向他们提供他们感兴趣的节目创意，并且不为他们的竞争对手工作。

于是我回到了大学。我张着嘴，听着才华横溢的年轻人类学家罗宾·福克斯（Robin Fox）讲解错综复杂的亲属系统。他首先指出，在男性和女性之间的正式关系以及后代对财产的继承中，可能存在多少变量。男人可能和他妻子的家庭住在一起，或者女人可能和她丈夫的家庭住在一起。每个人都可能有一个或多个配偶。男童可能向他母亲的兄弟寻求教育和保护，或者女童可能向她父亲的妹妹寻求帮助。财产可能沿着父系或母系传承下去。可能所有孩子平分父母的财产，又或者第一个孩子拿走所有。然后他用数学方法画出了所有这些变量的排列图，并表明所有理论上的组合都一定被这个世界某处的某个社群采用着。母系、父系、一妻多夫、一夫多妻——这些多音节词在我们的脑海里盘旋。我们尽职尽责地按照代数复杂性理论原理绘制了亲属关系图。在课程的最后，福克斯博士成功地得出结论：在世界上所有的亲属关系系统中，目前为止最复杂的是澳大利亚原住民发展出来的系统。难怪我发现对马加尼的解释我完全摸不着头脑。

我还参加了弗思教授的研讨会。能参加这样的研讨会是一种相当大的特权，但我实在是力有不逮。研讨会在一个阶梯教室里举行，教室里一排一排的座位之间坡度很大，呈弧形围绕着黑板前的一张小桌子。我们是一群混合体。有些学生只有十几岁，聪明得吓人。而有几个人，包括一些殖民地官员（因为在20世纪60年代我们还有帝国的残留）在内，和我一样都是中年学生。我选择坐在其中一位的旁边，乔治·米尔纳（George Milner）是一位学者，曾在斐济工作，编纂了权威的斐济语英语互译词典。有时，他似乎——无疑是出于他天生的谦逊——几乎和我一样困惑不解。

每次研讨会的开场都是由某位才华横溢的年轻研究生发表就自己选择的主题撰写的论文。针对论文的结论，教授将带领大家进行讨论。他锐利的目光会慢慢地扫视一层又一层的听众，决定挑选谁来第一个发表评论。我想起了那些战争电影（事实上，其中一部是我哥哥理查德主演的）里，勇敢的英国军官试图逃离德国战俘集中营，却被扫过铁丝网的探照灯无情的光束捕捉到——或是他们成功地避开了。我和乔治·米尔纳——或许比我们年轻的同学们更老谋深算，也更不需要在学术上混出什么名堂——习惯性地坐在一根柱子的两边，如果教授的目光危险地扫过来，我们就可以侧身藏在柱子后面。

有一次，乔治来得太晚了。教授逮住了他。

“米尔纳博士，”他说，“这篇论文阐释说阿赞德人（Azande）相信双胞胎是鸟。那你认为，在阿赞德人的心目中，他们真的是鸟吗？”

过了这么长时间，这个问题准确的措辞我可能会记错一点。但我一字不差地记得乔治的回答，因为我在心中仔仔细细地做了记录，确信它在将来某个时刻一定能派上用场。

“我认为，”乔治停了好一会儿，说道，“这个问题，从表达上来看，是没有意义的。”

我等待着时机。这一天，研讨会上一名年轻成员发表了一篇论文，内容是关于打斗中狗的行为及其可能提供的与人类攻击性表现的对比。终于，到了我觉得自己有所了解的课题了。这篇论文所依据的关于狗的研究是几十年前的了，并且不是动物学家所做的研究，而是心理学家。而他/她的研究结论，20世纪60年代所有的动物行为学家都知道，错得无药可救。这将成为我的荣耀时刻。我在心里仔细地构思了一个问题，这不会对这篇论文的读者太不友好，但同时也会以一种权威的方式摧毁他立论的基础。

论文读完了。我为自己的处女秀作好了准备。弗思教授没有立即开始他探照灯式的扫描。

“在开始评论前，”他说，“让我先澄清一件事。我们是人类学研讨会，我们研究人类。所以，让我们不要再听到打架的狗、会说话的虎皮鹦鹉或者其他什么动物了。”我一针见血的评论就这样凝在了唇上。

我们在伦敦经济学院的许多研究，都是关于那些大名鼎鼎的人类学家的哲学思想——埃文斯·普里查德(Evans Pritchard)、列维-施特劳斯(Levi-Strauss)、马利诺夫斯基(Malinowski)(他本人曾是伦敦经济学院的教授)和许多其他人。而曾与他们共同生活的部落民却似乎没有得到同等的关注。这种方法不适合我。我原以为，人类学家在观察人类种族时，也许也会像动物学家在观察动物时一样，力求做到理性、客观。

甚至在参加研讨会之前，我就开始草拟一系列以这样的方式来观察人类的电视节目。其中一个是研究人类的领地意识。我打算把一辆半报废的旧车合法地停在富人聚集的梅费尔（Mayfair）某处，那里18世纪的豪宅大门直接开向人行道，然后我会把摄像机藏在街对面的窗户里。我猜想房主走出家门时，看到这么一辆破破烂烂的车停在他显然认为属于自己的地盘上，看起来会有点生气。如果我们能日复一日一直把它停在那里，我猜他最终可能会对它动手。之后，还是这个节目，我建议在酒店房间里装一个隐藏摄像头，观察新住户如何标记自己的睡眠区域，比如把睡衣放在床上，把剃须用具放在浴室里，把文件放在桌子上。我只是最粗略地大概写下了我们在这个节目中可能要做的事情，里面就不得不涉及与性相关的内容。

如果我们想要获得真正有效的自然行为，自然，最要紧的是相关人员完全不知道他们正在被观察和拍摄。想到这里，我们就得面对这样的现实：这种对其他人类的监视行为是对他人隐私不可容忍的侵犯。节目不能这么做。人类终究还是和其他动物不一样，电视不应该像对待动物那样对待他们。

* * *

在我成为一名自由职业者后不久，我走进了莱姆 · 格罗夫的一家酒吧，人们总是聚在那儿喝酒聊天。休 · 威尔顿在那里等我，他刚刚被任命为纪录片部门的总负责人。他招呼我过去：“我想去日本吗？”“是的，当然。”“下个星期怎么样？”“当然，是什么事？”他解释说，伦敦交响乐团要去那里巡回演出，这将是欧洲首次有乐团在日本举办音乐会。乐团经理租了一架飞机，多出了四个空位。看到这些位子没人坐，他的心都碎了，所以他把这些空座送给了英国广播公司，作为回报，广播公司要拍摄一部关于这次整个巡演的影片。“那里面一定会有故事。”休说。我同意。会有什么故事我一时还不能确定，但我敢肯定，随着整个过程的进行，会有东西浮现出来的。

无论如何，这都是一个不容拒绝的机会。访问日本本身就很令人兴奋，还有机会看到古典音乐幕后的故事。与我同去的摄影师是肯·希金斯（Ken Higgins）。在“二战”期间，他是一名新闻摄影师，曾带着他古老的纽曼·辛克莱（Newman Sinclair）35毫米摄影机与缅甸的英军一起横穿缅甸。现在，他是公司的明星摄影师之一。他以打压缺乏经验或优柔寡断的导演闻名，据说肯会把导演嚼碎再把渣吐出来。我不确定自己拍猴子的经验能让我和他走多远。

去往日本的长途飞行使我有机会和乐团的乐手们共处。他们和我一样，对片子应该拍成什么样感到很困惑。一些人建议可以拍成一部日本游记，中间简短地穿插着演出的片段。另一些人则担心会很尴尬地暴露乐团音乐家在巡演时动荡的生活。我试探性地建议，我们可以在排练时进行拍摄。

“你应该从某位大师那里找到一些亮点，”其中一位说，“比如关于演绎方式的争论之类的。要跟我们一起演出的大师中有几位脾气暴躁的。如果你觉得可行的话，我们排练时可以请一位过去。”

说实话，我并不知道自己想要的是什么，也许片子里所有这些成分都应该有点吧。

有一件事确定无疑——我们需要至少一场演出的大量片段。只用一台摄影机就想做到这点并不容易。演出期间我们是不能到处走动的，因此，唯一的解决办法是在几场演出中拍摄同一个片段，每次找不同的角度拍，然后使用一个主音轨，我们就可以把图像剪辑到一起了。幸运的是，许多作品都演奏了好几次，这种方案是可以实现的。我决定，其中一段最主要的节选将来自安塔尔·多拉蒂*指挥的柴可夫斯基《第四交响曲》的最后一个乐章。

第一场音乐会在大阪举行。柴可夫斯基的交响曲构成了音乐会的下半场。肯和我坐在一个包厢里，他说需要有人提醒他什么时候拍什么，在相对私密的包厢里，我们才能窃窃私语、指指点点什么的。

我们有明星指挥家。皮埃尔·蒙特（Pierre Monteux），威严沉着；乔治·索尔蒂（Georg Solti），有时充满激情，有时却不过有节奏地扭动一只手腕；多拉蒂偶尔会将母语匈牙利语直接英语化，说出让乐团成员困惑不解的话，比如“乘情况有利，你犯了错，然后就晚了”。我们拍摄了乐队负责人给日本乐手讲授的大师课程，还拍到了音乐会之后的庆功宴上，匈牙利同胞多拉蒂和索尔蒂一起在钢琴前大声唱着自己祖国的歌曲，而整个乐团则回应以名家演奏版的《老麦克唐纳有一个农场》（一首广为流传的英文儿歌）。

最后一场音乐会将在东京举行。我们现在已经把柴可夫斯基《第四交

* Antal Dorati，1906—1988，美籍匈牙利指挥家。

响曲》的最后一个乐章拍了四遍——依次集中在铜管乐器、弦乐器、木管乐器和打击乐器上。这些素材可以很好地剪在一起，但缺失了一个至关重要的元素——指挥，指挥的正脸。我们要么坐在大厅后部的黑暗中，要么待在预留的包厢里，我们和摄影机到目前为止一直都相当低调。只有一个地方可以让我们恰当地捕捉到指挥大师多拉蒂的正面镜头，那就是在乐团里面。若想坐在那儿，需要得到日本音乐会筹办方的许可。

这想法把他们吓坏了，能听到好多人吓得倒吸一口凉气的嘶嘶声。想都不用想！首先，我们的摄影机噪声会太大，如果坐在乐队里，那么他们调试好以捕捉乐队每一点声音的麦克风会将乐队正前方的摄影机的噪声传到无线电转播中。我向他们保证，我们的摄影机是目前世上最安静的一种，事实上，它几乎可以算得上是静音的。在严格意义上来说，这当然不是真的，不过我觉得可以稍微夸张一下，因为我只打算拍摄最后乐章的最后几分钟，那时，乐队的每一件乐器都在用最大音量演奏，在这种情况下，没有人能听到摄影机的声音。经过反复请求，他们总算勉强同意了。

音乐会的下半场由这组交响乐构成。幕间休息后，我和肯穿上我们最好的衣服，拿着圆号，随着队列静静地走上台，在圆号手旁安顿下来。我们用能找到的所有的布盖住摄影机，以降低它的噪声，它立在肯旁边，看起来像是打击乐器组的一个不常见部件。肯将摄影机的焦点对准指挥台，固定住它。接着，他要做的就是不动声色地伸手按下“开始”按钮。他不能确定开始的时机，但我对这首交响曲非常熟悉，尤其是刚刚才听过了四场，所以我会轻推他一下示意。

我们抱臂而坐，表情庄重得体，听着一段段旋律的铺陈、推演直至融合。音乐慢慢推向最后的高潮——弦乐激烈，长号嘶鸣，圆号齐响，震耳欲聋。我不露痕迹地轻推了一下肯，他伸手打开了摄影机。多拉蒂大师激情四射，推动着整个乐团达到了一个巨大的高潮。然而，接下来并没出现我期待中雷鸣般的最后和弦的重奏，乐队突然间安静下来。一支双簧管在弦乐柔和的弹拨声中奏出了一段长长的哀伤的乐句——伴着我们的摄影机发出的恼人的噪声。我忘了这一乐章的最后一节在进入最后的高潮小节之前还要重复一遍。我和肯坐在那里，满头大汗，假装跟身边那个明明白白在吼叫的黑色物件没有关系。似乎过了很久，它的声音才再次被乐队的声音淹没。噢，解脱，不过只是短暂的解脱，现在我又有了别的烦心事儿。摄影机开得太早了。最重要的是拍到最后几个小节，见证多拉蒂大师放下指挥棒，转向观众那一幕。我们的胶片能撑到那时候吗？到了最后几个小节，在巨大的声响和之后掌声的喧哗中，肯也没有办法从摄影机的声音判断胶片是否已经用完。

回到伦敦的剪辑室，我焦急地等待着那个镜头。多拉蒂放下指挥棒，转向观众——影片结束了。这真是在毫厘之间。到了这一步，我就可以切换到观众鼓掌的镜头了，那是在之前的一场演出中拍到的。

然而，现在我有了一个更严重的问题。当摄影机胶片快到头时，电池也已经快耗尽了，却不得不拖着一大堆胶片运行，因此跑得有点慢。这就意味着当影片以正常速度播放时，多拉蒂大师挥舞手臂的动作看起来就像一架发狂的风车。但我没有别的镜头可用。在剪辑室里，我调整了影片的时间，让他在主音轨的音乐结束的同一时刻准确地放下指挥棒，但结果是，他最后疯狂的手势与音乐的节奏几乎毫无关系了。他的经纪人会认为这有损大师的声名吗？

我决定邀请乐团的几个成员先来看一下这部剪辑完成的影片。他们明显都乐在其中，当有人出现在镜头上时就开始互相推搡，拿演出中的一些片段打趣。最后，我问他们有没有发现音乐方面的毛病。没有。那多拉蒂最后的手势呢，不会和音乐对不上吗？“哦，别在意，”他们说，“我们才不会管呢，他在最后几节总是有点儿兴奋。”

* * *

在伦敦经济学院度过了第一个半年之后，我必须得想出一个能让英国广播公司感兴趣的节目提案，用剩下半年来赚取生活费用。这次是要研究动物还是人呢？也许我应该试着换换其他自己感兴趣的主题，比如考古或历史？或许做点与人类在地球上制造的生态问题有关的东西，这个问题已跟我广播之外的私人生活越来越息息相关。最后，我想出了一个将以上所有话题都结合起来的主意——沿着赞比西河（Zambezi River）顺流而下，进行一次从源头到河口的旅行。

我们肯定能看到很多动物。从考古学上来说，我们可以看看大津巴布韦遗址（the ruins of Great Zimbabwe），它在往南一点的地方，那一片当时还是南罗德西亚*。从人类学的角度，赞比西河中游沿岸的巴罗策兰（Barotseland）仍有着遵循传统方式生活的人们，从他们身上应该能找到有意思的课题。站在历史的角度，我们可以讲述利文斯顿**沿河旅

* Southern Rhodesia，英国在非洲的一个殖民地，现为津巴布韦共和国。

** 即David Livingstone，1813－1873，非洲近代史上著名的英国传教士与探险家。

行的故事，他是第一个探索这条河流的欧洲人。而最近，河流中下游新建成的卡里巴水坝（Kariba Dam）又将引出环保问题。

杰夫·马利根将再次担任摄影师，但鲍勃·桑德斯不能和我们一起了——混音室召回了他。然而，澳大利亚之行对他产生了深远的影响。他开始喜欢上去到这个世界更原始的地方旅行，以至于下定决心也要以这种方式谋生。不久之后，他又上路了，再次做起了录音师。随后，他很快开始亲自执导出游的影片，记录在巴西的热带雨林中极其艰难的旅程，影片大获成功。我们找来了录音师鲍勃·罗伯茨（Bob Roberts）顶替他的位置。

在赞比西河上，很容易看到动人心魄的野生动物。几十头大象成群结队地来到河边喝水，我们乘船从它们身边经过，它们却浑然不觉。河马在河中央紧紧地互相依偎着，你可能会把它们认作小岛，直到一块灰色的圆石突然从鼻孔里喷出两股水汽。红蜂虎（bee-eater）成群地在河岸上筑巢，而它们上方，500只鹈鹕一只接一只排成一列纵队，飞过天空。

我们见到的最奇异的物种是一种半水栖的羚羊——红水羚（red lechwe）。它的蹄子又长又宽，向外伸展，这样赤驴羚的重量就能分散到潮湿的植被上。成千上万的赤驴羚群生活在卡富埃河（Kafue River）附近洪水泛滥的平原上。卡富埃河是赞比西河的一条支流，从北部汇入。我们看着它们在沼泽地里吃草，当它们被我们的出现突然吓到的时候，我们拍下了它们角朝后搭在肩上蹦蹦跳跳跑开、像一群群江豚扑腾起水花的画面。

赤驴羚群随着河流的变化规律进行迁徙，雨季洪水泛滥时，就离开主河道，以被水淹没的草和芦苇为食，有时水深可到它们的腹部。而随着平原的干涸，它们再返回更靠近河流的洼地。

赞比西河洪泛区平原上的人们也像赤驴羚一样季节性地迁徙。随着旱季河水退去，巴罗策人（Barotse）又在首领利通加（Litunga）带领的仪仗队列引领下，启程返回平原地带。我们把旅行时间定在了这次迁徙进行的时候，然后我们去了利马龙加（Limalunga），这是利通加雨季时的居住地，位于赞比亚河东边的高地上。我们去请求他允许，以拍摄迁徙的过程。

利马龙加在镜头里显得特别有传统的风味：一簇簇圆形的茅草屋，每个屋外都围着整齐的芦苇栅栏。利通加的宫殿坐落在这片房屋的中心，四周环绕的栅栏比其他的高得多，大捆大捆的芦苇绑成特殊的图样，由顶部尖尖的长杆支撑着，杆尖涂成了白色。这两种装饰都是巴罗策皇室的特权。在门前的空地上立着一根旗杆。空地一边的一棵大树树荫下，有一支由鼓和天狼星琴（sirimbi）——一种木琴——组成的乐队，他们白天几乎不间断地在演奏。男人和女人们成群地站在一起聊着天。偶尔会有一两个人不由自主地跳起舞来，他们转身面对着宫殿的大门，高举起双手，扭动着臀部。利通加最近去伦敦参加了有关北罗德西亚即将独立的会谈，刚刚回来，这是人们在表达对他平安返回到他们中间的喜悦之情。

我们请求依照传统方式拜会这位半神的人物。我们坐在大门口，双腿并拢侧向一边，按一种叫作坎德来拉（kandalela）的礼数要求拍着手。一位宫廷官员出现了，我们告诉他我们是谁，我们想要什么，然后我们被护送着穿过两个庭院来到了宫殿里，这座宫殿是一座双层的欧式建筑。

利通加在一间大房间里接待了我们，房间里零星地摆放着一两件西式家具。他坐在一张木椅上，穿着一套时髦的欧式西装。他看上去很像赫鲁晓夫。他身后的餐具柜上，还有墙上都陈列着他本人与他的一些前任与英国皇室成员——乔治五世和六世、爱德华八世、现任女王和菲利普亲王——合影的相框。在我们进去之前，那位宫廷官员曾仔细询问过我们各自的身份，从而对我们的等级高低作出了自己的判断。他把我们带到一列椅子前面，椅子在利通加的左边一字排开。我被安排坐在了王座旁边。

接下来就有点棘手了。我一直都知道，在与英国王室成员见面时，你不能主动在谈话中提出新话题，而只应对已有的话题作出回应。但我不知道，在巴罗策兰情况正相反。利通加等着他的访客发起对话交流再做回应。这么一来，我俩都茫然地望着半空，尴尬地待了好长一段时间。后来我决定，无论当地的礼仪如何，我都应该说明一下我们前来拜访的原因。这一举动打破了僵局，此后事情就进展得顺利多了。

利通加很高兴，他说，我们应该记录一些宫廷生活的片段，并同意我们也可以拍摄福卢希拉（fuluhela），也就是去往他位于莱阿卢伊（Lealui）的旱季宫殿的行列。但他说不好具体的时间，可能就是这一两天，也可能在几周之后，他还没有最后确定。我们安顿下来等着，在接下来的几天里，我们拍摄了村子里的场景，拍摄了宫殿里的日常事务——回应几乎连续不断的坎德来拉声，还在外面的洪泛平原观鸟，度过了一段快乐的时光。

利通加对我们的进展状况很热心，时不时就会召见我去汇报情况。他特别希望我们能录下他的音乐家们，因此安排了他们在宫殿的内院为我们表演。音乐家们小心翼翼地准备着他们的乐器。考虑到我最后得写的解说词，我问了因度那："那位年纪比较大的鼓手这么细心地给鼓皮涂的是什么呀？"因度那与鼓手交谈了几句。"日光牌香皂和白鹳牌人造黄油的混合物。”他严肃地转告我。

为了取悦利通加，我们对这次演奏会进行了尤为详尽的拍摄。演奏完后，我们正在收拾设备。这时，从深宫里传来一个消息，利通加一直在听，并且注意到演奏中有几个错误。演奏会得重来一遍，我们也得再拍一遍。我们珍贵而有限的胶片又被消耗了一些。

终于到了盛大的启程时间。利通加的驳船——纳里克万达号（Nalikwanda）停泊在离宫殿不远的一条运河上。那是一只60英尺（约18米）长的独木舟，船腹是一个带圆顶的船舱，舱顶覆盖着白色的织物，像一个巨大的茧。它后面停着一只稍小的独木舟，船的中部有一个稍小的“茧”，利通加的第一位妻子将会坐在里面。除此之外，还有一支由尺寸更小的独木舟组成的船队紧随其后。

皇家的财产由卡车运抵运河，然后装上纳里克万达号。有两个大保险箱、几个礼帽盒（上面印着的时髦的“伦敦西区”金色字样已经褪色）、几个行李箱，以及很多布包袱。装满木薯粥的葫芦被放进茧形船舱，为旅途期间提供食物。几个国家的战鼓——有3英尺（约91厘米）宽的巨大木制半球，被放在船舱的前面，船舱后面挂着一把天狼星琴。

利通加手拿一只神圣的大角斑羚毛拂尘，头戴一顶高礼帽，身穿一套灰色的燕尾服，从宫殿里走了出来，像是要去参加皇家赛马会。皇室成员甫一登船，游行队伍就出发了。有50名男子为纳里克万达号划桨，许多人都头戴狮鬃，腰缠豹皮。游行队伍经过时，人群排在岸边发出热烈的欢呼。运河有些地方太浅，因此比其他船都要大得多的纳里克万达号有搁浅的危险。不过，这已经被预见到了。早些时候，在这些比较浅的河段上已经有人筑起了泥坝，蓄起了更深一些的水。纳里克万达号平稳地驶向第一座泥坝。随后，有侍从打碎泥坝，顺着倾泻而出的水流，驳船继续前进，进入到下一河段。

航程持续了四个多小时，当我们到达莱阿卢伊时，天已经黑得无法拍摄了。第二天举行了更多仪式，向所有人表明，国王已经在旱季的宫殿安置妥当，随时可以应邀作出判决，为人民的福祉负责。我们将这些仪式也拍了下来。那天晚上，我请求最后一次拜见利通加，向他致谢和道别。陪同我们进去的宫廷官员蹲下来，兴致勃勃地给我们来了一段坎德来拉。利通加严厉地制止了他，因度那羞愧地退了出去。他走后，利通加向我靠过来。“有时候，”他带着点厌倦悄悄跟我说，“皇室礼仪在室内显得太吵了。”

* * *

利马龙加正是大卫·利文斯顿在巴罗策兰建立第一个传教站的地点。他是第一个进入这个国家的欧洲人，那是在1853年，之后，他与这个国家的统治者建立了牢固的友谊。我原计划为利文斯顿做一整期节目，因为在赞比西河流域的历史上，没有其他人比他起到过更大的作用。这条河使他着迷。在他看来，这是一条通往非洲中心的高速公路。贸易和基督教可以沿着这条公路前进，打开黑暗的心*。他第一次看到这条河流是在他从非洲南部北上、来到河岸边的塞谢凯村（Sesheke）时。在那里的一棵巨大猴面包树下，他架起随身携带的一盏魔法灯，给一群吃惊的人展

*《黑暗的心》是英国作家约瑟夫·康拉德的著名小说，小说描写了殖民者对非洲的掳掠和侵略。

示了《圣经》主题的幻灯片，其中大多数以前从未见过白人。塞谢凯村的老村长——他现在已经失明了——证实我们来对了地方。他告诉我们，当他还是个孩子的时候，村里还有老人记得利文斯顿在那里搭帐篷的情景。不幸的是，那棵猴面包树在一年前被吹倒了。面对摄影机，我尽力想用语言构建出利文斯顿布道的画面，但不太顺利。

在下游80英里（约128千米）处，我找到了一个更好的题材。就在那儿，利文斯顿有一个最壮观的发现——维多利亚瀑布（Victoria Falls）。如何找到新的方式来拍摄这样一个著名的景观是个问题。最不落窠臼的有利位置是利文斯顿曾登上过的位于瀑布中央的一座小岛。在水位低时到达那里并不困难，但现在的水量依旧足够激起急流，这就让登岛这件事变得有点意思了。不过一旦登上去，眼前的景致确实非常壮观。我们双脚悬空，坐在瀑布的岩石边缘——就像利文斯顿在日记里记录的那样，看向东瀑布（the eastern cataract，维多利亚瀑布中的一段）和它喷溅的水花中永不消失的彩虹，又凝望着在350英尺（约106米）之下的巨石间奔腾的棕色河水。

最后，我们沿河而下，过了卡里巴水坝和后面的水库，进入了葡属莫桑比克（Mozambique）。在那里一个叫舒潘加（Shupanga）的小村落里，我们找到了利文斯顿的妻子玛丽的坟墓。在他去往赞比西河下游探险的路上，玛丽一直跟他一起，最终在此逝于疟疾。她墓前的猴面包树在很久以前也被风吹倒了，还砸毁了利文斯顿竖在她坟前的木十字架。后来的这个替代品明显是铸铁的，被漆成了不显眼的卡其色，一面刻着葡萄牙语的铭文，另一面则是英语的。她去世时41岁，我在她的墓前放上了一些花。

* * *

现在回想起这次旅行，我意识到我们错过了拍摄一部本应具有最大历史价值的影片的机会。我们不应该拍赤驴羚、河马和大象，而应把重点放在这个即将独立的国家所遇到的千差万别的欧洲人身上。他们中有一些智人的亚种，现在恐怕已经灭绝了。

在安哥拉（Angola），我们曾与一段久远过去的一位幸存者住在一起，他是一位苏格兰传教士，忠实地维护着利文斯顿的热情之火。81岁的他气喘吁吁，颤颤巍巍，假牙危险地左摇右摆。他向我阐释了他简单而直接的信仰。“我不是在宣讲宗教，”他对我说，仍带着格拉斯哥口音，“世界上有上百种、没准有上千种宗教，但是我们不似印何一种。我们用《圣经》上所写的真理教导人。”他确信，非洲任何地方的政治独立都将是一场灾难。

在一家酒吧里，我们遇到了一个身形臃肿的南非白人，他说到非洲人时，简直像是不把他们当人。差不多跟他一样可鄙的还有一位欧洲导游，他自称是一名大型猛兽的捕猎者，但他的说辞就像他那顶丛林帽上缠着的塑料豹皮带一样假。不过，仍有一些人代表了20世纪的帝国利他主义的一面：这位巴罗策兰的英国属地代表。他是一个高大而谦逊的人，身高六英尺有余，现在仍是了不起的运动健将。他曾是一名轰炸机飞行员，据说还是“二战”中最年轻的杰出飞行十字勋章获得者。他深受属地人民的尊敬和爱戴。如果早出生一代，他肯定会成为帝国某处领地的统治者。事实上，他对赞比亚即将到来的独立表示认可，并正在准备搬出自己居住的大宅子，为比他小20岁的非洲人腾地方。同时，他还要在一间小得多的朴素房子里，继续为接下来彻底的政治改革做安排。

我们最后做出来的影片还算成功，但非常平庸。这些影片无论在历史、自然史还是人种学方面都没有给出任何真正深入的见解。我有些不知道自己下一步该做什么了。

15

A New Network

新频道

英国电视业在飞速发展，技术标准却非常陈旧，这是作为先驱者的弊端。早在1936年，英国广播公司就率世界之先开启了公共电视服务，使用的是当时最为先进的技术——由在甚高频（VHF）波段上传送的405行水平扫描线构成颗粒质感的黑白画面。1939年“二战”爆发，英国广播公司向观众承诺，一旦战争结束，电视会立即重新开播。所以1945年，和平终于到来之后，几千台电视又从阁楼里被搬了下来，掸去尘土，拧开开关，电视上重新出现了与从前别无二致、质感粗粝的黑白图像。也难怪，听说那时播的第一批节目正是六年前突然被中断的节目。

但是，到了20世纪60年代，405线技术早已过时。电视上的图像清晰得多了——也就是说，扫描线的数量可以多得多了，彩色画面也成为可能。事实上，英国广播公司已经试验了十多年彩色放映系统。工程师们在电波中找到了容纳另一个频道的空间。1960年，政府任命了一个委员会，由哈里·皮尔金顿爵士（Sir Harry Pilkington）担任主席，来决定这些新的可能性应该如何运用。委员会决定，英国广播公司应成立一个名为“BBC2台”的新频道，频道信号由特高频（UHF）波段上的625行扫描线进行传输。起初，这个频道会依然沿用黑白图像，但彩色画面只能用625行扫描线才能显示。因此，BBC2台将是第一个播放彩色画面的频道。BBC1台和独立电视台最终也将采用625线技术，将他们的黑白节目重制为彩色，405线技术终会被完全抛弃。

这一决定让公司上下欢欣鼓舞，但也带来了混乱。特高频发射机的位置要求与过去的甚高频发射机有很大的不同，因此必须在全国范围内架设一个全新的发射机网络。也需要修建新的工作室，装备上625线设备，以便制作更多的节目。更重要的是，政府规定所有这些都必须很快完成。

我在谈话部门的三位前同事很明显是未来扩张中的晋升人选。迈克尔·皮科克，跟我同一天加入英国广播公司，13年前参加培训时我正是坐在他的旁边。在担任《全景》（*Panorama*）节目制作人几年之后，他转到了户外转播部门，后来又成了电视新闻部的负责人。他是一个年轻的土耳其人，只有34岁，却显然有着惊人的能力。

与他并驾齐驱的是唐纳德·巴夫斯托克，一位后起之秀。在《今夜》之后，他又制作了《就是那一周》（*That Was the Week That Was*）。这档深夜节目轰动一时，极其有趣，偶尔夹杂子虚乌有的毁谤，被新闻界冠以讽刺作品之名。唐纳德思想狂放，是一位改革家。毫无疑问，他也很有才华。

还有一位是休·威尔顿，前伞兵军官。他的艺术类节目《显示屏》极具影响力，他负责节目的编辑和在演播室的主持工作。节目两周一期，现场直播，节目的质量极高，非常动人，以至于没有《显示屏》的那一周都显得无聊了。重要的雕塑家、画家、建筑师、小说家、作曲家和电影导演都出现在了节目里。休对他手下由导演大师们组成的团队的管理方式极具风格，想来应该和盟军登陆法国时他领导连队的方式差不多。有一次，在节目开始前48个小时，他召集了所有的工作人员，告诉他们预定在下一期播出的影片叙事没有达到标准，它们将会作废。他以及其他所有参与其中的人都必须重新开始，用接下来的一天一夜制作出一期新的节目。我敢肯定，他认为这样的危机和解决方案有利于加强团队精神。

尽管相对年轻，迈克尔还是从这几位候选人（当然还有其他人）中脱颖而出，当选为新频道BBC 2台的负责人。唐纳德·巴夫斯托克被任命为BBC 1台的负责人，这令《就是那一周》节目的庞大团队欣喜异常。休·威尔顿继续负责纪实性节目。不过，后来事情就开始变糟了。

BBC 2台开局并不顺利。在媒体大肆宣传之后，那些购买了625线电视机的人们坐在凳子沿上，期待着新频道即将带给他们的激动和愉悦。然而，伦敦西部发生了一场严重的电力故障，新搭建的网络尚未启动就停运了。更令人生气的是，BBC 1台和独立电视台（ITV）却没有受到影响。甚至在BBC 2台的节目终于播出之后，观众和媒体都还对它们抱有偏见。几周后，人们达成了共识，新频道的编辑方针是一场灾难。

说实话，能让新频道得以播出——迈克尔·皮科克已经创造了奇迹。支持625线技术的演播室和户外转播设备组都准备不足，他不得不新招募一整个制作团队来尝试创造新的节目创意。他开创了一些极好的新节目——一部关于第一次世界大战历史的26集系列纪录片是其中之一，但他无法创作出能填满整个节目时间表的新节目。他确实还存有一些教育类的节目，也可以重播BBC1台的节目，还可以买些外语片。为了做到最好，他想出了一个主意，让一周的每一天都有自己的特色，并把这种策略称为“一周的七张面孔”。星期二晚间是教育节目，星期三都是节目回放，而星期四则公然是为那些有小众爱好的人而设的。

媒体本来期待着一个全新的电视频道，里面的节目星光熠熠、妙趣横生，是前所未见的新形式，对现在的结果，他们表现出了轻蔑的态度。而电视零售商们本指望凭借大受欢迎的节目销售昂贵的新黑白彩色两用电视机，现在则被彻底激怒了。

BBC1台也没好到哪里去。唐纳德·巴夫斯托克的才能并不包括对大型团队的管理技巧和领导力。政府官员也开始对一些言论过于自由、批评政治和含有性元素的节目感到不安。总裁休·格林（Hugh Greene）介入，提拔休·威尔顿越过迈克和唐纳德两人来主持局面，并为他新设了“节目总监”这一头衔。

报纸上对这些变动极为关注，头条报道了什么背后捅刀子、宫廷革命之类的，新闻摄影师也守在几位主角的前门外，我饶有兴趣地读了所有这些阴谋诡计。我认识这上面的每一个人，很多是我的老朋友。不过，我并没有觉得自己也密切参与到了其中。除非万一迈克尔·皮科克领导下的BBC2台需要一些新的博物学类节目，而我——作为一名自由节目制作人——可能会参与节目设计。

接着休·威尔顿便给我家里打了个电话，问我愿不愿意去他位于邱园的家中做客，那儿离我住的地方差不多一英里。

“大卫，我就直截了当地说了，”休用最简洁且不容置辩的语气说道，“我被任命为节目总监，我也接受了，不过前提是唐纳德·巴夫斯托克离开BBC 1台。我把1台给了迈克尔·皮科克，让他去负责2台。他更适合2台，他是个聪明的家伙，点子很多，精力旺盛，正好适合2台。不过唐纳德不接受这个安排，准备辞职。既然他不愿意，你愿意吗？”

休的特点就是直白坦率，他表明了在这个职位上我不是他的第一选择。我说需要一夜考虑一下——接受这份工作意味着我需要放弃在伦敦经济学院的人类学项目，但是对于任何对电视领域抱有兴趣的人而言，BBC 2台都是一个令人兴奋的地方。大家都认为，它的节目策略是失败的，观众群也微乎其微，所以它不可能会更糟了。节目总监会得到一笔合理的节目预算，并且由于现有的大部分节目不得不取消，它的节目单实际上也是空白的。同时，这份工作还意味着要和休密切合作，这必然会是一次令人振奋的经历。但另一方面，我也并不想完全放弃去世界更原始的角落拍摄影片。

第二天晚上，我又去拜访了休。我说自己愿意接受这份工作，不过前提是能每过比如18个月自己制作一档什么节目——以保证跟上最先进的技术发展。如果我能胜任，那么可以保证在这个位置上待3年，不过，我想我应该不会待到5年以上。休表示，这对他来说没问题。因此，在1965年3月伊始，我成了英国广播公司的管理人员。

* * *

管理层是有特权的。白城（White City）电视中心六楼是BBC管理层所在的核心区域，因此理所当然，有很多特权。上任第一天我就得到了第一个特权——可以为自己选一张办公桌。我办公室里的桌子是唐纳德·巴夫斯托克之前用的，我觉得还好，所以拒绝了。尽管如此，他们还是给我留下了一份可供选择的办公桌目录。直到我被第三次问到是否做出了决定，才意识到，这个系统的运转依赖于一位需要新办公桌的新总监，这样他的旧桌子就可以移向下一级，还有别人在等着。所以我也遵循惯例，选了个桌子。

我口述的第一份函件又被送回了我面前，像是用一张小孩用的信纸打印出来的。信纸的左上角是一幅卡通图案，亮黄色的画面用黑线勾出轮廓，画的是一只袋鼠，育儿袋中还有一只小袋鼠在向外张望。我问他们这到底是什么东西，他们告诉我这是“闹闹和蛋奶沙司”（Hullabaloo and Custard）。某位精神错乱的公共关系专家定下用这两个形象作为新频道的象征，用于所有的宣传和推广活动。“闹闹”（Hullabaloo）这个名字是因为——热闹——正是这个频道所要制造的，而“蛋奶沙司”（Custard）则是因为——好吧，就是为了好玩儿。我下达的第一个行政决策就是永久废除“闹闹和蛋奶沙司”。

斯派塞太太（Mrs Spicer）是第一批来看我的新同事之一，我在做制片人的时候见过她一两次。她是电视服务部门最有权力的管理人员之一，因为她控制着公司的所有设施，并管理着公司的账目。她主管演播室和户外转播设备组的分配。她要确保电视服务部门不会超支，至少策略上要合理。她的帝国——企划部占据了几个大办公室，里面坐满了仔细研究巨大图表的人们，他们用削得尖尖的铅笔在图表上做批注，以便在出现无法避免的变动时，这些字能再擦掉。她负责调配摄制组、化妆师、布景工作室、录音棚、电视电影机和其他各种当时公司内所有的设施。第一周，她单独给我开了一系列的会，跟我说明了BBC2台有权限使用的设施有多少，以及有多少资金用于项目预算。这就像有人给了你一辆锃亮而完美的劳斯莱斯，加满了汽油，问你想去哪里。

但要去哪儿呢？BBC2台的编辑方针该是什么呢？大家都同意“一周的七张面孔”不能再出现了。英国广播公司在提交给皮尔金顿委员会的申请书中说，它将利用另一个电视台提供替代性的节目编排。从严格的逻辑意义上来讲，唯一能替代，比如说，一档时事节目的，就是另一档时事节目。显然，这不是它的本意。那么，用什么来替代时事节目呢？足球、戏剧，还是电影？经过一段时间在这一类棘手问题中反复纠缠之后，我得出的结论是——这个问题没有答案。相反，我提议BBC2台的方针简单定为出品与BBC1台和独立电视台正在播放的节目类型都不相同的节目，并且在播出时间的安排上让它们与BBC1台同时段播出的节目尽可能形成最鲜明的对比。我会确保每天晚上都有被我叫作“链接共享”的环节，当两个频道同时开始播放节目时，每个台的节目播报员都会播报另一个台正在放映的节目，鼓励观众换台。毕竟，这两个频道本就不应是竞争关系，而是合作关系。

为了实现这一点，我画了一张表，上面有BBC1台一周里每个晚上的节目安排，旁边留有空白，让我写上BBC2台能提供的节目进行对比。我觉得，在留给BBC2台的空白处填入节目就像在填字游戏里填字母一样，不仅要在与BBC1台的横向对比中有其意义，纵向上单看BBC2台的晚间节目也需要有一定的意义。这样，想要看到与BBC1台正在放映的节目截然不同内容的观众总能在BBC2台得到满足，同时，选择从头到尾一直看我们频道的观众也能获得一个多彩又满意的晚上。这张表成为我最重要的文件，不仅用于安排节目时间，还用于决定制作什么节目。

至于节目本身，我宣布，我们的工作不是制作已经在其他频道播放过的节目的复制品。我们也受不了无聊的节目，因此，将从人们能想到的每一类节目中去发掘，从中找到新的切入方式和被忽视的主题。我说，衡量我们成功的一个标准是节目覆盖的范围广度。

运动？标准形式的运动已经得到了很好的呈现，所以我们要创造出自己的。我们组织起一个橄榄球联赛，在泛光灯下进行比赛。又组织了一个单日板球系列赛，比赛在周日下午进行，由各郡板球队对阵一支由知名老职业球员组成的巡回球队。

纪录片？当时英国电视播放的纪录片时长都不超过半小时，所以BBC 2台会引入几段50分钟的纪录片时段。BBC 1台的纪录片力求中立、客观，因此，BBC 2台出品的纪录片中会有一档《一双眼睛》（*One Pair of Eyes*）。在这档节目里，节目嘉宾会刻意地采取个人化且带有偏见的视角。

我们将用一整个晚上，就一些特别重要、需要深入研究的问题，呈现一档重磅节目。第一期是关于谁射杀了肯尼迪总统的调查，调查通过了相应的法律程序，在英国的法官们面前进行。

戏剧？我们会将经典小说改编为电视连续剧。迈克尔之前就已经委托制作了一部前所未闻的长连续剧，有26集每集50分钟的《福赛特世家》（*The Forsyte Saga*），但这部剧还要好几个月才能完成——那确实是很遥远的事了，所以当它最终面世时，将成为我——而不是迈克尔的功劳。这之后还会有一系列新潮的改编剧，改编自亨利·詹姆斯、萨特、托尔斯泰、乔治·艾略特和陀思妥耶夫斯基的小说。

考古学自《动物，植物，还是矿物？》昔日的辉煌以及它更具学术野心的衍生品《地底的宝藏》（*Buried Treasure*）之后，就完全从BBC消失了。BBC2台将推出一档名为《编年史》（*Chronicle*）的新系列节目，把它带回来，这档节目不仅会涵盖遍及世界的考古发现，还将涉足近代史的内容。

在科学领域，每周将会有一个持续且固定的50分钟栏目，名为《地平线》（*Horizon*）。此外，还会有另一档名为《生命》（*Life*）的系列节目，关注生物学方面的主题，比如关于环保前线的报道、最新的生物学发现或是著名的动物学家访谈。

音乐？迈克尔·皮科克从BBC2台创始之初就建立起会严肃对待音乐的态度。他开设了一系列大师班，其中法国大提琴家保罗·托尔特利耶（Paul Tortelier）的课特别令人难忘。还曾有节目对难度很大的现代作品进行过分析，动画化的音符随着音乐的行进在乐谱上跳动，这样，即使不习惯读谱的观众也能感受到音乐的结构。他还委任亨普瑞·波顿（Humphrey Burton）执导了一期节目，记录索尔蒂录制瓦格纳《诸神的黄昏》的过程，那真是令人难以忘怀的一个半小时。

我非常乐于贯彻发扬这一政策。我还发现，有一些伟大的美国爵士和摇摆乐队尽管苦苦挣扎，却仍有一息尚存。英国电视界完全忽略了这种类型的音乐。但我得知，如果收到电视台的邀约，这些乐队就能有足够的资金支持来到英国，之后再在英国国内巡回开演唱会。BBC2台邀请了他们。因此艾灵顿公爵（Duke Ellington）、路易斯·阿姆斯特朗

（Louis Armstrong）、伍迪·赫尔曼（Woody Herman）和艾拉·菲茨杰拉德（Ella Fitzgerald）都来到了英国。新任总监的乐趣之一就是在办公桌前枯坐一天之后，从电视中心的六楼下到一楼，到一间录音室听这些极为专业的乐队彩排。

但是，古典音乐仍然在节目单中占据着至关重要的位置。BBC 2台的第二个圣诞节——我任下的第一个——即将到来。我请音乐部门安排一场柏辽兹（Berlioz，1803–1869，法国作曲家）《基督的童年》的演出。那个时候，柏辽兹的音乐已经很少有人演奏了——不管是在圣诞节还是其他时候。大多数电视观众对这出短小却迷人的清唱剧肯定会感到陌生，但显然它非常合适。众所周知的柏辽兹音乐拥护者科林·戴维斯（Colin Davis）将担任指挥，演出会安排在伊利大教堂进行。这将令BBC 2台的圣诞节真正地推陈出新、与众不同。除此之外，我在演出开始前安排了90分钟的电影片段集锦，主角为好莱坞伟大的笑星们——查理·卓别林（Charlie Chaplin）、巴斯特·基顿（Buster Keaton）、劳雷尔（Laurel）和哈迪（Hardy），还有胖子阿巴克尔（Arbuckle）。柏辽兹音乐会之后将是一部拍摄精美的瑞典博物学影片《岛屿年鉴》（*Island Yearbook*）。平安夜将以当时在播的经典系列连续剧——巴尔扎克的《欧也妮·葛朗台》的第二集作为结束。我带着相当的自豪和自信向媒体公布了我们圣诞节目单的细节。

那天晚上坐地铁回家时，我打开晚报，发现一篇米尔顿·舒尔曼（Milton Shulman）的文章。他是晚报的电视评论员，经常抨击电视台的艺术欣赏水平低下。在文中，他驳斥了我精心制订的节目安排，认为它们不堪入目，也完全不适合圣诞假期。他认为这样运营新频道简直是灾难，建议并且成功预言我会再次回到丛林里去。看到这些，我感到很沮丧，我翻开了英国广播公司首任总裁里斯勋爵（Lord Reith）的回忆录。我觉得自己应该了解一下他的生平，并且已经读得太晚了。几乎是第一句映入我眼帘的，就是典型的里斯式充满智慧的话语："做正确的事并接受羞辱是高贵的。"这句话在当时给了我很大的安慰，在接下来的几年里也时时如此。

1965年，83岁的伊戈尔·斯特拉文斯基*计划来伦敦，指挥伦敦交响乐团演奏他的部分作品。20世纪最伟大作曲家之一的告别巡演显然是一件盛事，我以为BBC 2台的观众应该共享这一时刻。令我失望的是，这次演出的主办方强烈反对这个想法。他们说，电视技术会让这位大师失望。我们谈判了很长时间，不过好在最终达成了一致意见。演出开始时，我走向节日音乐厅里自己的座位，感觉像是美第奇公爵出席一场他自己主办的隐姓埋名的假面舞会。

音乐会的上半场没有电视转播。演奏的是斯特拉文斯基最近的作品——《八首器乐小品》，由作曲家的助手罗伯特·克拉夫特（Robert Craft）负责指挥。斯特拉文斯基自己则在为下半场电视会转播的《火鸟》组曲养精蓄锐。

灯光暗了下来。高大、优雅、庄重的克拉夫特在恰到好处的掌声中走进来，接着，观众安静了下来。器乐小品经证实，是极度简朴的作品。短笛奏出几个独立的音符，三角铁上轻敲一声，三把小提琴合奏出一种不和谐的和弦。观众席上的我们艰难地集中注意力，尽力想跟上这段乐曲的思路。突然，一个洪亮的男低音在后台响起："开灯，弗雷

---

* Igor Stravinsky，1882—1971，美籍俄国作曲家、指挥家和钢琴家。

德。”接着整个礼堂被耀眼的灯光淹没了，灯光来自专门为电视转播而安装的一排排巨型照明灯。克拉夫特继续在令人头晕目眩的灯光中指挥着，仿佛什么也没有发生。观众在座位上窃窃私语，不安地挪动着身子。我出了一身汗，真希望能把自己藏起来。几秒钟后，同样突然地，灯关上，又打开了。克拉夫特和器乐小品继续抗争着。灯终于熄灭了，舞台又恢复到了适合这个庄重场合的半明半暗的状态。但是，器乐小品对观众仅有的那点智性上的吸引已经荡然无存。

我太清楚这是怎么一回事了。我们外聘了一家公司，请他们的电工来安装电视所需的额外照明设备。电工们在定好的转播时间之前早早地就到了。他们发现演播大厅里一片灰暗，除了打击乐的几声敲击和木管乐器持续的吹奏声之外，四下一片寂静。我猜，他们大概认为这样的声音来源于一两个音乐家的排练，音乐家们或许特意在黑暗的音乐厅里练习比较棘手的乐章，所以他们决定自己也进行一下排练。

克拉夫特在回忆录中对这一事件进行了辛辣的描写，这当然情有可原，并对BBC进行了猛烈的抨击。好在最后这次直播获得了巨大而长久的回报。斯特拉文斯基下半场指挥的《火鸟》组曲令人兴奋不已。他那老态龙钟但轮廓分明的脸上毫无表情，却又不知为何流露出活力和凶狠。在某一时刻，他的指挥棒粗野地一刺，提示圆号声该响起来了。不过这早了两个小节。好在圆号演奏家艾伦·西维尔（Alan Civil）经验丰富，他没有慌乱，保持了安静。斯特拉文斯基将目光从他身上移开。两个小节后，圆号的声音准时响起。一抹带着感激的笑意在作曲家的脸上转瞬即逝，我感觉这应该是他在整场演出中唯一的一处表情变化。无论如何，整场演奏扣人心弦。据我所知，这是斯特拉文斯基作为指挥家的唯一一场影像记录。

我们的频道也给了英国的杰出作曲家本杰明·布里顿（Benjamin Britten）适当的关注。我们播放了他的宗教寓言剧——《燃烧的火炉》（*The Burning Fiery Furnace*），用的是在奥福德教堂（Orford Church）录下的影像，这出剧目也正是为这个教堂而创作的。我们还在摄影棚录制了一部完整的《比利·巴德》（*Billy Budd*），由彼得·皮尔斯（Peter Pears）饰演维尔船长（Captain Vere）。这规模简直太庞大了，电视中心最大的摄影棚TC1——也是全欧洲最大的，都不能完全容纳下它所需的阵容。查尔斯·麦克拉斯（Charles Mackerras）不得不在相邻的第二摄影棚指挥伦敦交响乐团，并通过摄影棚的监控器和歌手们相互交流。这是技术上的杰作。歌剧评论家，有人告诉我，布里顿本人也认为这次的录像带就算不能超越在卡文特加登剧院（Covent Garden）录制的原始版本，也足可与之媲美。

所以，我们提出不知布里顿能不能特别为BBC2台写点什么。邀请已经发出有一段日子了，但约翰·卡尔肖（John Culshaw）把事情带到了我眼前。约翰曾为布里顿的许多作品制作录音带，包括《战争安魂曲》（*War Requiem*）。他当时是电视音乐部门的负责人。我要在电视中心与布里顿和彼得·皮尔斯共进午餐，讨论整个计划。布里顿已经想到了一个主题——亨利·詹姆斯的鬼故事《欧文·温格雷夫》（*Owen Wingrave*）。故事中的超自然现象能给我们使用电视魔法的机会。布里顿会亲自指挥，不过，他对之前我们为《比利·巴德》安排的两间摄影棚的形式很不满意，他需要亲眼看到歌手们。最终，我们同意围绕奥尔德堡（Aldeburgh）附近的斯内普麦芽厂（Snape Maltings）音乐厅搭建一个超大临时摄影棚，使用户外转播摄影装置进行摄制。目前在谈到技术方面的问题时，我都还能跟得上，接着，我们进入了编曲环节。“你们能给我几个号呢？”布里顿问道。面对这个问题，我实在是力有不逮。“你想要几个呢？布里顿先生。”我回答道。“我更希望能有人告诉我。”他相当不好对付。

在录制期间，我去了奥尔德堡。演员阵容星光熠熠——彼得·皮尔斯饰演温格雷夫，本杰明·勒克森（Benjamin Luxon）饰演欧文，珍妮特·贝克（Janet Baker）饰演凯特。布里顿带领着英国室内乐团过了一遍错综复杂的总谱，而所有人——不仅是歌手们和乐团，还有电视摄像师、麦克风支架操作员、视频工程师、道具管理人以及布景师——都聚精会神地听着他说话。我们从无处不在、数不清的监视器上观看进度，听着新的音乐第一次响起。大家都很清楚，一位伟大作曲家的一部极为重要的新作正在一个小节一个小节地推敲和润色。现场气氛非常紧张，我发现自己大部分时候甚至不敢呼吸。到最后离开的时候，我感到非常轻松。

* * *

约翰·瑞德是第一个把我介绍给亚历山大宫一个电视演播室的人。自那以后，凭借在艺术界的广泛人脉，约翰制作了一系列关于英国艺术家的杰出影片。他从小就认识雕刻家亨利·摩尔（Henry Moore），因为亨利是约翰身为艺术评论家的父亲的好朋友。他已经制作了两部出色的影片，记录下亨利工作的样子。他提议，为庆祝摩尔的70岁生日，他应该制作一部新的影片，这部影片不仅包含早前影片中的素材，还要全面回溯摩尔的艺术生涯。我想不出还有哪一位重要艺术家的人生有过如此丰富、跨越了如此长时间的影像记录。这正是BBC2台所要的。影片成片正如我预料中那样完美。摩尔过来看了这部影片，之后跟我和约翰共进午餐。他对影片非常满意，在讨论完影片之后，谈话就变得随意起来。

亨利刚从佛罗伦萨回来。

"真是一个奇妙的地方，"他说，"就是太挤了。"

他叹了口气。

"我想再看一眼吉贝尔蒂（Ghiberti）美妙的作品——《通往天堂之门》（*Gates of Paradise*），但是因为人太多，我都看不到。我前面站着一位英国妇人，她向我靠过来，说道：'噢，你看，门上都没有钥匙孔。怎么会这样？''夫人，'我说道，'它们在几年前被洪水冲走了。'"

能听到这样一位艺术家开这么一个玩笑实在是一件快事。毕竟亨利·摩尔是那位首次让英国公众了解到"雕塑中的空间也可被视为实体"这一概念的艺术家。

接替我成为旅游探险部门负责人的布赖恩·布兰斯顿（Brian Branston）找到我。他留意到尽管斯科特船长*与他的伙伴们在从南极返程的途中不幸罹难这一事件是英国探险史上最重大的事件之一，但一位重要的见证人还从未向公众讲述过他的故事。他就是特吕格弗·格兰（Tryggve Gran）——一位挪威人，他加入探险队是为了教英国队员们如何滑雪。他加入了大本营派出的搜救队，寻找返程的队伍，也正是他，找到了斯科特

* Captain Scott，1868—1912，英国海军军官、极地探险家。

和同伴们的遗体。布赖恩认为，格兰的故事会成为一份重要的记录。看完成片之后，我意识到在公共放映之前，我应该给彼得·斯科特组织一场特别放映，这是关于他父亲之死的第一手资料。所以，我为他、格兰，还有探险队仅有的另一位幸存者弗兰克·德贝纳姆（Frank Debenham）安排了一次晚餐。就餐后，我们都坐下来观看影片。在影片中，格兰非常动人地讲述了他是如何发现冰面上的帐篷，又是如何打开冻硬的门帘发现了里面冻僵的尸体。我看了一眼彼得，他正在啜泣。

保罗·约翰斯通负责的考古系列节目《编年史》很快就证明了它既具权威性又很受欢迎，我很想在此基础上继续发展。我们决定BBC2台应该是世界上第一个发起考古发掘项目并自行承担费用的电视频道。我们将会试图解决英国考古学界一个经久不衰的问题，那就是锡尔伯里山（Silbury Hill）的功能和起源，它其实是一座位于威尔特郡A4公路旁的巨大锥形土丘。确定无疑的是，这座山是前罗马时代由人工建造而成，除此之外就没有什么关于它的确切信息了。威尔士大学加的夫分校的理查德·阿特金森（Richard Atkinson）教授同意对此进行专题研究。他决定挖掘一条几近水平的隧道，一直贯穿到这座山的中心。挖掘工作将在每年的夏天进行，至少持续三年。每年的挖掘季，我们都会派驻一个户外转播组全程跟进，随时准备在BBC 2台上直播任何尤为振奋人心的时刻，同时也进行常规报道，或许是每日报道。道具搬运车和现场放置设备的大帐篷，对A4公路上穿梭不停的车流来说，也恰巧能成为BBC 2台的活广告。

新闻界立刻判断这是一次寻宝行动。他们发现当地有一个传说，声称这座山的中心埋着一尊纯金的骑士雕像，这无疑是让我们考古现场深恶痛绝的一件事。在宣布启动这个项目之时，我尽了最大努力来消除这种说法。我指出，我们的主要任务就是更多地去了解这座山：它的年代，它是如何建造出来的，又是为何而建的。

挖掘工作如期进行，为我们提供了时长充足的电视节目。在山的中心，阿特金森发现它是像千层蛋糕一样的结构，由不同颜色的圆锥形土堆彼此嵌套而成。他说，这是他所见过的最令人惊奇的景象。最终，他确定了这座山是如何建成的，甚至（从埋在地下的植物和昆虫残骸）判断出了是在一年中的哪个季节建造的，并相当准确地判断出建造它的年代是公元前2500年。不过，他还是无法明确地知道建造者的动机——山的中心也没有什么纯金骑士雕像。尽管如此，这是一次成功的转播。一些考古学家也非常高兴，此次考古行动产生的唯一宝藏就是知识。

* * *

1967年，在我接手BBC 2台两年之后，政府当局突然出其不意地通知BBC，现在可以开始推行彩色电视节目了。当然，这将在625行线路上进行，而既然BBC 2台仍是当时唯一一个在此标准上传输信号的电视频道，统筹安排第一批彩色电视节目自然就成了我的工作。英国广播公司鼓吹这件事已经有一段时间了，随着BBC 2台的成立，在拖延了这么久之后，政府终于失去了耐心，决定要立即推动此事。我们必须尽快开始彩色节目的制作。

尽管我们手上有几台彩色摄像机的原型，但都还没有投入商业生产，BBC的工程师们甚至还未决定要选用哪一台。电视中心有两个演播室迅速开始了改建工作，它们必须得全部重新布线，还必须安装新的照明设备。时任首席电视工程师的吉米·雷德蒙（Jimmy Redmond）跟我解释说这个问题不像看起来这么简单：如果他按当时最先进的摄像机所需的巨大数量准备照明设施，那么整个演播室的屋顶都必须重新加固，以承受其重量，造价会非常高昂，施工的破坏性也很强；或者，他可以赌上一把，赌我们在开始演播室录制的时候，新型摄像机已经生产出来，它们可以更灵敏，需要的照明设备也更少，现有的屋顶已经足够坚固，可以承载其重量。我们决定赌上一把。

与此同时，我们最好的摄像机都在四楼，装在我办公室正下方的一间小小演播室里。像这样的小演播室有两间，都不比普通家庭的客厅大多少。它们的空间主要用于录制播音员、天气预报员、电视信号测试卡，以及自亚历山大宫时代以来我们用于结束放映的大本钟模型，还有其他一些用来保持视觉连续性的小道具。在BBC 2台开播的头几天，当时由于有625线技术的演播室使用价格太高，于是我们就征用了其中一间，播放一档名为《深夜集结》（*Late Night Line-up*）的夜间访谈节目。评论家们在这档节目里对当晚的播放成果进行评论，嘉宾们还会介绍之后的节目。那里的彩色摄像机将会给我们提供彩色录影的照明经验，也能测试整个信号传输系统。

我们彩色电视政策的要求之一就是彩色画面在黑白电视上也能同样正常观看。因此，如果一切进展顺利，《深夜集结》的观众将不会意识到这个变化。与此同时，BBC 2台的高级工程师们和总监则会在家中安装巨大的接收器原型，并会看到绚丽多彩的电视画面。

除非画面的颜色有意设计得不那么绚丽多彩。工程师们说，艳丽的颜色——比如猩红、翠绿、明黄会比较容易，而肉色调的才最棘手。因此，常规的《深夜集结》访谈将会是完美的测试平台。但即便是工程师们也发现这种力求素净、去除色彩的机制十分具有局限性。一天上午，工程部门总监弗朗西斯·麦克利恩爵士（Sir Francis McLean）给我打来电话，讨论头一天晚上的播送情况。我们一致认为一切进展顺利。

"我跟你说，"弗朗西斯爵士说，"你觉得我们在明晚的节目中可以引入——"他停顿了一下，以突出这个提议的大胆，"——一碗水果吗？"

BBC 2台需要一个特别的符号来提示黑白电视机前的观众，我们正在播放的是彩色节目。我向同事们征求意见，其中一位最聪明的制作人理查德·德鲁伊特（Richard Drewett）找到了我。"我有一个主意，"他说，"我们可以让毕加索来设计一个视觉形象，或许是画在玻璃上的画，或是其他什么的，再让斯特拉文斯基给我们写一段提示音。"我想他可能是在开玩笑，不过他坚持说他知道怎么能联系上毕加索，而且他认为这个主意或许毕加索会感兴趣。我让他去调查一下。好吧，BBC 2台的彩色节目将高高钉在文化的旗杆上。"闹闹和蛋奶沙司"的日子到头了！

一周以后，理查德回来了——毕加索对此很感兴趣。

"那他的费用是多少呢？"我小心翼翼地问道。

"显然，他提议给他一台彩电。"

"但是法国现在还没有彩电呢。"我说。

理查德笑了，他说："显然，这就是他感兴趣的原因。不过，只有斯特拉文斯基同意了他才会做。"

两周之后，斯特拉文斯基去世了。所以，到最后，我们不得不无力地接受，在如今BBC2台台标的数字"TWO"的圈里加个点，再在下面标注上“彩色”两个字。

我们开始在白天试播彩色的节目，让零售业可以开始面向大众销售彩色电视机。毕竟，我们还是希望在这项服务最终上线的时候能有观众可以看到。如果在这些额外的播出时间播放自己的节目，就会产生额外的支出。好在我们成功找到了各种各样可以无限次免费播放的影片，大部分是宣传纪录片，它们的色彩质量也属上乘，足可以体现彩电系统的优势。有传言说，其中一部为爱尔兰南部旅游做宣传的影片不得不被撤回，因为画面中的邮筒是绿色的*，而一些观众认为这是新电视系统的缺陷。我们鼓励大家多讲这样的笑话，让彩电获得更高的话题度。

同时，我们还必须准备一份足够激动人心的节目单，以吸引观众购买彩电——并额外缴纳刚开始施行的5英镑彩电收视费。但有个问题，当时还没办法将彩色画面录制在磁带上。因此，不管是那两间正在进行测试的演播室，还是两组即将交付使用的户外转播组，他们要推出的所有彩色节目都只能做现场直播。然而，我们确实有可以放映胶片的彩色电视电影转换机。我知道旅游探险部门制作的大部分影片最初都是用彩色胶片拍摄的，因此，我为全新的彩色电视服务定下的第一批节目之一会命名为《我们所在的世界》(*The World About Us*)，这是一档时长50分钟的纪录片，在周日的傍晚播出。这档节目将会交替播放由布里斯托尔的节目组拍摄的博物学影片和由伦敦的节目组拍摄的人类学影片，以及更具普适性的旅游类影片。最终，当一个节目组将收视数据下降归咎于前一周由另一节目组提供的节目的影响时，问题出现了。最后，来自

* 英国的邮筒是红色的。

伦敦的影片供应枯竭了。而这条节目线完全由布里斯托尔提供的影片支撑，以不同的名称，在几乎同一时间、同一位置持续了三十年。

很显然，我们没办法从一开始就提供一份完整的彩色电视节目单。我倒不认为这是无法容忍的状况，于是开始自由谈论起先从“斑驳的”节目单开始。如果我们能实现有一半左右的节目是彩色的，那这个开局就还不赖。德国电视台也开始了准备工作，他们同样计划在1967年开始彩色电视业务。或许有些孩子气，我就是想比他们更快。BBC在1936年开展电视服务，是全世界第一家。美国和日本已经领先我们率先迈入彩电时代，那么BBC至少应该是全欧洲第一个播放彩色电视节目的电视台。但是，该怎么做呢？

温布尔登（Wimbledon）给了我们答案。我们将两个户外转播组都设置在了这一网球锦标赛的赛场，这样每天都能有几个小时的彩色节目信号，我们便可以领先对手了。这也决定了英国彩色电视信号上线的具体日期——全英网球锦标赛*的第一天，1967年7月1日。

* * *

在那些从未观看过我们节目的人中，彩色电视声名狼藉。这一方面是由于美国播出的第一批彩色电视节目花里胡哨，令人瞠目结舌。看了试播，我能确定我们的节目跟他们完全不在一个水准，从色彩再现度上来看，我们色调微妙而丰富的变化与彩色印刷图片也有得一比。但我们

* All England Tennis Championships，在温布尔登举行，俗称“温网”。

还需要做些什么来夸耀一下它的质量，向媒体或是普通大众里仍持怀疑态度的人们证明，我们这个新系统与其说是彩色电视，倒不如说是高保真电视，是一种将摄像机前的事物以前所未有的完整和丰富程度展示给大家的媒介。乔安娜·斯派塞（Joanna Spicer）在我们每周一次的例会上用她圆融的态度低声说，她已经预留出了频道的部分节目津贴，以应对万一我已经有什么计划，要做一系列令人叹为观止的特别节目来庆祝彩色电视服务时代的开启。

我思索着这件事。我回想起当自己还是个孩子的时候，赫伯特·乔治·威尔斯*写过，或至少编辑过一部名为《世界史纲》（*An Outline of History*）的丛书。我还记得，当这样一位伟大的作家决定着手梳理我知之甚少的人类知识的一个重要版块，并会给出一份大纲的时候，我是多么地兴奋。我相信，一旦我领会了他所说的话，就能够将历史事件摆入正确的位置。我也记得，在读完一篇之后，我是多么热切地期待着下一礼拜落入信箱中的下一篇。为什么类似的事情不能交给电视呢？电视是一种视觉媒介，为什么不利用它去探究一番近两千年来欧洲艺术家们创作的最美妙绝伦、最具影响力的作品呢？为什么不在检视它们的时候配上它们那个时代创作出的最迷人的音乐呢？这个想法对我来说是顺理成章的。那谁来挑选画作并从旁解说呢？这对于我而言也顺理成章，那就是肯尼斯·克拉克爵士（Sir Kenneth Clark）。

克拉克在“二战”期间曾是国家美术馆（National Gallery）的著名馆长。他写了不少大受好评的关于风景画的书，也写过关于达·芬奇的大

* H. G. Wells，1866—1946，英国著名小说家、新闻记者、政治家、社会学家和历史学家。

胆颠覆的学术著作。而且他担任了独立电视局（Independent Television Authority）的首任主席——这让英国广播公司相当懊恼，但这也说明在他看来电视是有一定重要性的。我邀请他共进午餐，讨论这个想法。斯蒂芬·赫斯特（Stephen Hearst），当时艺术部门的主管也来了。休·威尔顿说他会过来喝杯咖啡，简单了解一下进展。克拉克在回忆录里写道，我们边吃边聊的过程中，正是我使用的"文明"这个词，让他的想象力腾飞了起来。他说，在这顿饭剩下的时间里，他都在脑子里构思着这个系列，几乎没有意识到餐桌上大家在说些什么。

就这样，《文明》（*Civilization*）系列诞生了。斯蒂芬选用了彼得·蒙塔尼翁（Peter Montagnon）和迈克尔·吉尔（Michael Gill）这两位导演来负责这一系列节目。我们很早就已经决定，既然这一系列节目的主要目的之一是用来夸示电视放映的彩色画面的质量，那么，我们不能冒任何技术风险。我们不应该用16 mm胶片进行拍摄，虽然当服务全面上线之后，这将是我们采取的标准彩色胶片规格。这次我们会用35 mm的胶片，这是电影使用的胶片规格。不过，它们的价格非常昂贵，乔安娜单独预留的基金还需要补足。但是我和她想出了解决的办法，于是，《文明》系列节目正式进入制作。

彼得和迈克尔的确是能力超群的导演。他们和克拉克建立了非常融洽的关系，因此可以从电视节目的角度相当严厉地批评他的剧本。克拉克提交的第一个剧本就被完全否定了。克拉克意识到了他们的才能，接受了他们的建议。随着制作的推进，他们也给我看了一些粗剪的片段。这自然是彼得和迈克尔的小策略，因为在我说了好几次我有多开心、这档节目会有多精彩之后，他们趁机解释说，如果想要维持这样的质量，就无法避免大幅超支。这也促成了我想是唯一的一次，我作为管理巨擘在面对经济问题时独立想出解决办法的成功案例。这个方法出奇的简单：我会向媒体和观众声明，这个系列节目太精彩了，每位缴纳了彩色电视收视费的观众都应该至少有两次看到它的机会。这档节目信息丰富、趣味良多，即使已经看过一遍的人也会想再看第二遍。这么一来，重播的时段无须播放新节目，我就可以把原计划分配给另一部系列纪录片的经费拨给它了。

这个系列取得了惊人的成功，媒体界对此不吝赞扬之词。拥有彩电的观众们同样热情高涨，他们发现自己被没有彩电的朋友们包围了，这些朋友都想来看看这一系列备受好评、轰动一时的纪录片。这个系列制作精良的消息也传到了美国，当位于华盛顿的国家美术馆安排以电影形式放映每期节目时，大批大批的观众排着长队前来观看。

《文明》系列节目不仅为BBC 2台，也为整个英国广播公司增光添彩，同时，它还引领了一股潮流。这部纪录片一开播便引起了轰动，科学节目部精力旺盛的负责人——奥布里·辛格（Aubrey Singer）就找到了我。他气疯了。我作为一个有科学教育背景的人，怎么会选择艺术主题来作为第一候选享有如此荣光呢？现在我已经知道，我们应该要准备接班《文明》的节目了，我当即向奥布里保证，下一个系列节目一定会是科学主题的。奥布里非常清楚谁会是最佳人选——雅克布·布罗诺夫斯基博士（Dr. Jacob Bronowski）。就这样，《人类的攀升》（*The Ascent of Man*）进入了制作环节。

这样的系列节目——每周1集，每集50分钟，一共12集，围绕某个重要主题展开——迅速在行业内声名鹊起。这些节目成了开路的“巨锤”，其他节目随之而来。阿拉斯泰尔·库克（Alastair Cooke）关于美国建国两百年的纪念节目，J. K.加尔布雷斯（J. K. Galbraith）谈经济学。但在我看来，有一个主题是理所当然的候选，它在视觉上的潜力甚至要远超之前那些优秀的节目，那就是博物学。我当然愿意亲自撰写脚本并将其呈现，但只要还是一名管理人员，我肯定就没办法去做这件事。毫无疑问，会有其他人冒出来接手这个选题。但我也无法自己出面督促位于布里斯托尔的博物学部门立刻找到这个人。

* * *

在彩色电视节目出现后不久，BBC1台曾经的负责人迈克尔·皮科克宣布辞职。商业电视频道更新特许经营权的时间到了。政府明确表示，特许经营权不会自动更新，新的制作公司也可以参与投标。迈克决定加入一个联营企业——伦敦周末电视台（London Weekend Television），那家公司也正在申请经营权。

休和我讨论了当下的情况，我快乐地沉浸在彩色电视形形色色的问题中。我们一致认为，不管怎么说，我都不应该去管理BBC1台。我很确定自己不会像喜欢BBC2台那样喜欢它。有一个公认的人选是保罗·福克斯（Paul Fox），在1965年迈克尔·皮科克获得BBC1台主管一职时，他就是强有力的竞争者。休向总裁休·格林建议应由保罗来管理BBC1台。保罗上任了。

接着，就开始了我作为管理人员的生涯中最美好、最快乐的几年。我和保罗办公室相邻。我的办公桌上惯常放着一份文件，里面有他所有信件的副本，供我查看，我的也会放到他的桌子上。我们很少有分歧。如果他想要BBC 2台开发的节目或者是我们建立起关系的节目嘉宾，他绝对不会失望。拥有能够接收BBC 2台的电视机的观众数量仍然相对较少。如果一个观众群体占比较少的电视台拒绝让更广大的观众看到它的成功是不符合公众利益的。在我看来，BBC 2台的任务就是创新。如果BBC1台能接收我们的一些成果，那么BBC 2台就会有充足的节目空间和资金来持续创新。当整个公司得到可长期持续的大型事件——比如温布尔登网球锦标赛、世界杯足球赛、月球太空漫步——的报道机会时，两个电视台就可以协同报道，给感兴趣的人们一种连续性的观看体验，这是商业电视台无法比拟的。

我们都在休手下工作。每天上午我们都会在他的办公室见面，三个人一起讨论前一天晚上的节目和接下来的一些问题。休是一位很善于鼓舞人心的领导，他为我们整个电视业务部门注入了活力，几乎到处都能见到他高挑而微驼的身影，几乎到处都能听到他高亢的笑声。他拒绝在高级餐厅用餐，中午时分都能在普通餐厅看到他。条件允许的晚上，我和他会沿着电视中心一楼的圆形走廊走到能看到控制室的长廊上，观看——也被人看——所有八间演播室的进展。又因为当时他拥有整个电视服务部唯一一辆私家车，而他又住在里士满，所以他还会载我回家。

什么事休都要去打听打听。即使只是为了有趣又时而辛辣的文风，他打出来的备忘录也值得一读。他的确很健谈，并且自己也深知这一点，不过他为自己找了一个好借口："如果我不听到自己说出来，怎么知道我在想什么？"我敢说，我们很多人都在不知不觉中学会了他的口头禅。他认为没实力的制作人会被他不屑地叫作"宝宝"（baby），而他看得起的则是“带着枪的”。他会对导演和制作人说，做节目的人应该尽到三项义务：对他的节目主题、他的公众，以及他自己。如果他背叛了其中任何一项、轻视它们，那么他的节目就会出问题。他支持人才，并以超凡的勇气为戏剧和喜剧的自由表达与极为保守的理事会抗争，也常常被理事会叫去做解释。而那些他在广播大楼紧闭的门里为之大力辩护的撰稿人们却常常公开指责他是一个审查员。他静静地忍受着他们的侮辱，他会说：“你必须支持人才，不管这些人是不是心存感激。”

休相信对他领导的这个组织来说，有一点至关重要，那就是无论实际还是表面，控制这个组织的都应该是节目制作人，而不是经理或会计师。而作为一名前任军官，他认为从高级职员的头衔上就体现出来这一点非常重要。因此，整个电视服务部门最聪明能干、最有经验的乔安娜·斯派塞的头衔为总监助理和主管规划。而一个频道的负责人，就算欠缺经验如我，也被称作“总监”。我相信乔安娜的工资应该比我高很多，当然也理应如此。

和我们一同工作的是一群经验极为丰富、取得了无与伦比的成就的节目制作人。比尔·科顿（Bill Cotton）负责的轻娱乐部在那些年里制作了很多经久不衰的节目，如《老爸上战场》（*Dad's Army*）、《至死方休》（*Till Death Us Do Part*）、《巨蟒剧团之飞行马戏团》（*Monty Python's Flying Circus*）、《莫克姆和怀斯秀》（*The Morecambe and Wise Show*）和《麦片粥》（*Porridge*）。负责戏剧部的悉尼·纽曼（Sydney Newman）是一位爱出风头、爱赌咒发誓的加拿大人。奥布里·辛格现在是专题节目组的负责人，负责监管一系列纪实类电视节目的制作。诺曼·斯沃洛负责音乐和艺术。时事则由布莱恩·韦纳姆（Bryan Wenham）负责。布赖恩·考吉尔（Brian

Cowgill），一位不说好斗、只能说好胜心非常强的北方人，负责体育赛事，以精湛、专业的水平确保了一系列重要赛事的报道，让我们所有的竞争对手在各项赛事的报道中都只能甘拜下风。

彩色电视节目正在大踏步向前发展，但是我们的摄像机还是不够用。工程师们即便买得到也不愿意买太多的设备，因为技术几乎每月都有新提升，他们可不想背着过时的机器。也正是由于设备荒，促使我接受了体育部门的建议：既然现在有了彩色电视，那么我们就可以播放斯诺克比赛了。他们指出，由于所有的行为都集中在一张小小的桌子上，只需要三台摄像机就可以全面覆盖整场比赛了。如果我们自己开创一种淘汰赛制，每场比赛只需录制不多的画面，那么仅仅用几天，就可以用最少的摄像机录完整个赛事。之后再一轮一轮地播放比赛录像，让它成为每周一轮、持续数月的系列赛。而这将会违背我们的原则，即所有的彩色节目都应让看黑白电视的观众也一样看得懂，不过，我们一致认为解说员可以解决这个问题。于是，出现了一个大概率是杜撰的故事，据说一位解说员说道："史蒂夫要打粉球了——黑白电视机前的观众们请注意，粉球就是绿球旁边那颗。"

这项命名为"斯诺克黑球挑战赛"（pot black）的赛事一夜成名，并成了一场吸引了数百万忠实粉丝的电视盛事。我很高兴，并自豪地将它与《文明》放在一起，用来定义BBC 2台的特性——BBC 2台是一个试图吸引不同层次的人的电视频道。

16

Exotic Interludes

异域插曲

《生命》是自然历史部为BBC2台编制的板块节目，报道自然史、环保和生态方面的最新进展，发展得很好。节目的编辑和主持人是伦敦动物园哺乳动物馆馆长德斯蒙德·莫里斯（Desmond Morris）。后来德斯蒙德写了一本名为《裸猿》（*The Naked Ape*）的书，反响超乎想象。出版前的预售额就十分惊人了，猛然间，德斯蒙德看到了一个从他现有的科学工作中抽身出来的机会，为他另一份事业——做一位超现实主义画家腾出时间。但当时的税很重，如果不想交出几乎全部的稿酬，他就得立刻离开这个国家。于是，他和妻子拉莫娜（Ramona）决定搬去马耳他生活。

布里斯托尔的这个部门不得不开始考虑是否有人能长期接手这个系列。但有一个迫在眉睫的问题，拜访动物学家伊恩·道格拉斯·汉密尔顿（Iain Douglas Hamilton）之行已经敲定了，他在坦桑尼亚与大象一起做着非同寻常的工作。负责这个项目的制片人理查德·布洛克（Richard Brock）来我的办公室找我。所有事情都安排好了。整个旅程，包括一次采访，不会超过一周。既然德斯蒙德马上就要离开，那我能来做这件事吗？在我最初接受休的邀请来做这个总监时，就确认过能否让我每过上一年左右可以有机会离开办公桌、花上几周制作一档节目。这是我的第一次机会。一想到能去沐浴几日非洲的阳光，更不用说要和一群野生大象亲近，还有一个真正了解它们的人作伴，这些加在一起实在是太诱人了，没人会错过。我同意了。

几天之后，我走进了坦桑尼亚东非大裂谷边缘，马尼亚拉（Manyara）狩猎小屋的酒吧，感觉自己有些不健康的苍白，也没有怎么准备好。我点了一杯啤酒，一位身材高大而迷人、古铜肤色的女士突然出现在我身旁，她身着时髦的卡其色狩猎套装。

"你好，"她向我靠过来，压低了声音悄声问，"你难道不是大卫·爱登堡吗？"

正当我在思考该如何回应时，旁边一根柱子后面传来了窃笑。是阿兰·鲁特（Alan Root），是他让她这么做的。毋庸置疑，他是当时整个非洲最伟大的博物学纪录片制作人。我们是老朋友了。我差点要猜是不是只要有任何其他电影制作人想闯入他的领地，他都会知道，并且会准备点"欢迎仪式"。

那天晚上晚些时候，理查德·布洛克出现了。他来得更早一些，为对伊恩·道格拉斯·汉密尔顿的采访做最后的安排。他告诉我第二天的计划。

“你和伊恩开着他的路虎接近大象。摄影师和我会在象群的另一边，坐在我们的车里，用长焦镜头拍摄。然后你和伊恩戴着无线电麦克风下车，走向大象 —— 和我们，我们会拍下你们一起谈论大象的画面，画面前景就是象群。”

我抗议道，人不能步行朝着大象走去，这也太疯狂了！理查德冲我包容地笑了笑。伊恩认识这里的每一头大象。他知道哪一头更亲切，哪一头可能更暴躁。他能理解它们肢体语言传递出的每一个细微信号。他每天都跟它们走在一起。不会有任何危险。我很不情愿地让自己被说服了。

第二天，我遇见了伊恩。他穿着非常短的短裤和凉鞋，上身只披着一件奇奇怪怪、松松垮垮的无袖夹克。他的齐肩长发被太阳晒得褪了色。很明显，他整天都耗在灌木丛中。我放心了。

第二天，一切都按计划进行。伊恩找到了一个他很熟悉的大象家族，家族的首领是被他命名为“维多利亚女王”的女族长。它们在一百码外觅食，用象鼻漫不经心地扯下树上的树枝，卷走大片草丛。透过望远镜，我能看到理查德和摄影师站在敞篷摄影车上。

伊恩下了车，我跟着他。他手里拿着一个用他妻子的丝袜做成的小袋子，里面装满了滑石粉。他轻轻地摇了一下，粉雾从袜子的网眼里漏了出来，轻轻地飘向我。

“太棒了，”伊恩说，“风是往这边来的。它们不会闻到我们的。”

我们小心翼翼地向前走着，每只脚都尽可能轻轻地放下，发出最小的声音。我们朝象群前进着。每走一码左右，伊恩就会再摇一下袋子，确保风向没有改变。我突然开始好奇：如果他和大象关系这么好，为什么不让它们闻到我们会这么重要？但伊恩已经谈论起他面前的大象们了。

他给它们都取了名字。他介绍了每一头的性情。这头比较爱开玩笑。那是一头刚刚进入发情期的年轻雌象。那边有一头年轻的雄象，它快到离开母亲和家人的时候了，变得有些兴奋。我不需要说太多，正好嘴也太干了，我的声音听起来会有些奇怪地嘶哑。

最后，我们离大象一家不到20米了。我能清楚地看到理查德站在大象后面的摄像车上。他举起手，竖起大拇指。他得到了想要的东西，我们的任务完成了。

我飞快地溜到大象看不到的猴面包树后面，然后，以最快的速度回到伊恩的车里。当我还在气喘吁吁地一边松了一口气一边又兴奋无比时，伊恩非常悠闲地踱着步走了回来。我们驾车离开时，我为自己太过紧张而感到自责，毕竟，我和世界上最顶尖的大象专家在一起。他知道自己在做什么，我应该对科学方法有更多的信任和信心。我正想着这事时，远处似乎传来一阵鼓声。

“你听到了吗？”伊恩说，“有一头犀牛正向我们冲过来。”

我惊恐万分。

“哦，那只是一次假冲锋，”伊恩说，“我带你看看去。”尽管我抗议说不必麻烦了，他还是打了倒挡，沿着原路倒回去，停了下来。又是一阵鼓声，但这一次，鼓声非但没有减弱，反而越来越强，一头巨大的犀牛全速从灌木丛中冲了出来。

它“砰”的一声撞到了路虎的尾部，然后把角插入底盘后部，将整辆车抬了起来，让车后轮离开地面。它摇着汽车，像是在玩玩具。接着，它盯上了一个后轮，用角把它撕了一个大口子。然后，它又对底盘发动了一轮进攻。我俩都绷得紧紧地坐着，希望能保住小命。我注意到伊恩的手紧紧抓着方向盘，关节都发白了。犀牛再次后退，然后小跑着进了灌木丛。

“假冲锋，”我说，“谢天谢地，幸亏它没动真家伙。”

我们现在被困住了。这辆车已经动不了了。我们谁也不想走着穿过灌木丛回旅馆。我们能做的只有等。最终，又来了一辆卡车。毫无疑问，那是阿兰·鲁特。他让我们搭车回了旅馆，一路上笑个不停。

几天后，我回到了电视中心的办公桌前。又过了几个星期，一张贴着肯尼亚邮票的明信片出现在我的收件篮里。照片上是格蒂（Gertie），一头著名的犀牛，它的角在有记录的犀牛角里是最长的。背面潦草地写着伊恩的留言：“我被一头犀牛踩断了几根肋骨、伤到了肌肉，现在在医院里。它们真是固执的小恶魔，不是吗？”

* * *

第二年，我决定根据日程表给自己安排一段合适的离开时间，去巴厘岛拍一部影片。我从没忘记在寻找科莫多巨蜥的路上，我和查尔斯在岛上度过的那段田园诗般的时光。回到英国后，我还在继续听巴厘岛的音乐，并通过这种兴趣认识了约翰·科斯特（John Coast）。20世纪40年代，在英国军队服役的约翰曾被日本人俘虏，也曾在杀人不偿命的滇缅公路上劳作过。这条公路因故事片《桂河大桥》而闻名。当和平终于到来，他又去了当时在荷兰治下的印度尼西亚，花了一些时间帮助印度尼西亚人争取独立。他娶了一个爪哇人，开始对巴厘岛及岛上的音乐产生了特别的兴趣，最终带着一群巴厘岛的舞者和音乐家来到欧洲进行巡回演出。现在他已经是一位音乐经理人了，但对巴厘岛及其音乐的热情从未减退。我们都认为，BBC 2台的观众或许会喜欢看看岛上壮观的传统仪式，听听岛上迷人的音乐。所以我离开了三个星期，和一个摄影小组去了巴厘岛，组长是最富想象力的摄影师纳特·克罗斯比（Nat Crosby）。

自从我1956年到访以来的11年间，这座岛已经发生了相当大的变化。现在这里有了一个大到可以容纳巨型喷气机的飞机场，来自世界各地的度假者蜂拥而至，澳大利亚的游客尤其多。尽管如此，约翰极具影响力和极广泛的社会关系让我们去到了岛上传统艺术氛围仍然很浓郁的地方，在短短的时间里，我们制作出了三部50分钟的影片。第一部完全是关于甘美兰和甘美兰音乐的。第二部影片集中在巴厘岛印度教和一些更古老的仪式上，比如其中一个是让年轻的女孩进入催眠状态，然后她们就可以在没有支撑的情况下紧闭双眼站在男人的肩膀上，而男人还要在信徒面前旋转。第三部则是直接录下了一场载歌载舞的音乐会，我希望会有观众在看过前两部影片之后，对这一部的内容感兴趣。

碰巧本杰明·布里顿看到了这个系列。他邀请我在下次奥尔德堡音乐节上做一个关于巴厘岛音乐的讲座。我知道他在1955年去过巴厘岛，被甘美兰迷住了。约翰·科斯特说，布里顿曾告诉他，他在夜晚驾车穿行巴厘岛时，可以完全通过他听到的甘美兰夜间演奏的和声辨明自己所处的位置，因为每个村庄的甘美兰在音阶上都有少许差别。当然，这次邀请让我受宠若惊，我费了好大的力气才想好要讲什么，以及如何加以说明。在这个过程中，我意识到布里顿在为芭蕾舞剧《宝塔王子》（*The Prince of the Pagodas*）谱曲时，把一段著名的传统甘美兰乐曲，一个音一个音（或者更确切地说，一个和弦一个和弦）一点不差地誊写了下来。我想，通过比较巴厘岛原作的录音和布里顿精湛的管弦乐再创作来说明这一点可能会很有趣。

我满怀信心地走上奥尔德堡纪念大厅（Jubilee Hall）的舞台。但是，当我看到坐在最前排的布里顿和他的搭档彼得·皮尔斯时，开始感到非常不安。我为自己要班门弄斧，在他们两位面前谈论一个显然不如他们了解得多的主题而窘迫不已。但使我发窘的还不止这一点，我也担心布里顿会认为，我拿《宝塔王子》来作比较——而因为我准备好的一系列录音片段，让我已经不可避免只能这样做了——是在暗示他剽窃。结果，在之后的宴会上，他似乎只是很高兴有人能辨认出这段他用作模板的音乐片段。

* * *

又在办公桌前坐了18个月之后，我决定是时候再休息一下了。我告诉所有人——但或许并不能让人信服，亲身体验最新一代的胶片、摄影机和剪辑设备是最有价值的事。

我渴望回到新几内亚。我还没有好好地拍一拍极乐鸟；那里的人们，尤其是塞皮克河谷（Sepik Valley）的人们，创作了不少全世界最引人注目的雕塑，我早就希望一饱眼福了；而且或许最诱人的是，在岛的中心仍然有相当大的一片土地，可以实事求是地说，从不曾有白人涉足。在那里，茂密的雨林覆盖着陡峭的山脉。河流蜿蜒曲折、河道狭窄，被急流冲得七零八落，要乘船逆流而上，可以说是寸步难行。那里也没有可供降落的开阔草地，飞机或直升机也无法使用。探索这样的地区只有一种方法，那就是从马可·波罗到大卫·利文斯顿，一直到最近几年的所有探险家都使用过的经典方法——步行，再带一长队的搬运工搬运物资。也许这是世界唯一一个仍需如此的地方了。这本身就使得这次探险值得拍摄。

我请澳大利亚广播公司与巴布亚新几内亚有联系的朋友告诉我，澳大利亚政府是否以及何时计划对新几内亚进行勘探巡逻。直到1971年，才得到消息，说有人准备行动了。

宽广的塞皮克河（Sepik River）与岛的北岸差不多平行，在河的南边，有一大片未开发的山区。没有人注意过那个地方，部分原因是去那边的路太难走，部分原因是据大家所知，那里也没有当地人居住。但现在，一家矿业公司已经申请了许可，要派遣一批地质学家去勘探矿藏。他们进行了一次航拍勘察，出乎所有人意料的是，拍到的照片显示热带雨林中有一些小小的空地，真的有人住在那里。

澳大利亚政府有一项政策，即政府官员应在其他人被允许进入之前首先与这些人接触。政府巡逻队将在几个月后从塞皮克河中段的安本蒂（Ambunti）出发。我在澳大利亚广播公司的朋友已经帮忙询问并得到了许可，如果愿意的话，我和一个电影团队可以加入他们的队伍。多好的机会！我立即开始重新整理自己的日程。我买了一双新靴子，开始有条不紊地在晚上和周末绕着里士满公园散步，试着让新靴子——和我松弛的肌肉——都能像样点。

电影部门的负责人建议由休·迈尔斯（Hugh Miles）担任这次旅行的摄影师，他是一位热心的鸟类学家，长时间来一直努力专攻自然纪录片的拍摄，同时，他建议由伊恩 · 山萨姆（Ian Sansam）担任录音师。因此，1971年4月，我们三个人，以及帮我们做好了一切安排的澳大利亚广播公司的电影导演基思 · 亚当（Keith Adam）飞往安本蒂。我们会见了主管官员，地方特派员助理劳里 · 布拉格（Laurie Bragge）。我猜他大概三十出头，健壮得吓人。

我们很享受这段时间。巡逻的准备工作还要一星期左右才能完成。补给品正在空运过来的路上，劳里刚刚开始招聘搬运工。他解释了用来计算所需人数的基本算法。如果一个没有携带食物的人与另外两个最大限度携带补给的人同行，那么他们三个人将有足够的食物维持两周。如果巡逻持续的时间超过两周，那么所需的搬运食物的人数就会迅速增加，最终变得不可控制。当然，要是能在当地找到食物，那么巡逻的时间就可以延长，但新几内亚森林中几乎没有可食用的植物，也很少有能提供可食用肉类的动物。他也不能指望从当地人那里得到食物，毕竟，我们可能什么人也遇不到。所以他计划在两周后空投一次食物。这样，巡逻可以持续一个月。

劳里、我们，还有那些搬运设备以及露营必需品（比如帐篷、用于交易的商品、便携式收音机等等之类东西）的，一共有30人。因此，我们还额外需要60名搬运工运送食物——主要是大米。从上下游周边的村子里募集到足够的人手需要一个星期左右。

这也给了我们一点时间适应河流的闷热潮湿，并习惯昆虫不断的叮咬袭击。我们趁这段时间乘着独木舟沿着塞皮克河逆流而上，拜访了沿岸几个村庄，拍到了几座壮观的宗教建筑里满满当当的奇特雕塑。我还希望我们能发现甚至拍到一些极乐鸟，特别是生活在河边沼泽地里的十二线极乐鸟，但遗憾的是没有成功。

出发的日子终于到了。我们一共102人，乘坐两艘大型汽艇从安本蒂出发，沿着塞皮克河往下游航行。我们转入了卡老瓦里河（Karowari River），这是一条从南方汇入塞皮克河的大支流。最后，河面越变越窄，汽艇不能再往前走了。我们换到由舷外马达驱动的小独木舟里。第三天晚上，我们来到河边一个叫伊纳罗（Inaro）的小村庄。从那以后，就得走路了。劳里以前去过伊纳罗，但只有一次。据他所知，没有一个欧洲人往里走过更远了。

旅行者在新几内亚面临的主要问题之一是让别人明白自己的意思。令人难以置信的是，这个岛上一共有一千多种相互无法沟通的语言。伊纳罗，还有内陆两个更小的村庄，总共约有村民200人，他们讲的语言只有一两个搬运工能听懂。好在还有他们来做翻译——用他们本地的英语说出来，就是“turnim-talks（传话）”。在我们想去的西边更远的山上，居住着一群叫作“比索里奥（Bisorio）”的游牧民。劳里希望这些人中有一个人能说我们可能遇到的下一群人的语言，他认为那会是被称为“比卡鲁（Bikaru）”的人。这么一来，我们就有了一条翻译链，信息可以从本地英语翻译到伊纳罗语，再翻译成比索里奥语，进而翻译到比卡鲁语，甚至可以继续传下去。耳语传话游戏式的误解很有可能发生，让人有些担忧，但除此之外也别无他法了。

我们还没有使用“传话”链呢，这根链条就已经有被打破的危险了。好多天了，伊纳罗都没有人见过游牧民族比索里奥人。劳里派会说伊纳罗语的警察凯乌斯（Kaius）去森林里寻找比索里奥人的踪迹。我们则带着所有的行李缓缓前进。如果凯乌斯真的找到了比索里奥“传话人”，他俩要追上我们也不难。

第二天早上，我们开始前行。在出发之前，劳里给剩下的两个警察配发了步枪子弹。在发子弹时，他正式地下达了严格的指示——没有他的直接命令，任何人不得开枪。如果劳里不在场，那么他们只有在自卫时才能这么做。自卫的意思是他们已经被箭射中了，射偏的都不算。

我想，我在里士满公园散步起到了点作用，但刚开始的几天，徒步仍然是非常痛苦和累人的。很少有地方能比这里还难走了：高大的树木之间长满了茂密的灌木丛，把地面的路堵得严严实实。没有任何一处是平的，我们不是在攀爬陡峭的泥地，就是顺着往下滑。需要靠手扶来稳住自己，但当我们伸手想抓住一根茎干或者一棵攀缘植物时，它很可能布满了刺。我们获取所需的植物学专业知识的速度快得惊人，很快就学会判断哪些植物可以安全地抓握，哪些最好不要。到处都潜伏着水蛭。如果停下脚步，就能看到它们在地面绕着圈向你爬过来。擦额头上的汗时，小小的黑色无刺蜂就会成群结队地落在你身上。它们既不咬人也不蜇人，只是爬过你每一片裸露的皮肤，喝掉你身上渗出的汗水，让你不堪其扰。

每天早晨五点半，我们起床拔营。七点半，队伍准时出发。我们排成一列吃力地前进着，一直走到中午，才可以停下来休息半个小时，让队伍后面的人赶上来。当最后几名搬运工踉踉跄跄赶上来后，我们清点清点人数，确保没有人把货物扔在森林里直接回了家，接着，排在队伍最前面的人就又出发了。基思给我们提供了澳大利亚军用食品。每份里都有几颗硬糖，但更好的是装在软管里像牙膏似的甜炼乳。我把每天的配给放进口袋里，在路上慢慢吃。疲惫的时候能有一英寸半的炼乳喷到舌头上，是一种极大的快乐。

大约四点钟，劳里会叫我们停下来扎营。搬运工们在森林里砍下树苗，用绳子把它们捆成简单的框架，再在上面铺上防水布。然后在大约五点钟的时候，天就会下雨。大雨如注，持续到深夜，当我们试图入睡时，雨水会砸在头顶的帆布上，咚咚作响。天快亮时，雨就停了，而我们又得挣扎着穿上湿漉漉的衣服和靴子再次出发。

一个星期后，那个去找比索里奥人的警察凯乌斯追上了我们。他没有发现他们的踪迹。在我们的“传话”链中，关键的一环仍然缺失。即使找到了那些未知的人们，我们也无法与他们交流。

每过三四天，总会休息一天。劳里拿起罗盘确定方位，决定我们的路线，试着把它们与勘察期间拍的一张航拍照片联系起来。我们在走了两个星期后，发现了一些踪迹。我不能说我发现了，事实上，我几乎没有看到任何迹象，但搬运工们注意到了一片翻转的叶子，一根折断的树枝，一个脏兮兮的脚趾印。他们说，在我们前方某处有三个人。我们跟着他们留下的踪迹走了一整天。

第二天，经过三个小时的步行，我们走进了一片广阔的空地。几棵大树被砍倒了。树桩和倒下的树干周围种植着香蕉和木薯，中间立着一座大大的吊脚楼。一棵刻了不少切口的树干通向它的入口，入口处有一扇关闭着的大木门。屋顶没有烟冒出来，我们呼叫也没有回应，可能家里没有人，也可能是我们跟踪的那三个人就在里面，不过他们害怕因而不愿出来，正透过树皮墙的缝隙看着我们。

我们在空地边缘的森林里扎营，劳里在空地中的几处放上了礼物。他让一个搬运工站在一棵被砍倒的大树的树桩上，让他用所有他会的语言大声唱道：“我们是朋友，我们带来了礼物。”但是似乎没用。

第二天早上，小屋里仍然没有生命的迹象。劳里决定去调查一下。真是很勇敢——如果里面有人，并且不想有人来访，他很容易就会被箭射中胸膛。他一边喊着，一边拿着盐饼，小心翼翼地穿过空地。他走到那根有缺口的树干脚下，爬了上去。一上去，他就推开了门，消失在里面。我们都等待着。最后，他终于出现了，跟我们喊话。小屋里空无一人。

我加入了他。这座房子建造得很巧妙，门开在横穿房子前部的走廊中间。走廊非常窄，人很难挤进去。任何进入走廊的人都很容易被房里的人透过藤条墙刺中。走廊通向一间房间，房间的一面墙上挂着十几根猪下颌骨。角落里放着一捆精心装饰的箭。一根侧梁后面藏着一把用火鸡的大腿骨制成的匕首。房屋的中间还有用一块大石头制成的壁炉，壁炉尚有些许温度。我们跟踪的那些人要么不属于这里，要么不敢留下来。我们必须继续走了。

三天后，我们就要空投了。为此，我们清理出了一块相对平坦的地面。油布铺在地上；绿叶放进火中，产生烟雾，作为信号。飞机准时出现在山区上空，扔下六袋大米和牛肉罐头。它又来了两次，每一次投放都非常精准。食物多是件好事，搬运工们似乎也不介意他们在过去两个星期里逐渐减轻的负荷，现在又重了。

两天后，一个搬运工摔了一跤，腿受了重伤。另外两个人得了重病，劳里认为是肺炎。他决定我们得召来一架直升机，这可不是个可以轻松对待的决定。为了给直升机足够的降落空间，必须砍倒十来棵巨大的森林树木，并且在直升机可以降落的山脊上搭建一个原木平台。这本身就需要两天的艰苦劳作。那天晚上，按照他的常规日程，劳里和位于莱城（Lae）的行政总部通了话，很快，一切都安排好了。我们协商决定，我应该陪同伤员和病人上直升机，确保他们得到接待和适当的治疗。我还会带上我们已经拍摄过的胶片，再带回来一些比米饭和牛肉罐头更美味的食物。

直升机的到来在搬运工中引起了巨大的轰动。我也认为这几乎是个奇迹，在这么一片原始的树林里，一个旋转着的震耳欲聋的机器突然出现在天空中，又降落在我们身边。飞行员没有出来，他甚至没有停下直升机旋翼。我们将他带来的第一批货物扔出，再帮助病人登机。我爬上飞机，待在他们旁边，几分钟后，我们就飞上了天空，从森林上方掠过。正是在这片森林里，我们艰难而痛苦地跋涉了三个星期。

医务人员在莱城迎接我们，接手照顾受伤的搬运工。大约一个小时之后，我又飞回了森林。但我没看见任何迹象显示我们的营地或搭建的平台到底在哪儿。飞行员在一个狭窄的山谷里上升下降，然后对我大喊，他要降落在河中央的沙洲上。一下去，他就解释说，飞机上的东西太重了，他在山谷里飞上飞下寻找我们的营地，用了太多的燃料，所以他打算把我和货物都卸下来。一发现我们营地的确切位置，他就会回来接我。一遇到直升机，似乎总是这样，每一个字都要大声喊出来，每一个手势都要极尽夸张，每一个动作都要高速进行。行李被扔了出来，我们互相比了大拇指，几秒钟之内，直升机就飞走了。

直升机的轰鸣声消失后，一片寂静，几乎令人窒息。我环顾四周，没有更好的办法，只好毫无意义地把货物整整齐齐地码成一堆，坐在上面。我不知道四周的森林里有没有人在看着我，如果有的话，他们会怎样看待我？一个多么奇怪的人，莫名其妙地蹲在他们的河流中央。然后我开始猜想，没准这个飞行员再来找我，会跟刚才找营地差不多困难。我有吃的，这不假，但除此之外，完全不知道自己身在何处。大约十分钟后，直升机又出现了，一个小点掠过远处的山，再次轰轰隆隆地向我飞来。我松了一口气。

回到空中，我意识到了飞行员面临的问题。森林里的树有一百多英尺高，尽管劳里的人砍倒了好几棵，但除非你几乎就在正上方，否则是不可能看到空地的。考虑到没有任何可靠的地图指示我们所处的位置，飞行员第一次能找到我们，就真是技艺非凡了。直升机又一次降落到我们的营地，卸下货物，然后消失了。而我，在神奇地掠过树梢上方飞来飞去之后，又一次降级成了一只步履蹒跚、气喘吁吁的两足动物。

巡逻现在只剩下三天了。多亏直升机和空投，我们有了足够的物资，但三天后我们就应该要回到已知的地方，开始沿着四月河（April River）向下游航行。四月河是塞皮克河的另一条大支流，劳里已安排好船只在那里与我们会合。那天晚上我们垂头丧气地睡着了：劳里没有找到他要找的人，我们的影片也没有高潮。

我不知道第二天早上是什么把我叫醒的，但睁开眼睛，我看到一群奇怪的小个子男人站在我睡觉的布帘外面，盯着我看。他们个头很小，大约四英尺半高，背上背着编织的袋子，前前后后都用树皮带扎着带有绿叶的枝条。他们的头发都编成一缕一缕的，有两人把头发塞进脑后一个长长的编织束发网里。他们的耳垂都打了耳洞，挂着一些贝壳。每个人的鼻子末端都扎了一对深深的孔，里面插着粗壮的木栓，只有两个年纪较小的人没有插木栓，而是插着长长的食火鸡翎羽。我轻快地荡了一下，从帆布床上下来，走向他们，跟他们打招呼。休习惯把摄影机放在床底下，这时，我还没开口，他就已经开始拍摄了。

陌生人目瞪口呆地看着我们。我夸张地笑了笑，他们也回以微笑。我惊讶于人类的表情可以如此传神。很明显，虽然我们对彼此都有疑问，但我们都在向对方示好。劳里加入了我们，他拿了几张报纸给对方。在新几内亚几乎任何一处地方，纸都是一件非常受欢迎的礼物，因为人们用纸卷烟叶、制作香烟，就像我十四年前在吉米山谷（Jimi Valley）见到的一样。这些人好奇地看着它，试探着把它折起来，彼此传递。很明显，他们没有见过这个。劳里又试了另一件礼物——玻璃珠子。他把一勺玻璃珠放在一片叶子上，递给他们。他们无动于衷地看着它们，用手指拨弄着。珠子和报纸对他们来说似乎都一样陌生。劳里又试了一次，这次他拿出一袋盐。他们用手指蘸着尝了尝，尝到味道之后咧开嘴笑了。他们肯定知道盐，也很看重它。他们满怀感激地接受了它。但是他们是谁呢？他们怎么称呼自己？

"布卡鲁（Bukaru）？"劳里问。

他们咧嘴一笑，指向我们来时的山脉。

"布卡鲁！布卡鲁！"他们说。看来，我们已经穿过了布卡鲁的地段。

"比阿米（Biami）。"人群中一个个子较小、头发花白、更主动一些的人指着自己的胸膛说。"比阿米！比阿米！比阿米！"他依次指着他的每一个同伴补充说。这是一个劳里以前从未听说过的群体。

劳里指着谷底的那条河。

"黑雅米（Hiyami）？"他问。

他们点了点头，高兴地笑了笑，然后开始列举附近其他河流的名字，指着它们各自所在的方向。劳里重复着这些名字，好像他想知道有多少河流。他确实想知道，虽然他不是想收集这些河流的名字，而是想知道这些人用什么手势来数数。邻近族群的人可能说的不是同一种语言，但他们经常用相同的手势来表示数字。所以，如果他能知道比阿米人是如何计数的，那他可能会对他们的部落关系有所了解。那个花白头发、面带笑容的男人高兴地向我们展示了他是怎样做的：一、他摸了摸自己的手腕；二、他的前臂；三、肘部；就这样顺着手臂和肩膀一直往上，直到十一，他轻拍着自己脖子的一侧来表示。

成功之后，劳里继续用手语表示我们希望能换些食物。他们似乎明白了。他更进一步。他们带食物过来的时候，会带上他们的女人一起吗？然而，他们要么没有明白，要么无视了这句话。然后，他们高兴地挥着手，走回了森林里。

劳里向我解释说，如果第二天男人和女人都来了，那就表明他们信任我们，并且愿意和平相处。我们只能等等看。第二天早上，他们网兜里装着芋头和芭蕉再次出现了，但是女人和孩子没和他们一起来。我们给他们盐作为回报，劳里又问了一次他们的家庭情况。他们向我们招了招手，走开了。休抓起他的摄影机，我们跟着他们。劳里示意警察们留下来。如果我们自己去，会表现出我们对他们的信任。

比阿米人沿着一条依稀可见的小路走进了森林。这条小路沿着斜坡蜿蜒而下，在一棵大树的树干处转了个弯——突然，我们意识到他们消失了。

我们停了下来。劳里叫道：“比阿米！比阿米！”

一片寂静。

如果他们不希望我们这样做，为什么还要招手叫我们跟着呢？我们是在走进一个埋伏圈吗？我们应该回去吗？我们决定继续往前。

没有一条真正意义上的路，但是他们留下的踪迹很新鲜，我们可以毫不费力地跟过去。又走了200米，我们来到一个用新割下来的树叶盖起屋顶的小棚子。棚子下面，一堆小火的余烬还在冒烟。棚子的旁边，一根棍子上挂着一个龇牙咧嘴的人类头骨。

“比阿米！比阿米！”我们大叫。

依然没有回答。我们不安地走回营地。

比阿米人再也没有出现过。三天后，我们到达了有船等待的四月河。五天后，我回到了电视中心的办公桌前，试图理解我们将在下届管理办法委员会上讨论的文件，并思考计算机督导小组制订的预算。我想，我要求偶尔离开办公室，就是为了让自己能为这样的事情妥协。但我不确定，这个计划是否起了作用。

17

The Threat of the Desk

办公桌的威胁

1967年，公司理事会主席诺曼布鲁克勋爵（Lord Normanbrook）退休。英国首相哈罗德·威尔逊（Harold Wilson）对英国广播公司长期怀恨在心，他认为这个公司顽固不化，不能为他所用。他决定迫使公司就范，任命了查尔斯·希尔博士（Dr. Charles Hill）担任新主席。希尔是保守党的前部长，在此之前，还一直是独立电视管理局的主席。任职期间，他经常与英国广播公司总裁休·格林发生争执。众所周知，这两人彼此之间有着很深的私人恩怨。

这个消息让整个电视中心元气大伤，大家都觉得受到了很大的打击。毕竟，希尔似乎代表的是独立电视台的商业价值观，而这正是我们英国广播公司所反对的。这一消息宣布后不久，我不得不出了趟国——我想应该是去了美国，所以当新主席对他帝国版图里的电视区进行首次访问时，我不在那里。据各方消息，电视中心的一些高级职员并没有带着真挚的热情欢迎他。这样做并不明智，毕竟他将成为我们的新老板，我们总归会需要他站到自己这边。

我刚回来不久，希尔又来到了电视中心。不同于他的前任们，他如今在这里有了自己的办公室。他把我叫过去。

“你是这里我唯一还没见过的高级职员。”我进门的时候，他这么说道，然后热情地给我倒了一杯水。

“这里的人一点也不友好。为什么会这样呢？”

“好吧，主席，”我说，“您必须记住，我们在这里一直把你看作反对派，或者说，其实是敌人。这就好像第八军团*的士兵已经在沙漠中赢得了几场战斗之后，某天早上一醒来突然被告知隆美尔将成为他们新的总司令。”

“哦，我明白了，”希尔说，“他们认为我不是个好将军吗？”

“不，他们很可能认为你是，”我答道，“但这不是问题。问题是，你为之而奋战的目标与我们是否一致。”

这番谈话似乎满足了他，甚至取悦到了他。不管怎么说，从那以后，我和他相处得很好。

我怀疑希尔之所以对电视中心没有热情接待他而深感不快，很大程度上是因为他一直认为自己代表着公共广播事业的最高水平。他将自己首次声名鹊起归功于英国广播公司。“二战”期间，他是“电台医生”，

* The Eighth Army，“二战”中在非洲沙漠作战的英国陆军军团，曾与隆美尔指挥的北非洲军团协同作战。

在广播里分享有关健康饮食的家常建议。他故作忸怩地把李子干称为对抗便秘的“黑夹克战士”，这成了战时的一个著名笑话。他在英国广播公司建立的这种声誉，可能是他被公认为了解大众传播的原因，也是他被任命负责独立电视台的原因。当威尔逊把他调到英国广播公司时，希尔把这看作他终于回到了自己的精神家园。所以，当他受到如此冷遇时，感到非常生气。事实证明，他是英国广播公司及其独立性强有力的捍卫者，而威尔逊认为希尔会“驯服”英国广播公司，使其更易在政府施压下妥协的想法落空了。

希尔的第一批行动之一，就是请了管理顾问来检查英国广播公司的整个组织结构。公司需要提高收视费，而希尔必须向政府证明，这里的运营状况经济且合理。顾问们花费数周，拿走了数十万英镑的报酬，写出了一份非常长的报告和一份建议清单。其中一条就是应该改变最高管理层的任命。当时，主管整个电视部门的总监肯尼斯·亚当（Kenneth Adam）退休了。他的职位将被重新定为总经理，并将由休·威尔顿担任。在休之下，作为他在管理委员会中实际意义上的副手，将有一位节目经理。有人告诉我，这个人会是我。

想到前景，我有些沮丧，这将使我离节目又远了一些。不过，英国广播公司正在经历困境。现在不是辞职的时候，我也没有辞职。保罗·福克斯将继续担任BBC 1台的主管。罗宾·斯科特（Robin Scott）——曾是一位能力出众的电视户外转播节目制作人，当时正担任广播一台的主管，他将回到电视台，接替我担任BBC 2台的主管。

作为节目经理，要求我出席的会议数量多得惊人。每个部门的领导都希望每两周能召开一次例会，对此我很欢迎。在我看来，参加这样的会议正应当是我的工作——讨论前几周该部门的节目，听取一些新的想法，恰当时给予鼓励，过头之前及时劝止。但还有一些更大的会议，有十几个甚至更多人参加，讨论管理问题。这些会议对我来说就不那么有吸引力了。我尽自己最大的努力专注于手头上课题的技术细节，但我在伦敦政治经济学院短短的学习期间里习得的人类学观察技能还并没荒废。我不禁注意到这些会议上有关座位的行为是多么有趣。在这样的委员会成立之后不久，与会者们在会议桌旁按固定的位置就座，联盟就此形成。持有相似观点的人倾向于坐在一起。如果有人觉得自己可能和别人意见不合，他们会选择坐在那人的对面而不是旁边。更换主席之后，可能会有一次大洗牌，然后你就可以推演出将会形成的新联盟和敌对关系。我好奇这里的材料是否足以写成一篇人类学期刊上的论文，或许论文题目可以就叫作《关于英国广播公司委员会和指导小组的座位习惯的一些观察》。

有一次，我的观察有了一定的实用价值。我管理着电视服务部门的计算机操作小组，这个小组决定着我们在规划和财务系统中如何使用计算机，花费的资金也相当可观。因此，我会让总会计师紧挨着自己，坐在我右边。然而这一次，他迟到了，他的座位是空着的。我等了很久，直到最后一刻，他才满怀歉意地冲了进来。但他没有像往常那样坐到我旁边，而是径直走到桌子的另一头，那里有几个空位子，他在我对面坐了下来。很明显，他要在某个事项上反对我。我迅速地把目光投向会议议程，令我大为吃惊的是，里面有一项关于一笔重大开支的提案，我在开会前忘了先跟他梳理清楚。当我们最终讨论到这一项时，我向与会的众人致歉。我对这个文件的落脚点并不满意，决定推迟对它的决议。会议结束时，总会计师走了过来。

“我很高兴你没有通过那份文件，”他说，“我本来想要和你就此事抗争的。”

* * *

加入管理委员会为数不多的乐趣之一，就是每周一上午在广播大厦举行的例会结束之后，与委员会的其他成员一起共进午餐。有时，我们会邀请一位客人，也许是新闻人物，也许是一位我们需要吸收他的智慧的专家。广播部门的总经理弗兰克·吉拉德（Frank Gillard）在“二战”期间曾是受蒙哥马利将军偏爱的新闻记者，两人的友谊历久弥坚。他提议委员会不妨邀请这位陆军元帅同我们共进午餐。

陆军元帅如期而至。在吃了一顿气氛多少有些肃穆的午餐后，弗兰克请求元帅允许大家提问，并以一个他清楚会得到有趣答案的问题作为开场。

“元帅，”他说，“您认为历史会怎样评价亚历山大将军？”亚历山大在战争期间曾是蒙哥马利一个英武俊朗的对手，据说他们对彼此的敬爱之意并未消减。

陆军元帅应付自如。“好吧，”他说着，摆好架势，环视着桌子，“我相信亚历山大将军将载入史册，他是最……”他停了下来，打量着桌子周围充满期待的面孔，“他是战争中穿着最光鲜的将军。”

他笑了，很高兴自己的表演开了个好头。

“丘吉尔呢？”弗兰克又问道，“您认为他和希特勒之间有个人恩怨吗？”

陆军元帅现在已经完全进入了状态。

“你必须记住，”他说，“丘吉尔叟相不喜欢希特勒，不喜欢他。在诺曼底登陆后不久，我完全可以回忆起当时的情景，当时叟相来到法国我的营地里，视察前线。我们坐着我的野战车出发了。在车开了大约一个小时之后，我对他说：‘叟相先生，您需要停下来方便方便吗？’——说实话，是我自己想停下来方便方便。‘到齐格菲防线（Siegfried Line）还需要多长时间？’他问。‘大约四十分钟。’我说。‘那样的话，’叟相说，‘我再等等吧。’”

陆军元帅对围在桌子周围的人们露出了笑容。我内心的博物学家骚动了起来。

“有些动物，”我大胆地说，“会借方便标记它们的领地。也许他正是这么做的。”

“太有意思了，”蒙哥马利说，似乎他以前从来没提到过这点，“我可以再举一个例子。在后来的战役中，他又来拜访了我一次。当时，我们军队刚过兰茵河（莱茵河）。”

我们全神贯注地听他讲话，还是花了一秒钟，才明白过来他说的是什么。

“叟相想亲眼看看这条河。有新闻记者团队一直跟着我们。就在我们到河边之前，他让我停下来。他下了车，命令把记者们留在后面。然后叟相一个人走到河边，尿到了兰茵河里。”*

* 蒙哥马利将军说话带有口音，就好像我们中文发音中的平舌音和翘舌音不分，以及鼻音和边音不分，上文中的“叟相”和“兰茵河”就是对他口音的体现。

* * *

英国广播公司最高层之间正在进行一场战斗。大家都知道主席与总裁不和，所以当休 · 格林令人沮丧地突然宣布他要退休时，大家也并不觉得意外。他是言论自由的伟大捍卫者。更让我们感到惊讶的是，声明上接着说，他已经接受了理事会的一个席位。或许理事会的席位是他离职的条件之一，但如果的确如此，这不是个明智的选择，因为它进一步混淆了理事会和管理层的角色。理事们代表的应该是公众利益，他们要密切关注职业广播人，听取他们对自己的行为给出的理由和辩解，并最终批准或禁止他们的行动。在理事会中引入一名职业的广播从业人员，会让理事们更加认定自己是广播界的专业人士，鼓励他们更多地接管管理委员会的任务和职责，而这一点在希尔的治下已经初现端倪了。

查尔斯 · 希尔现在可以任命一位总裁，从而进一步提高他对公司政策的个人影响力。与现在不同，当时这个职位只考虑内部候选人。最杰出的是休 · 威尔顿。但是希尔不信任休，他认为休太聪明了。还有查尔斯 · 柯伦（Charles Curran），他曾担任过管理委员会秘书，时任海外服务部总经理。在个人魅力方面，他不是休的对手，但无论如何，他都是一位智识天赋兼备的管理人员和一位有着崇高道德准则的天主教徒。还有三位不那么显眼的候选人也被叫了去——肯尼斯 · 兰姆（Kenneth Lamb），他也曾担任过公司的秘书和时事部门的主管；保罗 · 福克斯，作为BBC 1台的负责人，已经展示了他的强大实力；还有一位，出乎我的意料，是我。希尔没有问我是否想要申请这个职位，他只是告诉我，理事们想见我。

我按照要求来了。我怀疑自己当时态度不算太好。我不想要总裁的职位，事实上，我也不认为自己是这个职位的合适人选。因此，我很难向理事们详细说明，如果得到这份工作，我将做些什么。最后，查尔斯·柯伦得到了这个职位。

* * *

英国广播公司对头衔的痴迷以及员工们将头衔简化为首字母缩写的习惯经常被嘲笑。这个部门的助理主管，那个部门的首席助理，另一个部门的副总监。这些职位名称在内部备忘录上往往会变成首字母出现，就更好笑了。许多在办公室和办公桌之间流通的纸条顶部都有由三四行大写字母组成的小标题，中间只有句号和分号。在外人看来，它们一定像巴比伦楔形文字一样令人费解。尽管如此，一旦你习惯了这个系统——事实上，这并不需要很长时间，这些缩写能让事情变得更简单。你不需要记住负责电视电影转换机的工程师的姓，甚至不需要知道部门人员最近是否有变动。你只需要简单写下“H. E. Tel. Rec.”，这是电视录制总工程师（Head of Engineering Television Recording）的缩写。如果有人晋升了，他所有的文件都可以原封不动地留在原本的位置，新主人接手几乎不会遇到任何问题。对于一个有着两万人的组织，这是一种明智的管理方式。

这种做法甚至延伸到日常对话中。在对话中，首字母缩写也有其价值。“DG”指的是总裁（Director General），甚至当着他的面也会这么说，这是一种方便的表达敬意的方式，也是强调说话人态度的一种非常有用的方式。这是一次随便的谈话，不需要严肃对待吗？这是收到的正式指令，并且还有些争议？当头衔的使用范围大大扩展，这种习惯就变得更加费解了。谁能指望英国广播公司迷明白“A.C.Tel.Ops.”代表的是电视运营总监助理（Assistant Controller Television Operations）？当这种做法渗透到一般的社交活动中时，就变得更加荒谬了。有一天晚上，简来电视中心参加一个社交活动，门厅里人们这么欢迎她：“晚上好，D.P.Tel.（Director of Programmes of Television）夫人。”这事我都觉得好笑。

而我“节目经理”的头衔多少有些误导人。在新工作中，我与节目的密切程度远不如担任BBC 2台负责人的时候。那时，休曾经给了我很大的编辑自由，我觉得自己应该同样对待继任者罗宾·斯科特。所以，除了就两个频道总体计划的一般性讨论，只有在节目出现问题的时候，相关文件才会出现在我的案头，比如说制作费用大量超支，或者必须对品位和语言相关的问题作出判断，或者节目被指控扭曲事实、有诽谤的风险或是严重背离了公司的编辑原则。除此之外，我的时间都花在了改进管理方法、调整人事问题（包括解雇员工）、解决工会纠纷、引入电脑化系统，以及面对铺天盖地的财务问题上。

电视服务部门没有超支。但每个制片人肯定都想提高自己作品的质量，而这往往意味着需要更多资金。我们可以通过向海外推广节目来增加收入，也正为此作出巨大努力。而唯一另一个能应付成本上涨的方法就是提高收视费了。不过，政府自然也应当反对这种想法，而要做到这一点，最简单的方法就是始终声称英国广播公司过于浪费、效率低下，虽然并没有任何证据。商业电视台也正好可以顺势支持这个观点。

正是在这前后，我参加了一个鸡尾酒会，来自电视行业各个领域的人都出席了。在房间的另一头，我看到了卢·格雷德爵士（Sir Lew Grade），当时他是商业电视领域最有权势的大亨。他满面笑容地走过来，拍拍我的背，祝贺我的晋升。“你认为我现在面临的主要问题是什么呢？”他闲谈般地问道。我告诉他长期以来，想要提高收视费用一直都是我们的问题。

“胡扯，”他态度亲切友好地说，“BBC多有钱啊。贵公司应该减少浪费，提高效率。我只希望我们独立电视台也能有你们这样的收入。”

“那这就很有意思了，”我说，“独立电视台花国家的钱，总体上来看是BBC的两倍。贵公司每年的广告收入有9300万英镑，这跟BBC每年通过收视费获得的收入几乎是完全相等的。但我们用这笔钱做出了两个电视频道和四个广播频道，而不像独立电视台，只有一个频道。”

“你对这些数据有把握吗？”他说。

“这些数据来自你们和我们的官方手册，”我回答说，“你怎么解释这种差异呢？”

“好吧，政府为我们独立电视台制定的区域政策太浪费钱了。”

“好吧。就算那浪费了1000万英镑吧，你们每小时节目花费国家的成本仍然是我们的两倍。如果我们都叫浪费，你们又该怎么说呢？”

卢眯起眼睛，向我靠过来。

他说：“我们付给高管的薪水高得离谱。”

* * *

当然，精确计算一个特定节目的成本并不容易，我很快就了解到会计人员可以用来改变资产负债表表面那微妙而复杂的方法。我们运营摄影棚的成本有多少比例应该分配给一个特定的制作部门?运营我们自己的化妆部门花了多少钱?雇用兼职化妆助理会更便宜吗?那些用电影胶片制作的节目从没进过摄影棚，应该算作摄影棚成本的一部分吗?如果成本结构的呈现让人们蜂拥进入电影制作，而让我们昂贵的永久运营的摄影棚空空如也，又会发生什么?

需要知道有关节目成本这一问题的答案的，不仅仅是我们自己。政府急于打造繁盛而独立的电视产业，曾指示英国广播公司减少节目产出，从独立制片公司购买一定比例的节目来播放。当英国广播公司说独立制片公司要求的预算与公司自己的成本相比高了太多时，可以理解的是，独立制片公司则在抱怨，我们的许多实际成本从未出现在公司内部制片人的预算中。打电话的费用呢?它们应该归入每档节目的成本吗?英国广播公司内部制作人出入自由的那些图书馆又是谁在买单呢?他们吃饭的食堂补贴呢?说到这里，还有总裁的工资呢?因此，必须引入一套更为全面的成本核算体系，在向公司的管理者们提供更好的财务信息、以便他们可据此做出决定的同时，还将允许每一位制片人在花钱方面拥有最大的自由，以最为经济的方式购买想要的东西。做这件事，以及说服制片人、工程师、布景设计师和餐厅主管做出这些管理和决策方面的改变是必需的，并且从长远来看，也是对他们有利的，这个过程极为复杂，占据了我越来越多的时间。

“节目经理”的头衔变得越来越不合适，我也变得越来越焦躁不安。这不是我进入电视行业的目的，我也不认为自己擅长做这些事。我决定，四年之后，该是我重返节目制作的时候了。

* * *

我花了一些时间才找到合适的辞职时机。我仍身处几场不能中途放弃的战斗中，得等到胜利的那天。但最终，在1972年12月，时机到了。我继续着每隔两年左右离开办公桌、花上几周制作一档节目的安排。我将下一次定在了1973年2月，彼时会与博物学部门的一个小组一起去一趟印度尼西亚。这是一个理想的转折点。我可以清理办公桌，将手里的工作分配给不同的人代为处理，而不至于引发令人尴尬的谣言。然后，在我出发前三周左右，我宣布不会再回办公室了。媒体试图编造一个我被扫地出门的故事，但我设法阻止了。

在公司内部，我明确表示这不是退休。我很直接地说，在管理职位上待了8年—— BBC 2台4年，节目经理4年，我现在辞去工作，只是为了能够重新回去制作节目，因此也就无须举办什么告别派对。我希望，当自己从印度尼西亚回来的时候，能以自由节目人的身份重新出现在电视中心的酒吧和办公室里。我的继任者将会适时公布。

现在，到了我执行最后一项重大行政义务的时候了，那就是主持每周一次的节目审查会。这项重要的会议在每周三上午举行，过去七天内播放的任何节目都可以在会上讨论。机构中每个制作部门的负责人都会参加这个研讨会，如果就某些节目有重要问题需要讨论，那相关节目的主要制作人也会受邀参会。常规的与会身份是一种荣誉，通常有40人左右。这是电视服务部门的决策班子，甚至可能是整个业务的核心。

《广播时报》为我们提供了会议议程表。我们利用它刊登的节目单，对两个频道的播出情况逐日进行回顾。主持会议时，我必须确保每个晚上都有公平的讨论时间，特别是如果那个周末播出的节目里有特别重要的，或者引起了争议的，需要回顾。这一次，一切都很顺利。会议预定在十一点结束，结束前七分钟，我像往常一样，说道："现在，讨论一下昨晚的节目。"

每个人都翻开了《广播时报》，整个房间爆发出一阵哄堂大笑。报纸上不是昨天晚上的节目清单，而是一份完全虚构的节目单，每一个节目上都有我的名字——或是在标题上，或是在潜文本里，又或是在节目嘉宾或技术人员的名单中。不仅如此，多少让我有点尴尬的是，这些虚构节目的插图都是我的照片。

保罗暗中策划了整个活动。他要求每个部门的负责人根据自己的节目类型设计一份假的节目清单。保罗负责编辑，并说服《广播时报》印刷了五十多份新的双页插页。每个人的秘书——包括我自己的在内——都被秘密指派了一项任务，那就是把他们的《广播时报》拆开，加入新的插页。再也没有比这更温馨、更有趣的告别礼物了。

我怀着复杂的心情走出会场。但我知道，离开的决定是对的。

18

Back to the Jungle

重返丛林

到了20世纪70年代，位于布里斯托尔的广播大厦已毫无疑问地成为世界上首屈一指的自然历史节目制作中心。自然历史部之所以能在那里发展，不是因为英格兰西部野生动物资源特别丰富，而是因为公司长期以来的区域政策。伦敦以外的BBC节目制作中心主要制作关于当地，也只在当地播出的节目。但可以理解的是，各个地区也会希望制作面向全国观众的节目。为了支持这一雄心，公司鼓励各个地区发展一项自己的特色。国家性质的区域，比如苏格兰、威尔士和北爱尔兰，它们当然有很多可以贡献的特色。苏格兰在这方面做得最好。他们通过苏格兰戏剧取得了巨大的成功，这些剧作由苏格兰作家创作，而演员们的口音也充分体现了苏格兰特色。他们还贡献了苏格兰的舞蹈节目。同时，鉴于他们认为英格兰人不了解新年前夜的重要意义，他们还贡献了关于苏格兰大年夜（Hogmanay）的节目。

在为面向全国的电视系统作出贡献方面，英格兰境内各地区的工作就要困难得多了。位于曼彻斯特的北区分部还有一座硕果仅存的音乐厅——皇宫剧院（Palace of Varieties），这里会定期播送一档名为《美好往昔》（*The Good Old Days*）的系列节目。没有收取任何报酬的观众争相为节目穿起爱德华七世时期的服饰。伯明翰分部在努力制作工业相关的节目。出于地方的自尊心，他们在石磨坊（Pebble Mill）得到了一处富丽堂皇的办公中心。那里的节目制作人意识到，中心宏伟的入口大厅比演播室还要大上一些，于是建议利用它做一档午餐时间的聊天节目。这档节目持续了很长时间，名为《午后一点的石磨坊》（*Pebble Mill at One*）。我在BBC 2台的时候，我们还在那里组建了一个戏剧小组，制作了一系列时长半小时的常规戏剧节目，这档节目也繁荣了几年，但最终还是落下帷幕。

然而，唯一一个长期保持卓越的成功案例是位于布里斯托尔的西区分部。战后，德斯蒙德·霍金斯立即在广播节目里确定了自然历史为西区特别关注的主题。20世纪50年代电视刚开始发展时，他巧妙而友好地让我无法接近他的领地。1957年，他正式成立了博物学制作团队，由彼得·斯科特负责的《看》（*Look*）系列节目取得了巨大的成功。这个团队还为儿童制作动物相关的特别节目，并为BBC 2台常规的50分钟自然历史节目提供片源。在整个广播电视领域，只有这一个团队拥有两个电视频道、四个广播频道来播送自己制作的节目。如果它还不是当时同类型里最大也是最好的团队，那显然不应该，而德斯蒙德——一开始的团队负责人、后来的西区分部总监，则百分百确保了它的地位。

当德斯蒙德建议我可以在印度尼西亚拍一系列节目时，我真的完全是把它当作管理工作中的公休写在了记事本里。而现在，这成了我作为自由节目人的第一份工作。

制片人是理查德·布洛克，两年前，就是他说服我代替德斯蒙德·莫里斯，在非洲鲁莽地走近大象。他已经计划好了这次旅行，并做好了节目大纲。我的任务是出现在画面中，描述所看到的情形，时不时地补充一些信息，让观众与我产生共鸣。这么一来，从我的样子和我说的话，他们能够多少感受到我在的地方是什么样子的——是热是冷，是危险，是令人筋疲力尽，还是让人兴奋不已。简而言之，我担任的是现在被称为"主持人"的角色。比起早期《动物园探奇》的时候，节目的设计、导演、脚本和实地探访都由我完成，这次似乎是降了点级。但这是在我全职做管理人员时做出的安排，这档系列节目对我来说只是副业。现在，已经无法改变了。

拍摄团队的规模比之前的《动物园探奇》要大上一些。我不再像原来那样，只有一个同伴。我将成为五人小组中的一员。摄影师会是莫里斯·菲舍尔（Maurice Fisher），他有个助手休·梅纳德（Hugh Maynard）。还会有一个录音师，迪基鸟（Dickie Bird），他的本名叫林登（Lyndon），不过据我所知，除了他的妻子，没人这么叫他。还会有导演理查德来告诉我该做些什么。所有人都将成为好朋友，我会和他们一起继续制作很多节目。特别是迪基，在接下来的三十年里，断断续续地，他将耐心录下我说的话，温和地纠正我的语法、批评我的发音，摸索着我的衬衫前襟，试图把微型无线麦克风藏在里头。

理查德已经决定，其中一期节目要做著名的喀拉喀托火山

(Krakatau)专题，它在19世纪的那次爆发是有记载的最剧烈的火山爆发之一。位于爪哇岛和苏门答腊岛之间海峡上的一群小岛在一次次巨大的爆炸中被损毁殆尽。这场火山爆发制造出了有记载的历史以来最大的噪声，一连几天完全看不见太阳。它引发的海啸冲击了附近的爪哇岛和苏门答腊岛海岸，渔船被整个冲到山上，淹死了成千上万的人。

在这场巨大的火山爆发二十年之后，一座小型的火山灰堆出现在海面上，正是在之前火山岛所在的位置。当地人称它为阿纳喀拉喀托(Anak Krakatau)，也就是"喀拉喀托之子"。自那以后，它仍在时强时弱地继续喷发，现在已经形成了一个相当坚实的岛屿。我们要拍的就是这个。

在我看来，讲述火山爆发的戏剧性故事确实给了主持人一个证明自己存在的好机会。可以是我讲述的时候，身后的夜空中，一道鲜红的火焰喷涌而出；又或者，如果阿纳喀拉喀托并不太活跃的话，我可以站在一条熔岩河边，让脸被它暗沉的光照亮。理查德同意了。不管采用哪种方式，我们都确信晚上的效果会是最好的。

半下午的时候，我们来到了爪哇岛西端的小渔村拉布安(Labuan)。我们租了一艘渔船，在傍晚时分开始向远处地平线上一小群不规则的火山堆进发。我们觉得阿纳喀拉喀托火山就在其中。

海面布满油污，死气沉沉。海面上空，万里无云，月亮在天空中闪耀，月光如此明亮皎洁，我仿佛可以在月光下读书。但在我们前头，情况却截然不同。巨大的云拱门给前面的岛屿镶上了边，拱门的两边一直延伸到远处的地平线。我们似乎正驶向一个巨大的洞穴，洞穴中发射出一道道闪电。当我们靠得更近、驶入拱门时，云顶遮住了月亮，四周一片漆黑。这一幕太有瓦格纳风格了。现在，我们可以在黑暗中看到前面有一道红光，这一定来自阿纳喀拉喀托。突然，红光消失了，一时之间我以为火山喷发停止了，但实际上只是旁边的一座小岛挡住了我们的视线，而黑暗中我们根本看不到小岛的存在。绕过小岛，我们眼前出现了期望中的画面——火焰喷泉。

火焰高高喷射向空中，映衬出一座低矮灰丘的剪影。很难判断火山喷发的位置距离我们有多远，但射入空中的猩红岩浆坠落的速度显得非常慢，我猜想，我们离火山至少还有半英里。但我们已经离得够近了，火山灰飘落到身上，刺痛了眼睛，弄乱了我们的头发。它发出的噪声并不特别大，更像是巨大的肺部在清理垃圾，平稳而持续地发出轰鸣声，而不是一阵接一阵震耳欲聋的爆炸声。

我们登陆后，走在黑色的火山砂上，想找一方最好的视野。我们艰难地向内陆行进了100码（约914米）左右，终于看到正前方，巨大的熔岩一团一团重重地砸进火山灰里。休架起三脚架，莫里斯拿出摄影机，我开始思考要说的话。莫里斯不安地望向天空。天上飘起了毛毛细雨，雨滴中肯定满是锋利的火山灰颗粒，哪怕只有一粒落在镜头上或是胶卷暗盒里，我们就会有麻烦了。莫里斯非常明智地把摄影机从三脚架上拿下来，放进金属盒子里，等着雨停。

不过，雨没有停。毛毛雨变为小雨，起初下得很温和，几分钟后变成了倾盆大雨。这里没有建筑物，甚至连一棵树或者一株灌木都没有，我们无处可躲，只能站在空旷的火山灰平原上，任雨浇透。

大约十分钟后，雨慢慢变小，然后停了下来。莫里斯又拿出他的摄影机。他取好景，开始检查对焦和曝光。天上再度飘起了毛毛雨，毛毛细雨转为小雨，莫里斯不得不把摄影机放回盒子里。

这种情况发生了四次之后，我开始怀疑阿纳喀拉喀托火山正在形成自己的小气候，有着自己的循环规律。也许天空中产生闪电时所释放出的巨大电流是造成这种天气的一个因素。不管是不是这样，从大雨结束到下一场小雨来临之间的时间，几乎和莫里斯架好摄影机准备拍摄的时间完全相等。到了凌晨三点钟，我们还站在火山灰平原上，浑身湿透。没有任何迹象表明这种循环会改变或是停止。理查德决定，我们应该放弃拍摄。我们悲惨地回到船上。

船上的情况也好不到哪里去，仅有的干燥角落都已有船员蜷作一团，我们只能躺在露天的甲板上，任凭大雨倾盆倒在身上，冲刷着身下的木板。天亮之前的三个小时显得无比漫长。

太阳升起时，雨终于停了。阿纳喀拉喀托火山仍在喷射岩浆，但在寒冷的晨曦中，它已不再如昨晚的黑暗中那般壮观。我们也冷得厉害，失去了活力，湿漉漉的衣服紧贴着冰冷的身体，我们悲惨地坐在甲板上。理查德试着给我们打气：或许拍不到他想象中令人目眩神迷、火光漫天的镜头，但火山爆发的故事本身已足够惊心动魄，他相信我能想出一些旁白来弥补画面缺乏刺激性的不足。

我尽最大努力构思出了一组解说词。从一个主持人的角度来看，阿纳喀拉喀托火山的故事最大的问题就在于其中全是数字：火山喷发的时间是1883年，被摧毁的岛屿有7公里长、5公里宽，喷射出的熔岩有15立方公里，覆盖的区域达到了400万平方公里，船只被冲到深入内陆2公里远的地方，造成了36000人伤亡，听到这次爆炸的地方远至3224公里以外的南澳大利亚，在那里沉睡的人们被轰鸣声惊醒，甚至4811公里外的罗德里格斯岛（Rodriguez Island）上也有人听到响动，不过那里的人们误以为那是枪声。这些数据在故事中有着重要的价值。

但是我对数字的短期记忆力很差，我觉得自己也不在最好的精神状态。如果说错了一个数字，一整段话就都毁了，得重新再录一遍。我最后决定，解决此事的唯一办法就是把涉及的数字用粉笔写在船身的各个部分，让我能看见而摄影机拍不到。于是迪基录音，莫里斯在我前面录像，休抱着莫里斯的腰引导他在甲板上慢慢倒退。我则在小小的船上转来转去，看似漫不经心地将视线投向桅杆、救生艇的侧面、帆桁，最后还有甲板上的一只水桶。这个故事讲了将近两分钟。在电视上，一个人讲话的特写镜头持续这么久而没有其他画面的介入，这个时间就已经很长了。但这个镜头似乎足够吸引观众的注意力，并且我没有弄错任何一个数字。

我认为，我已经赢得了当主持人的资格。

* * *

理查德又有了新的计划，以使主持人的作用在他的节目中最大化。他希望我不仅能传达给观众某个地方或某地历史的基本事实和数据，还能用语言描述出我对那些令人心驰神往的地方的直观感受。他已计划好一些要带我去的地方。其中最激动人心的当属婆罗洲的洞穴。

我大概知道点儿等着自己的会是什么，因为在我主管旅游和探险部门的期间，我监督了那位古怪的人类学家和战争英雄汤姆·哈里森（Tom Harrisson）制作的一系列影片。他当时是沙捞越博物馆（Sarawak

Museum）的馆长。其中有一集后来赢得了好几个奖项，内容正是关于在婆罗洲的尼亚（Niah）石洞里采集燕窝的奇妙活动。穴金丝燕（cave swiftlet）是一种比麻雀还小一点的小鸟，它们在这个洞穴里筑巢。石灰岩墙壁和洞顶上只要有一点最轻微的凹凸不平，它们就会贴上去，分泌出黏稠的唾液，涂抹到岩石上。几天时间里，就能在此基础上建造出小小的摇篮状鸟巢，然后在一个巢里生下两颗蛋。中国的美食家们认为这些燕窝能煮出最美味的汤，愿意出大价钱购买。所以每到金丝燕筑巢的季节，当地人就会爬上摇摇晃晃的竹竿，冒着生命危险，到离洞底200英尺（约61米）的高处去采集这些鸟巢。

既然尼亚已经有人拍过了，理查德决定去另一处出产燕窝的洞穴戈曼顿（Gomanton），它在婆罗洲的另一边——沙巴州（Sabah）。在这里，采集燕窝的技术略有不同——人们不用爬竹竿，他们沿着石灰岩峭壁爬到洞穴入口的上方，通过洞顶的一个孔洞进入洞穴。许多年前，就有人从洞口垂下一架长长的软梯，梯子是用从附近森林里割下来的藤条制成的。软梯上又接了一架硬梯子，像起重机的悬臂一样，可以旋转，使采集燕窝的人能够到洞顶的大部分地方。

观看并拍摄这一幕就够精彩的了，但是理查德还给他的主持人准备了一个惊喜。他告诉我，在他准备好之前，我不能再往里走了。接着，在莫里斯的镜头中，我要穿过金丝燕所在的洞室，向洞穴更深处走去，那里还有别的东西在等着我，而我要用语言做出回应。当要你准备好对某种惊喜滔滔不绝地做出反应时，就足够让你说不出话来了。我走在从金丝燕的洞室通往大山更深处的通道里，拐过一个转角，眼前的景象简直令人惊异到无以复加。

在我前方洞室的尽头，一束耀眼的阳光从洞顶上的一个孔里射下来，戏剧性地照亮了我眼前一座150英尺（约46米）高的金色沙丘。沙丘的底部很宽，从洞穴的地面一直堆到离洞顶只有几英尺的地方。难以理解的是，它的表面似乎在闪闪发光。直到我离这座沙丘只有几码远的时候，才意识到自己看到的是什么。沙丘实际上由蝙蝠的粪便堆积而成，无数蝙蝠整个遮盖了200英尺（约60米）上方的洞顶，而沙丘表面闪动的微光则来自一张由爬动着、闪烁着、踉跄着的蟑螂形成的厚毯。这些蟑螂颜色漂亮饱满，就像刚脱壳的马栗果（horse chestnut）。它们正懒洋洋地一路顺着蝙蝠粪山吃上去，吃掉路上的一切东西。地上各处躺着从洞顶掉下来的蝙蝠尸体，蟑螂黑压压地涌到它们身上。我眼看着一只掉了下来，它一侧翅膀似乎受了伤，但还活着。不过，蟑螂也立刻爬了上去，几秒钟之内，它就消失在了栗色的毯子下面。但是，蟑螂也终有一死。埋葬甲（black sexton beetle）在它们中间爬来爬去，寻找死去的蟑螂尸体，大嚼特嚼。粪堆的一边溢出来，流到了一堆掉落的巨石上，上面布满了银色的网。每张网边上都蹲着一只巨大的蜘蛛，时刻准备着扑向从粪山上掉落下来的蟑螂或甲虫。

蝙蝠的粪便只是稍稍有些湿润，并没有黏成一团，所以粪山的顶层正缓缓向下滑动。我很好奇它会滑去哪里，然后发现这一整堆粪便都慢慢地滑进地上一个几码宽的洞里，就像沙子从沙漏中间流下去，流进下方的洞室。想必下层的洞穴系统里一定堆积了几个世纪的粪便。我离那个洞远远的，不敢靠近。

我尽了最大的努力对着镜头描述着这一惊人场景中的各种元素。我叹服于大自然中万物的相互关联——每天晚上蝙蝠飞出洞穴，掠过周围森林的树冠，胃里装满成吨的昆虫又回到洞穴，而它们的粪便仍含有足够的养分可以供蟑螂维持生命。我接着指出，蟑螂继而又被甲虫吃掉了，甲虫的粪便和它们的尸体也成了粪堆的一部分。我又讲到这最终的产物被礼貌地称为“粪肥”，当地人会用麻袋把它们装走，用作耕地的肥料。这反过来又促进了洞外植物的生长，它们可以将毛毛虫养育成飞虫。虫子再次被蝙蝠捉住，它们的尸体将重新回到洞穴。

但理查德想要更多。在他的命令下，莫里斯、休、我，还有迪基都爬上了粪山，我们一路踢着往上爬，就像在陡峭的雪坡上踢出雪梯一样。我的靴子足足陷进去了12英寸（约30厘米），但是我的靴子和裤子对蟑螂似乎都没有什么特别的吸引力，它们在我腿边爬来爬去对我来说也不是什么问题。粪堆底部的粪便经过蟑螂的加工处理，闻起来有点甜——有点恶心，但还不至于无法忍受。然而，我们越爬越高，粪便也越来越新鲜，开始微微冒出氨气。我不禁怀疑，等我们爬到粪山的顶端之后，我还能不能说出话来。

粪山的顶端离洞顶不到20英尺（约6米），在那里我可以清晰地看到蝙蝠。蝙蝠有两种。体型较大的那种密密麻麻地挂在洞顶上，像一串串黑色带柄的果实，我们用火光照向它们时，它们也焦急地扭动着身子看向我们。第二种和老鼠差不多大小，它们占据了另一部分洞顶，那里的石灰岩上布满了深深的蜂巢状孔洞。当火把的光线照到它们身上时，它们就开始在垂直的小孔洞里飞上飞下，让人很不舒服。

我们聚集到一起。我得对着镜头说点什么，带动观众感受这个诡异地方的氛围。我们的火把光线太弱了，无法进行拍摄，不过休带着一盏用电池驱动的强光灯。莫里斯叫他把灯打开。顿时，所有蝙蝠都离开洞顶飞了起来。起初，它们乱作一团，向着四面八方飞蹿，但不出一分钟，它们就全都顺着同一个方向，一圈一圈地打转，在我们头顶上方形成了一个大漩涡。空气中充满了它们的皮翼扇动的声音和吱吱的叫声，我们能感觉到它们身上散发出来的热气。新鲜的粪便就在我的脚边，散发出的氨气让我快要窒息了。

“开机了，”莫里斯说着，眼睛对准镜头，“说点什么。”

“据说有些人不喜欢蝙蝠，”我喊道，“因为害怕蝙蝠会缠住他们的头发。当然，这种危险是不存在的，因为蝙蝠有一种神奇的导航系统，基于超声波的回声定位，人耳无法听到。这是大自然的奇迹之一。正如你所看到的，这成千上万的蝙蝠没有任何一只会撞到另一只，更别说我了。”

在窒息之前，我只能做到这么多了。

莫里斯关掉摄影机。

休熄灭灯。

一只大蝙蝠迎面撞到我的脸上。

* * *

我们主要的工作地点是在热带雨林里。我们决定做一期节目，专门介绍那些生活在半空中的动物，生活在阳光普照的繁盛树冠和黑暗的森林地面之间，生活在悬垂的藤本植物和树干所在的世界。在这里，飞行很重要，许多爬行动物和哺乳动物都进化出了乘风飞行的技能。

大多数松鼠当然有着令人印象深刻的跳跃能力，但在婆罗洲，正如在北美，有一些松鼠做到了通过滑翔来扩大它们的活动范围。北美的飞鼠只有几英寸长，但婆罗洲的飞鼠可是巨鼠，它们从鼻子到长长的尾巴尖将近3英尺（约91厘米）长，通体深棕色。在它们的手腕和脚踝之间伸展开一张带毛的皮翼。腾空而起时，它们伸直四肢，用尾巴当舵，能在空中滑翔100码。我们在一棵巨大的甘巴豆（Koompassia）树干上发现了一对飞鼠，它们生活在70英尺（约21米）高的树洞里。每天晚上，它们会外出觅食，不过出发前，它们显然是要先和自己的邻居玩玩游戏。它们会在半空中绕着一条呈矩形的线路互相追逐，在水平的树枝间蹦蹦跳跳，背上的斗篷随风起伏。然后，它们跳下树枝，滑翔到远处的树干上，再沿着它垂直向上飞跑，回到原有的高度。接着，又沿着另一根树枝助跑滑翔，回到出发的那棵树。一天晚上，在为我们呈现了一场特别令人愉快的表演之后，它们又添上了一个壮观的高潮——三只飞鼠一只跟着一只爬上了一棵尤其高的树，又接连从最高的树枝上跳了下来。最后一只在奔跑中起跳，于是三只飞鼠同时飞在空中，然后每一只分别朝着不同的方向漂亮地打了个转，最后降落到各自生活的树上。这就像一场空中表演盛大的完场演出。

蜥蜴也在树枝间滑翔。它们是小型动物，只有不到6英寸（约15厘米），长着延长肋骨。坐在树枝上时，长长的肋骨收在身体两侧，它们看上去毫不起眼。但时不时地，为了追赶昆虫或挑战对手，它们会从树枝上跳下来，把肋骨向前向外拉开，露出身体两侧色彩鲜艳的皮翼。还有一种蛙也可以滑翔，它的长脚趾之间有薄膜，这样就能像站在四个小降落伞上一样在空中滑翔。

我们发现并拍下了这两种非凡的飞行者，但在我们的飞行演员阵容中，最令人惊讶的是一种蛇。天堂飞蛇（Paradise Flying Snake）的大部分生命都在树上度过，它们能快速而灵巧地爬树，腹部的横向鳞片让它们可以抓紧树皮。但无论是在婆罗洲还是在英国，我们采访过的博物学家都对它们是否真的能飞表示怀疑。它们不像飞蜥那样有延长肋骨，也没有任何其他能起到翼体作用的可见特征。持怀疑态度的博物学家说，一条会飞的蛇最多就是单纯地从一棵树上掉下来，扭动着爬过地面，再爬上另一棵树。

显然，我们不太可能只是在森林里游荡，指望着一条小蛇突然出其不意地从头顶的树枝上降下来，让我们找到真相。即便真有那么一条小蛇，我们手上也不能正好有一架摄影机，取好景、对好焦，准备好了记录它确切的动作姿态。我们必须从这些久负盛名的飞行家中找出一位，并设法说服它飞上天空。

前半部分很容易安排。我们住在一个农业站的政府招待所里，当地人对这种蛇非常熟悉，很快就为我们抓到了一条。这是一种美丽的小动物，大约1英尺（约30厘米）长，几乎不比我的小手指更粗，蓝绿色的鳞片上点缀着金色和红色的斑点。但我们如何让它飞起来呢？

理查德想了个主意。农业站有一座水塔，大约50英尺（约15米）高，矗立在修剪整齐的草坪中央。我们爬上顶部的平台，把一根枝叶繁茂的树枝绑在环绕平台的安全栏杆上。莫里斯站在下面的草坪上，把摄影机架在三脚架上，仔细地用焦距最长的镜头对准了树枝尖。我用布袋装着蛇带到平台上，然后把它放到树枝上。它小心翼翼地穿过细枝，爬到树枝另一端，在树叶间蜷成一团。我轻轻地摇了摇树枝。那条蛇蜷缩得更紧了。我用一根棍子轻轻地戳了它一下，它就从树枝那端掉了下去，像块石头一样。它又小又轻，毫发无伤地落在草地上，想要溜走，但马上被聚集在塔周围看热闹的当地工人捉了回来。它的这种降落方式怎么也不能称为飞行，也许怀疑的人是对的。

理查德的观点是，即使蛇能飞，它也可能更倾向于——这么说吧——先助跑，必须想出一种方法来让它做到这一点。他在站点的库房里发现了一卷透明塑料管，这或许能派上用场。我们截取了一段塑料管，带到水塔上，用它来代替树枝。我抓住蛇的尾巴，把它悬在塑料管一端的开口上方，最终成功让它把头伸进了管子里。它有些疯狂地在管子里扭动着向下，因为管子是透明的，所以我能看到它走到哪儿了。当看到它迅速地爬向另一端时，我向莫里斯喊话，让他开始拍。蛇到了管子尽头，把头伸出去几英寸——犹豫了。我把嘴唇放到管子的这一端，吹出了一个自认为是降E调的音。蛇蹿了出去，直直地往下掉了大约15英尺（约4.5米），然后开始向前滑行，像个飞盘一样掠过空中。

后来，通过莫里斯拍下的影片，我们确切地看到了它是如何做到的——它把肋骨向前向外拉开，这样环形的身体就变成了一条扁平的丝带，底部微微凹陷。与此同时，它把自己折叠成很多个S形，每个弯都大到两侧的身体几乎相接，这样它的形态就从细而长变得短而宽，这确实有效地截住了下方的空气。如果滑翔机能算作会飞，那么这条蛇就是会飞的蛇。

在聚集的人群的欢呼声中，飞蛇优雅地降落在修剪过的草坪上。不等它有机会游走，就又有人抓住它的后颈把它捡了起来，扔进一个袋子里，送回给我。莫里斯想换一种镜头再拍一次。

我又一次把蛇悬在管子上面，让它掉了进去。我吹响了长号，蛇再度从另一端快速地飞了出来，优雅地划过空中。我们又试了第三次。然而，这一次它没有滑向欢呼着的崇拜者，而是向左急转，直奔一丛茂密的竹子而去。这条蛇显然已经准确地评估了周围的环境。它不仅能滑翔，还能掌控方向。它降落在离竹丛几英尺远的地方，几秒钟之内就消失其间。即便能把它找回来，我们也不会这样做。我们认为，它为自己赢得了自由。

* * *

飞蛇并不是我们设法克服的唯一难关，我们还成功拍到了其他一些据我和理查德所知从未有人拍过的动物。

在一片椰子种植园中，我们发现了另一种技艺高超的滑翔动物——鼯猴（colugo）。这是一种神秘的动物，动物学家不知道如何给它们分类。它们有时被称为飞狐猴（flying lemur），但肯定不是狐猴家族的成员。一些人认为它们可能是果蝠（fruit bats）的远亲，另一些人则认为它们跟树鼩（tree shrews）是远亲。鼯猴如猫一般大，拥有所有哺乳动物中最具延展性的毛皮斗篷。它们的皮翼不止在前后肢指尖之间，而是从脖子两侧一直延伸到长长的尾巴末端。据说鼯猴能够滑翔150码（约157米），但我们无法验证这一点。因为种植园中的椰子都种得整齐划一，彼此之间距离很近。不管怎么说，鼯猴的飞行无疑是令人赞叹的。

一天晚上，我们举着火把在森林里搜寻的时候，留意到了眼镜猴

（tarsier）红眼睛的反光。这是一种原始的灵长类动物，体型很小，只有一只小丛猴那么大。它的眼球太大了，无法在眼窝中转动，所以如果想看向一边，就必须转动整个头部。我们找到了它，拍下了它抓虫子并用尖牙把虫子撕碎的画面。

最棒的是，我们还拍到了一群长鼻猴（proboscis monkey）在红树林里觅食的场景。在最先进镜头的帮助下，比起七年前我和查尔斯·拉古斯在探访科莫多龙的路上途经婆罗洲时的收获，这次的成果要大得多。

* * *

四月底，经过三个月的实地考察，团队其他的成员回到英国，而我又多待了几天。在作为自由职业者的新生活中，我接受了一份委托，要写一篇关于在野外短途漫步的文章，具体地点可以自己选择。我选择了攀登基纳巴卢山（Mount Kinabalu）。

这座山位于距离婆罗洲西北海岸30英里（约48千米）的内陆，离马来西亚城市哥打基纳巴卢（Kota Kinabalu）不远。从那里看过去，基纳巴卢山像是一个巨大的矩形城垛，顶部装饰着尖塔和角楼。我并不是因为自己或许可以找到的动物而选择了这座山，尽管那里确实有一些在别处几乎没有的特殊物种。我已经看过许多婆罗洲的哺乳动物了。事实上，基纳巴卢山的一些哺乳动物居民，我压根就不想见到。据我所知，那里是六种老鼠的家园，这并不让人开心。据官方指南记载，其中有一种特别胆大的老鼠，在同类中也是最大的，它们的身体不算尾巴就有几乎1英尺长。我也不是为了能看到什么在低地森林里看不到的美丽绝伦的鸟儿，因为山上的鸟大多较小、平平无奇。如果我是一位知识丰富的植物学家，可能会为了看看山里的植物来爬这座山，因为山上有几百种兰花和七种不同寻常的食肉植物——猪笼草。其中之一是马来王猪笼草（*Nepenthes rajah*），这是大个子，据说它的捕虫笼可以大到有时甚至能淹死山中的老鼠。我对那座山的兴趣既不是源于植物也不是源于动物。我爬这座山，是出于地质原因。

基纳巴卢山是一座年轻的山。仅仅700万年前，它才以花岗岩熔岩的形态从地壳深处涌出地面，形成了巨大的山丘，并且抬升了周围的泥岩和页岩，构成了这一带的婆罗洲。现在，岩石覆盖层已被侵蚀，裸露出了已固化的花岗岩。尽管如此，这座山仍有将近13500英尺（约4115米）高，是西起喜马拉雅山脉、东至白雪覆盖的新几内亚山脉的最高峰。根据地质学家的说法，这座山仍在以每年几毫米的速度上升。

山地低处被浓密的灌木丛覆盖着，雨水浸透了灌木，我在其间跋涉了一天，晚上找到一间小木屋过夜。这间小木屋是一队来山里进行生物学调查的英国科学家们在几年前建造的。第二天早上三点钟，我离开小屋，在黑暗中穿过低矮的灌木丛，爬上陡峭的岩石沟壑。黎明前一个小时左右，我到达了山顶高原。

我从来没有见过什么地方能和这里有一丁点儿相似。我脚下的岩石光秃秃的，几乎寸草不生，只有几株低矮的植物，零散地扎根在细小的石缝里。在苍白夜空的映衬下，我的前方矗立着两座非同寻常的尖峰，它们被叫作“驴耳朵”，这名字虽然不够体面，但描述得很准确。热带的新月侧躺着，悬在两峰之间。在山顶另一边，高原平缓地上升，达到它的最高点，好像有一把巨大的锉刀给这块岩石打磨出了这些非凡的形状，去掉了所有的不合适的棱角。事实也的确如此。这座山非常高，不久之前，山顶还戴着一顶冰帽。即使现在，岩石上凹陷的地方还不时能看到一层薄薄的冰盖。更加仔细地观察这些花岗岩，我可以看到它的表面到处都是平行的长凹槽。这些凹槽是由紧紧冻在冰帽底部的小石头刻出来的，冰帽在自身重量的作用下慢慢往下滑落，小石头也被拖着划过花岗岩表面。花岗岩本身很美，上面点缀着小小的黑色角闪石晶体，也散布着大得多的白色长石晶体。在一些地方，由于侵蚀程度不一，一些大块的结晶稍稍高出岩石表面，给我提供了稳固的立足点，让我可以安心地走过它们。在一个地方，我发现了一块1英尺宽的深棕色斑块，这是曾经覆盖在花岗岩表面的页岩碎片发生质变后留下的痕迹，这证明花岗岩岩体本身的外壳并没有受到太严重的侵蚀。

我坐下来，吃了一块巧克力，从花岗岩上的一个小坑里深深地喝了一口清澈的雨水。越过黑漆漆的热带雨林，透过斑驳的迷雾，我可以远远看到哥打基纳巴卢的灯光勾勒出海岸的轮廓。云层开始沿着山两侧巨大的岩石表面飞掠而上。初升的太阳斜照在山尖上，接着慢慢地往下移动，直到它掠过高原潮湿的两翼，发出像水银一样的光。

如果我曾经对放弃一份能保证自己可以安坐在伦敦办公桌后面的工作有过任何怀疑的话，在这里，所有的疑虑都烟消云散了。

19

The Tribal Eye

《部落之眼》

在制作《动物园探奇》系列节目的那些年，我也不免收集了一些纪念品，塞拉利昂酋长送给我的头盔面具是这项爱好的开端。在圭亚那，我收集了一些美洲印第安妇女佩戴的传统珠状围裙。在婆罗洲前往拍摄科莫多龙的途中，我得到一只吓人的木制面具，顶端插着犀鸟羽毛，面具的眼睛则是由交换来的小圆镜子做的。在澳大利亚，我收集了十多幅土著树皮画，以及名为“天蛇”、令人叹为观止的巨型迪吉里杜管。随着我里士满家中的书架上这样的物件摆得越来越多，我开始意识到，它们不仅仅是纪念品而已，还具有更加非凡的价值。我开始在画廊和拍卖行里寻找类似的物品，成了一个部落艺术品收藏家。

伦敦的经销商没有巴黎、布鲁塞尔或阿姆斯特丹那么多，但如果懂门道的话，还是能找到那么一两家的。赫伯特·里泽（Herbert Rieser）是其中最实在的一位，他在离大理石拱门*不远处的一条后街上开了家小画廊。他年轻时又高又瘦，但上年纪后，背驼了起来，走路时弯着腰迈着大步。他最主要的兴趣是非洲工艺品，这也不奇怪，因为他出生在南非，父母是德国人。他知识广博，判断一件东西的品相时，眼光精准敏锐，不输任何人，很难说你会在他的架子上发现些什么。

客户们喜欢把他这间画廊当成一家小型私人俱乐部。赫伯特总是弓着背坐在后面，身边缭绕着高卢牌香烟的烟雾，递出一杯杯威士忌，那仿佛取之不尽的酒瓶就放在椅子下面。两三位客户则站在周围，争论着他刚到手的某件新藏品的品相、来源或功能。偶尔会有不明就里的陌生人探头进来，只为问问橱窗里某件物品的价格，见此情形连忙困惑地退出门去。

有一天，我顺道去看望赫伯特，发现他看上去比平常更加郁郁寡欢。"麻烦大了。"他说着，拉开了椅子后面一座壁龛上的小帘子。只见壁龛里有一座壮观的雕塑，是两个有着长鼻动物头部的人像，一男一女，手臂搂住彼此的肩膀，坐在一把长椅上。我认出这是马里（Mali）塞纽福人（Senufo）的风格。这样一件东西怎么会是麻烦呢？是假的吗？可我觉得它相当不错。

"是的，它当然很不错，亲爱的，"赫伯特说，"这是我最得力的非洲买手刚刚收来的，我不得不买下它。如果我不买，他以后就要把货先拿给别人了，所以我给他开了张支票。但支票会被退回的，因为我账上没那么多钱。"

---

* 伦敦的一处著名地标建筑，位于牛津街的西端。

我问他花了多少钱，那价格比我为任何一件部落艺术品付过的钱都多得多。但话说回来，我确实有这个钱，作为一名自由职业者，我已经额外存了一些钱来应付财年末的税单。这个塞纽福人像真的是件工艺高超的艺术品。于是，我们达成一个协议：我签一张支票，金额包含他给买手那张支票以及给他本人的合理佣金，然后这件雕塑就归我了。不过他得给我立个字据，承诺如果我在财年结束时发现自己付不起税的话，他就会收回这件雕塑，并把钱退还给我。

到年末，我设法付了税款，留下了这件雕塑。我意识到，自己已经变成一个动真格的收藏家了。

在辞去节目总监一职后，我立即向艺术部的负责人斯蒂芬·赫斯特建议，在早期大师素描和后印象派画作之余，电视屏幕上真的也应该有图腾柱和面具的一席之地。也许继《文明》之后，我可以再创作一部关于部落艺术的系列节目。这档节目将会短一些，也肯定不会有肯尼斯·克拉克的系列节目那样权威。但它会将观众带往令人兴奋的所在，向他们展示神秘的事物。既然我现在是个自由职业者了，就可以提议自行撰写脚本并主持节目。斯蒂芬完全可以拒绝，但他没有。《部落之眼》（*The Tribal Eye*）就这样拉开了序幕。

斯蒂芬为这个系列指派了两位经验丰富的导演。一位是大卫·科里森（David Collison），我很了解大卫，因为他是BBC 2台考古节目的主要制作人之一。大卫是个彻彻底底的专业电视人，和蔼可亲，务实肯干，还是一个优秀的团队领袖。另一位名叫迈克·麦金太尔（Mike McIntyre），我以前没见过，但斯蒂芬说他有丰富的视觉想象力，并且对异国情调有着难以抑制的兴趣。与我们同行的，还有一位才华横溢的年轻影片编辑，安娜 · 本森 · 盖尔斯（Anna Benson Gyles）。她那会儿正想离开剪辑室，去尝试影片制作流程中的其他环节。她会帮忙做研究，也将试着做做导演。我猜想，我们所有人出于不同的原因，都正经历着自己职业生涯中的重大转变，并为即将进入新的领域，体会到一种释放和兴奋的感觉。

节目名义上的负责人大卫决定，我们四人应该一起走访欧洲的几座首都——巴黎、布鲁塞尔、柏林和维也纳，好调研这个系列节目可能涵盖的素材范畴。在两周时间里，我们白天去重量级博物馆的展厅和藏品储存室，观赏精妙绝伦的艺术品；晚上就坐在餐馆里讨论，如何组织一个系列节目，要探访世界上全部有人类居住的大洲，并对部落居民制作这些物品时用到的工艺技术进行一次全面系统的呈现。

我有个想法：在系列节目的开头，我们可以展开一组调查，看看那些被欧洲鉴赏家们所推崇并凭借他们充沛的学识和强大的自信大书特书的品相特征，与部落人民自己对他们这些物品的认知，或他们所看重的方面，是否存在关联。我们决定在第一集关于多贡人（Dogon）的节目里就这么做。这族人在马里生活于西撒哈拉以南的沙漠地区，他们的雕刻风格简朴，有时甚至有些抽象。很少有非洲雕塑像它们这样在美学上广获赞誉，或在拍卖中达到了堪称现象级的天价。而我们要做的事很简单，就是把欧洲鉴定师们认为好的、坏的和普普通通的多贡艺术品搜集到一起，然后展示给一群多贡人，看看他们对这些物品的评判孰优孰劣，是否与那些专家吻合。但有一个问题：没有哪个欧洲博物馆或收藏家会允许我们把他们的多贡艺术珍品带回马里；而在当地，见到垃圾货色毫不费力，但要觅得一流的工艺品就基本不可能了。它们在欧洲市面上的售价如此之高，所以事实上早就被中间商们全部包圆，如今被精妙地打着光、优雅地固定好，静置在博物馆中或收藏家的书架上了。为解决这个难题，我决定不给多贡人看实物，而是给他们看过去几年里伦敦拍卖行出现过的一些藏品的照片。我要弄清他们是怎样看待这些物品的优劣的，并将他们的评估结果同拍卖成交价所体现出的欧洲人的评价做个比较。

不过，当我们抵达马里的首都巴马科（Bamako）时，听说本地有位富有的交易商，据说他私人收藏了一批成色极佳的多贡雕塑。我们去拜访他，他提出可以借给我们一小部分藏品，包括他最珍贵的藏品之一，一座纪念碑式样的骏马与骑手木雕作品。他坚持要为这批藏品上好保险，这很自然，尽管我对他报出的估价之高感到吃惊，尤其是那座珍贵木雕的估价。我还想到，将他的一些收藏稍作公开，对他的生意应该不会有什么坏处。

在那个年代，通往多贡地区的路就和你在非洲能见到的任何一条路同样难走。我们的卡车一会儿碾在地面的鹅卵石上轧轧作响，一会儿扎进满是灰土的深坑，一会儿又在一道道土沟上颠簸摇晃，仿佛把我们的牙齿都摇松了。我们用毯子把那座珍贵木雕裹起来，尽全力保护它免受冲击。即便如此，每当我们又撞上一块事先没看见的大石块，或从一道深深的车辙里冲出来时，我就十分担心它的安全。

几天后，我们到达了桑加（Sangha）的多贡小村落，计划将此地作为大本营。我和大卫·科里森小心翼翼地打开那座珍贵木雕的包裹，心里有些忐忑不安。我的担忧应验了——木雕上出现了一条裂缝。

裂缝一开始并不明显，因为这座木雕的表面包裹了一层硬壳，是由多贡人举行仪式时倒在神像上的小米粥和鸡血凝结成的。我从赫伯特·里泽那里学到过这种情况该如何处理：必须将这两部分分开，以免它们的边缘因相互摩擦而破碎，那样一来就会加大实现隐形修复的难度。于是，我试着把它们轻轻分开。骑手的脖子微微颤动，但还是紧紧连在身体上，这真是难以理解。大卫抱着身体，我则抱着头部，我们一起用力拉。裂缝扩大了。在木雕内部，我看见了钉子——光洁闪亮、尚未生锈的钉子。我们就更无所忌惮了。随着一阵长长的吱嘎声，裂缝扩大到了半英寸。

可以看到，里面的木头并不是这类木雕本该用的那种经过充分干燥的硬木，而是一种崭新的、锯得很粗糙的软木。骑手的脖子被草草钉在脖根上，接缝则藏在了一层祭祀用的液体所凝结成的硬壳之下。这层硬壳无疑是新涂上的，又在烤箱里稍加炙烤，好显得有些年头。我们的那座珍贵木雕，是个赝品。

尽管如此，调查还要继续进行。我给一群桑加村的村民展示了准备的照片，并请他们根据品质给照片排序，一头是最好的——不管他们如何定义“最好”，另一头则是最差的。我磕磕巴巴地讲着法语，一位在巴马科工作过一段时间的年轻人再帮我译成多贡语。我选的这些村民是否理解我在试图问什么呢？我也不知道。然而在回答中，他们提及的并非美感或是表现力，而是正确性：这副面具有一只耳朵不该雕刻成那样；那座雕像看起来很奇怪，但鉴于它是来自多贡另一个地方的，他们还是不发表评论了。有一副令人过目难忘的“卡纳加”（kanaga）老面具在巴黎卖了个好价钱，村民们却不当回事。他们解释说，每个年轻人都要雕刻自己的“卡纳加”，好在成人仪式上佩戴。别人要它干什么呢？有位老人被一座小塑像的照片吸引了，目不转睛地盯着它看。我问他为何这么喜欢，他说自己以前从未见过它，但认得这个风格。它是由一位他很熟悉但早已去世的雕刻家制作的。看着它，就像听到了一个来自过去的声音。

我给他们看了我们从巴马科商人那里借的物品。他们也以同样的方式评价了这些物品。没有一件出自桑加本地。其中一两件来自遥远的村子，在他们看来还算“对头”。只用四颗钉子固定着摇摇晃晃的脑袋的马和骑手木雕，就不算在内了。没有一件是因为有人觉得格外美丽而被挑选出来的。美，似乎只是他们所看重的一系列品质中的一项，而且完全没必要把它当作最重要的一项。

我突然想到，尽管欧洲评论家和收藏家们谈论得最多和写得最多的都是部落物品的造型美学品质，但在现实中，我们也会重视物品一系列迥然不同的品质。除了美感，我们也追求稀有和古老。我们欣赏物品因长期使用而产生的丰润而精妙的包浆；如果某件物品有一段有趣的历史，或者曾被一位著名收藏家拥有，我们就会格外欣喜。诸如此类的亮点，都帮欧洲收藏家们从部落雕塑中获得了更多乐趣；但它们与那些物品诞生的社群，则没有丝毫关联。

回到巴马科，我们把马和骑手木雕还给了它的主人，我自然为造成的损坏道了歉。他看了看雕像脖子上露出的木头，还有闪闪发光的钉子。“别担心，很容易修好的。”他说着，匆匆把它拿走了。但是他没有明说，他还将和保险公司索赔一大笔理论上属于他的保费。

* * *

欧洲人对来自其他文化背景的艺术作品的鉴赏是晚近才出现的。那些在16世纪中叶入侵新大陆的西班牙人，就没有这个眼光。被他们征服的阿兹特克人和印加人拥有无与伦比的黄金加工技术，制造了大量精美绝伦的物品——吊坠、饰领、项链、耳环和鼻环、酒杯、面具，都是黄金制成的。西班牙人没放过他们能搜罗到的任何一件黄金制品，将它们全都熔掉了。有一件珠宝，是一条铰接工艺的错金银鱼，其制作工艺之高超，堪称奇迹，于是被完好无损地送回欧洲，作为呈献给教皇的礼物。欧洲文艺复兴时期最伟大的金匠本韦努托·切利尼（Benvenuto Cellini），被他同时代的人认为拥有近乎超自然的技艺。当他看到这件珠宝，也称自己不明白它是如何制作的，但自己的手艺肯定无法与之匹敌。所有那些堪称奇绝的物品，基本什么也没留下——除了金子本身，一定还锁在国库地下室中的金锭里。

但在墨西哥的阿兹特克帝国与秘鲁的印加帝国之间，还有那么一群小小的酋长部落。西班牙人发现他们很难对付。在北方的阿兹特克和南方的印加，他们只需抓住一个统治者，就能镇住整个族群，而在这里却行不通。西班牙人必须将这些部落一个一个打败，他们才屈服。还有另外一个不同之处：在这些较小的社群当中，黄金并非祭司和贵族独享的，任何人都可拥有，多数人也的确拥有黄金。事实上，很多人还把它带进了坟墓。因此，今天在巴拿马、委内瑞拉北部和哥伦比亚，仍然能从地下挖掘出华丽的黄金首饰和精美的微型雕塑。

《部落之眼》内容要想比较全面，必须包括一些关于新世界金匠的伟大成就。所以，除了展示一些少量幸存的阿兹特克和印加珠宝外，我们决定尝试拍摄盗墓者的工作。

* * *

盗墓当然是违法的，但盗墓活动已在中美洲和南美洲持续了几个世纪，早就被当地人普遍视为一种非常体面的职业了。事实上，盗墓圈还自有一套行为准则，人们告诉我们，就好比行业协会的规则一样。在交易一块可能埋有古代墓葬的土地时，人们都会将这个可能性考虑进去。而在其中挖掘黄金，在土地所有者看来，只不过是用一种比较特别的、回报格外高的方式，行使他们的采矿权罢了。

在波哥大*，我们没费什么劲就安排好了拍摄“瓜赛罗斯”（guaceros），这是当地对盗墓者的称呼。我们在一处市场里见到了他们的一位代表。我们被安置在一辆破旧路虎车的后座上，车窗贴着黑布。他们不许我们知道他们工作的确切地点，倒不是出于对所做之事合法性的担心，而是不希望其他人知道，以防有竞争对手试图分一杯羹。我们不知被带往了什么方向，但很明显是在朝山上走。大约一小时后，车停了下来。后门打开，我们就爬了出去。

我们站在一片开阔的山坡上。天气阴冷，雾气弥漫。我们被带往一间茅草屋，屋里充斥着晶体管收音机播放的南美流行音乐，音量开到了最大。进入屋里，我们被引荐给一位黑发、面色蜡黄的小个子男人，他懒洋洋地坐在椅子上，腰上挂着一把左轮手枪，膝上还横着一支步枪。他给我们倒了几杯纯苏格兰麦芽威士忌，我们兴高采烈地为他的健康干杯。他说欢迎我们到处看看。

* Bogota，哥伦比亚首都。

小屋后面的空地上到处都是坑，就像战场上的弹坑一样。其中十来个坑里还有人在挖掘。对于任何一个尊重学术考古艰苦过程的人而言，眼前的景象无疑是非常令人沮丧的。挖掘工们只对一件事感兴趣——金子，而且越快挖到越好。我们拍摄了一个人，在一个已挖了5英尺（约1.5米）深的坑里工作。他刚发现一件陶器——一只骨灰瓮的碎片。到底是泥土的重力把它压碎的，还是他的铁锹把它砸碎的，我们就不得而知了。我们注视着他把碎片拣出来，堆在坑边上。他发现一个头骨。当他把它拿起来时，头骨的下巴松脱了。他用手抱着它，放在了碎陶器的旁边。几分钟后，他又发现一把石斧刃，也放在了坑边。这个不值什么钱，当然也不是他要找的东西。

接着，他把铁锹放在一边，开始用一根小树枝拨开土粒。他瞥见了一丝金光。在仔细探明所埋物体的尺寸后，他小心地松着土，大约一分钟后，土里露出一个袖珍鹦鹉形状的唇塞。他往上面啐了口唾沫，又用袖子擦了擦，清干净上面最后一点土粒。这块金子没有被腐蚀，即使在地下埋了五百年，依然闪闪发光。他把这件金器递给一个同伙，那人就把它送回了小屋。

我们从一个坑走到另一个坑，观看并拍摄他们的挖掘过程。到了黄昏时分，那个在小屋里喝威士忌的人过来告诉我们，卡车在等着送我们回波哥大了。我们回到堆放行李的地方，迈克拿起他的夹克。从他翻遍口袋的样子来看，显然是丢了什么东西。喝威士忌的人问出了什么事，迈克承认他在夹克口袋里无意间留了些钱，现在不见了。

“多少？”喝威士忌的人问。

“200美元。”迈克窘迫地说。

喝威士忌的人从后裤兜里掏出一叠脏兮兮的美元钞票，抽出200美元递给迈克。

“不，不，”迈克说，“是我自己的错。”

“别担心，先生，”喝威士忌的人冷冷地说，“我会把钱拿回来的。”

* * *

在哥伦比亚所有金匠当中，技艺最精湛的要数泰荣纳人（Tairona）。他们可以用细细的金丝打造半圆形的鼻环，精致得看起来像蕾丝一样。他们知道如何将黄金与铜制成一种合金，使其表面的铜被选择性地腐蚀掉，只留下薄薄一层纯金，随后进行抛光，使铸件看起来就像足金的一样，但其实只是镀金的。他们最喜欢制作的一种吊坠样式，是一个不到两英寸高、浑身戴满私人珠宝饰物的武士首领像。那些珠宝的细节都得以逼真还原，于是通过这样的人像吊坠，我们就可以准确地了解他们当年是如何佩戴那些华丽的徽章了。

泰荣纳人曾经居住在道路平铺、建筑精妙的大城市里。同其他原住民相比，他们反抗西班牙人的时间更长，也表现得更加勇敢、坚定。西班牙人毫不留情地摧毁了他们的城镇，处决了他们的首领。即便在土地被占领之后，泰荣纳人还是一次又一次地发起反抗，然而最终，历次有组织的抵抗都被粉碎了，只有几户人家逃到了北部山区，也就是圣玛尔塔内华达山脉（Sierra Nevada de Santa Marta）。他们的后代仍然生活在那里。时至今日，他们被称为伊卡人（Ika）。

我们认为，现在的伊卡人或许能使我们一窥他们金匠祖先的生活方式。然而，他们并不欢迎外人。想想他们的历史，谁又能怪他们呢？但我们再次努力找到了一个正确的联系人。我们驱车前往内华达山脉南麓的一个小镇，此后就得骑马行进了。两天后，我们抵达了一座废弃的修道院。19世纪晚期，来自西班牙的基督教僧侣定居在这里，对着他们祖辈曾以极其残忍的方式对待的人们，宣讲和平与宽恕。他们划出一大片土地作为墓地，这样他们的皈依者死后便可安息在圣地里。我们去参观了这块墓地，里面空无一人，只有六座坟墓挤在一角。墓碑上的文字表明，其中埋葬的是死在当地的僧侣的遗体，当中一个伊卡人都没有。经过几十年毫无结果的传教，基督教神父认为伊卡人不可能皈依，便离开了这里。

伊卡人生活在附近的一个村落里。这是一个安静、含蓄的民族。男人和女人都把头发披散在肩上，所有人都赤着脚。他们的服饰仍然严格而整齐划一地遵照着传统——白色长袖斗篷，罩在肥大的裤子外边，头上戴着圆顶小帽。每个男人都背着一只叫作“莫奇拉”（mochila）、带条纹的羊毛肩袋，里面装着干古柯叶和一个被当地人称为“泡泡箩”（poporo）、装满石灰粉末的小葫芦。古柯叶和石灰粉在一起咀嚼时，会产生一种有轻微麻醉作用的汁液，可以麻痹寒冷或饥饿带来的痛苦。大多数男人都在不停咀嚼着，即使是那些一时半刻没在嚼的，脸上也留着一团古柯叶的印子。

他们说，村子里有一处神圣的围场，里面种植着伊卡王国里生长的所有植物的样本，那是整个世界的一个象征。在围场中心，矗立着两座圆顶无窗的茅草屋，一座是男人的，一座是女人的。一条由鹅卵石铺成的阳具形状的小路通向男人们的房门，屋里很黑，因为唯一的光亮是从屋顶的一个小圆洞射下来的。裸土地面中央闷闷燃烧着的小火堆冒出的烟，也是由这个小圆洞散出的。在火光之外的昏暗角落里，几个男人坐在那盯着余烬，缓慢地、若有所思地嚼着古柯叶。远处，另一个男人坐在织布机前，把仙人掌纤维制成的线，织成伊卡人用来制作服装的白布。男人们低语着，除此之外唯一的声音，便是他们往嚼了一半的古柯叶上再续一点石灰粉时，用棍子敲击“泡泡箩”侧面发出的声音。我不免会想，当他们的“泡泡箩”还是纯金制成的时候——曾几何时，肯定是这样的，当时的气氛是否也如此压抑呢？在一些传说里，伊卡人会时不时地突然从他们村庄里消失，去往与世隔绝的深山幽谷。他们会安排哨兵来确保没有陌生人接近。然后，据说祭司们就会戴着华丽的纯金面具、跳着舞现身在他们的族人面前。如果那是真的，外人也从未得见。

* * *

非洲当地也有堪称大师的金属铸造工匠，其中最著名的是住在贝宁（Benin）城里的那些。这座城市铸造的青铜器在19世纪时传到了欧洲，至少它们没像新大陆的黄金物件那样被熔掉。或许只因它们并非由贵金属制成，才得以保全。无论如何，它们被认定为艺术品，并享有了艺术品应有的待遇。确实，这些作品的工艺是如此成熟精湛，以至于一些目光短浅的欧洲人会认为，它们的制造者一定是跟欧洲人习得的技艺，比如葡萄牙人。这项工艺也是《部落之眼》无法忽视的。

这批青铜器也有随着军事征服来到欧洲的。19世纪末，英国在非洲西部沿岸建立了一些贸易站，其中位于尼日尔河三角洲的萨佩莱（Sapele）

贸易站，与“奥巴”（Oba），也就是贝宁的统治者达成一项贸易协议，后者将提供棕榈坚果、棕榈油、象牙和香料。协议中的一项条款规定，奥巴要停止他一直以来大量实施的活人祭祀。然而，奥巴却时常无视所有这些约定，包括有关人祭的条款。1897年，一位新获任命的年轻英国副领事决定前往萨佩莱，要求其遵守协议。当他和他的队伍离城市几英里远时，遭遇了贝宁战士的伏击。八名欧洲人和两百四十名非洲搬运工被屠杀，只有两个欧洲人逃了出来，才让世人得知发生了什么。

大英帝国对此迅速做出反应。二十九天后，一支装备了步枪和马克西姆机枪的讨伐军启程向贝宁进发。讨伐军很快攻占了这座城市。宫殿之内，在奥巴为避免灾祸、于绝望中进行的最后一次人祭所留下的腐烂的男性尸体间，讨伐军发现了数千件青铜的纪念牌和雕像。他们把这些都当作战利品带回欧洲，其中一些由讨伐军的队员保存，作为自己西非冒险的纪念品。其余的则被英国政府拍卖，以补贴此次远征的开销。

这些青铜器的技术成就与美感引起了轰动。欧洲的博物馆直接或通过经销商竞相购买，柏林、维也纳和莱顿的博物馆都获得了具有代表性的系列藏品，其余的则流向了费城和芝加哥的博物馆。不过，其中最大的一组青铜器是被大英博物馆买下的，此后就几乎始终在那里展出。近年来，许多件远征军队员私藏的物品也出现在拍卖行，而尼日利亚也成功收回了部分文物。

大卫·科里森决定执导贝宁这期节目，安娜·本森·盖尔斯也会加入。和我们同行的，还有作为向导和日常联络人的汉弗莱王子（Prince Humphrey），他是现任奥巴的儿子，曾在大学里学习考古学和人类学。

青铜器铸工仍然在靠近宫殿围墙的一片特殊区域里工作。他们及其祖辈们所使用的金属，实际上不是含有少量铅和锡的青铜合金，而是含锌的黄铜。西非的铜矿资源丰富，用矿石炼铜的技术也可追溯到远古时期。然而我们看到陶制坩埚中正在熔化的金属，却是比夫拉战争遗留下的发动机缸盖碎片和空弹匣。我们观看当地最著名的铸造大师之一的奥西亚赛夫（Osiasefe）做了一个以黏土为核、外部裹蜡并塑形的小人头，代表的是奥巴。他又用黏土把这个蜡制的头整个包了起来，然后烘烤。在此过程中，蜡就熔化了，并通过底部的一条管道流出——也正是因此，这项工艺被称为“失蜡”。然后，他将熔化的金属仍通过那条管道灌进去，填充蜡模的空间。待这只经过烘烤的陶模冷却，它就被敲碎，露出铜器。理论上，整个过程可以做得非常精细，但奥西亚赛夫生产的铸件则相对粗糙。与早期的铜匠不同，他是依靠锉削表面来去除粗糙的部分，以及为铸件添加更多细节的。

贝宁城仍然由一位奥巴统治着。他的宫殿是一处四周环绕着高耸土坯砖墙的巨大院落。每天早晨，朝臣们都会来到宫殿的大门口。他们赤裸着上身，穿着肥大的白色裹裙，脖子上挂着珍贵的红珊瑚珠。这些珊瑚珠，奥巴只会赐予他最亲密、最喜爱的顾问。有些大臣步行而来，有些乘坐出租车，还有几位是以侧骑的姿势驾摩托车来的。每天早晨都有一小群人会聚集在这儿观看他们，就像人们等在白金汉宫外面，希望看到一位大使穿着镶金边的外交礼服、头戴一顶白色羽毛的帽子，坐着马车款款而来一样。

多亏汉弗莱的影响力，我们获准在宫殿之内拍摄。宫里的众多日常事务都旨在维持奥巴的健康和福祉，因为在他的人民眼里，他一半是神，整个贝宁人民的福祉与他本人息息相关。没有人被允许看到他进食。当他说话的时候，只需嘴唇微动，这样他的生命力就会最小限度地流失。

我们得到准许，可以拍摄朝臣们为表达对奥巴的忠诚、在他面前伴着鼓声跳舞的场景。他们每天早上都会这么做。我们躲在侧面的一处庭院里，看着他发布一项项裁定，以解决他的子民间的纠纷。但有一个地方，是连汉弗莱都无法进入的，那就是奥巴的后宫。只有女性才被允许入内，安娜自愿前去一探究竟。由于她个子不太高，当这个梳着马尾辫的瘦小身影抓着一台小型摄影机，消失在通往皇家禁地的土坯砖砌门廊中时，看起来格外弱小。可是，她的努力并未赢得应有的回报。这处后宫远非一座奢华、享乐的乐园，其中只有一些土坯砖砌的房间，围在一个满是尘土的庭院四周，奥巴的妻子们就在这里为她们那位高贵的丈夫做饭，并和孩子们坐着玩耍。

在奥巴的特许下，汉弗莱还带我们参观了皇家圣祠。那些圣祠依一处大型开放式围院的围墙而建，之前的奥巴每人有一座。每座圣祠里都竖立着很多根长长的象牙。象牙的尖端靠在墙上，底部则插在青铜铸成、一位奥巴头颅造型的华丽支架里。在象牙旁边，还支着一排顶上带摇铃的木棒。当年讨伐军带回欧洲的青铜器，许多就来自这样的圣祠。

汉弗莱领着我们四处参观，告诉我们每座圣祠分别纪念的是他的哪位祖先。我注意到其中一座圣祠里，在那些铜像、铃铛和象牙之间，放着四把石斧刃。我向他问起这些是什么。

“它们是霹雳，”他说，“它们非常非常强大，是在田野里发现的，不是人类制造的。”

“它们看起来很像几百年前人们用的那种石斧刃，不是吗？”

“没错，”汉弗莱说，“但它们不是。它们是被神扔到地上的。它们是霹雳。”

我不想刨根问底，就像不想强迫一位基督教牧师说圣礼后喝的酒中到底有没有血红蛋白一样。

* * *

人们为物品及其象征意义赋予的重要性，在我们为美国西北海岸的当地人拍摄的影片中，也是一项关键内容。在这处海岸沿途分布的各部落领地，物产都异常丰富：海中满是大比目鱼、鲱鱼和鳕鱼；每年到了特定时节，河里会出现大量鲑鱼；森林里有驼鹿和河狸，还盛产浆果。正因如此，他们的部落都非常富有，人们也极其看重一个人的私人财富。一个成功的男人，一生当中总会举办那么一两次叫作“夸富宴”（potlatch）的盛大筵席，以显示自己有多了不起。宴会中将上演华丽的舞剧，戴着面具的演员演绎着传统故事。所有来宾都可尽情享用各种各样的食物和饮品。在宴会的高潮，每人都会收到数量惊人的礼物。

这些活动还具有竞争的意味。一个人要想向竞争对手炫耀自己更加富有，就会觉得举办一场夸富宴势在必行。他甚至还可能毁掉一些财产，来证明自己拥有的财富太多了，损失个一两样根本不算什么。而办一场夸富宴，可能需要存上很多年的钱。夸富宴在本地传统和信仰中，处于如此核心的地位，以至于当加拿大政府在基督教传教士的敦促下，千方百计迫使原住民转而遵从欧洲人的方式生活时，夸富宴就被明文禁止了很多年。直到1951年，这项压制性的法规才被废除。

负责执导这期节目的迈克·麦金太尔了解到，这项传统在阿勒特湾（Alert Bay）的原住民定居点尤为盛行。居住在那里的夸扣特尔人（Kwakiutl）当中，有一些沿海地区最具天赋的木雕工匠，他们可以制作仪式上佩戴的精美面具，还依然能雕刻巨型的图腾柱。哪怕有政府的强力施压，夸扣特尔人也从未完全放弃过他们的传统，即便在夸富宴被指非法的年代，他们仍在秘密延续着这项传统。1921年，他们计划在一处偏远的村庄举办一场夸富宴。他们从秘密储存处取出贵重的礼仪用具，聚到一起开始为欢宴做准备。警察们听到风声，突袭了那座村庄，逮捕了三十人，没收了八百多副面具、宴会用碗、礼仪用长柄勺和其他木雕制品。阿勒特湾的人们对这一幕至今仍耿耿于怀，愤恨不已。

迈克联系了该定居点地位最高的家族之一的族长，亚瑟·迪克（Arthur Dick），因为他发现迪克家族正准备在未来几周内举办一场夸富宴。这对我们是个理想的机会。迈克写了几封很有说服力的长信，然而收到的回信却对我们不太欢迎。亚瑟·迪克对此表示赞同，但决定权并不完全在他手上；阿勒特湾的部落委员会也得给予许可才行。一些委员反对让电视镜头介入如此重要、亲密和神圣的场合；另一些人则认为，夸富宴的初衷本来就是向公众进行展示。难道电视不是非但没有削弱、反而增强了夸富宴的效果吗？委员会内部出现了分歧。每次会议一结束，迈克就会在伦敦接到电话，听取有关此次辩论的冗长汇报。最终，委员会进行了投票表决，勉勉强强决定，我们可以来。

阿勒特湾当地对部落习俗的重视程度之高，对访客而言是一目了然的。竖立在墓地里的纪念柱，其雕刻和彩绘都是鲜明的夸扣特尔风格。在港口上方的山坡上，人们家门前的木雕柱就更多了。一出镇子，就有一座宏伟的仪式大厅，立面上粗犷地绘制着传统纹样，一旁也立了一根巨型柱子。人们告诉我们，它是整个沿海地区最高的柱子——所以，他们说，肯定也就是全世界最高的了。就在这座大厅里，夸富宴即将举行。

我们在镇上度过的第一个夜晚并不太自在。委员会之所以难以决定是否准许我们拍摄，至少部分是因为，委员会里的一个极端传统主义团体也想拍摄自己的影片，内容不仅会包括亚瑟·迪克的夸富宴，还要追溯1921年仪式遭镇压、仪式用具被没收的往事。这个团体的成员及支持者不希望我们露面。最终委员会决定，两部影片都可以拍。但竞争对手的团队已经先到了。当天晚上，我们正坐在旅馆里，外边街面上聚集了一大群吵吵嚷嚷的人。一名支持者进来告诉我们，不知从哪儿传出来的，但有谣言说，事实上我们此行真正的目的，并不是拍一部关于夸富宴的纪录片，而是拍摄夸扣特尔人在当地酒吧里喝醉的场景。我们的电影镜头此后将被用来支持一项禁止本土印第安人饮酒的运动，从而羞辱他们。我们不得不走上街头，向人们保证我们不会做这样的事情。夸扣特尔男人们都身材硕大、沉重、强壮。必须指出，其中有些人一定是喝了酒的。当时的气氛不太融洽。

第二天，我们去了仪式大厅。大厅极其宽敞，相当于一座传统上冬季里举办仪式所用的那种建筑的放大版。按照习俗，大厅不设窗户。唯一的自然光来自屋顶上的一个小洞，这个洞也是地板中央燃烧着大块原木的火堆的烟囱。房间的每一端，都被挂在巨大雕花屋柱间的布帘挡住，帘子上还新画了极具风格的动物图腾——鲸鱼、鲨鱼、河狸和熊。在这些布帘后面，舞蹈演员将为戏剧表演做准备。

大厅由几只低功率的电灯泡照明，刚好能让人们看清楚路。这样的亮度对人眼来说是足够了，但对拍摄而言却不够亮。迈克在谈判最初就提出过，我们需要安装自己的灯，也得到了许可。但现在有人提出了反对意见。我们又同组织者们匆匆开了个会。传统主义人士认为增加灯光会破坏这场活动。我能理解他们的观点；可另一方面呢，我们也是在确信得到了这样的许可后，才不远万里跑来的。最后，我们被告知可以推进工作，我们从温哥华带来的电工可以开始安装额外的照明设备了。

这时候，竞争对手的摄制团队出现了。他们已决定，要将我们也纳入他们故事的一部分。我觉得他们一定会抓住一切可能的机会，暗示我们拍摄影片时摆出居高临下的姿态，制造了不少混乱。每当我们遇到一个问题，比如说，如何将某盏灯放置在最佳位置，他们就会用特写镜头拍摄我们，结果导致我们与部落长老们的协商，被煽风点火地发展成了对抗。一想到竞争对手也会利用我们设置的灯光进行拍摄，真是有点讽刺。我们花了一整天时间，才把灯光布置好。

仪式在傍晚时分开始。似乎阿勒特湾的每一个居民都现身了，有的蹲在地上，有的坐在长椅上，还有的站在墙边。二十多位来自遥远村落的老汉从布帘之后走出，在一条长形木鼓的两侧坐下，开始用木槌敲出激烈的节奏。一群灰色长发披肩、围着饰有珍珠纽扣的猩红色披风的老妇人，慢慢鱼贯而入，坐在鼓手们的面前。观众们现在彻底安静了下来，男人们开始唱歌。我们的一位向导小声对我说，他们正在念诵自上次举办夸富宴后这个家族逝去成员的名字，死者们的灵魂现在也出现在了房子里。老妇人中有几位已潸然泪下。

然后，所有灯光都熄灭了。

有那么一阵子，人群陷入沉寂。大厅里一片漆黑。不只是我们安的灯，房子里所有正常照明用的灯都灭了。紧接着是愤怒的喊叫，有人跌跌撞撞地想要走出大厅，在黑暗中互相撞在了一起。一些人划亮火柴，一些人打开了手电筒。在一片混乱中，我们的电工设法走到入口。他知道出了什么事。他安装在主电源上、为我们的灯供电的变压器坏了，至少要花一小时才能修好。当观众们通过口口相传，逐渐了解到发生了什么事以及谁该对此负责时，我能感觉到周围弥漫起了敌意。恐怕只是由于黑暗，真正的麻烦才得以避免。因为没人看得清谁是谁。当一些先前离开的人拿着蜡烛和火把回来时，愤怒的情绪已经平息了一点。周围太黑了，不适合打架，而且人们还想继续过节呢。

过了两个小时，灯才又亮起，观众们安静了下来。布帘后传来奇怪的口哨声，它们是灵魂之歌。一排肩披传统毛毯的舞者，晃着摇铃出现在舞台上。一个戴着吓人的巨鸟面具的身影跳了出来，大大的鸟喙发出咯咯的叫声。这个场面的魔力和舞蹈的戏剧性渐渐稳住了局面，我们毫不费力地完成了影片的拍摄。我们当天晚上见到的那些面具，放在任何一家博物馆里，都会给人留下深刻的印象；但在博物馆这种地方，无论布展做得多么富有想象力，都只能将这些面具在那晚一度绽放出的活力、凶悍与冥府氛围，保留下吉光片羽而已。

* * *

迈克·麦金太尔打算再执导一期节目，是关于太平洋岛民们制造的物品的。三年前我在新几内亚的部落已经拍到过一些素材，就存在英国广播公司的地下室里，还没播出过。这回我们去了瓦努阿图（Vanuatu）的马勒库拉岛（Island of Malekula），登上山区，进入大南巴斯人（Big Nambas）的村落，拍摄他们不同寻常的面具和祭祀场所。我们还去了所罗门群岛，主要是为拍摄最后的“托马科斯”（tomakos）——一种又细又长、装饰华丽的独木舟，曾被用来进行猎头突袭。

我们还听说，有一种新宗教正在瓦努阿图主岛瓜达康纳尔岛（Guadalcanal）南岸的马卡鲁卡村（Makaruka）兴起。它在某些方面同我15年前在塔纳拍摄的、约翰·弗鲁姆发起的“货物崇拜”运动*很相似。人们摈弃了大部分来自欧洲的事物，回归古老的传统生活方式。这支宗教起源于1957年，一位名叫莫罗（Moro）的本地受洗天主教徒陷入恍惚，继而看到了解释世界起源的幻象。他宣称，运到岛上的物质财富被欧洲人错误地侵占了，实际上这些物品是为土著人准备的。只有人们回归自己的古老传统并加以实践，物品才能再度归他们所有。从这支宗教的定义来看，它是反欧洲的。于是我们提前发了信息过去询问，可否参观当地的定居点，并在那里拍摄。我们得到了允许。

在马卡鲁卡登陆并不总是那么容易，因为它位于南部的“天气”海岸，有时海浪会大到船只根本靠不了岸。我们很幸运。当我们离开游艇、划着小船向岸边驶去时，海面上风平浪静。待我们靠近，人们就从海滩尽头棕榈树的阴影里冒了出来。他们的衣着打扮都遵循着传统，男人们穿的是树皮布做的缠腰带，女人们则穿着厚草裙，欧式服装连一片布也看不见。许多男人还拿着长矛。

---

* 详见本书第10章。

当我们迎着浪头前进时，那些男人向我们游了过来。然后，让我有点吃惊的是，他们突然把小船连同坐在里边的我，一道从海面上托了起来，扛在肩头，走上了海滩。首先迎接我的，是一群吹排箫的男人。我从小船里爬出来，走上一条大道，两侧站着手持长矛、脸上画着白色条纹和圆点的武士。在我前方，有个小个子男人正站在一座仪式拱门下。他穿着一件贝壳珠子背心，戴着一顶宽边帽，帽檐上还镶了一圈串珠遮面。他一定就是莫罗了。每个人都在高声叫喊着。我觉得自己像在参演一部20世纪30年代的电影，讲述一个白人男子来到一座不为人知的南海岛屿天堂的故事。我差点就以为多萝西·拉莫尔*要从一棵棕榈树后现身了。在离莫罗只有几码远时，我正要和他握手，一支合唱队突然唱起了《天佑女王》**。这个时候英国的礼节是如何要求的，我至少还记得。我马上立正站好，莫罗也这么做。当歌唱接近尾声时，我把手伸向他，但又不得不缩了回来。人数众多的合唱队开始唱第二节了。他们知道的英国国歌歌词比我还多。

现在，是莫罗向我伸出了手。我握了握，然后他就开始发表长篇演讲。一位老年男士曾在教会学校当过教师，他把演讲逐段翻译成了纯熟的英语。演讲中频频提及，我是如何不远万里从大洋彼岸而来，还提到了我的妻子及家族。我的心中涌起一丝疑惑。或许，这场精心安排、恭敬有加的迎宾仪式，都是缘于他们认错了人。“爱登堡”听起来太像“爱

* Dorothy Lamour，1914—1996，1936年登上银幕，因为异国情调而成为知名影星。代表作有《丛林公主》《热带假日》等。

** God Save the Queen，英国国歌。

丁堡”*了，肯定是因为我们发信询问可否造访马卡鲁卡村时，提到了我的名字。无论如何，现在再解释也太迟了，我就尽最大努力扮演好这个“角色”吧。

我们被告知，如果我、迈克和摄影团队还想进一步深入海岸腹地，就必须脱掉所有欧洲服装，和本地人的衣着风格保持一致——也就是赤身裸体，只裹一块窄窄的树皮布缠腰带。至今，我都常常会想，那个时候要如何扮演皇室成员才对呢？不知爱丁堡公爵在这种情况下会怎么做？然而，更衣用的小隔间已为我们准备好了。树皮布缠腰带是弄湿了的，这样它们就可以伸缩自如地包裹住身体。我们浑身泛着不健康的苍白，像从石头底下爬出的动物一样走出小屋。莫罗带我们参观了一系列特殊的展览。我双手背在身后，弯腰向前倾着身，表现出自己对这些东西的兴趣，并不时问上一个巧妙的问题。

一群妇女正在把粉红色的贝壳敲成碎片，再把它们打磨成传统上可用作货币的珠子；另一群人正在将面包树的果实切片、摆盘；还有一群人在编毯子。随后，我们被领进一间小茅草屋。这里看起来似乎是整个社区的金库，其中挂着数百串贝壳币，就像珠帘一样。裸胸女人们盘腿围坐在墙边，一言不发。她们都是莫罗的妻子。我们还被带入另一所房子，翻译告诉我们，这里叫作“记忆之家”。房子四周和中央放着一些草席做的桌子，上面摆着各种展品——黑木头做的小雕像、石斧刃、编织的篮子、锥形海螺壳制成的烟斗、干瘪的山药、被水流冲出奇特形状的石头。每件展品都有一个标签，“山药的记忆”，“斧头的记忆”，“负

* Edinburgh，这里作者指自己被误认成了爱丁堡公爵（the Duke of Edinburgh），也就是现任英国女王伊丽莎白二世的丈夫。

鼠如何带来财富的记忆”。

那位学校老师解释说，设置这座房子及其中陈列品的初衷，是要体现这座岛属于莫罗和他的人民。为宣誓对此地的主权，他们不仅恢复了本族旧俗，甚至还仿效起了西方侵略者引入的一种、在西方也往往发挥着相似作用的奇怪习俗。他们创建了一座博物馆。

* * *

负责任的博物馆——以及负责任的收藏家们，对他们获得的每件藏品，都会事无巨细地记录下：它是从哪儿来的？是谁以及为何制作的？有谁在何时收藏过？没有这些细节，任何物品都会失去科学价值。然而，市面上往往会出现一些令人兴奋、可爱又迷人的物件，却没有任何出处信息。如果一位收藏家得到了这么一件，他就会着手为其确定可能的来源。这也是收藏的乐趣之一。

1985年，我购得一座男性人像的小型木雕。它有18英寸（约45.7厘米）长，但不比我的拇指粗多少。其身体呈现出一道优美的曲线，无疑是与雕刻所用的那根细树枝随形就势而成。雕像的手指放在腹部，极其修长，几乎像细丝一样。每只手有六根手指，男性生殖器格外巨大，雕刻雅致。人像的面孔十分怪异，嘴巴是一条薄薄的、从一只耳连到另一只耳的半圆弧线，没有牙齿。头部有一个脊状突起，从前额的中央一直延伸到后脖颈。眼睛不是嵌在椭圆形的眼窝里，而是外面围着两圈凸起的圆环，这么一来，它的双眼就鼓了出来。

这件造型古怪的物品，曾经出现在纽约的一场拍卖会上。拍品目录上说它来自复活节岛，但估计其价值要远低于一个真正源自古代某时期的复活节岛雕刻。这表明，拍卖商要么认为它的年代很晚，要么就是对它的原真性都存疑。而坐在拍卖厅里的那些人肯定觉得，这也没什么要紧，因为最后落锤的价格甚至比估价还要低。买下它的那位交易商，通常经手的都是些哥伦布发现美洲大陆之前的古董。但他说这件东西拍得实在太便宜了，让他无法抗拒。而当他报给我一个仅仅略高于拍卖价的要价时，我也难以拒绝了。

在拍摄《部落之眼》的过程中，我收集了一批关于太平洋部落雕塑的书籍，还积攒了拍卖行连续多年来的插图目录。我把它们通通翻了一遍，想从中找到一张与自己买的这件比较相似的物品图片。最标准的复活节岛木雕男性形象是以自然主义手法表现的一个瘦弱男人，他的身材比例正常，眼睛嵌在豆荚状的眼窝里，龇着牙，留着山羊胡须，肋骨根根分明。从19世纪早期一直到今天，这样的雕像一直被大量雕刻出来。岛上的居民说，它们代表的是人类祖先而不是神灵。其中年代较晚近的，很便宜就能买到，而早期的那些确实能卖个好价钱。

至于我的这件呢，和那些雕像一点都不像。我只找到一件和它非常相似的作品，属于圣彼得堡的人类学博物馆。不过它不是男性，而是女性形象。尽管性别不同，它和我这件藏品的相似性还是非常明显的。它们的尺寸几乎一样大，身体也同样极端地伸长着。那座雕像同样有薄薄的嘴唇，咧嘴笑着，有古怪的脊状头冠，还有一对围着两个圈的、凸起的圆眼睛。它究竟有六根还是五根手指，已经不得而知。因为大概是由于反复搬运，它的腹部已磨损得看不出细节了。这两座木雕看起来像是一对，一男一女。这是个线索。

我写信给圣彼得堡博物馆，询问他们木雕的出处。他们的回复很令人失望。刷在木雕底座上的藏品编号为736，这表明它是俄罗斯帝国海军博物馆在1828年关闭时，移交给他们的一批太平洋藏品中的一件。另一件复活节岛的木雕也在其中，是个长着鸟头和翅膀的无臂人形雕像。馆方说，这两件物品肯定是俄罗斯官方探险队去太平洋时从岛上收集的。但他们不知道是在哪个岛，甚至也不知是什么时候——不过显然，肯定是在1828年以前了。

我又看了一些书，发现在1828年以前，只有两支俄国探险队到过复活节岛。一支队伍只在那里逗留了一天，另一支仅待了几个小时。在遭到岛上居民的攻击后，两支探险队就迅速撤退了，没有任何进行交易或物品收集的记录。这一点很奇怪，探险者的日记通常都会非常详尽地记录这些细节。但是看来，圣彼得堡这件木雕的线索，怕是断了。

在搜寻自己那件木雕的来源时，我的收获就更寥寥了。拍卖商能告诉我的全部信息，就是这件藏品来自新英格兰一位已故交易商的遗产，他也没做过什么记录。他们说，自己也尽全力研究过它是从哪儿来的，但没有成功。

这个复活节岛来的男人坐在我的书桌上，周身充满了神秘气息。我越是观赏他，就越会被这尊雕塑的气质所打动。他那六根指头的手为我提供了一条新线索，尽管比较含糊——数目不自然的指头在波利尼西亚（Polynesia）的其他地方是用来指代神性的。

此后，1985年出版的一本目录，复原了已知来自库克船长第二次探险的全部素描及油画作品。就是在那次探险途中，库克于1774年3月造访了复活节岛。就在这本目录里，我见到了圣彼得堡那两座雕像的素描，女性人像和鸟人，并列画在了一张纸上。这两幅画看起来有点业余，说明它们并不是由受过专业训练的艺术家完成的，但将人像的每处细节描绘得都很正确，甚至连鸟首人像翅膀上的沟壑数目都十分精准。这张画纸出自库克船长本人的一本图片簿。那么他是如何得到现存俄罗斯的两件木雕作品的素描的呢？

库克并不是第一个访问复活节岛的欧洲人——在他之前还有一个荷兰人和一个西班牙人；但他是第一个在那里待了很长时间，也是第一个对该岛进行全面考察的人。我查阅了官方发布的他的航海日志，其中记录了许多关于复活节岛的情况。人们告诉他，那些后来令这座岛声名鹊起的巨型石像，是他们的祖先为了纪念伟人而雕刻的。然而，库克写道，他们现在已是一贫如洗，看起来也不具备从事这类工作所必需的技能了。但他没有提到过木雕。我又搜索了他原始日志里的文字，有时其中会包含一些被官方记录精简掉的细节。但是，那里面也没提到任何相关内容。

不过呢，库克并不是唯一一个为那次航行做过记录的人。探险队里还有两位官方博物学家——德国人约翰·福斯特（Johann Forster）和他的儿子格奥尔格（Georg），也都记了日记并将之发表了。我同样翻阅了他们的日记。约翰写的不比库克多什么，但格奥尔格的日记让我越读越兴奋。他对探险队登岛第二天，也就是1774年3月14日那个星期日所发生的事，做了更为详细的描述。

库克那天一直觉得身体不舒服，就没有陪同大部队上岛探险。不过到了下午，他觉得好些了，便带着年轻的格奥尔格·福斯特，和一个在塔希提岛作为翻译加入他们、名叫马辛（Mahine）的塔希提小伙子上了岸。

他们开始进行交易。岛上的居民非常渴望欧洲的布料，福斯特是这样描述他们拿来交换的物品的："有几件木雕人像，用大约18英寸到2英尺长的窄木料制成。在看过那些粗糙的石头雕像后，这些加工得光滑、匀称得多的木雕，超出了我们的预期。它们用来代表男性和女性，五官不太讨喜，整个形象也过于细长，不够自然。制作这些雕像的木头经过细致打磨，纹理细密，呈现出深棕色。"我再也找不到对圣彼得堡的女性雕像更为准确的描述了，既然如此，这也就是对我那件木雕的描述。

福斯特接着写道，他和库克都没有收购这些木雕。但马辛买了一些，他说，这些木雕比他们塔希提人雕刻的还要好，他的朋友和亲戚会非常喜欢，于是他买了"几件"。这些木雕肯定被带回了库克的船上。也许，当探险队启程离开时，福斯特父子为自己一件也没买而后悔了。毕竟他们的工作就是收集动物、植物和所谓的"人造珍品"——也就是他们遇到的人所制造的物品。鉴于马辛不愿出让自己买到的这些木雕，库克很可能就命船上的一名制图员，在马辛把它们带走之前，将其中两件木雕绘制了下来。

接下来发生了什么？我翻着福斯特的日记，越看越激动。年轻的格奥尔格没有让我失望。当他们回到塔希提岛时，他写道，马辛立刻被他的亲戚们团团围住。"亲戚们人数众多，都在期待着自己那份礼物。只要这位慷慨的年轻人还有一些财物剩下来，他就会被别人没完没了地缠着把它们分出去。要知道，那都是他冒着生命危险，从我们这次危险而又惨淡的航行中收集来的。而尽管他把自己所有东西都无偿地分了出去，一些熟人还是抱怨他小气。"所以说，我要找的那趟俄罗斯航海之旅，并非如圣彼得堡博物馆所建议的，是从复活节岛收集的雕像，而是塔希提岛。

还真有这么一次。在库克离开46年后，俄罗斯海军上将别林斯高晋（Admiral Bellingshausen）到达了那里。那个时候，塔希提人已经改信基督教了。国王波玛尔（Pomare）对欧洲的所有事物都抱有极大热情，对欧洲产的亚麻布尤其情有独钟。他特别想要别林斯高晋上将铺位上的床单，并提出从他的王国里拿出各种各样的东西交换。显然，来自复活节岛的木雕肯定是其中一项，反正它们在塔希提岛也向来没什么宗教意义。当俄罗斯探险队回到圣彼得堡时，他们从塔希提岛收集的所有物品，如别林斯高晋在日记中记载的那样，都存放在了俄罗斯帝国海军部的博物馆里。

于是现在我知道了，圣彼得堡博物馆那件造型奇特的女性雕像并非无足轻重、近代制作的反常作品。恰恰相反，它其实是一件年代久远的古董，连同那座鸟首人像一起，都极为重要。因为现在已经清楚了，它们正是历史上第一批随欧洲船只离开复活节岛的雕像。

而我的这件呢？它也是马辛当年收集到的物品之一吗？它和圣彼得堡那件雕像的奇异特征是如此相似，要说它们的雕刻者是在完全不知道对方的情况下各自进行创造的，就太匪夷所思了。那我这件又会不会是近代人为那个女性雕像凭空创造出的男性配偶呢？坦白点说，它是个仿造品吗？我尝试了一个新的调查方向。

在邱园，皇家植物园的实验室能通过用显微镜观察木材结构，来鉴别许多树木的品种。他们检测了从男性雕像身上取下的一小片组织，断定那是托罗密罗树（toromiro tree）的木头。这种植物只生长在复活节岛上。其木质坚硬而细密，岛民们最为重要的那些木雕，都是用它制作的。这就证明，我的藏品是在岛上雕刻出来的。不仅如此，检测还透露了这件木雕的年代信息。复活节岛上的托罗密罗树在1956年就灭绝了，所以这座木雕一定是在那之前制作的。而圣彼得堡女性木雕的照片直到1973年才发表，所以到了那张照片有可能传到岛上的时候，也已经没有托罗密罗木能用来为她雕刻配偶了。

这座男性雕像会不会是当地人在库克刚刚离开几年后，凭着脑海中对那种古老风格仍存的视觉记忆，雕刻出来的呢？是有这个可能性，然而想来基本不会发生。毕竟库克曾提到过，在他到访的时候，这座岛上的文化就在凋敝了，考古学家近年来也证实了这一点。岛民们如此乐意把圣彼得堡的那些木雕拿出来与陌生人做交换，这件事就表明，他们已经不再看重这种传统风格，又怎会有雕刻师还想复活一个古老而无人问津的信仰呢？而到了19世纪，当岛民们开始雕刻男性雕像，以作为纪念品卖给前来造访的船只时，用的也不是那种风格的了。

剩下的解释就是，我的这座男性木雕，的的确确是马辛带到塔希提岛的“几件”“代表两性”的雕像之一了。若是这样，则不难想象它是如何穿越太平洋到达美洲的，因为美国的捕鲸船在整个19世纪都是塔希提岛的常客。看来，我的雕像还真是一座非常重要的早期作品。我真希望自己能到那座岛上去，只为在那个我已通过阅读如此熟悉的地方走一走。但似乎没什么机会将这座岛用作博物学节目的素材，因为岛上确实非常贫瘠，除去极少几种海鸟，就没有其他野生动物存在了。

在我完全弄清楚这件事的大约一年后，公司的自然历史部要我创作一档简短的生态系列节目，定名为《大地的声音》（*The State of the Planet*）。凯特·布鲁姆（Kate Broome）将执导该系列的最后一期节目，我就和她讨论了一些可行的思路。一天晚上，她打来电话说，对节目最后的结尾部分有了一个想法。复活节岛上的最新考古工作证实，早在库克时代，该岛就已显现出的环境及文化匮乏，是源于一度覆盖全岛的茂盛树木遭到破坏的结果——其中就包括现已消失的托罗密罗树。她说，她知道我很忙，还说她也很犹豫，是否要为我的行程再加上一段，不知她能否说服我去一趟复活节岛。

我简直不敢相信自己的好运气。我给她看了那件木雕。“如果我同意去，”我说，“我们能否在那里多待几天，为它的故事拍一些节目素材呢？”我们制订了一个非常低的预算，我还为一部类似民族学侦探故事似的影片草拟了一份拍摄大纲。我们拿到了预算。

我们很快去了趟圣彼得堡。我用一只天鹅绒小包随身带着那件男性雕像，并在博物馆中拍摄了它和那件女性雕像并排平放在一起的画面。我还提出看看与这件女性雕像编号相同的其他藏品，想确定我将此事归功于别林斯高晋上将的正确性。馆长展示了一面工艺绝佳的鼓、一座神像、一把开椰子器，还有一些神圣的垫子。它们上面都画着和复活节岛的女性雕像一样的收藏编号——736。它们全是从塔希提岛收集来的，我就知道。

到达复活节岛后，我们毫不费力地找到了库克登陆的确切海滩，以及马辛交换那些木雕的地点。库克在他的海图上标记得很清楚，况且，当地人至今仍然知道这些地点。这里是离奥龙戈（Orongo）最近的登陆点。奥龙戈是一座由低矮的石屋组成的神圣村落，坐落在1000英尺（约305米）高的悬崖顶上，离这儿大约1英里远。村落很古老，曾是岛上最重要的祭祀中心。走在库克的海滩上，我开始幻想岛民们下山来迎接那些从停泊在远处的高大船只上下来的陌生人的场景。我想象着，男人们如何匆匆赶回自己的村子，去寻找可以交换的物品；想象着其中的某个人，可能一路跑到了奥龙戈，将那些仍静静躺在已经废弃的祭祀屋里的雕像归在一起，把它们带回给马辛、小福斯特和库克。

我们去了奥龙戈。村落周围的岩石上雕刻着鸟首人的浮雕，很像圣彼得堡博物馆里马辛收集的那件。在那些鸟首人当中，有一张像面具似的脸，双目圆睁着。在这座岛别处的岩石上，也雕刻着类似的面具。它们代表什么呢？当地人告诉我们，圆眼是神性的象征。面具代表了“妈可-妈可”（Make Make），是古代最重要的神明，所有世界的创造者。我的那座雕像眼睛也是圆的，还有六指的双手和可观的生殖器，它会不会也代表了“妈可-妈可”呢？如果是这样的话，那么它就是现存最完整的复活节岛最高神祇的形象了。

20

Life on Earth

《生命的进化》

我还在坐办公室的时候，自然历史部门已经在考虑套用《文明》和《人类的攀升》两个节目的模式再制作一个大系列。这个工作需要人全职干上两三年，所以当时我并没有被纳入考虑。但在我辞职后不久，这个部门的一位资深制片人克里斯·帕森斯（Chris Parsons）找到我谈起了这件事。如今，再没有什么能阻止我直截了当地表示自己非常愿意为节目撰写脚本并主持。克里斯对我的想法表示了欢迎。我们找到了BBC2台的负责人罗宾·斯科特，他同意播出这一节目，但前提是可以找来一个美国的电视台共同分担制作经费。这会花去一些时间，但无论如何，克里斯希望一起合作这个项目的一些制作人还需要几个月才有空闲，这也是为什么我先去制作了《部落之眼》。

克里斯和德斯蒙德·霍金斯——他现在已是布里斯托尔的节目主

管——还有另一个提议。彼得·斯科特的《看》系列节目已近尾声，这就使BBC 1台的晚间少了一档固定的博物类节目。自然历史部想贡献一档关于各类动物的半小时系列节目，但还需要有统一的风格以使各不相同的出场动物能形成一个系列。他们提议，如果所有的旁白都由我来完成，就算形成统一风格了。出于对自由职业者前途未卜的担忧，我自然是非常感激这一提议。这份工作会为我在接下来的几年中提供一份虽不多但却很稳定的收入，旁白这种形式也可以帮助我在公众面前重建与博物学的联系，而不需要频繁出镜让人生厌。就这样，《野生动物在1台》（*Wildlife on One*）启动了。

跟理查德·布洛克从印尼一回来，我就投入到为那个大系列撰写大纲的工作中。我相当确信节目应该如何展开：我会从生命的起源开始着手，沿着生命演化的漫长轨迹，展现动植物从海洋漫延到陆地、进而演化出各种丰富多彩的形态这一过程。我们将用现生物种展示鱼如何挣脱水的束缚转变成两栖动物，比如蝾螈、青蛙和蟾蜍。早期的两栖动物进化出不透水的皮肤，进而演化至爬行动物。远古的爬行动物，如恐龙，进化出温血，从而演变出哺乳动物。这个系列将由猴、猿及人类完结。但并非所有人都同意我的想法。当把这个想法提交给一位我们希望可以共同制作这档节目的美国电视台的高层时，据说他的回答是："你是打算用满是绿色黏液的第一集来吸引观众，让他们来看你这么长的一个系列么？你一定是疯了。"这种声音我倒是已有心理准备，但让我没想到的是，自然历史部内部也出现了反对的声音。一位资深制作人坚持认为我这种讲故事的思路属于最枯燥、最老套的19世纪的博物学，早就过时了。他争辩说，作为本部门的首个"重磅巨制"，应该更加具有前瞻性和时代性。它理应囊括最新的行为理论研究和分子生物学发现。但最终，克里斯·帕森斯支持了我的观点，我便着手撰写更细化的脚本。

我们将本系列纪录片的题目定为《生命的进化》(*Life on Earth*)，一共分为13集。这是自《文明》起确定下来的“重磅”节目应有的长度。按当时的节目播出计划，每周一集的安排正好可以让这一系列占满一年中的三个月。再长的话就可能会延续到下一个季度，而下一季度的节目安排可能会发生变化。如果这一节目不得不因此调换到另一天的另一个时间播出，节目的忠实观众或许会感到不满。而更短的话，这档节目与下一个大系列之间就会出现几周的空档，需要用别的节目填满。幸运的是，我着手调查地质年代后发现，生命演化的历程也正好可以被划分为13个部分。每集的时长定为50分钟，这是因为我们期待会购买这档节目的美国电视台是以一小时为单位编排节目的，因此我们需要提供50分钟的节目，以留出10分钟的广告时长。

集中制作这么长的一个系列带来了很大的优势——它解决了经济问题，让单集节目里得以收入好几个相距甚远的地方的短镜头。例如，在第一集中，我可以放入一个不足一分钟的在澳大利亚拍摄的镜头，展示地球上最早生命的化石证据，因为在第八集讲到哺乳动物的起源时，我肯定还得到这儿拍鸭嘴兽。

我每写完一集的脚本，就会把它发给克里斯和制作团队，团队会根据地理位置排列出镜头的顺序。在完成了六七个脚本的创作之后，我们就可以着手计划长途旅行了——去肯尼亚，再继续前往马达加斯加岛和科摩罗群岛；去美国的大草原，再北上阿拉斯加苔原；去亚马孙雨林，再南下狂风肆虐、贫瘠荒芜的巴塔哥尼亚大草原。每趟旅程我都会拍下好几个在摄影机前解说的镜头，它们将会用到五六集不同的节目中。与此同时，十多位摄影师则会分别专注于某一种动物的拍摄，他们通常独立工作，尝试拍下我在脚本中列出的动物行为。总之，完成这整个系列将会耗时三年。这听起来有些奢侈，但正如我跟策划方所说的，几乎每一集50分钟的纪录片都需要大约三个月的制作时间，因此我们真能在三年内按计划完成13集节目的话，那已经相当好了。

我们的第一趟旅行去了加拉帕戈斯群岛。约翰·斯帕克斯（John Sparks）是这个项目的导演。另三名工作人员是摄影师莫里斯和休，以及录音师迪基，他们刚跟我在印度尼西亚共事过。

以加拉帕戈斯群岛为开端是一个令人开心的选择。毕竟，众所周知，正是在这里，查尔斯·达尔文观察到的现象促使他提出了进化论，而我们正试图按时间顺序呈现这一理论下的产物。通常人们认为是加拉帕戈斯雀类形态多样的喙启发了达尔文的思考，事实上，正如他在日记里所记载的，陆龟才是这个触发器。他发现，在水分条件较好的岛屿上，陆龟可以啃食地面的矮生植物，它们的龟壳前部是圆弧形的。相反，干旱岛屿上的陆龟只能食用树枝上的叶片，龟壳前部凸起一个尖锐的缺口，让它们可以将长脖子几乎垂直地向上伸。如今，仅有第一种陆龟还有少量存活且仅存于群岛中更偏远的一些地方。其中最大的一个种群生活在一座叫作“阿尔塞多”（Alcedo）的死火山的巨型火山口中。

爬上那座火山真是困难重重，我们每个人都要携带两加仑饮用水、自己的随行装备，以及公摊的摄影器材。第一天我们整日行走在火山低处的坡面上，坡面铺满大片炙热的黑色熔岩。第二天我们到达了海拔

3700英尺（约1127米）的火山口边缘并下到里面。在这里，我们发现了陆龟的身影，大概有200只，或在低矮的灌木丛中缓慢地移动，或是伸着脖子躺在地上睡觉，或是一动不动待在雨水汇集成的水坑中。成年龟大概有5英尺（约1.5米）长，但也有一些体长不到12英寸（约30厘米）的幼龟。此处的种群看起来正兴盛，似乎听不到我们跟在它们身后发出的任何声音，只有看见我们时才会开始警觉。它们会发出如同轮胎漏气一般的嘶嘶声，马上将四肢都缩回壳中。有时，这会让它们留在一个尴尬的位置，例如在一块巨石上摇摇欲坠。

正值繁殖季节。巨大的雄性陆龟互相挑衅，张着嘴发出喘气般的低吼。每一只都会嗅嗅所遇到的另一只的尾部，以辨别出雌性。它们的交配方式也是相当地直接：雄龟发现雌龟后，会跟在她后面。当经过慢镜头般的追逐，他最终追上雌龟后，会继续往前，用前足爬上雌龟的后背。你会听到很多声沉闷的撞击、吱嘎的摩擦，以及如同拉紧的皮质马具的声音。随后，雄性开始一边交配一边发出打鼾般有节奏的吼声，他后腿发力，让他俩的龟甲都在剧烈摇晃，甚至有时会把雌性的尾部推离地面。

我们飞快地扎好帐篷，开始拍摄这一原始的画面。午后不久，云层聚集，很快便下起雨来。回到营地才发现，我们在当地租来的帐篷不仅不防水，甚至还有两个已经被推倒了，很有可能是过于乐观的雄龟所为。可怜的我们就在拥挤、寒冷、潮湿的漏水帐篷中度过了那个晚上。听着帐篷外不知疲倦地进行交配的雄龟有节奏的吼声，不禁担心黑暗中它们是否会向我们发动爱的进攻。这给我们整个项目开了个难忘的头。

* * *

因为需要追溯生命的演化历史，那些在大类群之间承上启下的过渡物种在我们的故事中就有着举足轻重的地位。人们早就从距今已有4亿年历史的岩石中发现了一种名为“腔棘鱼”（coelacanth）的鱼类化石。从其骨骼可以判断出，它们的鱼鳍有着粗壮的肉根，一些科学家由此认为它们与最早离开海洋登上陆地的四足动物有着密切的关系。因此，它们就是联结最早的两栖动物，以至于后来所有陆生脊椎动物——包括我们自己——的纽带。1938年，一艘南非拖船从300英尺（约91米）深的水下捕获到一条活的腔棘鱼，引发了科学界的震动。它是一条长达5英尺的大鱼，比它的化石亲戚们大得多——那些最多不过鲱鱼大小。不幸的是，在科学家们看到这条鱼之前，它已经被开膛破肚，内脏都被扔掉了。因此，化石无法揭示的内部软器官的细节依然是个谜。尽管经过此后多年高强度的搜索，但再也没有找到第二条活的样本。

直到在马达加斯加以北的非洲海岸线之外、科摩罗群岛附近的水域又捕到了一条腔棘鱼，这正是25年前我在亚历山大宫制作的第一档节目中朱利安·赫胥黎提到的那次发现。此后，每年都能在这一水域捕获两三条腔棘鱼，显然，这里正是它们的主要栖息地，但还没有人成功拍到过一条活鱼。如果我们能够做到，这将是《生命的进化》节目的一个重大突破。

彼得·斯库恩斯（Peter Scoones）相信自己可以做到。他当时是——现在也是——最有经验的水下摄影师之一，尤其擅于发明特殊的装备以应对特定任务的需求。所有的腔棘鱼样本，跟第一只一样，都是在水下300英尺的深度捕捞到的。这一深度超出了潜水员能到达的极限，但对于水下摄像机来说不成问题。彼得的方案是在岛外捕获样本最多的区域用一根长长的线缆将远程遥控摄像机放入水中。这似乎值得一试。岛上也有我们感兴趣的其他生物：一个拍出来格外好看的果蝠群落和一些狐猴。因此，无论如何，肯尼亚之旅之后再顺便去一趟科摩罗群岛，都是值得的。

我们发现，科摩罗的政局并不稳定。这里发生了一系列没有流血的变革，很难确定究竟谁在当权。最终，我们联系上了岛上能帮忙的人，经过一定的流程，我和彼得抵达了首都莫罗尼（Moroni）。绝大多数被捕获的腔棘鱼是在晚间上钩的，很可能这就是它们为了觅食从更深处上浮的时间，因此这也成为我们外出寻找它们的时间。每天晚上我们坐着汽艇离开港口，到达当地渔民推荐的地点之后，彼得就会放下带着照明光源的摄像机。随后，我们就聚集在船尾的监视器前，观察水下摄像机拍摄到的画面。

事情的进展并不顺利。之前我们想当然认为这些史前怪物会从幽深海底游到灯光前吃下诱饵，但这种想法很快就被证明过于乐观。这里海太深，无法下锚，而且有一股很强的洋流。因此，我们的摄像机能拍到的只有以每小时2～3英里的速度稳定移动的海床。即使能看到一眼在海底逡巡的腔棘鱼的身影，但它们也只是一扫而过，无法好好地被看清楚。但我们仍然坚持了下来。

虽然海床大体是平坦的，但有些地方还是会有礁石。只要我们在监视器中一见到礁石，就会马上往回拉线缆，让洋流带着我们经过礁石时，摄像机能从其上方经过而不被缠住。但线缆很长，即使在船上以最快的速度收线，仍然需要几秒才会产生一点效果。最终的结果不可避免——在出海的第五天晚上，我们看到了一块巨大的暗礁迎面而来。马上全力收线，但还是不够快。摄像机撞进岩石缝，紧紧地卡在了里面。洋流继续推动船只前行，监视屏上的画面变成了Z字形的白色线条，然后黑掉了。看来线缆，就这么断了。

但是，我们还是成功地拍到了一些出色的果蝠和狐猴的镜头，因此此次科摩罗之行不完全算是浪费时间。尽管如此，我们在莫罗尼机场集合告别时仍然有些沮丧。在最近的革命中新升任内务大臣的那位年轻人前来为我们送行，正是他的帮助使我们得以成行，我们对他表示了感谢。作为回报，我能帮他一个忙吗？当然，什么忙？他说自己有一位姐姐在英国广播公司的海外服务部工作。能帮他带一份特别的礼物给她吗？说着，他拿出一个用绳子牢牢捆住的包裹，有一本大字典那么大。这是什么东西？只是一份礼物，他说。我不能拒绝一位大臣的请求，因此，我把它好好收在了一个包里。我跟他热情地握了握手，走进海关。

海关的一位工作人员示意我们把所有包裹放到一条长凳上并站在行李旁边，我们一一照办。随后，工作人员沿着行李走过来，一一询问每个包裹的主人。我能听到他问别人的问题。

“这是你的包吗？

“你为别人带什么东西了吗？”

我是被坑了么？到我这儿时，该怎么回答呢？正当我犹豫不决时，长凳后面的一扇门开了，内务大臣走了出来。但这一次，他戴着沉沉缀满金色穗带的官帽，那无疑是海关首长的装扮。他径直向我走来。

“这些是你的包吗？”他口吻强硬地问道，似乎我们从未谋面。

我点了点头。

“你带的东西里有别人给你的么？”

他直直地盯着我。

我还没来得及回答，他就说道：“很好，走吧。”我逃也似的跑到了候机室。至今我仍不知道他的包裹里面装了些什么，但我一回到伦敦就赶紧把它交给了他姐姐。

彼得留了下来，他还要再拍几天果蝠。就在我们其他人离开后的第二天早晨，有人敲开了他宾馆房间的门——一位渔民刚刚捕到了一条腔棘鱼回港。彼得感兴趣吗？他抓起摄影机直奔港口。他见到了一条巨大的腔棘鱼，被捆在渔民的独木舟底部，还活着，但奄奄一息。他说服渔民给它松了绑，录了一段大鱼在港口地板上虚弱地游动的场景。它非常好地展现了对于我们这个进化故事来说很重要的元素之一——它的鱼鳍的确像四条粗壮的腿，可以起到腿的作用。虽然这条鱼的状态不好，但彼得拍下的视频和照片是活体腔棘鱼首次留下的画面记录，并且在很多年里，也是唯一的记录。

* * *

其他来自远古地质年代的幸存者们就要好找得多了。我对鲎（horseshoe crab）格外感兴趣，它们是一种非常古老的海洋生物，甚至要比腔棘鱼或其他任何鱼类都更加古老。克里斯·帕森斯也认为它们的镜头很有价值，并对可行性进行了一番评估。“这很容易，”他说，“我订了5月31日晚上抵达费城的航班。第二天，6月1日，我们开车直奔开普梅（Cape May），去那儿的一个海滩。到了傍晚，就会有100万只鲎从海里出来了。”

这听上去似乎不可思议，但最后事情果然如此。快傍晚的时候，我们到了开普梅，成群的海鸥和小型涉禽已经聚集到这片海滩上。它们跟我们一样，都知道一年一度的这一晚这里会发生什么。

随着太阳在空中的位置越来越低，一些光滑的灰绿色圆壳从浅滩上钻出来，形状大小都如同头盔一般。几分钟之内，它们就已布满了整条海岸线。每个圆壳的前部两侧各有一个小小的突起，如同机器人的传感器，这是它们的眼睛。圆壳后部连接着另一块近似于三角形的壳，壳下藏着它们的腿，三角形尾部挂着一根长长的刺。雌鲎的甲壳约有15英寸（约38厘米）宽。雄性略小几英寸，数量比雌性多得多。当个头更大的雌鲎爬到浅滩上时，就会有雄鲎紧跟过去，把自己钳在雌鲎的甲壳后部。有时候会有数只雄鲎同时行动，这样雌鲎就不得不拖着一串三四只的雄鲎爬上海滩。

当太阳开始下落时，海浪形成的白沫带上已经聚集了密密麻麻的鲎，仿佛给海滩铺上了一道延绵不绝的路面。数量多到鲎们重重叠叠、颤颤巍巍，在其他同类身上爬来爬去。细浪轻拍海岸，时而恰巧带到一只摇摇晃晃的鲎，让它摔个仰面朝天。鲎的五对腿机械地扑腾着，想用坚硬的尾刺把自己翻过来。鸥鸟们很快就能锁定这些不幸的鲎。它们俯冲下去，开始啄鲎相对脆弱的腹部。但这只是鸥鸟们的开胃小菜，真正的饕餮盛宴还未开始。

雌鲎们爬上海滩，爬到高潮线处，它们会在沙地里挖一个坑，产下数以百计淡绿色的卵，卵跟沙粒大小相当，混在一起。与此同时，钳在雌鲎甲壳上的雄鲎和在雌鲎身边围成一圈的雄鲎们都往坑里排放了精液。

大规模的产卵活动会持续数小时。随后，开始退潮了，鲎也随之掉头。鸥鸟们灵巧地奔走其间，熟练地从沙子中挑出卵。它们收获甚丰，让鲎在沙滩上而不是在海里产卵这事显得匪夷所思。有可能这是因为它们发展进化于生物进化史的早期，那时的陆地的确更加安全，天空中没有鸟，陆地上也没有爬满四足的捕食者。

但还有一个更大的谜题未被揭晓。我们人类可以通过参考潮汐表和日历预测每年最大的晚潮，鲎们在黑暗深海中又是如何提前数周就知道是时候去浅海了呢？它们又是如何明了，在6月1日的晚上，下一次的海潮将会是最高峰，可以随之一同从海里浮到岸上呢？而它们的祖先即是如此，这一年一度的行为已持续1.5亿年了。

* * *

约翰·斯帕克斯负责猴类及猿类那期节目。我的脚本中有一组镜头是要关注它们用食指触碰拇指的能力，进化出这种被灵长类动物学家们称为“对生拇指”的特性具有极高的价值：首先，它让灵长类动物在林间游荡时可以用手抓握树枝，也使它们可以捡拾小物件，甚至将其作为工具使用。工具的使用在人类演化历史上也是重要的一步。在脚本里，我提出可以用黑猩猩（chimpanzee）来呈现这个内容。约翰认为我们可以做得更好——为什么不用大猩猩（gorilla）呢？当时几乎还没有大猩猩的影像记录。戴安·福西（Dian Fossey）是一位杰出的美国动物学家，她在卢旺达维龙加山脉（Virunga Mountains of Rwanda）研究山地大猩猩。在她的帮助下，我们也许能跟它们很接近。我有些怀疑戴安是否会接受我们的请求。我此前听说过她，据各方消息，都说她对自己的大猩猩有很强的保护欲，不愿意接待来访者。不管怎么说，约翰给她写了信，而令我惊喜的是，她答应帮助我们。

1978年1月，约翰、迪基·伯德、摄影师马丁·桑德斯（Martin Saunders）和我来到了卢旺达的小城鲁亨盖里（Ruhengeri）。一位名叫伊恩·雷德蒙（Ian Redmond）、留着胡子的英国年轻人从戴安的营地赶过来接我们，他带来了一个坏消息：一只年轻的大猩猩帝基特（Digit）刚刚被偷猎者杀死了。戴安从帝基特还是个婴儿时就认识他了，一直看着他长大。帝基特对她格外亲近，也成了她的最爱。他的死，应该说是他的被害，让她深受打击、伤心不已。此外，她肺部还遭受了严重的感染，甚至在帝基特被杀之前她就已经想过打发我们离开了。但后来她决定我们应该来，因为我们可以向全世界讲述帝基特的死，帮忙筹集资金用以保护幸存的大猩猩。

我们挤进伊恩的卡车，一路穿过小村庄和农田，45分钟后到达了覆盖火山山坡上部的森林边缘。随后我们徒步上山。随着海拔不断爬升，叫不上名字的灌木丛逐渐变成了苦苏花树（Hagenia tree），这些树木长长的枝干上挂满叶子如丝带一般的蕨类植物和一缕一缕苍白的寄生藤（Spanish moss）。戴安的营地卡里索凯（Karisoke）是由六个漆成绿色的瓦楞铁棚子组成的，铁棚之间有小路相连，小路两边有低矮的围栏。

我们轻轻敲开戴安小屋的门，发现她躺在床上。我以前见过她的照片，她是一个身材高挑、骨瘦如柴、梳着马尾辫的加州人，但她现在面色苍白，整个人病恹恹的。床边的桌子上放着一块沾满鲜血的手帕。她告诉我们，事实上，她得了肺炎。她以前就患过肺炎，也吃了药加以治疗，但现在又开始吐血了，这是新出现的症状。这间海拔10000英尺（约3048米）高的山中棚屋每天经受雨水的洗礼，几乎总有浓雾环绕，怎么看都不是一个适合这样的病人生活的地方。然而，戴安最关心的不是她的健康，而是帝基特的惨死。偷猎者肢解了他的尸体，砍下他的头和手，在鲁亨盖里的旅游商店里作为恐怖纪念品出售。她的非洲同僚一直在追捕偷猎者并抓住了一个，她确信他正是杀害帝基特的凶手。说到这儿，她情绪非常激烈，但已上气不接下气，还要忍受胸口的阵阵剧痛。军队过来带走了被捕的偷猎者。没把他留给戴安，对偷猎者来说真是一件好事。

她接着谈到大猩猩们面临的诸多危险。虽然这片森林已被列为国家保护公园，但是周围村庄的居民一直在不断地蚕食森林的土地，并在森林里放牧。她警告过他们很多次，但最近她发现口头威胁是不够的。她开始自己私下执法：向擅自闯入森林的牛射击，打中它们的脊椎使其瘫痪，把它们留在那里等死。这还不是全部。她认为负责管理国家公园的官员中存在腐败问题。有人收受贿赂，允许那些人在此打猎或者砍掉森林边缘的树，让出更多农田。她十分确信一名在该部门工作的比利时移民是绝大部分问题的根源，必须要引起国际社会对此事的关注。我们需要协助报道帝基特的死，我们承诺会尽自己所能。

第二天早上，戴安仍然十分虚弱，无法带我们出门，因此伊恩·雷德蒙代劳了。出发前，他给我们介绍了一些大猩猩的规矩，我们会见到的大猩猩属于对戴安和她的助手们都很熟悉的群体。在伊恩的引荐下，它们大概率也会接受我们，但前提是我们要行为得当。大猩猩们在穿越树林下密集的灌木丛时，会发出规律的打嗝声。现在，人们认识到这种声音与消化不良毫无关联。这是家族中每个个体告知其他成员自身位置的信号。它们都在浓密的植被中取食，因此需要时刻确认相互的状况，这样，它们听到身边的动静时，就能知道是自己人还是外来者——或许，那就是敌人。因此，我们一定要在离它们还很远的时候就让它们看到我们。随后，在我们接近的过程中，也要规律地发出打嗝声，让它们始终知道我们的位置。最糟糕的事情就是我们安静地潜伏着接近，直到靠得很近了才让大猩猩们发现我们的存在，那样的话，就会被攻击了。

当我们走得很近时，要表示尊重，将头低下来，这在大猩猩和人类社会中都适用。恭敬的人类会鞠躬以示尊重，大猩猩也需要同样的认可。不要大声喧哗。最后，不要盯着看，那会被解读为挑战。而挑战一只成年银背大猩猩绝不是一个好主意。

我们将这些规矩牢牢地记在脑子里，往山上进发了。很快我们就穿行在一大片齐腰高的野芹和蜇人的荨麻组成的密林里，不久便找到了一群大猩猩的踪迹。在这样的地方追踪大猩猩几乎不比追踪一台压路机更难——它们会在身后留下一条植物被踏平之后的宽阔道路。如果路上的植物又开始立起来，那么这大概是一天前留下的。如果从断裂茎秆上流出的汁液刚刚开始凝结或依旧在流淌，那就说明大猩猩才经过这里。它们的粪便也可以提供很多信息：粪便排出大约两个小时之后，上面就会出现白色小点，那是苍蝇在上面产的卵。如果粪便还是温热的，就说明这是新出炉的——你离它们已经很近了。

我们一行人小心翼翼地排成一列，追随着大猩猩的踪迹前进，弯着腰，不敢大声说话。伊恩走在最前面。他突然停下来跟我们招手示意，于是我们爬到他的身边。前面的地面略微往下倾斜，在大片的野芹之间，坐着三只硕大的雌性大猩猩，正大把大把地扯面前的野芹。它们距我们仅仅20码（约18米）远。其中一只转过她黑亮的脸，看到了我们，随后她扭过头，又开始扯另一丛野芹。

我们坐下来入迷地看了几分钟，直到它们一只接一只地站起来，不慌不忙地离开。我们与大猩猩的初次接触到此结束。我们走回营地，心脏还一直怦怦直跳。

第二天，我们又回去找那同一个群落。我们再次接近它们，这一次决定开始拍摄。马丁慢慢地支起三脚架，不敢有任何突然的大动作，悄无声息地固定好摄影机，对好了焦。摄影机发出轻微的嗡嗡声。一只大猩猩漫不经心地看了我们一眼。显然，用一只玻璃大眼睛盯着她，对她来说并不算是瞪着看。

我们工作了一周，每天天蒙蒙亮就出发，回到头天晚上我们离开大猩猩的地点，追寻它们的足迹，直到跟上它们。一天，戴安觉得自己身体恢复得不错，就跟我们一起出发了。当我们坐在那儿观察一小群大猩猩时，看着这些了不起的动物们表现得如此悠闲自在，她的自豪和喜悦溢于言表。此时，她的精神状态似乎比我们整个访问过程中的任何时候都要好。

在伊恩的指导下，我们渐渐在大猩猩面前越来越自信了，它们也是如此。一天上午，它们留下的踪迹把我们带到了一片草特别高且密的地方。当我们半蹲着潜行时，草都能没过头顶。我们可以听见大猩猩们在很近的地方吃东西的声音。我继续向前，低着头避免直视，发出了比实际所需或许更密集一些的打嗝声，接着发现自己出现在一片压到长草后形成的圆形空地上，就像是小孩子在高高的草地中清理出一小块空地当成自己的房间那样。随后我意识到，在空地的一边，距离我仅几码远的地方，有一只成年雌性大猩猩。这是我有史以来离它们最近的时刻。她看起来巨大无比，或许这正是拍下一段令人激动的戏剧性解说画面的好时机。马丁在我身后几码远的地方架好了脚架和摄影机。在他之后，我能看见迪基戴上耳机，正看着录音机上的旋钮。他旁边的约翰竖起大拇指，示意准备就绪。

“与大猩猩的一次对视里有着更多的意义和相互之间的理解，”我低声说道，“比起我知道的其他任何动物都要多。它们的视力、听觉和嗅觉与我们如此相似，因此它们眼中的世界跟我们看到的几乎是一样的。跟他们一样，我们生活的社会群体也大多拥有长期稳定的家庭关系。它们跟我们一样在地面行走，但远比我们强壮有力。因此，如果有机会可以逃离人类社会，想象自己生活在另一种生物的世界里，那么一定是与大猩猩一起。雄性大猩猩是一种极其强大的生物，但它们仅仅在保卫家庭时才会使用武力，群体内部极少见到暴力行为的存在。我们人类往往用大猩猩来作为攻击性和暴力的象征，这非常不公正。因为事实上大猩猩并不暴力，真正暴力的是我们自己。”

这时，空地另一端的草丛分开了，一头雄性银背大猩猩趾高气扬地走出来，他是这个群体的领袖。雌性大猩猩看起来已经很大了，但他简直是巨无霸，他就是力量的化身。正当我犹豫要不要后撤时，他突然行动起来，快速穿过空地，在雌性大猩猩的后背上重重拍了一掌，随后消失在另一侧的草丛中。雌性大猩猩站起来，默默地跟他走了。看到刚刚他打她的那一掌，我怀疑自己先前说的最后一句话是否有些过于浪漫了。但在反思和回顾了人类社会中的暴力记录之后，我决定留下这句话。

时间来到了最后一天，而我仍然没有面对摄影机讲解对生拇指的重要意义。有大猩猩在身边时，这不是会首先想到的事情。那天早上，我们很早就发现了它们。我们从一片低矮的灌木丛中钻出来，看见一只成年雌性大猩猩自己坐在那儿，扯下大把大把野芹大嚼特嚼。突然，她用拇指和食指捏起一根野芹的茎。显然，说明对生拇指的时机到了。

我慢慢朝她爬过去。她看向我的眼神如此温和，这鼓励我爬得更近一些。我侧躺下来，并转身看向摄影机。这让我不可避免地后背朝向她。我并不喜欢这样。马丁看起来已经准备好了。这时，我的背后传来一声响动。我回过头，看见她向我挪过来。她伸出一只黑色的大手，放在我的头顶上，用深棕色的眼睛看着我。这显然不再是讲解对生拇指的恰当时机了。她把手从我的头上拿下来，又拉开我的下嘴唇，往我的嘴里看了看。这时，我感到腿上多了些重量，原来是两只小家伙，像黑猩猩那么大，在解我的鞋带。

我丝毫不觉得惊慌，也没有感到任何威胁。的确是我先爬向它们的，但首先进行身体接触的可是那只雌性大猩猩。她和她的孩子们似乎已经接受我作为一个受到他们欢迎的来访者，甚至几乎是作为它们团体的一员。我被享有特权的荣耀感淹没了。我在那里躺了五分钟，开心得不敢大声喘气。雌性大猩猩回去继续进食了，小家伙们最终也玩腻了我的靴子，飞跑到一边研究别的东西去了。雌性大猩猩跟着它们离开，我也爬回到同伴们身边。

“好吧，我们拍到了一点儿。”约翰说。

一点儿？我可在那儿待了足足五分钟。难道摄影机出故障了么？

“不，”约翰说，“但是我在等你说对生拇指。马丁的摄影机里面只有15英尺（约4.5米）胶片了，再多就只能重装。我一点儿都不敢拍这种常规镜头，就怕你开始说话的时候没胶片了。而且你和它们玩的样子太不寻常了，观众们可能会以为它们是动物园中驯养的大猩猩。但马丁说，为什么我们不拍个几英尺来让后期剪辑的小伙子们乐一乐呢？于是，对，我们就拍了一点儿。”

我完全可以理解约翰的两难境地，但与此同时，我还是为只记录下了一丁点儿感到遗憾，毕竟这是我生命中最激动人心的偶遇之一。

第二天，我们出发下山。一辆货车在下山路的尽头接上了我们，我们开始返回鲁亨盖里。我和迪基坐在驾驶舱，马丁和约翰在后面。突然，一名士兵跳到前面的路中央，使劲儿挥舞他的胳膊，示意我们停车。我们的司机打了个方向绕过他，径直开走了。我想，这名士兵一定是想搭车，而司机不愿理会。但随后我们听到了两声枪响和头顶上子弹的呼啸声，事态一下子严重起来。我们加速转过一个弯，然后紧急刹住了车。一辆军用卡车截住了道路。

一个头发乱蓬蓬的欧洲人从卡车里爬出来，开始用法语大声斥责我们，问我们到山里来做什么。他说我们无权拍摄，我们没有在国家公园管理处备案，我们未经许可，我们拍摄帝基特的尸体就是为了找麻烦。在他说个不停时，我意识到他一定就是戴安提到的那个比利时人——她最大的敌人。我们的胶片会被没收，他继续说着。试图逃跑也无济于事，因为机场方面已经收到通知禁止我们离境。我们必须马上回到鲁亨盖里，向安全警察自首。

我们开车上路，军方卡车就跟在我们后面。我们开始讨论对策。马丁说，在我和约翰被讯问的时候，他在后面已经设法更换了胶片盒上的标签。如果他们真的要没收我们的胶片，或许他有机会可以侥幸保留下来最重要的几盒。在安全警察总部，我们朝墙排成一排，全身被仔细地搜了个遍。所有的设备箱全被打开，检查，扣押。然后，我们被带到一个露天的带刺铁丝网围栏中关了起来。

过了一个小时左右，一名更高级的官员前来重新审问了我们一遍。他说戴安已经向国家公园管理部门和警察局的官员们发了威胁信，信中必然提到了我们。有人联系了美国领事，直到晚上九点钟之后，我们才被最终告知自己会被释放。不过，我们是被驱逐出境的，需要马上离开。因为我们本来就租了第二天一早的飞机，就没再多说什么了。我们还保住了胶片，乱贴标签一事也没被追究。

回到伦敦，我跟以前和戴安一起在卡里索凯一同工作过的她的学生们取得了联系，我们一起着手发起了一项用于保护山地大猩猩的基金。

* * *

《生命的进化》取得了可喜的好评。这档节目在瞬息间把观众从一个大洲带到另一个大洲，对自然界的探究方式系统又严谨，不走捷径地展现了许多迄今为止一直被忽视的动物类群——海蛞蝓、无腿两栖动物、裸鼹鼠等，这一切都让人印象深刻。评论家们赞不绝口，观众人数众多。按照《文明》发起的模式，每一期节目都会在一周之内重复播放两遍，很多观众就看了两遍。配套的书销售也很好，远超所有人的预期。

但在美国，我们受到了一些阻力。在开拍之前，我们就跟美国的电视台签署了一份联合制作的协议，但那是三年前的事了。后来，电视台的领导层发生了一次大换血，新继任的领导对前任留下来的这13集50分钟的节目并不感冒。

在好几个月杳无音信之后，我接到了英国广播公司海外销售部的电话。美国方面看来终于要履行当初的协议了，我很高兴。对方又补充说，但情况会有一点复杂。皮奥里亚（Peoria）或查塔努加（Chattanooga）地区的美国人听不懂我的英式口音。美国方面需要得到授权，剪掉我出镜讲话的画面，然后让一个好莱坞明星再去为旁白配音，这是他们接受这套节目的条件。当然，这些改动会严格尊重作品的原意。他提到了罗伯特·雷德福（Robert Redford）的名字。我介意吗？

我非常介意。这个系列是我在电视领域做出的最雄心勃勃的作品，我为它感到自豪。我都不知道自己是否还会有机会再去参与一个如此大规模的节目制作。他一定也意识到了我会很介意，我问：为什么还要来问我？他的回答让我很惊讶。显然，在我的合同上那些小小的印刷文字里有那么一个条款，它规定任何海外版本的改动均需得到我本人的同意。尽管他对我进行了一番好言劝说，而且如果我同意的话，英国广播公司和我本人都会得到一大笔后续尾款，但我还是坚持自己的意见，没有妥协。

最终，电视台放弃了合作。令人高兴的是，美国公共广播公司（PBS）决定冒一次险，他们用比商业电视台少得多的钱买下了这个系列。他们开始转播之后就发现，我的口音即使在皮奥里亚或查塔努加也不会有人听不懂。自此，我开始在美国市场上赢得声誉，当我的名字出现在后续的系列节目中时，会被当成一种优势而不是拖累。

21

The Living Planet

《生生不息的地球》

《生命的进化》让我们几十号人共同奋战了三年。我们一起从头到尾地完成了这个节目的各个阶段——讨论最初的脚本形式，选择作为示例的物种，以及分成不同的摄制组满世界穿梭。通常一位导演拍摄的内容并不仅仅是他自己的那一期节目需要的，还要给其他节目拍摄素材。有时，我在一个地方只拍了一句话的前一半，而它恰好能接上我们两年前在另一块大陆上拍的后半句。这种体验就仿佛我们在共同完成一幅巨大而复杂的拼图，每个人都有自己负责的区域，同时也能探身帮别人补上一两块。而当整个画面一点一点拼接成型，它所呈现出的样貌比我们最初设想的还要精细连贯。我非常享受这段经历，很希望能够再来一次。要怎么做呢？

当然了，电视节目还可以别的方式来探索整个地球的自然史。在

《生命的进化》中，每一集记录一类特定的动物，但我们也可以转而考察一类特定的环境——无论它出现在世界的何处。例如我们可以来看看沙漠，考察一下生活在干热条件下所面临的问题，然后去往世界各地的沙漠地区，调查不同类型的动物都是如何应对这些问题的。在此基础上，我草拟了一份12集的节目大纲，并将之命名为《生生不息的地球》（*The Living Planet*）。得益于《生命的进化》的成功，这个计划马上得到了批准。

内德·凯利（Ned Kelly）是分配到这个系列的三位导演之一。1980年9月，他给我打了个电话，那时他刚接下这个工作仅有几周。他身材健壮、性格坚韧，是一位出色的博物学家和职业登山家，尤其对喜马拉雅山区颇有经验。与我不同，天气越冷，他越喜欢，因此他马上认领了关于极地地区的节目。他带来了好消息——他听说皇家海军舰艇"坚忍号"（HMS Endurance）正在前往南大西洋的路上，并会去访问英国南极调查局在那里运行的各个科考站。这艘舰船除了给予科考站支持以外，也肩负着代表英国亮相的使命，旨在向国际社会宣告英国在南大西洋的持续存在。海军方面显然认为船上多一个电视节目摄制组不会影响整个任务，就这样，我们得到了随船的许可。

但是，不幸的是，这样一来，我们就得在那里过圣诞了，这将是我结婚三十年来第一次无法跟简和我们的两个孩子共度圣诞节。但是跟随"坚忍号"的航行可以得到我们从别处无法获取的素材，我几乎无法拒绝。我安慰自己，虽然在圣诞节那天不能坐在烤火鸡旁边，但可能会在一大群企鹅中游荡。

可事实并未如我所愿。当我们到达"坚忍号"停泊的斯坦利港

（Port Stanley）时，一艘负责给基地携带给养的补给船损坏了螺旋桨。"坚忍号"要把它拖到乌拉圭的蒙得维的亚（Montevideo）进行维修。圣诞节过后，另一艘补给船"布兰斯菲尔德号"（Bransfield）将抵达福克兰群岛（Falklands）。它会把我们带到南乔治亚岛（South Georgia）。从蒙得维的亚返回的"坚忍号"将在那里接上我们。与此同时，我们将不得不在斯坦利港唯一的酒店过一个圣诞了。

内德·凯利、迪基·伯德、休·梅纳德和我是这里仅有的客人。每一盏灯、每一个架子上都有装饰金箔孤零零地垂下来，但那似乎让圣诞节感觉比以往更凄凉了。圣诞前夜，我们在荒无人烟的街道上徘徊，听着隔板搭建的小木屋里传来预言天使的歌唱。这时，酒店收到了来自电信公司经理伊恩·斯图尔特（Iain Stewart）的信息，正是该公司维持着这座岛与外界的联系。伊恩问我们是否愿意与他和他的妻子一起享用圣诞午餐，我们接受了邀请，这顿午餐弥补了我们错过的很多东西。考虑到即将开始的探险，斯图尔特的热情好客让我久久不能忘怀。

我们也收到了总督的邀请。政府大楼将在圣诞夜举办一场盛大的聚会，他们也很欢迎我们前往。斯坦利港的大多数居民似乎都在那儿了。事实证明，总督雷克斯·亨特（Rex Hunt）是一位狂热的游戏迷。他引诱我们一群人来到台球室，参加被他叫作"杀手"的淘汰赛。他是场上唯一一个了解比赛规则、记分方法，甚至每位参赛者需要达到的目标的人。不出意外，他取得了胜利。接下来是另一场他称为"台球曲棍球"的比赛，参赛者隔着台球桌，用台球去撞对方的球。晚上的高潮来了，他搬出一台发条留声机以及一堆78转黑胶唱片，我们都坐下来，喝着朗姆酒、杜松子酒和威士忌，听着嘶嘶啦啦声中路易斯·阿姆斯特朗、西德尼·贝谢特（Sydney Bechet）和贝茜·史密斯（Bessie Smith）向我们唱着歌。

三天后，我们乘坐“布兰斯菲尔德号”出发，前往南乔治亚岛。又过了三天，我们抵达了位于南乔治亚岛南边的一个小岛——鸟岛（Bird Island）。这里有四位英国科学协会的科学家，他们住在有三个房间的小房子里，里面堆满了书籍、补给、网、电子跟踪装置、油漆罐、工具和大量防寒服。他们在那里待了一年多了，没有见过其他人类，只是日复一日地跋涉在荒无人烟的旷野上，计算信天翁和企鹅的数量，测量鸟蛋的大小，称量幼鸟的体重。在从“布兰斯菲尔德号”上将补给卸下来放进外屋的期间，其中两位科学家带我们去看这个科考站最有名的马克罗尼企鹅（macaroni penguin）栖息地。

我们艰难地沿着小屋背后铺满浓密长草的陡坡爬到了一个山坳顶部。企鹅栖息地占据了对面整个山谷，一直延伸到大海。据他们说，这里有30万对企鹅。我完全相信这一点，因为它们嘎嘎嘎的叫声简直震耳欲聋。但山谷里雾气笼罩，我只能看到几码远的雾中有三只企鹅朦胧的影子。没人知道雾气要多久才能散去，但无论如何，我们无法继续逗留了。物资装卸工作再有一个小时就会完成，“布兰斯菲尔德号”肯定不会等我们。所以，我只能站在山坳的顶上，大喊大叫，以盖过看不见的鸟儿们震耳欲聋的喧嚣，尽力向观众描述在其他天气下可能会看到的景象。作为一段旨在展现南极令人难以置信的丰富性的影像，它实在是乏善可陈。

那天晚上，我们搭乘“布兰斯菲尔德号”离开，驶向南乔治亚岛的北岸，来到位于格吕特维肯（Grytviken）的英国科学协会的主科考站。这里曾经是一座挪威捕鲸站，捕捞船在远海用鱼叉叉住这些巨大的动物拖回这里，抓着尾巴顺着宽大的滑道拖上来，然后将之开肠破肚。很容易想象这里曾有过的大型屠宰现场：厚厚的鲸脂从身体上剥离下来，再像巨大的油毡一样被切成片；一大圈一大圈肠子溢出来，铺满宽大的滑道；庞大的心脏从静脉中挤出奔涌的血液，静脉大到足以容纳一个人在其中游泳；像奶牛一样大的胎儿从宽广的肚子里滑出来，身上仍然裹着胎膜。男人们徘徊在热气腾腾的恐怖场景里挥舞着巨大的长刀，就像博斯*可怕的地狱画中恐怖的小恶魔一样。

但后来加工船的引入使得这些工作可以在海上完成了。加工船的出现，连同捕猎方法的日益高效，以及由此导致的南大西洋鲸鱼数量的减少，让捕鲸站难以为继。结束来得很突然。公司一定是认为带走这里的所有东西并不划算，于是雇员们登上救援船，就这样离开了。

仍有两艘捕鲸船停泊在码头边。泊位上，船只已经开始渗水，歪歪斜斜，半沉不沉。生锈的绞车停在滑道的一头。底座上挂着一把20英尺长的大锯，毫无疑问是用来切割骨头的。我们推开一间小屋吱吱作响的门，发现自己身处一间小电影院的放映室，整个地板上铺满成卷的35毫米胶片。我们往棚屋里看了看，里面堆满了全新的索具、滑轮组、车床、一袋袋水泥和鱼叉头。谷物和其他食物堆放在瓦楞铁皮仓库中。哪里只要有一点点能吃的东西，哪里就能看见翘着又粗又硬尾巴的大而肥的老鼠在地板上大摇大摆地走来走去。在这所有一切之上，南乔治亚岛冰雪覆盖的山峰屹然耸立——许多都还未曾有人攀上去过，在阳光下闪耀。

几天后，“坚忍号”前来接上了我们。它的任务基本上是和平的，但

* Hieronymus Bosch，1450—1516，荷兰画家。

是也依然全副武装，并配置了直升机，用于调查、营救或进行其他更加类似战争的行动。登船时我有一种复杂的情感。诚然，在两年的服役期中，我是皇家海军的上尉，担任教授航行和气象学的教官。我服役期间的大部分时间都花在坐苏格兰预备舰队的舰艇绕着航标转圈，或者待在彭布罗克希尔（Pembrokeshire）的海军航空基地里。我也曾跟随一艘驱逐舰和一艘巡洋舰短暂出过海。甚至在一次紧急情况下，我站在一艘驱逐舰的舰桥上当过短短一小段时间的驾驶员，所以对海军军官应该如何行事有所了解。我知道上船的时候，要向后甲板致敬。我也知道皇家海军舰艇的舰长是一个令人敬畏的遥远的人物，是如同上帝般的存在。因此当“坚忍号”船长巴克（Barker）主动帮我拎行李箱并把我带到他隔壁船舱的时候，我颇为吃惊，尤其是他的袖口赫然装饰着四条金光闪闪的环带*。

根据海军传统，皇家海军的船长并不与其他军官一起共享专门为军官准备的活动区域。他都独自用餐，还有专门的管家侍候。但他可以邀请客人和他一起用餐，而巴克船长每天晚上都会邀请我。他是一位非常擅长讲故事的人，每天晚上当我们绕着南乔治亚岛缓缓航行时，我都在津津有味地听他讲故事。他跟我讲了20世纪60年代在中东地区参与的海军行动，还给我介绍了一些当时围绕福克兰群岛阿根廷和英国之间日益紧张的局势背景。议会中关于“坚忍号”在这些海域的出现还存有争议。一些国会议员认为，出于费用以及可能对阿根廷造成刺激的考虑，应撤回这次行动；但其他人认为，如果在此刻撤回“坚忍号”，阿根廷方

* 这是英国皇家海军表明军衔的袖章样式，四条金环对应的军衔为海军上将。

面将会解读为伦敦对福克兰群岛并不真的感兴趣或并没有太大诚意，也不会阻止阿根廷接管这些岛。南乔治亚岛是福克兰群岛的附属岛屿，有传言说阿根廷正派遣武装人员伪装成捡拾废金属的人，要在那里建立非法军事基地。阿根廷方面对此予以否认。一天晚饭时，我们正沿着岛屿的北部海岸巡航，巴克船长告诉我，第二天他将“命令直升机飞过山脉，看看我们是否可以在那边把阿根廷人抓个现行”。

这种诙谐的说法似乎与其他传统的海军笑话如出一辙，让人很难意识到他在谈论的或许是可能导致人类之间互相残杀的军事行动。当然，这只是一个复杂精妙的国际警匪游戏的一部分，玩家在其中仅是互相做做样子罢了。

两年后，阿根廷入侵了福克兰群岛。我看到电视画面里，斯坦利港的人们被枪指着离开了自己的家，想起了斯图尔特一家和我们共进的圣诞大餐。我记起了那个和总督一起玩游戏的简单而美好的夜晚。我理解了英国对此所做出的反应。

“坚忍号”带着我们从南乔治亚岛来到了另一片名为“南设得兰群岛”（South Shetlands）的岩块，这里也冰雪覆盖、狂风肆虐，遍地都是企鹅。其中的扎沃多夫斯基岛（Zavodovsky）被帽带企鹅（chinstrap penguin）完全覆盖了——据估计有1400万只。几乎没人登上过扎沃多夫斯基岛，因为那里的海岸不断受到巨浪的冲击而且没有海滩。但是“坚忍号”有直升机，直升机专门送我们上岛拍摄企鹅，过了大概一个小时，随着天气恶化，又在大风把我们困在岛上之前带我们匆匆离开。我们继续前往南极大陆上的其他基地，然后再向西航行，回到福克兰群岛。

* * *

我认为,《生生不息的地球》第一期节目的内容应该是新陆地的诞生——换句话说，就是火山喷出的熔岩。然后，我们会展示动植物是如何成功地在一个全新的完全无菌的环境中开拓殖民地的。不幸的是，就我们目前掌握的情况来看，世界上所有的火山在那个时候都不巧处于沉寂状态。的确，在夏威夷的一些地方，有熔融玄武岩像黑色糖浆一样从山坡上滑落，但我们计划中的这个片段将是新系列的第一个重要场景，我们需要比这更戏剧化的效果。我脑中的画面是高高喷向夜空中的鲜红火焰喷泉。八年前，我们和理查德·布洛克曾试图在阿纳喀拉喀托拍摄这样的镜头，但没有成功。现在我们要再试一次，最好的机会似乎是在冰岛。

冰岛以它境内的火山为傲。火山能吸引游客，它们为“希望你也在这里”主题的风景明信片提供了内容，有些甚至被利用来为整个城镇提供集中供暖。所以冰岛人密切关注着火山的动向，并且非常善于预测它们的一举一动。我们联系了一位冰岛的地质学家，他承诺，如果有火山看上去即将爆发，就会马上通知我们。

1981年11月的一个周六上午，我正在大英博物馆参加一场理事会的会议，这是一场高规格的盛会，聚集了很多公爵、前大使、工业领袖和名誉教授们。我是最近才被任命的，也许要归功于《部落之眼》系列节目，那时我还在摸索自己的位置，而且没有什么信心。我们正在热烈地讨论财务问题，这时，博物馆的一名信使悄悄走进来，绕着桌子转了一圈来到我的座位，递来一张纸条。我看完之后便立即举手示意让主席注意到我。

“我可以先离开吗？”我说，“我必须要去冰岛拍摄一座刚刚开始喷发的火山。”虽然这不是我第一次在理事会会议上发言，但它显然是迄今为止我给理事会留下的最深刻的印象。

现在这是一场赶在火山爆发停止之前到达现场的赛跑。没人知道火山何时会停止喷发，可能是几个小时，也可能是一个星期。我从博物馆出来，打车到了里士满，随便扔了一些衣服和鞋到包里。简开车送我去希斯罗机场，我在那里与从布里斯托尔沿高速公路赶来的内德会合。因为大多数火山都是山，而他是一名登山的行家，所以除却极地的节目，他也接手了这期节目。我们庆幸自己及时赶上了办理雷克雅未克的登机手续。

机场的显示屏上出现了一则公告，前往雷克雅未克的航班将被推迟。过了晚上十点，我们终于起飞了。两个半小时后，我们降落在雷克雅未克。一个冰岛的摄制团队前来迎接我们，我们一起上了一架小型包机，它载着我们穿越黑暗，穿越岛屿，飞往位于北海岸的阿克雷里城（Akureyri）。两辆路虎车把我们从那里带到山里的一个小旅馆，那位通知我们的地质学家正在那里等着。他告诉我们，火山爆发两天前就开始了，裸露的火山岩地表裂开了一条5英里（约8047米）长的裂缝。熔岩沿着整条裂缝喷涌而出，但其中的大部分又落回了裂缝中，堵住，然后又封上了裂缝。现在，只剩一处还在喷射岩浆的地方了。我们还有机会成功。

当时是凌晨三点。我们把装备放上雪橇并把雪橇套在雪地摩托上。由于某种我不明白的原因，那些驾驶雪地摩托的人认为如果时速低于40英里（约64千米），摩托就不能正常工作了。于是一些人驾车，另一些人——也包括我——坐在摩托后座上，我们一头扎进茫茫夜色之中。

坐在雪地摩托的后座上，裹得严严实实，双手抱住司机的腰并且大部分时间把头埋在他的脖子里，以躲避刺骨的寒风，这显然不是欣赏风景的最佳方式。但当我们绕过一处山谷的拐角处时，我从司机的脖子里往外看了一眼，激动地看到在我们前方400米的地方，一股鲜红的岩浆正喷向200英尺（约61米）高的黑色天空。我们在离它不到200米的地方停车，僵硬地从雪地摩托上爬下来，小心翼翼地朝它走去。

天极冷——零下二十度，风雪交加。红色的岩浆从一个圆形的火山口中垂直喷出，发出喷气发动机一般的轰鸣。它在上升的途中就开始解体。小一些的颗粒在半空中就凝固了，坚硬锋利的火山灰落下来，被风吹到脸上，刺痛了嘴唇和眼睛。更大团的熔岩仍然带着鲜红的光芒，像一块块巨大的松饼，摊在火山口边缘，慢慢地褪去颜色，成为黑色地表的一部分。

我们走在已经凝固的熔岩上。有的地方，熔岩杂乱地凝结成了一堆乱石，石块边缘极为锋利，甚至可以割开我们靴子上的皮革。另一些地方，熔岩以液态存在的时间更长，于是形成了一片平坦的熔岩池，表面有时很光滑，有时会形成一圈圈绳子状的波纹。很难说这些岩浆究竟是何时凝固的，但离火山口边缘更近一些时，我们跨过了一些深处仍闪耀着红光的裂缝。有时，我们无意中踩上贴着地表形成的大气泡，气泡哗啦一声向下塌了好几英寸——当发现气泡下的地面足以承受身体的重量时，我们这才松了一口气。

摄影师将设备放在地上准备拿出摄影机，风力竟然大到把那个沉重的金属盒子掀翻了。但风的力量对我们是有利的，因为它从我们背后吹来，带走了熔岩喷涌时的大部分热量，让我们能够走到非常接近火山口的位置。当风突然微微转了一点方向之后，我们很快就意识到它对我们的帮助到底有多大，一股热浪突然扑面而来，向我们袭来的火山灰也更多了。大团的岩浆开始砸在身边的地面上，这给我们提了个醒，我们急忙往后退。

冰岛刚好处于北极圈的南边，但即便如此，11月里，一天之中也只有几个小时的光照。当我们刚开始拍摄的时候，岩浆正喷向漆黑一片的天空。但慢慢地，随着工作进行，天边泛起了鱼肚白，我们可以分辨出周围群山的轮廓了。我们绕着喷涌的岩浆转了一圈，发现另一面是从地缝中涌出的一条岩浆河，正以每小时60英里（约96千米）的速度沿着山坡倾泻而下。远处是一片流动的光影，在它们自己产生的热气中颤抖，仿佛一片被车灯点亮的高速公路网。我们工作了几个小时。我说出了自己为这极为重要的片段所准备的台词。到半下午，我们完成了工作，艰难地走回雪地摩托。当时，距我离开大英博物馆的会议仅仅过了30个小时，而我们已经拍到了想要的画面。

* * *

在这个系列中，我们面临的问题之一是如何避免重复在《生命的进化》中已经展现过的内容。关于岛屿的那一期，我们肯定要向观众展示爬行动物在与世隔绝的数千年里是怎样长到如此巨大的。我们会给观众看巨型陆龟，但不是之前拍过的加拉帕戈斯群岛的陆龟。我们会去印度洋上的阿尔达布拉岛（Aldabra），拍摄在那里相对独立进化而成的另一种巨型陆龟。但是科莫多龙呢？它是独一无二的。距我第一次拍摄它们已经有25年了，况且我们本来也要去印尼。如果能回去看看这些龙怎么样那就太好了，所以我把它们写进了脚本当中。

然而，回去通常都是错误的选择。这一次，我们从西面登岛，乘坐的渡轮现在是从松巴哇的比马出发的，这是我第一次旅行结束前宿营了好几天的地方。载满游客的大功率渡船只花90分钟就到了岛上。我们没有被带往曾降落的那个村庄，而是被带到一座巨大的吊脚茅草屋前，它是专门为一个关于兴建国家公园的国际会议而修建的。从那里，我们又被带去海边，看到一个很大的告示牌，写着“禁止吸烟”。然后，这条路转向内陆而去，沿路设置了标有数字的路标，以便游客知道他们已经走了多远，以及还要走多远。半路上，我们看到了一个笑话——是那种乏味又官僚主义的官员们时不时觉得自己有义务讲一个的笑话——一个写着“小心有龙”的告示牌。又走将近100米，我们来到一个可以俯瞰峡谷的平台。这里也有标语，上面写着“观龙台”。

科莫多龙已经在那里了，正在吃一只山羊的残尸。起初，我们被告知绝不能离开平台——龙实在太危险了。

经过一整天的谈判，我们才被允许自己走进峡谷，我也被同意站在这些大蜥蜴旁边谈论它们。

我不得不承认，自己也在某种程度上促成了这一令人遗憾的转变。我对自己说，如果这些动物不挣钱养活自己，不从游客身上赚钱，从长远来看，它们可能根本无法生存。而在岛的深处，一定还有像我不那么久之前见过的那些一样狂野、一样浪漫——同时一样不为人知——的龙。

* * *

《生命之源》还必须有一期关于热带雨林的节目，我们也必须为其找到一个全新的视角，我决定坐在高高的树冠上开场。然后我会逐级下降，描述环境的变化、光线的减少和湿度的增加。还会有镜头专门展现生活在不同区域中的动物，阐释它们如何适应每一级相应的环境。在我们从一级下降到另一级的过程中，我会挂在一根绳上，对着摄像机讲一些串词，直到最终站在森林的地面上，结束这期节目。

尽管我写的时候很有信心，但并不完全清楚如何才能做到这一点，但阿德里安·沃伦（Adrian Warren）非常清楚。他是分配到这个节目的助理制作人，年轻，热爱运动和芥末酱。我们会用到鸠玛尔式上升器，这种爬树的技巧在当时才刚刚发展起来。首先，需要将一根细线挂到一根高处的树枝上。如果有必要，可以用十字弓来完成。然后，把一根绳子系在这根线的末端，把绳子拉上去。绳子挂稳之后，就可以在上面装一对上升器了。这是一种上面穿着吊索的金属把手，它们可以沿着绳子向上移动，但不会向下掉。你要将脚分别放进两个吊索里，把自身重量转移到其中一只脚上，弯曲另一边膝盖，这样，上升器就会沿着绳子向上滑了。然后，再伸直膝盖，这样实际上就往上迈出一步了。然后，另一条腿也同样操作，这样就可以垂直上升了。在厄瓜多尔雨林中一棵200英尺（约61米）高的木棉树下，阿德里安向我说明了以上的一切。我并没有太担心——回想起以前攀岩的日子，觉得这个高度吓不到自己；而看到阿德里安敏捷地在吊绳上上上下下以说明它是多么容易时，我想爬上树需要的体力对我而言应该也不是问题，但在这两点上我都错了。

最初的几步的确不难，但却极其累人。我吃力地向上，摇摆不定，左右乱晃。刚过了几分钟，已是汗流浃背，不得不停下来休息了。我往下看去。身体的重量压在绳子上面，把它拉长了一点。我才刚刚高过阿德里安的头顶。阿德里安身旁，休·梅纳德拿着摄影机，迪基·伯德拿着录音机，耐心地等着我爬到一个合适的高度，然后他们才会开始拍下我的努力过程。我再次开始尝试。花了很长的时间，终于到了150英尺（约46米）的高度，阿德里安认为要到这个高度才有意义。

下来比较容易，但在将上升器换成下降用的夹扣的过程中，需要打一个特殊的结。在这样的高度，想到如果做错了，就会像石头一样掉到地上，我发现要记清楚是“先左边再右边”还是“先右边再左边”颇有一些压力。尽管如此，我做到了。当我回到地面上时，虽然多少有点心神不定，全身是汗，但已经逐渐镇静。

“你还好吗？”阿德里安关切地问道。

“没什么，真的。”我说。

“那就好，”休说，“我刚检查了一下胶片盒，底片上有一道可怕的划痕，你得再上去一次。”

而所有这些都是为了拍摄我向上行进、消失在树冠中的第一个出场镜头。在实际到达树冠后的镜头中，我要故作轻松地转向摄影机开始介绍节目，但这之前，休·梅纳德和他的摄影机必须提前安置好。事实证明，这个镜头在另一棵树的树顶上进行拍摄会更方便。阿德里安搭建了一个小平台——只有茶盘大小，他要和休以及他的摄影机一起坐在上面。我则要跨坐在附近一根从树干上水平伸出来的大树枝上，讲自己的台词。

在这里，我发现第二条对自己信心满满的推断也错了。不知怎么的，年轻时在北威尔士的岩石峭壁上攀岩时，对高度的毫不在意似乎随着岁月的流逝而消失了。我用上升器上升时只是稍稍有些害怕，鼻子前几英寸的绳子让我对下面的高度没有那么担心。可是，当我离开树干沿着树枝向外挪动的时候，绳子只是随随便便地搭在树枝上，而我的脚悬在树枝两侧，再想想下方200英尺的垂直高度，这种安全感就荡然无存了。树枝上长满了蕨类、兰花和凤梨类植物，事实上，这正是我们选择它的原因，因为我就是要讲讲这些在树冠上形成的小型生态系统。当我沿着树枝提心吊胆地移动时，不小心碰掉了一朵花。看着它盘旋着下降，几秒钟后才掉到地上，我的神经就更紧张了。

“开始。”阿德里安发话了。我看着摄影机镜头，说台词的时候努力让声音不要颤抖。

“我正坐在丛林里200英尺高的树冠上……”

我希望自己显得毫不在意，但是如果观众注意到我的左手在左边大腿上焦虑地握紧又松开，他们可能就能猜到我的心已经快跳到嗓子眼了。

* * *

这个系列里的另一期节目把我带到了比木棉树冠还要高得多的地方——高得多得多。在海拔最高的地方，能找到十分惊人的动物。敢于离开地面最远的动物并不是人们或许会猜测的鸟类，而是蜘蛛。许多种类的蜘蛛幼虫在孵化后不久就会爬到草茎的顶端，从吐丝器里吐出一根蛛丝。蛛丝越来越长，最终会被风吹动，带着小蜘蛛飞上天空。蜘蛛会随风飘落，去开拓新的领地。科学家们已经在20000英尺（约6096米）的高度上捕捉到了蜘蛛。我在脚本中建议，我们可以乘上一架曾拖网捕获过小蜘蛛的喷气式飞机，从机舱里观察收集过程，但阿德里安不认为这是个好点子。坐在飞机里很难让人切身体会到在这样的海拔高度是什么感受——极寒、缺氧、寂静。为什么不从热气球里拍摄这一幕呢？我提出了一个显而易见的反对意见——我们没法在气球上捉到蜘蛛，因为我们是在随风飘荡，不会有气流把它们送到网中。阿德里安建议我们可以在网上安装一个风扇来制造气流，而且我们也可以带上一些之前捕到的样本。最后，我同意了他的计划，只要讲清楚所展示的蜘蛛并不是自己抓住的。

能升到20000英尺高空的热气球并不多，必须足够大才能飞得这么高。事实上，据阿德里安所知，只有两个。其中一个是由布里斯托尔经验丰富的热气球驾驶员唐·卡梅隆（Don Cameron）运营的，他同意为我们驾驶。

高空热气球需要非常苛刻的飞行条件，只有在完全平静的情况下，热气球才能安全起飞，因此起飞的最佳时间通常是黎明时分，不能有太多的云。我们还必须确切地知道风在高空中的情况，因为那里的风速和风向很有可能都跟低空完全不同，必须确保高空的风不会把我们吹向海上或者吹到飞机的航线上。

我们一直准备了几个星期。由于条件不合适，起飞一而再再而三地推迟。最终，传来了可以出发的消息。在高空中，一股强气流正吹往西北方向。如果我们从苏格兰南部起飞，就会在爬升的过程中漂向格兰扁山脉（Grampians），如果运气好的话，我们就能在离开大陆、漂向大西洋之前爬升到合适的高度，让我能对着摄影机开始炫耀我们提前捉到的小蜘蛛。

我们开始穿上所有必需的装备，这些装备能够保障我们在高海拔的开放空间中的安全，包括蓝色宇航服、高底月球靴、氧气瓶、面罩，以及内部装有麦克风的安全帽——以便我们互相交谈。还有一顶特别大的降落伞，能够支撑人从极度稀薄的空气中降落。当我们穿好那一大堆衣服后，就变得非常臃肿，只能勉强挤进篮子里。巨大的气球在我们头顶上摇摆着，当我还在努力熟悉那些挂在身边的各种物件时，瞥了一眼篮子外面，发现在不知不觉中，地面已经悄悄地离我们越来越远了——我们起飞了。

这次飞行本身平淡无奇。唐不停地检查各种刻度盘，告诉我们爬升了多少。温度变得越来越低，阿德里安说我们该戴上氧气面罩了。到了16000英尺（约4877米）的高空，唐告诉我们必须要下降了，这远低于阿德里安的期望。但风向与预测的不一致，如果我们不马上下降，就会被风吹到海里。我匆忙地念着台词，向观众说明我的捕蛛器——那是阿德里安在电吹风的基础上设计的——什么也没捉到，但我带着一些早些时候捕获的小蜘蛛。我们开始下降，慢慢地、轻轻地穿过几条云层带。当最终穿出云层之后，看到下面很远的地方是一片空旷的沼泽。我们漂过一个小山谷，山谷顶上有一间小屋。接着又飘过一片平坦的沼泽地，几只山羊在石楠丛中漫无目的地游荡。前面出现了一堵石墙，唐给燃气炉加了一点儿火，想让我们升高一点好翻墙而过。气球上升了一点点，但不够。篮子的底部刚好碰到了墙顶，篮子歪倒过来，把我们轻轻地倒在了地上。

其他人整理气球时，我下山去了我们之前看到的小屋，准备给搜救队打电话。那时还没有手机，我穿着巨大的月球靴在石楠丛中行走并不容易，而且太空服里非常热。我敲了敲门，一个面容冷峻的黑头发男人打开门，满腹狐疑地看着我。

“我们刚刚降落在了您的农场上。”我满怀歉意地说道。

“啊，”他眯了眯眼，说道，“行啊。”

“我想请问，能用下您的电话么？”

他上下打量着我。

“你是电视里那个家伙？”我点了点头。

“跟动物在一起那个？”我又点了点头。

“今天是我闺女的生日，”他说，“你能给她说个‘生日快乐’么？”我又点了点头。

他转身进屋，牵了一个小女孩出来。

“这位是大卫，”他说，“他是坐热气球过来祝你生日快乐的。”

他的女儿吸着大拇指，睁大眼睛看着我。

“生日快乐。”我说。

“电话在那里。”他说完，领着女儿进了后屋。

我们的热气球之旅并没有像之前希望的那样带来戏剧性的效果，但阿德里安想到了另一个点子，可以在我们的节目中加入有关上层大气的内容，增加一些戏剧性。美国国家航空航天局（NASA）有一架经过特别改装的喷气式飞机，他们让候选宇航员在里面习惯失重的体验。它会沿着一系列抛物线飞行，在爬升到大约35000英尺（约10668米）高之后，它会向前倾斜，然后沿着一条经过仔细计算的曲线向下俯冲。当它到达曲线的顶端时，乘客们就会有失重的感觉。这种体验类似坐过山车的时候把你拖离座位，但继续在半空中停留很长时间。因此，这架飞机的名字可以说是实至名归了，它叫作“呕吐彗星”（Vomit Comet）。一家制药公司租下了它，用于晕船药的现场试验。阿德里安说服他们让我们也参加一次他们的飞行。

参加试验的志愿者们在两个迷人的金发女孩的监督下，在体育馆里接受了各种高强度的体能测试。这次零重力飞行就是他们辛苦工作的回报。当最后一批志愿者列队登机时，我们已经在飞机上了。走在最前面的是一个6英尺高、运动员身材的年轻人，脸上带着热情的笑容。在舱门前接待的一名空乘人员认出了他，之前的地面实验他也参加了。

“噢，我的加德，”她说，“我们的测试到底有什么意义？他会吐得一塌糊涂的！”

我们第一次沿着抛物线路径出发时，大家看起来都相当不安。飞机的爬升非常陡，我们被按在座位上动弹不得。接着，引擎熄火了，飞机滑过抛物线的顶端，我们都从座位上飘了起来，惊讶得睁大了眼睛，高兴得大笑起来。整整30秒——在这种情况下，这是相当长的一段时间——我们缓缓地四处飘荡，把自己从垫着软垫的墙壁推开，在舱顶上撞来撞去，还能在半空中旋转。乘务员发出了零重力即将结束的警告，好让那些还倒立着挂在那儿的人可以赶紧把自己塞进座位，以免在重力恢复时被扔到地板上。

我们为这次非凡的经历制订了一个拍摄计划。我会牢牢记住台词，以便精准地掐着时间点准确地说出来。飞行员会在我们失重前整20秒的时候发出信号。一开始，我会盘腿坐在地板上，谈论起控制着地球上每一个物体——无论生死——的一种力量：地心引力。“如果那股力量停止，”我会说，“将会发生最不寻常的事情。”说到这里，我仍盘着腿一动不动，但就这样浮到空中。我们有足够的机会来不断修正这个时间点，因为“呕吐彗星”的项目计划要求它每次飞行要做40个抛物线。

在飞到第三次时，我们就找到了正确的时间点。在飞机更后方，晕船药小白鼠们的处境更为艰难。有些人在各种各样的健身器械前埋头苦干，另一些人则埋在纸袋里呕吐起来。当我说完该说的话，便有机会放松下来，享受这段经历。在爬升期间，我往一个塑料杯子里装满了水。当我们开始失重时，我把水杯往下移，让水悬在半空中，慢慢地分解成飘浮的小水球。

当我们进行到第十五次，那个热情洋溢的带队年轻人已经把胃里的东西吐完了，他脸色苍白地趴在金属地板上，恳求乘务员让飞行员着陆。我也开始觉得自己已经体验够了，但阿德里安才刚刚开始享受这种感觉。在我们着陆之前，他已经说服机组人员让他第二天把整个经历从头再来一遍。

* * *

任何大型系列节目的第一组镜头都是至关重要的，必须能在视觉上吸引人眼球，让那些还在犹豫是不是要看下去的人，不要换到另一个频道看看演的是什么。它还必须能从整体上对该系列的框架和编辑意图给出一些预告，必须无缝接入这一期节目剩下的时间里将会致力于揭示的主题。我们已经决定将《生生不息的地球》的第一期内容定为“火山”，但还必须在节目开场明确地告诉观众，这一系列节目主要是介绍动植物以及它们为适应不同环境所采取的方式。我提议可以通过三分钟的喜马拉雅峡谷之旅来达到这个目的，展示植物和动物是如何随着海拔升高和温度降低而改变性状的。在峡谷的最底层，我们可以看到兰花、太阳鸟，也许还有老虎。到了大约3000英尺（约914米），我们可以看到杜鹃花和叶猴。到7000英尺（约2133米）的时候，植被就会变成低矮稀疏的灌木，皮毛浓厚的动物也会在这里出现，比如雪豹和喜马拉雅小熊猫。在14000英尺（约4267米）高的峡谷之巅，植物会变得格外细小，也几乎没有任何动物的存在了。内德·凯利知道这么个地方：尼泊尔的卡利甘达基峡谷（Kali Gandaki valley）。

我们沿山谷上行拍摄的镜头，编辑完成之后跟我预想的完全一致。这组镜头的最后，我走进了一个夏尔巴人（Sherpa）的小村庄，这是世界上最高的人类聚居地之一。我们拍下了在地里干活的妇女，有些拖着沉重的推车。为了贯彻本系列关于环境适应的主题，我对着摄影机解释说人类和其他动物一样也要适应环境。住在这里的夏尔巴人和这里的其他生物一样，身体已经适应了这样的环境。他们血液中的红细胞含量比出生在海平面上的人高30%，胸腔和肺部也特别大，每次呼吸能够比低海拔地区的人吸入更多这里的稀薄空气。

我一边说着，一边慢慢走到两个夏尔巴妇女的身边，她们拖着犁走得也比我快得多。为了强调我的观点，我做出有点喘不上气的样子。但也许我做得过头了点，总之，当1984年秋天，这系列纪录片最终上映时，一位报纸评论员为了我，对英国广播公司进行了抨击。报上说，派一个像我这样上了年纪的主持人去进行这样艰苦的旅行是不厚道的，是时候给我一些不那么费力、更适合老年人的工作了。

* * *

安德鲁·尼尔（Andrew Neal）是这个系列最后一期节目的导演，在我录完解说词之后，他开车送我从布里斯托尔回到伦敦。他问我下一步想做什么。我想到从《生命的进化》系列开始以来的五年半里自己在机场花去的无数时间，想到了没完没了地挤在飞机座位上的夜晚，想到了和家人连续几周都无法联系，还有那些我们在穷乡僻壤不得不吃的可怕食物。

“我不知道，”我说，“但不管怎样，我不会再去离家几个小时路程之外的地方了。我要随时能给妻子打电话，最好我要会说一些当地的语言。每天晚上都有一顿像样的晚餐，还有一瓶便宜但可口的葡萄酒。”

“那会是哪儿？”他说，“我不敢相信你能在这样的地方拍出作品。”

“地中海怎么样？我们可以勾勒出它的地质史，看看那儿的动植物，然后对迄今为止人类活动对其造成的影响做一个全面的调查。”

安德鲁毫不犹豫。

“成交。”他说。

* * *

一说出来，感觉这似乎真是个不错的主意。《生生不息的地球》留给我的遗憾之一是它只有一期关于最新的地球环境，也就是由人类所创造的环境。那么，一个关于地中海的系列节目可能正是合情合理并具有很高价值的续集。如果人类的确首先诞生于非洲，然后向北迁移，到了气候更温和的地区，并在那里驯养动物、培育植物、建立最早的城镇，那么世界上第一处由于人类活动彻底被改变的景观就会在地中海的东端。因此，它们一定是世界上最古老的人文景观。当我和安德鲁回到伦敦之前，我们已经敲定了系列名称——《最初的伊甸园》(*The First Eden*)。

我开始做研究，很快就为整个系列想出了一个非常戏剧化的开场方式。就在几年前，地球物理勘探船在地中海海底钻探时，从水下500英尺(约152米)深的岩石中发现了大量盐的沉积物。这些盐层遍布整个地中海盆地。沉积物太厚，钻头无法钻到底部，但回声探测仪显示，在一些地方，盐层向下延伸了1英里多。显微镜检查显示，这些盐中含有藻类的残留物。这就得出了一个确凿的结论：曾经——大约600万年前，地中海是干的，它的海水蒸发之后产生了这些沉积物。随后，在大约550万年前，大西洋冲破直布罗陀的岩石屏障，形成了一座巨型瀑布，比尼亚加拉瀑布要高上50倍，宽数英里。不到一年，它就填满了这一大片空荡荡的谷地，形成了今天的地中海。

我们并没有像今天的电影制作人可能会想到的那样，尝试用计算机成像技术创造出这一令人叹为观止的奇观的视觉影像。我们前往死海，拍摄了海岸边的盐层沉积，以便让观众对那片广袤而空旷的谷地应该是什么样子有一些直观的印象，同时，我试着用语言还原地中海形成的过程。我们在这片海南岸上的摩洛哥拍到了猕猴，又在直布罗陀巨岩上拍到了它们的表亲，这些猴子的祖先很可能是被罗马人当作宠物带到海峡这边来的。我们还记录了地中海给人类带来的最伟大的自然馈赠之一——葡萄的培育和历史。

这个系列试图将动物学、植物学与考古学，还有古代史联系起来，在20世纪的习俗和政治中寻找中世纪神话的影子。在此过程中，我认识到了自己以前从未领会到的文化的连续性。

其中令人印象最深刻和最有说服力的是公牛。在地中海地区，公牛似乎从最早开始就一直受到人们的崇拜。公牛，跟马一样，是史前人类在法国的洞穴深处最常画的动物。它在拉斯科（Lascaux）洞穴壮丽的壁画里也占据着重要地位。这些公牛画中最古老的可以追溯到35000年前。

位于安纳托利亚（Anatolia）的恰塔尔休于（Catal Huyuk）是迄今发现的最早的城市之一。这座具有8400年历史的城市宗教中心的墙上也出现了公牛形象。仅仅三千年后，它们又成为古埃及庙宇中第一种被当作神来崇拜的动物。一头带有特殊印记的公牛犊，被祭司们选作万物的创造者——卜塔（Ptah）的化身。它被养在尼罗河畔孟菲斯城里的一座特殊的寺庙里。它死后，尸体以法老的规格被制成木乃伊，密封在一个巨大的石棺中，埋葬于一座特殊的地下墓穴——塞拉比尤姆（Serapeum）里。

大约在公元前3000年，继埃及之后，克里特岛（Crete）上又出现了另一个伟大的文明中心，那里也崇拜公牛。运动员们要参加一项非同寻常的仪式，在仪式中，他们要面对一头公牛，当公牛冲过来时，要抓住它的角，跳到它的背上。罗马人以崇拜密特拉神（Mithras）的形式延续了对公牛的崇拜。密特拉神是一位英雄，他杀死最原始的公牛并用它的血浇灌了大地。今天，公牛崇拜的最后遗俗在西班牙和法国南部的斗牛仪式中保留下来，所有这些又成为我们第二期节目的主题。这个故事变得比我刚开始研究时所想象的更连贯、更有逻辑了。

最后一期节目设定的时间点始于16世纪，随着地中海地区的人口数量不断增加，这里的人们乘船越过直布罗陀海峡，在大西洋的另一边发现了一个新世界。他们在那里找到了欧洲任何地方都没有的物种，把一些或许可以吃的东西，比如土豆和西红柿，送回地中海的家。

自那时以来，这一进程一直在持续。1869年苏伊士运河开通，红海的水开始流进地中海。外来的鱼类、甲壳类和海藻慢慢地从运河中流过来，逐渐向西扩散到整个地中海。要记录它们的扩张进程，有一种方法是研究地中海食物中红海物种的出现时间。所以，我为这个系列设计的最后一组镜头是自己从亚历山大到雅典，从意大利到法国，探访这些地方的一系列餐馆，比较它们的菜单。我从未发现还有比这更令人愉快的方式，不管是用来阐明一个合理的生物学观点——或是用来结束一系列电视节目。

22

Extra Duties

额外任务

接替休·威尔顿担任BBC总经理的阿拉斯代尔·米尔恩把我叫到他的办公室。

“女王的圣诞致辞，需要一个新的制作人，”他用自己一贯开门见山的风格说，“白金汉宫想让你来负责。我告诉他们你绝不是个合适的人选，但他们很坚持。你接受吗？”

“还有别的选择吗？”

“没有，”他乐呵呵地说，“这个活儿是你的了。”

我去见了女王的私人秘书比尔·赫塞尔廷（Bill Heseltine），共同讨论方案。我的观点是，试图营造一种健谈、居家、“我只是个普通人”的印象，是不对的。正因君主和其他人是不同的，才会有王权的存在。这个问题在18世纪引发过战争，而我们的国家依旧愿意在一定程度上相信君权神授。那么我们也应发挥更大想象力，而不是简简单单地让女王陛下坐在一张镀金装饰的桌子后面。我们需要一个场合，可以让女王充分展现她的风范，毕竟，她在这方面已经积累了不少实践经验。圣诞节前后有没有什么活动，可以让她向一群现场的观众传达节日祝福，同时通过电视向全世界致意呢？

比尔说："女王总是在皇家马厩为王室工作人员的孩子们举办圣诞聚会。她会在那儿分发礼物，并祝每个人圣诞快乐。"

我没有忘记马棚与圣诞故事间的联系。

"太完美了。"我说。

还有许多实际问题有待解决。马厩的负责人指出，如果女王按照我设想的那样穿过皇家马厩，所有在马槽里埋头进食的马匹就都会背对着她了——总不能让女王沿着一条两侧都是马屁股的路走向前呀。不过呢，他说，这也能解决。"我们把马都转过来，让它们面对着女王。对于了解马厩的人，这看起来会很傻，但我想，那也没什么大不了的。"

到了晚间，天气预报说会下雪，那样就能很好地烘托出圣诞氛围了。结果到头来，却下起了毛毛雨——也不可能一切尽如人意啦。女王穿过一排排马头走向摄像机，一个孩子为她献上一束花。她很有魅力地微笑着，向前走到标记好的位置，看着提词器，完美地发表了致辞。正当如释重负的我开始夸赞她讲得有多么精彩时，摄影师菲利普·伯翰·卡特（Philip Bonham Carter）拉了拉我的袖子。我甩开他，继续称赞着。当他第三次这么做时，我觉得自己最好还是搞清楚究竟怎么了。

"请她再来一遍。"他说。

"怎么回事？刚才很完美啊。"

“一会儿再告诉你。”他悄悄说。

我的溢美之词变成了卑恭恳求。

“我非常抱歉，陛下。出了一个小小的技术问题，可以请求您再来一遍吗？”

女王出乎意料地答应了，又做了一遍，虽然可能没有第一遍那么好。接着，她就去跟其他孩子打招呼了。

她一走开，我立刻转向菲利普。

“到底出了什么事？看在老天的份上，不是什么技术问题吧？”“不是，”菲利普说，“可正当她开口讲话的时候，从她左肩露出来的那匹大黑马用上唇发出了马儿经常会有的那种可笑的哒哒声，而且嘴唇翕动，看起来就像它在发表演讲。”

我告诉比尔刚刚出了什么问题，他也笑了，整个晚上还是很成功的。

白金汉宫批准了最终剪辑版。在接下来的几天里，我们为当时仍未脱离大英帝国的零星地区准备了一些特别版——有时还是外语的，并将它们通过无线电传送出去（如此重要的信息若通过卫星传送，会被视为不安全的做法）。一位女士将女王陛下的话翻译成手语的图像，加在了左下角的小框格中。全部工作似乎都完成了，但随后，比尔·赫塞尔廷打来了电话。

他说：“女王希望看看喀土穆*那一版。”

我顿时惊出一身汗——我并没有准备这样的东西。喀土穆仍是帝国的一部分吗？为什么它要有单独的版本？不过，还好。原来“喀土穆”

* Khartoum，苏丹首府。

是导致第一遍录制失败那匹马的名字。比尔跟女王解释了我们为何把那段讲话拍了两遍，她也想看看。

* * *

到了下一年，也就是1988年，大家觉得我们可以回归到常规的办公桌布景。这一年，正是奥兰治亲王威廉（William of Orange）登基300周年*。比尔说，女王对“威廉与玛丽”的主题很感兴趣。就在几个月前，她还购买了一只曾属于玛丽女王的镶钻眼罩盒。我们能否设法把它编进致辞里？也许把它放在桌上，女王可以稍作提及。我们达成了一致——录制可以在白金汉宫里进行。我想挑一个房间吗？我找到了一个满意的小房间。女王该穿什么呢？这个嘛，她本人喜欢穿什么？

“她想，她可能会穿今天下午进行授勋时穿的这套衣服，”比尔说，“看看你怎么想。”于是，我和他躲在一条侧廊里，在女王去颁发勋章的路上等着她经过。远处的沙沙声和柯基犬微弱的叫声告诉我们，她来了。不一会儿，她经过我们跟前，手提包挽在胳膊上，身体微微前倾，就像在顶着风走一样。她穿了一身鲜亮的柠檬绿套装。

“不行啊，”我说，“这套衣服太抢眼了，况且我们选的房间壁纸也是绿色的。

“那好吧，”比尔说，“你最好去挑一身别的衣服。”

---

* 1688年英国发生光荣革命后，来自荷兰的威廉三世与其妻子、英国公主玛丽二世于1689年共同加冕为英国国王。同年，英国议会通过《权利法案》，英国逐渐确立了君主立宪制和“议会高于王权”的政治原则。

几天之后，我发现自己已过眼了几百套裙装。我挑出几套看起来不像上次的柠檬绿那么扎眼的：一套是淡蓝色，另一套有点近似蘑菇的颜色。随后我被告知，蘑菇色的那套被采纳了。

到了那天，比尔和我在那部有点老旧、连接着女王的私人住宅区和宫殿其他部分的电梯门口，恭候女王。我不像一年前那样紧张得发抖了。电梯开始下降，然后“哐当”一声停下来，女王穿着蘑菇色套装走出来，看起来格外精神抖擞。

“我希望这套服装你觉得满意，大卫爵士？”

“是的，陛下。非常完美。”

“你们这些媒体人真的很难取悦。很多人告诉我，我必须穿一些色彩鲜艳的衣服，这样才能在人群中更显眼；然后你又过来告诉我，我必须穿一件朴素、风格不突出的衣服。我在授勋仪式上穿的那套有何不妥？”

“嗯，陛下，不仅仅因为它太鲜艳，还因为它是绿色的，和我们要录像的房间里墙壁颜色一样了。”

“还有一个办法是给那个房间重新贴壁纸。”比尔开心地说。

“重贴壁纸！”女王说，“你知道那要花多少钱吗？”

“我想，那是威廉爵士开的一个小玩笑。”我说。

“是嘛！”她说，“那样的话，这笑话讲得可不怎么样。”说着，她就转身走到桌子后面就位了。

* * *

此后那年，我们又回到在某项大型活动中录制圣诞致辞的思路，这次选择了将于阿尔伯特大厅（Albert Hall ）举办的一场盛大阅兵仪式。按照惯例，致辞的内容被当作一项高度机密，不得在女王陛下正式发表讲话之前泄露。于是，有人为此十分担心，我则认为这很荒谬。致辞的内容，温和得不能再温和了。我们只需要请阿尔伯特大厅里那六千多人不要过度散播就好。这个想法被认可了。于是，节目中就有了国家小号手、集结的军乐队，以及与皇家规格相配的所有盛典和仪式。在我看来，这是自己负责过的圣诞致辞节目里比较成功的一次了。

再之后一年，我们又回到办公桌前。这次，一份演讲稿草稿的副本落到了一名BBC新闻通讯员的手里，而他又将其中的几句话透露给了一家日报。舆论一片哗然。头条，丑闻，官方谴责。那位闯祸的通讯员随即被公司解雇了。

1991年，我65岁了。我发现这个岁数正是英国王室工作人员的退休年龄。我想，那也应该算我一个吧。

23

Vanished Lives

消失的生命

我想做一部关于化石的系列纪录片。从记事起，我就一直对它们很着迷。当我用一把小锤砸开一块石头，一片圈状的贝壳从裂开的石头中显现，外观精美、保存完整，与现存的所有物种都不同，这是我孩童时第一次如此兴奋，至今依然让我激动不已。阳光在这个矿化的外壳上闪烁，这是五千万年来第一缕照射到它的阳光，而我是第一个见到它的人。

我从小在莱斯特长大，骑自行车就能到达附近的乡村。小时候，大部分闲暇时光是在那儿度过的。往西北是查恩伍德森林（Charnwood Forest）。我发现那里的岩石是世界上最古老的岩石之一，古老得超乎想象，它们形成的时候，地球上才刚刚出现生命，还没来得及在石头上留下印记。但东边的情况就不同了，那里的采石场里，开采着用于炼铁的蜂蜜色石灰岩。正是在那里，有你能想象到的最可爱的化石。

那里有一种箭石，足有6英寸（约15厘米），甚至更长，形若子弹，在当地被称为“闪电”，实际上是一种已经灭绝的类似鱿鱼的生物的内骨。还有一种贝壳，因为它们铰齿的外面刚好有一个小小的喷口，据说很像罗马陶灯，因此被称为“灯贝”，古生物学家称之为“腕足动物”。如果一个灯贝刚好缺失了一部分外壳，你会在里面发现一个由微小的带状物质组成的支架结构，在灯贝还活着的时候，这个结构支撑着它的软体部分。还有一些有榛子那么大，和扇贝很像，只是两片贝壳的连接处扭曲成锯齿形。最妙的当属鹦鹉螺化石，有着螺旋纹路的扁平型贝类。有的螺旋很窄，形成密集的凸脊，有的则只有几个非常宽、相对平整的螺旋。如果一个鹦鹉螺化石破开了，你会发现它的内部是由若干间隔构成的，这些间隔里的空气使贝壳的主人能够控制漂浮的深浅。如果你发现一颗鹦鹉螺化石的外壳已经在雨露冰霜的作用下被一点点侵蚀，内部气室的壁围和外壳之间的连接处就会显现。它们无比复杂，蜿蜒成一系列的小圆环，每个圆环又都镶有极微小的花瓣状纹路。

1933年，英国科学促进会在莱斯特召开年会时，我父亲作为莱斯特大学的校长，邀请该协会主席弗雷德里克·高兰·霍普金斯爵士（Sir Frederick Gowland Hopkins）到我家做客。弗雷德里克爵士是第一个发现了维生素（我认为他同时也发明了“维生素”这个词）的人，并因此获得了诺贝尔奖。我记得他是个驼背的白发老人，但我被他的女儿迷住了。在我看来，她是我见过的最漂亮的女士。我欣喜若狂，便问母亲霍普金斯小姐是否愿意参观我的博物馆。母亲说她会问问看，而霍普金斯小姐答应了。

我敢说我的博物馆和大多数七岁男孩的博物馆并无不同，里面主要是我从莱斯特郡岩石中收集的各类化石，还有蝴蝶、鸟蛋（在当时还不违法）、废弃的鸟巢（整齐覆盖着苔藓碎片的长尾山雀巢是这个部分特别珍贵的展品）、牛肝菌、七叶树锦标赛的冠军果实、领纹蛇的蛇蜕、在犹太人墙附近捡到的罗马时期的小砖块等。为了迎接如此重要的参观者，毫无疑问，我为每一件展品都手写了新的标签，还在围绕着我养鱼的温室周围的长架上把它们都摆放好。霍普金斯小姐从楼上的客房里走下来，让我带她四处看看，在我用大量的细节介绍每一件展品的身份和来历时，她都认认真真地听着。

许多天后，邮递员抱着一个巨大的棕色纸质包裹来到我家门前。居然是寄给我的！我根本猜不到里面会是什么东西。那天既不是我的生日，也不是圣诞节，我当时认为一年中只有这两天人们会收到包裹。我满心疑问地打开它，竟然是霍普金斯小姐寄来的。她说很喜欢我的博物馆，不知道我愿不愿意把包裹里面的东西也加到展品里面去。包裹里是一只珍珠鹦鹉螺，一条风干的尖嘴鱼，一些罗马时期的纸皮石和一枚中世纪的银币，几块盎格鲁-撒克逊人的灰色陶器碎片，太平洋上的玛瑙贝和几片珊瑚。每一件都是独立包装的，每一件都是珍品。那天是我童年最难忘的日子之一。

霍普金斯小姐后来成了雅克塔·霍克斯（Jacquetta Hawkes），作家兼考古学家，再后来是 J. B. 普里斯特利夫人（Mrs. J. B. Priestley）。25 年后，她出现在节目《动物，植物，还是矿物？》中，我跟她提起了这件事，她说她也记得很清楚。但她很可能只是出于礼貌吧。

她的礼物激励我成为化石收藏家。我每天清晨骑着自行车离开家，后轮的托架上绑着特制的收集袋，有时直到天黑后才会带着装满标本的袋子回来。为了万无一失，每个标本我都会小心翼翼地用报纸包起来。

我把自己的发现给父亲看。他年轻时曾是一名实习教师，以此谋生的同时，还成功获得助学金和奖学金进入剑桥大学，这在20世纪初期绝非易事。在那里，他成了一名大学教员，讲授盎格鲁-撒克逊语。他告诉我，他也不知道我这些化石叫什么名字。他可能是真的不知道，但我怀疑他知道也不会告诉我，因为同时作为教师和父亲，他很有智慧，知道太容易得到的答案很容易被遗忘。他建议我去查看相关的专业书籍，城市博物馆也可能展出了一些已经被命名的标本，我可以对比自己的发现。后来，我自己找到了答案，并且向他解释人们是如何得知几百万年前的动物是什么样子的，给他留下了相当深刻的印象。就这样，我开始掌握莱斯特郡各种化石的名字。我发现其中一种菊石名叫“Tiltoniceras”，它首次被发现的地方就在莱斯特郡蒂尔顿村附近，我自己就曾在那里发现过菊石，当时就断定，我一定生活在古生物学宝库的世界中心之一。

当我第一次参加全国考试的时候，发现地质学是选修科目。我的文法学校就在莱斯特大学学院隔壁，虽然他们并不教授这门课，但很善解人意地把我安排到诺丁汉大学旁听地质学教授开设的导论课程。第一次蹭课时，我离开学校穿过空荡荡的操场，听到教室里传出学生们吟诵拉丁语动词的声音，似乎有一种逃学的感觉。

我赶上了去诺丁汉的慢车，每站都停。正享受这份新自由时，火车在一个小站停了下来，一个搬运工一边大摇大摆地从我窗前走过，一边喊道：“爱登堡！”

我一跃而起，感觉就像自己违反了校规被抓了个正着，然后才反应过来，那是车站的名字。这是我第一次知道有个地方叫“爱登堡”。不过，我确实知道父亲出生在一个叫“斯泰普尔福德”（Stapleford）的小村庄里，祖父在我出生前就在那里开了一家街角小店。回家以后，我查看了地图，斯泰普尔福德离爱登堡只有3英里，所以我父亲的家族大概就是在那里诞生的。

* * *

我对化石了解得越多，对它们的兴趣就越浓厚。当我申请剑桥大学的奖学金时，便把地质学作为考试科目之一。后来，我收到了获得奖学金的电报通知，冲到菜地里告诉了父亲。那是战争时期，他平时会为家人种点儿蔬菜。直到今天，我依然记得他当时喜悦的神情。

在大学里，我选修的是古生物学和动物学。不过，自从到电视台工作后，我就自然而然地把注意力集中在活蹦乱跳的动物身上，几乎没有时间去享受古生物学的乐趣。但假期就不一样了。最棒的就是20世纪60年代末，我和家人一起，与德斯蒙德·莫里斯一家在他马耳他的别墅里度过的时光。我们两家人一起去寻找巨型噬人鲨精美的三角形牙齿化石。那时多幸运啊，这件事还没受到法律的禁止。

我曾在《生命的进化》系列中介绍过一些化石。第一集是关于生命最早期的形式，我们去到位于澳大利亚南部埃迪卡拉山的一个特殊地点拍摄。那里的砂岩极其古老，大约有25亿年历史，但仍然隐约出现了类似水母、海百合等生物的痕迹。这些生命痕迹直到20世纪40年代才被发现，但我一直以来都对古生物学界的最新进展保持关注，因此知道该处曾出现的生命形式中，有一种叫“恰尼虫”（Charnia）*的生物。我问正在研究它们的澳大利亚随行科学家是否知道这个名字的来历，他并不知道。

“这是因为，”我自豪地说，“首次发现该类化石群的是一位敏锐的化石收集者，名叫罗杰 · 梅森（Roger Mason），是莱斯特的一个学生，发现地就在查恩伍德森林的岩石中，那里也是我长大的地方。”

我多么希望自己能说，我就是那个不迷信权威的男孩啊！我多么希望我就是那个孜孜不倦、锲而不舍地在查恩伍德的岩石中寻找到了这些极为稀罕又不为人知的生命迹象的人啊。

在那次旅行的后半程，我们想在澳大利亚中部沙漠的一个叫“高戈”（Gogo）的地方拍摄。几年前，伦敦自然博物馆的古生物学家们在那里发现了一个富含最古老鱼类骨骼的矿床。他们收集到大量标本，并且带回了伦敦。他们开发出一种特殊的技术，可以溶解掉坚硬的高戈砂岩，最终得到了拼接完美的头骨骨骼。一些澳大利亚古生物学家对输掉这场比赛有点不忿，因此有点儿不情愿地批准我们拍摄这个地点。

负责发放许可证的科学家说：“我不知道你们这些家伙为什么还想去那里，你们英国人来了这么多次，把那些明显的小东西都拿走了，我们也去了，做了些像样的工作，现在那里什么也没有了。”

尽管如此，我们还是想去，这样我就可以在真实的地点描述化石。那位科学家也和我们一起去了。我们乘坐直升机进入拍摄地，他指示飞行员降落在确切的位置。我刚走出直升机，就在离着陆杆只有一码远的

* 查恩伍德森林的英文名是Charnwood Forest，梅森将化石发现地的单词稍加变化，以Charnia为化石的原始生命形态命名，恰尼虫的名字由此而来。

地方捡起一块扁平的石头。石头上有一个黑色的长方形图案，约6英寸（约15厘米）长，优美地布列着一组细密弯曲的线条。这图案正是一根巨大的骨刺，来自一种节颈鱼的头部，这种鱼是最大的高戈古鱼之一。

我把它拿给我们的科学家向导看了看。

“你这个混蛋！”不过，他说这话时是笑着的，并且很有风度地让我留下了它。

* * *

《生命的进化》中关于爬行动物的那一集给了我进一步放纵自己的机会，接下来的部分就主要说说恐龙。我们去了得克萨斯州的一个小山谷，那里有一种蜥脚类食草恐龙的壮观脚印。一位身材高挑、戴着宽边帽、穿着漂亮制服的得州游侠向我们做了介绍。我们表示想第二天黎明再来，这样就可以在清晨的光线下拍摄，最大限度地展现这些脚印。

拍完之后，他邀请我们回到基地吃了一顿丰盛的得克萨斯早餐。当我们费力地吃着大块肉和奇形怪状的内脏时，他问我对他们得州的印象。

“太好了！”我说，“早在来这儿之前我就知道这儿不错。”

“你咋知道的？”他问。

“因为你们的路都是笔直的，很有规律，每行驶一定的距离就会转向，要么南北，要么东西。”

他有些困惑：“那不然呢？”

“怎么说呢，在英国你可找不到多少笔直的路。要是真碰到了，也很可能是一条有两千年历史、罗马时期的道路。”

“两千年！”他惊奇地说，“你们还在用！”

我突然想到，得克萨斯人和罗马人之间也许比他想象的更相像：他们都侵略过别的国家，都选择修建笔直的道路，为了实现两点间最短距离的通路，丝毫不顾及原住民的土地权利。他们还都把自己的政治态度和挞伐的足迹一起，变成化石留在了世界版图上。

* * *

我已经制作了两部关于现生动物的系列纪录片，却只涉猎了一点点有关化石的内容。也许现在我可以尝试制作一个专门讲述化石的系列，它可以展示化石的形成方式、分离化石的技术手段，以及古生物学家们如何再现灭绝动物的生活样貌，于是我提出了这样一个计划，名为《失落的世界，消失的生命》（*Lost Worlds*，*Vanished Lives*）。

很幸运，这个系列把我带到了世界上最著名和最激动人心的那些化石发现地。比如巴伐利亚的索恩霍芬，一个半世纪以前，采石场的工人在那里发现了始祖鸟，这是迄今为止发现的最早的翅膀上长着羽毛的鸟类，它们的下颚上还长着牙齿；再比如落基山脉的伯吉斯页岩（Burgess Shales），它们沉积的过程有着非常完美的化石形成条件，以至于不仅是坚硬的贝壳，甚至是一些5.5亿年前的生物，其最脆弱、最柔软的触须都被保存了下来，细节令人惊叹；还有多米尼加共和国，那里的矿工们在山上架立竖井挖掘琥珀，琥珀里完好地保存着蚂蚁、苍蝇、蜘蛛，甚至青蛙，那可是三千万年前的动物啊。

当然，必须有整整一集节目是关于恐龙的。我决定不再用动画来再现恐龙。在1987年，还没有计算机生成图像的技术，视觉化非常昂贵且笨拙，难以令人信服。但无论如何我都相信，恐龙像其他所有化石一样，之所以紧紧攫住人们的想象力，就是因为对它们的研究如同侦查和推理。必须找到线索，做出推论，只有这样，才能有理有据地再现恐龙世界。如果在没有线索和合理推断的情况下尝试复原，在我看来就像侦探小说一开篇就告诉你凶手是管家一样，那还看个什么劲儿啊？所以我决定，我们的纪录片将主要关注恐龙的骨骼。

我们前往美国科罗拉多州的一个偏远山谷，那里的恐龙脚印比我们在《生命的进化》中拍摄到的还要长。我们还和来自伦敦自然博物馆的恐龙专家安吉拉·米尔纳（Angela Milner）以及金斯顿大学的迪克·穆迪（Dick Moody）一起，前往撒哈拉沙漠寻找恐龙化石。令我大为惊奇的是，迪克开车深入沙漠一个偏远的角落，发现了至少20处因侵蚀作用而从低矮的山坡上裸露出恐龙骨骼的地方。这些残骸形成深色的斑迹就像伤口上的血污，沿着浅色的砂岩流淌下来。最后，我们选了看上去一个最有希望的位置，在一旁扎营安顿。白天，我们不断沿着脊椎剥离山体上的岩石，它的面目一点点显现出来，我们也挖掘到了山的另一边。晚上，当艰苦的挖掘工作结束，光线又暗又斜、地面上的细节清晰可见时，我们就穿过平坦的沙漠，寻找这种动物那小小的钉子状牙齿。遗憾的是，一直到我们发掘到脊椎末端，也没有发现头骨，不过，安吉拉找到的证据足以证明这是一个在非洲从未发现过的物种。尽管如此，因为骨骼十分巨大，研究小组只能设法带走一些具有分类鉴定价值的骨骼，并将剩下的部分重新埋葬。

在美国，我们拜访了鲍勃·巴克（Bob Bakker）。他是研究恐龙的权威，也是“恐龙属于温血动物”这一观点的主要支持者。我就他理论的基本观点采访了他，当时他站在一具组装的霸王龙骨架中，戴着他永远不摘下来的牛仔帽，不管在室内还是室外。最激动人心的是，我们去了蒙大拿州博斯曼（Boseman）的落基山博物馆，拜访了另一位著名的恐龙专家杰克·霍纳（Jack Horner）。他带我们来到一处荒地，展示了他最惊人的发现之一——一个由数百只恐龙组成的巨大集体筑巢地。骨头很少，但到处都是恐龙蛋碎片。我和他一起爬过悬崖。通常寻找化石的时候，需要一段时间，眼睛才能进入搜索状态。而一开始，杰克就能捡起一些小而平的碎片，一边光滑，另一边有坑洼。我在一开始的几分钟里什么也看不见，但不久后，我也能找到它们了。

也许是因为我反对复原恐龙的模样，这部剧集没有像《生命的进化》那样吸引那么多观众，但也表现得相当好了。当我收到孩子们的来信，问我是否有多余的化石时，我很容易就能从他们的口吻中做出判断。我给他们寄去一些我在撒哈拉沙漠收集到的真正的恐龙化石。虽然他们不知道，这些东西多亏了雅克塔·霍克斯。

* * *

这个系列结束后不久，我在自然博物馆的一个主展厅里散步，再次遇到了安吉拉·米尔纳。“恭喜你，”她说，“恭喜你的蛇颈龙。”

我当时不知道她在说什么。似乎是因为鲍勃·巴克刚刚发表了一篇论文，对侏罗纪的海洋爬行动物蛇颈龙进行了全面的综述。它们是一种巨大的状似鳄鱼的动物，最初发现它们标本的，是一位令人敬佩的维多利亚时期的女士——玛丽·安宁（Mary Anning）。玛丽·安宁靠搜寻化石为生，她搜遍了多塞特的莱姆·里吉斯（Lyme Regis）悬崖，再把发现的化石卖给那些男性博物学家。此后，世界各地的侏罗纪沉积物中相继发现了大量的蛇颈龙标本。人们给它们起了许多不同的名字，有些名称仅仅得自一些骨架的碎片。当研究人员对其解剖结构有了更深入的了解之后，才发现很多实际上是早前已经发现的物种。这就导致了名称上的冗余和混乱，人们不知道某种龙到底该叫哪个名字。这就需要有一位学界权威来审校所有这些名称，确定哪些有效，哪些该被弃用。鲍勃·巴克接受了这项任务，并刚刚发表了他的成果。

有一种蛇颈龙特别让他感兴趣。它非常与众不同，不仅有蛇颈龙典型的长脖子，还有巨大的长鼻子和巨大的牙齿。玛丽·安宁发现了第一份也是目前所知的唯一一份标本，后来把它卖给了阿克斯敏斯特的牧师威廉·科尼贝尔（William Conybeare）。作为维多利亚时代的牧师，他和所有那个时代的神职人员一样，认为古往今来所有动物都是由上帝创造的，对它们的研究本身就是对上帝的崇敬，因此，他们认为花费大量时间研究动物是再正常不过的。这份化石被命名为“科尼贝尔蛇颈龙”。

后来，科尼贝尔牧师把它送给了布里斯托尔博物馆。1940年，希特勒的飞机向博物馆投掷了一颗炸弹，科尼贝尔蛇颈龙被炸成碎片。幸运的是，伦敦自然博物馆当时已经制作了一个精美的铸型，至今仍然保存完好。鲍勃·巴克认为该蛇颈龙与其他蛇颈龙有很大的不同，所以它应该被归为独立的一属。他决定把学名改为*Attenborosaurus conybeari*，但并没有跟我提起。

我问安吉拉在哪里可以看到这个非凡的物种，想不到它就挂在离我们谈话地点几码远的一间展厅的墙上，还在展。她随即带我去看，我瞄了眼标签，觉得有点失望，因为标签还没改过来，依然是蛇颈龙。

“我知道，”安吉拉说，“但是这个画廊几个月前才重新装修过，已经花光了所有的预算。再装修的时候，我们会把它改过来的。”

这么说吧，我在古生物学上的声望，取决于未来很多年里都不太可能被贴上的一个标签，而且这个标签还属于一块实际上已经不存在的化石。我写信给鲍勃·巴克，感谢他给我这个荣誉，并解释说住得离莱姆·里吉斯很近。“过不了多久，”我写道，“我将休假几周，试着找回自己。”但是我从来没有做成过这两件事。

24

Trials of Life

《生命的考验》

我还在剑桥读书的时候，动物学就发生了变化。在我看来，这门科学似乎变得更侧重于实验室。教授教我们解剖动物，仔细观察龙虾、角鲨和小鼠的内脏。我们坐在演讲厅里，听教授们利用骨骼和剥制标本讲解复杂的动物分类，还听到一些精心设计的实验，旨在验证鸽子是否会数数，或是弄清老鼠学会沿着正确的方向跑出迷宫需要多久。但没有任何实地建议，关于作为一名合格的动物学家，我们最终可能会去非洲观察大象，或者蹲伏在热带森林的隐蔽处观察珍稀鸟类的巢穴。这被认为是博物学家该做的事儿，而不是科学家。然而，这却是我真正想从事的。

当然，这是20世纪40年代大学生的狭隘观点。由于我们的无知，我们并没有意识到，朱利安·赫胥黎已经通过研究凤头鸊鷉的求偶行为奠定了动物行为研究的基础，康拉德·劳伦兹已经发现了印记（imprinting）行为，十年后当我在电视上采访他时他还进一步地做了解释；还有尼可·廷伯根（Niko Tinbergen），他破译了黑头鸥的信号行为，这项工作仍为他赢得了诺贝尔奖。这种趋势在当时还需要一段时间才能渗透到大学生中去。当我意识到行为研究已经成为动物学的一个公认分支，并有了自己的专有名称——动物行为学时，我已经投身电视事业中了。

即使在20世纪50年代，通过研究解剖结构来对动物进行分类仍然是动物学的一个重要组成部分。伦敦动物园在19世纪由伦敦动物学会开办，至今仍在运营，不是作为秀场或旅游景点，而是作为研究物种分类和鉴别的科学机构。这就是为什么《动物园探奇》这档节目如此执着于探寻那些动物园不曾有过的物种。当动物园中的动物死去后，它们的尸体对学会的价值可能比它们活着时还要大。它们被转交给一名专职的解剖员处理，在对尸体解剖后，解剖员还会就其结构撰写详细报告。在20世纪50年代，位居这个职位的科学家对灵长类动物特别感兴趣，其学术文章的配图都是他的妻子绘制的。我记得当我走在动物园时，总会充满崇敬，想着在过去十年的时间里，她日日详查着不同种类雄性狐猴的浸制生殖器，因为根据她丈夫的研究，这是狐猴科分类系统的关键特征。

但到了20世纪80年代，行为研究已经越来越普遍，事实上，已成为动物学中最受欢迎的部分。几乎所有大型哺乳动物都有专门的研究人员在野外跟踪它们，记录它们每一次的发声方式、身体语言和互动，并将结果发表在科学期刊上。得益于时至今日积累起的海量信息，我们完全可以考虑制作一个展示整个动物界不同物种的亲密行为和复杂行为的系列纪录片。我起草了一份大纲，将这部纪录片按照动物必经的生命周期的重要阶段划分为不同的集目，无论是蜻蜓还是青蛙，杜鹃还是大象，都按照出生、觅食、自卫、择偶等来摄制。我最后敲定了12个这样的生命阶段，也就是12集——不像《生命的进化》那样有13集，但如果每周播放一次，仍然足够占满一个季度。我把整个系列称为《生命的考验》（*The Trials of Life*）。

* * *

第一集是所有生命都面临的第一个考验——出生。我想不出比圣诞岛（Christmas Island）的螃蟹更能体现这一点的动物了。地球海洋中有好几个名为“圣诞岛”的岛屿，有螃蟹栖息的那一座位于爪哇岛以南数百英里外。每年11月，当过了满月之后，会有1000万只雌性红蟹从岛上森林的洞穴中钻出来，开始向大海进发。它们无可阻挡。一支红色的螃蟹大军涌向海滩，挤得你都看不见它们之间的地面。它们穿过柏油路，爬上围墙，越过巨石，最终来到海边产下了无数的卵。

在制作期间，因为时间安排，我们没能在第一年的11月前往圣诞岛，直到第二年才得以成行。虽然这个岛屿在地图上看起来是那么遥远，但拍摄计划却落实得出人意料地容易。该岛归澳大利亚管理，我们可以在澳大利亚完成主要的拍摄后顺路到访。

然而，就在我们身处澳大利亚的时候，遭遇了飞行员罢工，最重要的开场剧集岌岌可危。这是唯一的机会，因为即将到来的11月，这个系列必须要播出。负责该项目的导演阿拉斯泰尔·福瑟吉尔（Alastair Fothergill）设法让我们登上了一架澳大利亚空军货机，这架货机当时正在向该岛运送物资。我们坐在空荡荡的机舱里，绑在小小的金属座椅上，经历了一段震耳欲聋、寒冷刺骨的旅程。根据日历，我们在螃蟹潮出现的48小时前到达了岛上，大家都松了一口气。此刻，岛上还没有它们丝毫的踪迹。几十亿只螃蟹怎么可能看不见呢？岛民向我们保证，螃蟹们一定会在适当的时候出现，我们必须保持耐心。

约定的夜晚终于来了。日落时分，我们来到荒芜的海滩，准备好摄影机静静等待着。夜幕降临时，正用火把在海滩对面悬崖上搜索的阿拉斯泰尔发现了一个小红点。不到五分钟，就变成了大约一百个。慢慢地，螃蟹大军如同鲜红的布幔一般覆盖了岩石的表面。它们越过海滩时，尽管海浪声很大，我们还是能听到无数条腿互相撞击发出的巨大咔哒声。阿拉斯泰尔叫我坐在海浪边的一块岩石上，出于职责，我全照他的吩咐去做，任由这些甲壳动物组成的红色潮水在周围汹涌。螃蟹们产卵的意愿极为强烈，前进的百亿大军对我毫不在意。即便如此，我仍然要调动起全部的信心和热情介绍《生命的考验》的第一个场景，几只好奇的螃蟹就这么坚定地爬上了我的裤子。

* * *

你可能会以为，科学家们应该不会愿意向一位电视制片人透露他们多年来在雨水浸透、爬满昆虫的丛林里进行观察研究的具体细节，但事实证明并非如此。我们联系的每一位科学家一旦确信他们的发现不会被歪曲，而是会尽可能真实地呈现出来时，就会热情地欢迎我们。不过，老实说，其中一些也还是需要说服一下。

瑞士行为学家克里斯托夫·博施（Christophe Boesch）就是其中之

一。他和妻子赫德威格（Hedwige）一起，住在非洲象牙海岸的热带雨林中心，观察黑猩猩。这里黑猩猩的行为方式与珍 · 古道尔（Jane Goodall）在坦桑尼亚开阔的大草原上所研究的著名的黑猩猩种群截然不同。他有充分的理由对电视媒体保持警惕，因为他的研究发现，黑猩猩其实是猎手——它们捕食猴子。我们最近的亲戚，看来，是群杀手，这个话题太容易被拿来炒作了。然而，阿拉斯泰尔 · 福瑟吉尔不仅非常有责任感，而且意志坚定。最后，他说服克里斯托夫，我们会负责任地对待他的研究发现，而且这些发现将会成为对动物行为细致检阅的重要组成部分。基于这样的保证，克里斯托夫同意阿拉斯泰尔带上我和录音师特雷弗 · 高斯林（Trevor Gosling）、摄影师迈克 · 理查兹（Mike Richards）一起，和他共同待一个星期左右。

克里斯托夫又高又瘦，说话直率，下巴绷得很紧。他十年前就开始研究这些黑猩猩了。在最初的一两年里，他只见过黑猩猩几眼，常常一连几周每天都到森林里去却一无所获。植被太茂密了，黑猩猩也十分小心谨慎。但后来它们逐渐习惯了这只高大沉默的灵长类动物的存在，无论它们走到哪里，他都跟在后面，于是它们索性该休息就休息，该奔跑就奔跑，该进食就进食。五年多以后，它们似乎已经完全习惯了他的存在。他与它们朝夕相处，甚至能通过眉毛或鼻子就一眼就认出谁是谁。每天早上天不亮他就起床，这样就可以在黑猩猩们离开头一晚的栖居地之前加入它们。白天，他就和它们一起行动，记录它们的所有行为，直到黑猩猩们在树梢上用树枝铺好床，安顿下来过夜。这样，他就知道第二天早上在哪里可以找到它们了。如果黑猩猩在他到达之前离开，他可能就需要几个小时，甚至几天才能再次找到它们。观察连续性的丧失将影响行为统计数据。

我们加入的条件很严格，没有商量的余地：都得穿和他一模一样的衣服——瑞士军装——因为黑猩猩已经习惯了它们的外表和气味。我们只能小声低语，除此之外不可以交谈。克里斯托夫不太可能关照得到我们，因为必须把所有注意力都放在黑猩猩身上。如果我们没有跟上他，他甚至可能都注意不到，也肯定不会回头找我们。我们沉默地点了点头。他默认这支队伍的成员们都很健康，但我比其他人年长30岁。他不希望几个月前他和一位来访的教授之间的麻烦重演，这位教授在第二天就累倒了，不得不被抬出去。“你身体行吗？”他有点儿挑衅地问我。我向他保证自己很健康，尽管没有多少信心。

第二天，我就怀疑自己的判断了。黑猩猩前一晚睡在一个非常远的地方。路上需要好几个小时，所以我们早上四点就启程了。黑暗中跟在克里斯托夫后面穿过森林并不是件容易的事情。空气湿漉漉的，我浑身没有一处不在淌汗，很快衣服就湿透了。我不是被绊倒，就是踩进沼泽，要么被细如线绳一样的藤蔓缠住腿，甚至全速奔跑的时候缠住我的脖子，险些绞死我。其他人的状况比我更艰难，我毕竟轻装前进，而他们还带着笨重的装备。迈克扛着摄影机，特雷弗拿着录音机，阿拉斯泰尔背着食物和水。

黎明时分，我们终于找到了那些黑猩猩。它们坐在一棵大树顶部弯曲的树枝上，懒洋洋地伸着懒腰，挠着痒痒。显然，它们昨晚睡得不错，得到了充分的休息。我们瘫倒在树下的地上喘着粗气。几乎就是下一秒，一只年老的雄性黑猩猩突然从树枝上荡悠到另一棵树上。接着这群强壮的黑猩猩，足有六十多只，就这么出发去晨游了。我们只好疲惫不堪地站起来，跟着它们再次出发。

这就是我们接下来一星期的日常工作。黑猩猩不停地捉弄我们。它们经常在地面上行走，在我们身边踱步，也丝毫不会注意我们。每隔一段时间，其中一只雄性就会发出一声尖叫，以让其他成员知道它确切的位置，如同一种定位信号。较少见的情况是，它们会绕着大树的根部转一圈，发出几声咕噜咕噜的声音，然后突然扑向盘状的扶壁根中的一缕，在上面跳跃，手脚并用地搞出一种快速的节奏，并发出警报般的尖叫。大约一分钟后，我们就会听到远处森林传来另一群黑猩猩发出的回应。

黑猩猩似乎无论走到哪里都能找到食物。它们在树枝上采摘树叶和果实，在地面上收集坚果，再带到专门处理的地方，那里有它们惯用的扁平的石头，相当于砧板，可以在上面砸开坚果。这件事只有成年黑猩猩可以很有效率地完成，但年轻黑猩猩也一直在密切地观察学习。一天早上，它们在一根朽木里发现了一个蚂蚁窝。一只成年雄性突然猛扑过来，一只手扯下树皮，另一只手挖出一大把白色的幼虫，然后蹦蹦跳跳地跑开，把它们塞进嘴里，同时又跳上跳下，另一只手不断拍打，试图掸掉身上那些咬人的蚂蚁。其他黑猩猩也如法炮制。然后，所有的黑猩猩都在几码远的地方坐下来，开始从毛发里一只一只地抓蚂蚁。

我们待的地方在15码（约14米）开外，即使如此，也可以看到蚁群正在愤怒地反击。显然，黑猩猩们也认为为了多吃几口幼虫而被蚂蚁咬上半天实在不值得。但是，其中一只年幼的猩猩无法抗拒这一美味。它爬到朽木上方的一棵树上，小心翼翼地顺着一根藤蔓爬下来，藤蔓就挂在蚁巢的正上方。它吊在几英尺高的空中，犹豫着是否要再进一步。突然，它从藤蔓上俯冲下来，伸出瘦长的胳膊捞了一把，然后迅速蹿回树上，双手拍打着树枝把蚂蚁赶走，显然，它很高兴自己又多吃了一口。

但我们到这儿来的目的，是为了拍摄到黑猩猩猎猴。黑猩猩单枪匹马抓住猴子的概率很小，因为成年猩猩的体重是其主要猎物——疣猴——的两到三倍，猴子可以踩着树枝逃跑，但黑猩猩却可能压断那些较细的树枝。通常情况下，黑猩猩捕猎者们只有团结一致才能成功。

我们观察到它们捕猎的可能性并不大。这群黑猩猩每周只捕猎一次，而且经常是在远超摄像机拍摄范围、十分高大的树上。但我们很幸运。第六天上午10点左右，当我们陪着黑猩猩在森林里漫步时，听到一头疣猴在不远处的树冠上进食，发出轻柔、尖锐的咕噜声。马上，黑猩猩的行为就发生了变化。克里斯托夫认识的那六只雄性黑猩猩通常一起打猎，它们开始以坚定而兴奋的步伐默默地走在地上，目不转睛地盯着树冠，追踪着前面猴子的准确位置。雌猩猩和小猩猩落在后面。我们则一直跟着猎手们行走。

克里斯托夫现在正对着挂在他脖子上的录音机小声地做着口述记录，从中我们能够了解到正在发生的事情。疣猴现在就在高高的树上吃着树叶，悠闲地从一棵树晃荡到另一棵。在静静地跟着它们走了大约十分钟后，黑猩猩的行为又发生了变化。也许它们已经认为，猴子们现在所处的地方正适合它们猎捕。两只年轻的雄猩猩迅速且安静地沿着藤蔓爬上树冠，它们承担拦截的任务。一只年长的雄猩猩则冲刺到前面消失了。接着，又有两只年轻的雄猩猩以极快的速度双手交替抓着藤蔓向上攀爬。疣猴发现了它们，从树枝间逃开了。这支队伍两边各安插的一只拦截者突然尖叫起来，疣猴吓坏了，以最快的速度在树枝间四处逃窜，结果直接向前面埋伏着的年长雄猩猩跑去。埋伏者突然跳出来，抓住一只跑到自己身边的大猴子，在它后背咬了一口。现在，雌性黑猩猩们也赶上了我们。现场一片混乱——疣猴们惊恐尖叫，母猩猩们则兴奋地呼喊。迈克·理查兹的摄像机在三脚架上用长焦镜头奇迹般地拍到了正在把猎物活生生开膛破肚的雄性黑猩猩。

雄猩猩带着荡来荡去的尸体从树上跑下来，几只雌猩猩兴奋地争来争去。这是一个很小的群体，一只小猴子身上也没有多少肉能吃。尸体被撕成两半，一只年长的雄性黑猩猩进一步把每一半再分成几小份，递给雌猩猩们。克里斯托夫后来告诉我们，这便是它们通常分享食物的方式。杀死猎物的猎人没有优先权或特殊权利，甚至可能一份都分不到。

当然，作为讲述动物各种捕猎方式的一集，这是我们能期待的最戏剧化的场面，但拍摄这些不仅仅是因为捕猎行为本身的血腥。就像我蹲在这群黑猩猩旁所解说的那样，它们血迹斑斑的脸可能会让我们感到恐惧，但我们也能从这些脸上窥到自己原始祖先的面孔。一方面，我们对它们的暴力和嗜血行为感到震惊；另一方面，我们也能够从它们的行动中看到团队合作的起源，这种合作最终帮助人类实现了那些最伟大的成就。

* * *

苏黎世大学的鲁迪格·韦纳（Rudiger Wehner）教授对一个非常与众不同的行为问题很感兴趣，他想知道一种名叫“沙蚁”的昆虫是如何在撒哈拉沙漠的流沙上找路的。

沙蚁只在一天的正午时分从它的地下巢穴中出现，那时的沙丘非常热，赤手摸上去会被灼伤。即使是永居动物们也必须躲到庇护所里，这些动物并没有多少：沙蜥们躲在灌木丛或石头的阴影里；昆虫也要寻找荫庇。如果它们没找到，一直暴露在烈日下，很可能会因为中暑而死。这些昆虫的死尸就是沙蚁们赖以为生的食物。

当气温在中午上升到一个特定的温度时，沙蚁就会从沙子上它们极微小的洞穴里涌出。根据韦纳教授的说法，沙蚁比其他任何昆虫都更耐高温。工蚁们在沙丘表面来回高速奔跑，急切地寻找食物。一旦发现，必须尽快返回巢穴，否则它们也会被高温烤熟。虽然它们能够在这些炙热的沙地上留下气味痕迹，但是精确地追溯曲折的足迹显然会浪费大量的时间。因此，无论搜索路线有多么迂回曲折，它们都会沿着直线直接返回巢穴的入口。那么，它们是怎么知道入口位置的呢？

韦纳教授猜测它们能够靠太阳导航。为了验证这个理论，他设计了一种特殊的机器。它看起来类似一台割草机，盘旋在地面上，用旋转的叶片修剪草坪。它的主体是一个方形的水平铝板，中心切出一个圆洞，每个角下都有一个小脚轮，还装上了一个手推车一样的把手。铝板上有两根竖直的杆，分别固定在圆形孔洞的两边。其中一根装有可调节的木制圆盘，另一根装着一面镜子。教授用这台机器追踪每只蚂蚁，只需跟上它们的步伐，无论走到哪里，他都能通过铝板上的孔洞找到它们。通过调整木头圆盘，他可以遮住蚂蚁看太阳的视野，然后再通过转动镜子，使镜子将太阳光反射进空洞。他利用这种方式骗过了蚂蚁，它们看见的太阳和太阳的实际位置正好相反。瞧！蚂蚁没有朝洞里跑，而是直接朝着相反的方向跑去。

韦纳教授的发现，意义是惊人的。这意味着蚂蚁每次在奔跑过程中改变方向时，都必须记录自己的轨迹与太阳的方向，以及每一次沿着轨迹运动的距离。它们必须这样记住每一条曲折的路径，直到最终找到食物。然后，它还必须把所有的数据汇总起来，判断洞口的位置到底在哪个方向。教授告诉我们这些之后，我们才发现蚂蚁寻找方向的行为。在每一次转弯前，每只蚂蚁都抬起头朝向天空，做一个微小的旋转，大概是在它那用显微镜才能看到的大脑中记录下所需的数据，然后再向另一个方向出发。

用影像记录下这些并不容易。我们给蚂蚁准备了煮熟的蛋黄，切成细末。为了拍下蚂蚁找到蛋黄，然后叼着冲回巢穴的画面，我们不得不全身躺在灼热的沙丘上。好在至少不用趴很久，我们的拍摄对象每天只在地面上停留大约一小时。

但也许这次旅行最吸引人的画面是韦纳教授本人，他在正午的烈日下，一边对着挂在脖子上的磁带录音机喃喃自语，一边推着那台怪异的"割草机"穿越沙丘。我们不仅拍摄了蚂蚁，也同样拍摄了教授本人。因为我们决定在这个系列的最后再制作一集，就是关于帮助我们完成这个系列的科学家们——他们与各自的科学发现一样有趣。

* * *

我们的拍摄计划并非每次都是成功的。有时，我们会故意把预算的很大一部分押宝在一个还不确定能否拍摄得到的对象上，不过，一旦我们成功拍到，必将大获成功。马里恩 · 祖恩兹（Marion Zunz）导演负责的这档节目，讲述的是动物求偶的各种方式。她从文献中发现了一个关于西伯利亚仓鼠的故事。

在繁殖季到来之前，无论雄性还是雌性仓鼠，每一个都独自生活在洞穴中。当雌性仓鼠发情时，会发出一种化学信号，特别强烈且有效，雄性仓鼠们接收到之后，会成群结队地向它靠近。这是一场赛跑，第一个找到它的雄鼠就能获得交配的机会。正常情况下，这种行为几乎不可能被拍到，因为我们并不知道哪只雌鼠会发情，也不可能在最快的雄鼠到达之前提前对好焦。但现在，一名俄罗斯科学家与一位美国科学家合作，在实验室里成功地合成出了这种极为诱人的西伯利亚雌性仓鼠的费洛蒙“香水”。这种香水的费洛蒙浓度很高，合成量也很大。如果有人在中亚大草原上开了一试管，会聚集起从方圆几英里之内跑来的性欲亢奋的雄性仓鼠。

西伯利亚仓鼠在我看来并不是最令人兴奋的动物——即使是在性欲亢奋的时期，毕竟它们在伦敦的宠物店中随处可见。但是马里恩却怀着无法抗拒的热情，这就是她想在这集节目中押的宝，因为这比她能找到的任何例子都更能戏剧化地说明化学合成费洛蒙的威力。

我们飞往莫斯科，第二天又经过很长一段时间的飞行，来到了一个从未听说过的城市——克孜勒（Kyzyl），在此之前我并不知道这个城市的存在。然而，镇上的一座纪念碑显示，我们正处于中亚的地理中心。在那里，我们遇到了凯西（Kathy），正是那位在项目中负责行为研究的美国科学家。我们挤进她的卡车，她带着我们开进大草原。我们到达她的营地时，天已经黑了。

第二天，我们见到了她的团队。除了她的俄罗斯合作者阿列克谢（Alexei），她还有24名美国志愿者。他们来自各行各业，大多是老年人，许多人戴着棒球帽，穿着色彩鲜艳的衣服，上面印着各种各样的口号。毫无疑问，他们都是被这个项目吸引过来的。

然而，美中不足的是，在阿列克谢的实验室里，事情并不像他希望的那样顺利。毕竟，他还没有成功地拿出一个装满合成费洛蒙的试管。事实上，目前他什么也拿不出来。我们有些惊讶。为什么出发前没有得到这个消息？但凯西给我们带来了一丝安慰。她人工饲养了一只雌性仓鼠，这只仓鼠一直被严格地关在帐篷内的笼子里，就要抵近发情期。毕竟，这只雌性仓鼠会生产真正的费洛蒙。当然，数量没有那么多，或许也没有那么刺鼻，但周围的雄性很快就会注意到它，并表现出我们所需要的所有行为。凯西确信我们能够采用这种方式拍摄，来表现大草原上的繁殖行为。

夜幕降临，研究小组集合起来准备行动。营地方圆半英里内的每一个洞穴都已经登记在册。每个团队成员都分到一个洞穴，每个人都拿着手电筒、指南针坐在洞口旁，脖子上挂着录音机。一旦有雄性仓鼠从洞穴里探出头来，研究人员就马上打开手电筒照亮它，然后跟着它到处跑，把它的路线方位和其他有趣的行为细节口述到录音机上。它是在嗅探、抓挠，还是在犹豫？天黑后一个小时，营地周围的草原上布满了或蹲着或趴着的人影，每个都沐浴在手电筒的光亮中，还在自言自语。

就在这时，我听到了一阵马蹄声。一群游牧的蒙古骑手在黑暗中疾驰而过，他们穿着斗篷，戴着伪装成野生动物式样的羊皮帽。他们勒住马，凝视着眼前的景象。研究人员毫不在意，毕竟，数据记录过程无法中断。骑手们盯着我们大家看了大约一分钟后，掉转马头，又向黑暗中飞奔而去。我很好奇他们回到蒙古包后会对妻儿们说些什么。

现在，是时候让发情的雌性仓鼠登场了。凯西蹲下来，手里拿着那只雌仓鼠，我们一起等待着雄仓鼠的出现。果然，几秒之内就有一只雄仓鼠发现了它。雌仓鼠也一定知道，因为它扭动着跳脱出凯西的手。“抓住它！”凯茜喊道。阿列克谢冲上前正要抓，结果绊了一跤，手电不巧打在了仓鼠的后脑勺上。凯西把这只小动物抱起来。雌性仓鼠躺在她的手上，四条小腿抽动了最后几下。

“噢，我的天呐！”凯西悲伤地拖长了声音，即使在这样的时候，她的科学观察力依然保持敏锐，“连它身上的跳蚤们也跑走了。”跳蚤们确实在撤离，从凯西的手上跳到地上，大概是希望尽快找到另一只仓鼠宿主。

我们确实拍到了雄性的镜头，它们在矮小的植被中奔跑，足以给人留下繁殖中的草原动物的印象。但为了这样一个相对平淡的片段，我们跑了很远的路。事实上，如果雄性仓鼠们知道自己错过了怎样的超强性信号刺激，它们可能会和我们一样沮丧。

* * *

不仅是近期科学知识的增长使《生命的考验》系列得以成为现实，自从《生命的进化》以来，电视技术也有了显著的进步。现在我们有了比口红还小的摄像机，可以放在啮齿动物的洞穴里，或者绑在鸟的背上。我们有了非常轻便的活动臂，可以把摄像机举到30英尺（约9米）高的空中，站在下面的摄影师通过显示屏就能查看拍到的画面。我们还可以把摄像机放在无线电控制的直升机航模上进行航拍，或者与鸟类一起飞行。最重要的是，我们有了微光摄像机。

许多哺乳动物白天睡觉，只在晚上活动——这个事实在以前的剧集中，我们一般都是一笔带过，因为在当时，如果没有人工光源，动物的夜间活动实际上是无法拍摄的。即使是感光度最高的胶片也需要很多照明，但动物在被光照时很少表现出自然的行为，往往会逃窜。即使处在摄影机的拍摄范围内，灯光也会扰乱它们的正常行为。

但是现在，胶片和数码摄像机的制造商们正在相互竞争，看谁需要的光线更少。如今二者都已经非常敏感，以至于都可以来记录无法用肉眼看到的场景。这对《生命的考验》系列来说格外有益。

我在关于动物的沟通行为的那集节目中安排了一个关于萤火虫的片段。我们前往马来西亚，穿过沼泽，拍摄那里成千上万的萤火虫。它们在红树林的树枝上有节奏地闪烁，整棵树就像装满了圣诞节的装饰灯一样忽明忽暗。通过同步闪烁的时间，雄性们可以在更远的距离上吸引雌性，远远超过了单个雄性的能力所及。我们的数码摄像机拍摄到了非常神奇的画面，它们捕捉到这个场景在水下的倒影。

还是在1989年，后来在夏天巴尔的摩（Baltimore）的一片草地上，我自己也参与了这样的灯光对话。北美洲的萤火虫与马来西亚萤火虫的种类并不近缘，但它们也通过闪光进行交流。在同一块草地上栖息着不同种类的萤火虫，雄性与雌性的数量比可以高达五十比一。它们在空中飞舞发出闪烁的信号，其中一种发出的是单次闪光；另一种是双次闪光，其间相隔一秒；第三种每半秒闪烁一次，但持续时间长一些。雌性直到看到自己的同类，才会用一次单独的闪光作出回应，这时，雄性就会飞到它身边完成交配。我用一个小手电模仿雌性的回应信号，成功地吸引了几只雄性落在自己的手指上。如果放到在一年前或更早时候，这两个片段的拍摄在技术上都不可能实现。

* * *

在关于狩猎的那集节目中，我们借用了医学上普遍使用的内窥镜，外科医生将光纤棒推入病人的喉咙以检查胃的内壁。这正是我们拍摄军团蚁所需要的装备。30年前，查尔斯·拉古斯在塞拉利昂成功地拍摄到了这种蚂蚁，他躺在蚁群旁拍摄了蚂蚁们出发去捕猎的画面。如今，这些画面仍然值得拍摄，但是内窥镜让我们有可能看到军团蚁生活的另外且更神秘的一面。每两周左右，整个蚁群会停下来扎营组。它们会在树下或圆木下聚集，形成一个巨大的球体。球体的外表面是由兵蚁组成的，它们把腿缠绕在一起，张着大嘴等着，随时准备对任何可能干扰蚁群的东西进行攻击。当蚁球解散后、蚁群重新开始行军时，许多工蚁会带着卵再次出现。很明显，蚁后是在这一时期产卵的。但是，蚁球内部的结构是怎样的呢？没有人知道。我们在内窥镜管的表面涂了油，这样蚂蚁就很难爬上去咬到摄影师的眼睛。然后，我们轻轻地把它插进球状营地的中心。那位给我们提建议的科学家非常高兴，因为我们拍到了里面的工蚁们是如何通过相互连接四肢，建造了活的廊道和房间，其他工蚁在其中穿梭，一边照料蚁后，一边把它产的卵搬运走。

* * *

阿拉斯泰尔·福瑟吉尔当时正在参与一集有关动物导航行为的节

目，他特别想拍摄亚马孙地区的电鳗。自然历史节目制作人总是喜欢让主持人尽可能接近他所描述的动物，最好是能同时说些旁白。他们称之为“双镜头”。制作人认为主持人通过自己的反应和说话方式，能展现出身边动物的特质。这些动物究竟是易紧张的，是根本听不见，还是十分危险的？这种画面也能让观众直观地了解动物和人类的相对大小。至少，双镜头可以向观众证明，拍摄这些动物时，主持人确实在场，并且是从第一手体验中发表评论的。通过这种方式，观众可以在一定程度上想象如果自己处在主持人的位置时会是什么情景。

当然，在水下拍摄有声的双镜头很难做到。潜水面罩统一的外形使得佩戴者难以被认出，也无法说话，因为嘴里必须含着一根管子才能呼吸。但阿拉斯泰尔听说过一种叫作“气泡头盔”的装置，由北海油田的潜水员们最早开始使用。它由一个透明的塑料球体组成，戴在潜水者的头上并固定在潜水服的顶部。头盔中充满着空气，也完全防水，空气源于潜水员背上的钢瓶。这样，潜水员们就不需要含着呼吸管，通过透明的气泡头盔也可以很容易辨认。头盔内还装有麦克风，这样当主持人悠哉地游过鱼群或进出珊瑚洞穴时，他的语音也会被记录下来。

阿拉斯泰尔明智地认为，在一条巨大的电鳗身边描述它是多么令人兴奋之前，我应该先在酒店的游泳池里试用一下这个气泡头盔。戴上它的过程比我想象的要尴尬得多——我的后脑勺和鼻尖之间的距离明显比头盔的开口大得多。但经过不断调整，我最终还是把头怼了进去。但我更担心的是取下头盔时得耗时多久。它底座周围的螺丝必须拧得非常紧，以免密闭性被破坏。因此，每一个螺丝都需要一些时间才能拧松。然后必须非常小心地摘掉头盔，否则会伤到我的鼻尖。万一有什么紧急情况呢？假如压缩空气的供应出现了堵塞，或者头盔中进了水怎么办？脑袋困在头盔里，窒息或溺死之前能有多少时间？我对这些问题并非完全放心，但也足够让我戴着它走进游泳池试一试了。我潜入水中，开始向水底游去。我立刻感到水在下巴周围流动。我很快就浮上来了。摘下头盔所花的时间比我担心的还要长。阿拉斯泰尔让我放心，他说他有信心，再多做几次就用不了这么久了。不过，漏水是怎么回事呢？他检查了设备的所有部件，包括配件，也没有发现任何故障。我们又试了一次。我戴上头盔重新潜入水中，但它又开始进水。这次，我上浮得更快了。

阿拉斯泰尔说我一定做错了什么。这顶头盔在试验中效果很好，也许我呼吸的方式很奇怪。他要给我示范一下该怎么做。我很高兴地把头盔罩到了他头上，他自信满满地涉水进入游泳池。令我宽慰的是，他也像我一样迅速地浮出水面。

“一定出了故障。”他说，仿佛在宣布一项新发现。

那天的试戴就此终止，阿拉斯泰尔戴着头盔上楼到自己的房间去读手册。我去了酒吧，他没有下楼吃晚饭。那天晚上很晚的时候，我去了他的房间。他把整个装置都拆开了，地板上到处是弹簧、管子、橡胶密封圈和许多闪亮的小螺丝。他当时正在与该设备的设计者通话，那是一名法国潜水员，当时他坐在苏格兰海岸附近的一个石油钻井平台上。潜水员不会说英语，只能用法语交流的阿拉斯泰尔在辨认特殊部件时遇到了一些困难，由于所有部件都已经脱离了原位，这就更麻烦了。

那顶特殊的头盔在巴西完全没起作用，我也没能向任何人描述过和一条巨大的电鳗一起游泳是多么令人兴奋，这倒让我松了一口气。

* * *

《生命的考验》系列的总制片人彼得 · 琼斯（Peter Jones）不知道从哪儿听说到一种革命性的新镜头。它是由一位名叫吉姆 · 弗雷泽（Jim Frazier）的澳大利亚摄影师发明的，弗雷泽同时也是一位参与了《生命的进化》的老朋友。拍摄微小生物是吉姆的专长，蜘蛛是他的一些最具戏剧性的影片中的明星。对这种尺度的对象的拍摄，摄影师面临的一个问题是景深——所有物体在镜头前能够对焦的水平距离——往往非常浅。但吉姆的新设备可以让一个微小的物体几乎填满屏幕的前景的同时，保证它后面的景物，直到遥远的地平线，都还能一样清晰锐利。彼得迫不及待地想要试试这个新玩具，在我策划的关于动物伙伴关系的节目中，他找到了机会。

我设计的一个片段涉及紫灰蝶的幼虫毛毛虫和绿树蚁。这种毛毛虫的背上有一个小乳头，以适当的方式刺激它时，就会分泌出小液滴，昆虫学家称之为“蜜露”。绿树蚁很喜欢吃蜜露。它们一个接一个地跑到毛毛虫的背上，挠它的乳头，啜饮它的汁液。它们像农夫照顾母牛那样细心地照料毛毛虫。早上，绿树蚁把毛毛虫引到枝叶繁茂的树枝上进食。到了晚上，它们再将毛毛虫诱至一个由吐丝黏合树叶做成的巢穴，这个巢穴比绿树蚁自己的略小一些。

这样看来，似乎是绿树蚁在剥削毛毛虫，但我们有充分的理由相信，其实，毛毛虫是积极迎合绿树蚁这种行为的。首先，它通过在尾部竖起黄色的毛状体来吸引绿树蚁。同时释放出一种信息素，绿树蚁可以在相当远的距离内探测到。很明显，绿树蚁对毛毛虫的生存至关重要。有很多生物以毛毛虫为食或寄生于其上，但是绿树蚁是一种凶猛的生物，它们有着强大的螯刺和咬力，会攻击自己领地的任何入侵者，无论大小。一旦吸引到绿树蚁，紫灰蝶的毛毛虫就会发出微弱的咕噜声，确保自己被蚂蚁认出，而不会受到攻击。如果你把它放在手指上，能感到它在震动。放在没有绿树蚁的树枝上的毛毛虫活不了多久。因此，与其将这种关系比作农民和奶牛，还不如将毛毛虫视为一位地主，它招募了一支私人军队来保卫自己的领土，并定期向绿树蚁发放它们最喜爱的食物。

彼得觉得他可以用吉姆的镜头去拍摄这段非凡的关系。幸运的是，澳大利亚有这种蝴蝶和蚂蚁的分布，吉姆也可以加入我们。吉姆将毛毛虫放在离他那精巧的镜头只有几英寸远的地方，这样毛毛虫的身体就能充满整个镜头，头在一边，长着毛状体的尾巴在另一边。在它身后，我变成了一个遥远的小图像，但也在景深之内。我径直朝摄像机走去，边走边说话，最后指向了毛毛虫，此时我的手指距离镜头只有几毫米远。这段镜头格外戏剧化，但它同时也警告我们，在视觉上过于取巧是有风险的。

当我们回到布里斯托尔时，《生命的考验》团队就尝到了后果。有一次在食堂里，当我们坐在一起讨论这些问题时，我听说办公室里有一个刚入职的女孩和她的朋友聊这期节目，她表示自己可不想在澳大利亚内陆待太久。“你知道吗，”她告诉朋友，“那儿的毛毛虫足有两英尺长。”

* * *

有意无意地误导观众正变得越来越容易。几十年来，故事片导演一直通过在巨大的演播室屏幕上投放风景照片来拍摄演员们身处风景中的画面。使用胶片能使这种效果更逼真，背景中能实现波浪滚滚、树木摇摆、车流不息的视觉效果。电视剧制作人沿袭了这一技术。然后，它不知不觉地被移植到现实节目中。坐在演播室里的新闻播音员，仿佛置身于伦敦市中心的一间小木屋，从这里可以看到大本钟和下面议会广场上蜿蜒的车流。

但现在，电子技术使制片人能够以更加精妙的方式对画面进行组合。视频中的主持人可以看起来像坐在一只他生平从未见过的食人美洲豹旁几码远的地方，看上去却一点也不害怕。更重要的是，只要稍微预演一下，他就可以假装对电子美洲豹的某些动作做出反应，这样一来，二者合一的画面就变得更可信了。计算机专家做出了最后的技术飞跃。如今的技术足以创造出极为逼真的数码影像，让不存在的生物栩栩如生。人们先是在电影院，后来在家里的电视上就可以看到恐龙移动、奔跑、排泄、撕咬打斗。观众完全有理由感到困惑，何为真，何为假？既然任何东西都可以凭空创造，又怎能相信所见就是真实？

在这种情况下，我认为当今的电视主持人可能有了一个新的附加功能。毕竟，他在自然历史节目中谈论的很多事情都很难让人相信。真的有像会飞的蛇、会走的鱼、会在胃里孵化蝌蚪的青蛙这样的东西吗？还是这些东西的影像只是由一个电脑程序员凭空创造的，仅仅因为有人相信它们的存在？如果一名主持人为人所熟知并且能够得到观众的信任，那么观众就可能会相信他的言论以及节目的真实性。但如果想让观众一直相信，他就必须捍卫自己的诚信和名誉。

1990年10月，当《生命的考验》终于播出时，《星期日电讯报》(*Sunday Telegraph*)的电视评论员A. N.威尔逊(A. N. Wilson)对它进行了评论。他显然想让读者明白，他对电视节目的幕后故事了如指掌，不会被其诡计所欺骗。他将矛头指向了第一集的一个与眼斑冢雉有关的片段。

这些聪明的澳大利亚鸟类在沙土上建起巨大的土堆，并在其中填埋了一定量的枯枝烂叶。它们把卵埋在土堆里，腐烂的植物为卵的孵化提供了所需的热量。即便如此，鸟们也必须密切关注鸟巢的情况。为了确保土堆内部不会因为太热而把蛋烤熟，雄鸟每隔几个小时就会回来，把喙戳进土里测一测温度。如果有过热的危险，它会踢开土堆顶部的一些土，而如果有冷却的倾向，就会再踢回去一些。

我们拍摄了一处眼斑冢雉的巢。巢的主人早已习惯了人类的存在，几乎像伦敦后花园里的知更鸟一样温顺。我小心翼翼地爬上去，开始一把一把地把土堆顶上的土扔到一边。几分钟后，雄鸟出现了。它离我只有几码远，非常愤怒。我刚扔完一把土，它就立刻踢回来。雄鸟的动作格外有力且毫无畏惧，有些踢回来的土都打到了我脸上。我们都觉得这是一段有趣而又充实的片段。

威尔逊先生对此一点也不感冒。他说："这个场景几乎可以肯定是伪造的，一个镜头拍的是鸟踢土，而另一个镜头是大卫爵士的眼睛里进了沙子(可能是女场记扔的)。""没有什么比电视上的自然历史节目更不自然的了。"我认为捍卫自己的诚信很重要。制片人彼得·琼斯写信给《星期日电讯报》澄清了这一问题。编辑要求威尔逊先生撤回稿子，并以他的名义发表书面道歉，并称对他误导读者深感遗憾。

两年后，当我为关于南极野生动物的纪录片《冰雪童话》录制旁白时，威尔逊先生又一次抨击我们。其中一幕拍摄的是一头豹海豹埋伏等待阿德利企鹅第一次游泳。五名摄影师在现场工作了两周，其中一位名叫道格·艾伦（Doug Allan），实际上是潜入水中，面对着这只9英尺（约2.7米）长的巨大的豹海豹进行拍摄的。许多经验丰富的南极探险者都认为，这种行为无异于自杀。他们拍摄的这段非同凡响的镜头记录了豹海豹捕捉猎物的方式。在上一个问题发难失败后，威尔逊先生现在从另一个角度攻击我们。他指责我们野蛮残忍地故意导演了这个场景。他写道："摄影师在正确的时间出现在正确的地点，在野外捕捉这样的场景的可能性微乎其微。这一小段屠杀镜头是由爱登堡的制片人阿拉斯泰尔·福瑟吉尔蓄意安排的，谁知道在达到预期效果之前他们已经喂给海豹多少只活企鹅了。"

这一次，作为《冰雪童话》系列编辑的阿拉斯泰尔回应了，他气势逼人地威胁要采取法律行动维护名誉。威尔逊先生不得不低声下气地写了一份撤回声明，并向我们提供了一笔数目可观的补偿金用于诽谤罪的庭外和解。我们接受了这一条件，并请编辑把钱寄给福克兰群岛保护协会，我认为这是一种很得体的做法——该协会刚刚发起了保护企鹅的呼吁。

25

The Private Life of Plants

《植物的私生活》

是时候换换口味了。我已经制作了三个大型的系列纪录片，涵盖了自然史的三个主要方面。《生命的进化》回顾了生命的进化历史，《生命星球》揭示了生物群落是如何在不同的栖息地开疆扩土的，《生命的考验》聚焦在动物为了生存和繁衍所表现出的各种各样的行为。但是在这个星球上，这些动物的生命基础很大程度上被忽视了。在我们的自然历史部，或者据我所知的其他任何单位，都没有深入展现过所有生命的最根本的根基，那就是植物的世界。当然，BBC的节目单上有园艺节目，但它们没有涉及植物学的基本常识，也没有解释植物如何获取营养，如何繁殖和分布，如何与特定的动物们互利互惠。原因再明显不过了——如果你的主角都扎根于土地，几乎不动，又怎么能构建出一部成功的电视纪录片所需要的戏剧化的叙事情节呢？想到这里，我突然意识到，植物当然会移动，而且还非常明显。只是我们往往会忽视这些运动的存在，因为植物的时间尺度与人类的大不相同。但如今到了20世纪90年代，我们拥有了比以往任何时候都能更有效、更生动地超越这种差异的技术。

电影制作人从电影诞生之时起，就一直在让时间加速。正常的胶片是以每秒24或25帧的速度拍摄的。但是如果在一秒钟内只曝光一帧，然后以正常的速度放映影像，那么就可以将动作的速度提高25倍。因此，在早期的自然纪录片中，如雪花莲在春天破土而出、山毛榉在阳光下开花散叶的镜头都是非常了不起的尝试。但是为了拍摄这样的画面，这些先锋电影制作人不得不保持摄影机的绝对稳定。他们没有办法相对稳定地移动摄影机，让它非常缓慢地跟随例如黑莓的茎尖探出林地的土层，或是跟随一颗小芽从地面萌芽再到沿着茎干不断地垂直向上生长，抑或是追踪旋花的卷须，随着卷须不断缠绕寄主植物，最终将其扼死。现在，我们有了计算机控制的装置，可以通过编程位移摄影机，能够做到在几天的时间里每五分钟将摄影机沿轨道移动一毫米。还可以让相机在植物旁边以无法察觉的缓慢速度移动，既可以平放，也可以倾斜，既可以推进成特写镜头，也可以拉回拍摄全景，并且为相机编程，将这样的操作在几天甚至几周内完成。也许现在是时候尝试制作一部关于植物的系列纪录片了。

我刚把脑子里想的东西写成概要，就发现BBC的老朋友们和我想到一块儿去了。迈克·索尔兹伯里（Mike Salisbury）、基思·斯考利（Keith Scholey）和尼尔·南丁格尔（Neil Nightingale），他们都和我在上一个系列中共事过，见面后便毫不犹豫地决定再次合作。我们的节目大纲说服了BBC 2台的总监，甚至还吸引了更具商业头脑的海外广播公司支持。但是，创作一个热情洋溢的剧本来解释这些即将出现的画面会有多么激动人心是一回事，而坐下来，一步一步地研究如何解决拍摄这些镜头的实际问题则完全是另一回事。幸运的是，我们招募到了两位天才摄影师——理查德·柯比（Richard Kirby）和蒂姆·谢泼德（Tim Shepherd）。他们格外擅长解决技术问题。我们制作的剧本越有野心，他们似乎就越乐于研究如何去拍摄我们想要的镜头。

蒂姆住在牛津郡（Oxfordshire）的一个小村庄里，在一个旧牛棚里拍摄这些最困难的镜头。我们给他设置的第一个难题是拍摄最有名、最迷人的植物——巨型亚马孙睡莲——的生长、开花和授粉过程。英国皇家植物园邱园每年都会用种子培育睡莲，当时的园长吉尔林·普朗斯爵士（Sir Ghillean Prance）已经弄清了授粉过程的细节，因此我们能够获得所有必要的园艺和植物学专业知识。但这只是问题的一部分。蒂姆要如何在不同的时间尺度上拍摄出整个过程以及所需的细节特写呢？

他先在一个小鱼缸里萌发了一些睡莲种子，然后建造了一口截面10平方英尺、深4英尺的大水箱，并在底部覆盖了一层厚厚的牛粪。他把睡莲幼苗移栽到水箱里，通过安装加热器，保证气温和水温与亚马孙河相当。然而，在牛津郡相对干燥的空气中，水分蒸发得非常快，所以整个牛棚的内部必须衬上一层聚乙烯塑料薄膜来保存水蒸气，并保持空气的湿度。他还得以与蒸发速率相同的速度给水箱加水，因为如果不这样做，镜头快放之后，水位就会有明显的上升和下降。因此，他在水箱的一边安装了一个水泵，保持其始终满水，在另一边设置了一个出水口，这样，就能使水位保持一个理想的平稳状态。另外，尽管牛粪确实是睡莲快速生长所需要的养分，但它也引发了一个新问题：会产生大量的气体，使得水下时不时就会冒出一个巨大的臭气泡，并在水面上破裂，彻底毁掉整个画面。蒂姆解决这个问题的方法是在水面下放入倾斜的玻璃板，这样气泡就会从边缘冒出来。但这还是没有完全解决问题，因为即使气泡从摄影机镜头之外冒出来，破裂也会使画面中出现涟漪。他用漂浮的聚苯乙烯条和金属丝绑在一起，抑制了所有的涟漪，从而避免其影响拍摄画面。

照明又产生了另一系列问题。他安装了日光灯管来模拟巴西阳光的强度，并通过时间开关装置模拟昼夜的交替。这很适合植物，但不适合延时摄影机。延时摄影机每15分钟都要拍摄一帧，不论白天还是黑夜，因为这种植物在黑夜里的生长速度至少和白天一样快。但是，白天的灯光必须和晚上的灯光在强度和质量上完全相同，否则拍摄完成后的画面会闪烁不定，令人无法接受。所以蒂姆装上了由更多的时间开关控制的百叶窗，在日光灯亮着的几个小时里，百叶窗合上，屏蔽灯泡，然后在闪光灯触发和摄影机曝光之前再打开。

蒂姆似乎觉得这些还不够复杂，又给自己制造了更多的麻烦。他决定要拍摄睡莲水下生长的镜头，于是就真的把摄影机放进了水箱里。有时，他又希望摄影机可以在水面上移动，于是搭了一个横跨水箱的架子，上面装有轨道，摄影机安装在一个可移动的云台上，每曝光一次，轨道上的云台就会被推进半毫米。于是，在牛津郡的这间牛棚里，伴随着闪光灯一次次亮起，百叶窗忽开忽合，摄影机嗡嗡作响，他开始详细地记录这种美丽的亚马孙睡莲的生长过程。

随着植物的生长，带着刺的叶芽从浑水中冒了出来。当它们到达水面，就会展开、扩张。在亚马孙河流域，这些叶片的直径可以长到6英尺（约1.8米），大到足以支撑起一个小孩子，维多利亚时代的人们还真就这么来展示睡莲。但蒂姆的水箱容纳不了这么大的叶子，所以当叶子贴到水箱壁的时候，他就必须不断地修剪叶子边缘，这样才能为下一片从中间长出的叶子腾出空间。

随后，第一朵花蕾冲破了水面。傍晚时分，花朵开放，露出奶油色的花瓣。12小时后，黎明到来，花瓣随之闭合。整个白天都闭合得紧紧的。到了晚上它会再次绽放，但花瓣这一次变成了粉红色。第二天早上它又闭合了。然后花茎逐渐收缩，闭合的花被拉回到水下。

蒂姆把这些全部都记录下来了，叶片展开扩张的过程需要拍摄几天，开花过程则只需要拍几个小时，他根据拍摄的时长来调整曝光的频率。

但这些画面本身不足以说明全部过程。观众们想要看到的是覆盖在河面上的巨大叶片，不是婴儿坐在上面，而是水雉用它们格外细长的脚趾在上面踱步的场景。同时，实际的授粉过程也只能在亚马孙河上实地拍摄。于是，蒂姆去了。水雉很容易拍，它们一直都在那里，但授粉过程的拍摄就要困难得多。

吉尔林·普朗斯已经证明睡莲的传粉媒介是甲虫，他还解释了花朵变色的原因——甲虫只喜欢白色的花。当睡莲在晚上绽放出一朵花时，甲虫就会嗡嗡地飞过来，爬到白花的底部，啃食花蕾中心一圈含糖的凸起结构。当它们忙着大嚼之时，花瓣慢慢地合上，把它们困在里面。接下来的一整天里，花瓣就这样一直关闭着。甲虫困在其中的同时，花内的雄蕊开始成熟，并蜕出花粉。甲虫们在花中四处摸索时，沾着咬碎的食物，花粉刚好附着其上。在它们被囚禁的第二天晚上，这朵花又开放了。然而，现在它变成了粉红色，所以对甲虫不再有吸引力。这棵此前关押它们的睡莲植株，要到24小时以后才能再长出一朵白花。于是甲虫飞出去寻找另一株开着白花的睡莲，这样就实现了异花授粉。

为了记录这个过程，蒂姆花了好几天跋涉在亚马孙的沼泽污水中，他穿着橡胶防水长靴，以期将被电鳗电击的风险降到最低。水雉可以用正常速度拍摄，但为了展现甲虫的行为，他必须用手电照亮它们，然后通过高速摄影机拍摄它们的慢动作。当把这些甲虫的慢镜头、睡莲生长的快镜头、小心翼翼的水雉踏过叶片的画面、水面上移动摄影机所拍摄的延时画面与在花瓣深处挤来挤去大快朵颐的甲虫的画面剪辑在一起时，睡莲生长、开花、授粉的情景就无比生动地被呈现出来了，我认为这是无可匹敌的杰作。

* * *

理查德·柯比面对的是很不一样的难题，安排给他的大部分植物必须在野外拍摄。我们要求他按照时间顺序记录下草甸植物在春季的生长情况。他找了一块合适的场地，上面种满了各种各样的草和其他小植物，还用塑料布把地整整齐齐地围了起来。三个星期里，他的相机一直在咔哒咔哒地工作。草长得很高，蒲公英、雏菊、剪秋萝和草地碎米荠都快开花了。然而一天晚上，乌云密布，下起了暴风雨。狂风吹倒围篱，暴雨把所有的草茎都拍扁了。整个镜头毁于一旦，重新来过需要再等11个月。

同年春天，理查德在一片风信子林中搭建了一个类似的围场。悲剧又一次重演，正当花芽从地面冒出来、长满花蕾的时候，一群木鼠溜进围场，把这些多汁的茎啃得干干净净。而对于他来说，第二天查看影片时，见到木鼠们如此高速的吃相可不是什么令人欣慰的事情。

他还受命拍摄世界上最大的花——大王花（Rafflesia）。这是不可能在工作室里拍摄的，因为大王花只能寄生于一种生长在婆罗洲和苏门答腊岛雨林中的特定藤本植物。作为一种寄生植物，它只能在开花的时候才会展现在世人面前。地面的藤蔓上最先会长出一个鼓包，这个鼓包将于接下来的几周内稳健生长，变得越来越接近球形。最后，球的外层裂开，变成有着奶油色斑点的巨大暗红色花瓣，径自开放。大王花中最大的一种，完全开放时，整朵花的直径可达3英尺（约91厘米）。对于一部展示大千植物界的系列纪录片而言，这样的奇花显然不能错过。

我们联系了婆罗洲的植物学家。他们派出搜寻队去寻找可能的拍摄地点，在适当的时候，理查德、尼尔·南丁格尔和我也飞到了马来西亚。经过两个晚上的辗转难眠和卡车上几个小时沿着坑坑洼洼的烂路的颠簸，我们终于到达了位于基纳巴卢山附近的一间驿站，那里离推荐的地点很近。我们见到了向导，他带来的消息令人喜忧参半：好消息是他发现了一颗大王花的花苞，而坏消息是他确信当天晚上就会开花。

如果理查德说他的延时摄影设备在使用前需要大量时间调试，我不会责怪他，即使他说在过去48小时里没有睡好觉、需要更多的睡眠，我也不会责怪他。但他什么也没说，径直开始装配设备。我们找了一些当地的搬运工帮忙，随着太阳渐渐落山，他迈着沉重的步子走进森林。他发现了一个卷心菜那么大的花蕾从藤的一边鼓了起来，于是架好设备。

闪光灯开始工作，相机也咔哒咔哒进行拍摄。即使如此，他也不能跑去睡觉，甚至不能离开一下。一些野生动物很容易在夜间跑过来撞翻他的装备。于是，他连着熬了第三个大夜，一直坐在闪光灯和相机旁边盯着。然而直到早晨，花蕾都没有打开一片花瓣。

一直到第二天晚上，大王花才终于开了花，逐渐张开一片片向外伸展的肉质花瓣，露出中心一个由底座支撑的圆形盘状结构，上面长满了尖刺状的雄蕊。直到这时，理查德也没有拍完，他还要记录下大王花的授粉过程。为了完成拍摄，他在花的底部戳了一个小洞，插入口红摄像头，拍到了小飞虫撒着花粉粒降落在大王花上的画面。

我不像伊索和罗伯特·布鲁斯一世那样，乐于从动物的行为中发现道德准则，我想，在植物的生活史中就更不可能了。但对于我而言，大王花就像一个寓言。人们不禁要问，为什么这种植物会开出世界上最奢侈、最艳丽的花？我想到的是，大王花不必为生计担忧。被寄生的藤本植物自身必须长出茎叶为大王花提供食物，并构建大王花本身。但大王花不需要关心这些实际问题，它只需要简单地从宿主那里吸收所有自身需要的营养即可。事实上，它想汲取多少营养都可以，也没有什么能遏制其用在花朵上的奢侈投入，所以它可以缔造世界上最华丽的花朵。大王花是热带雨林植物群落中当之无愧的贵族。

* * *

理查德和蒂姆的精湛技艺给影片增添了许多壮丽和惊奇的剧情，但即便如此，我们还是需要不时加入动物的行为。当然，这样做有显而易见的原因，因为动物在大多数植物的生命中扮演着重要的角色——无论是作为盟友还是天敌。有一个故事吸引了我。

印度犀牛实际上是一种果树的果农，它对滑桃树（Trewia）的果实有着特别的偏好。犀牛在早上进食之后，一般会到河里去打滚。洗完澡后，它们会站在安全的泥滩上休息并排便。这里视野开阔，没有被老虎伏击的危险。滑桃树种子随着粪便排出，落在肥沃的泥土上。于是，经过多年培育，犀牛们就在它们经常洗澡的地方一旁，不费吹灰之力便建立了自己的滑桃树种植园。这一次，我和迈克·索尔兹伯里，此前的录音师迪基·伯德，以及新的摄影师斯蒂芬·米尔斯（Stephen Mills）一起前往尼泊尔拍摄这个故事。

接近印度犀牛最安全的方法是坐在大象背上。迈克的计划是摄录组骑在一头大象身上，而我坐在另一头象背上，通过衬衫上别着的收音麦克风和口袋里的小发射器把声音信号传到迪基的录音机里。当我们发现犀牛时，我就开始加入旁白，摄像机会把镜头从我身上移到犀牛身上，如果幸运的话，犀牛要么在咀嚼滑桃树的果实，要么恰好在排泄它的种子。这听起来相当简单。

第一天晚上，我们在大象背上进行了环境侦察，发现了许多犀牛可能出现的地方。不巧当天晚上下起了雨，一下就是三天。我们回到营地必过的那条河涨起了水，因此我们被困在一个岛上。第四天，也就是最后一天，雨停了，我们骑着大象出发了。它们耐心地迈着沉重的步子穿过沼泽和森林，吱吱嘎嘎地摇晃着，穿过高至耳鬓的厚密草丛，再涉水过河，却没有发现犀牛的任何踪迹。不过，当我们这支小队列从茂密的森林里走出，来到一片长满青草的草地上时，在草地的另一边，我们看到了一头巨大的公犀牛。它正在吃芦苇，而不是我们想要的滑桃树，但我们能发现它就已经非常满意了。我们的大象笨重地向前移动着，我的那一头走在前面一点，方便斯蒂芬把画面从我身上切换到大象前面几码远的犀牛。我刚要说话，迪基就急忙叫停了。我的麦克呢？我低头一看，它已经不在衬衫上了。

“一定是掉下来了。”我绝望地小声回答。

“我猜到了，”迪基有点不耐烦，“它还有声音，但我只能听到昆虫的声音。它肯定在地上的哪个角落，你快下去找找，边找边喊，要是接近了我就告诉你。”

我坐的这头大象小心翼翼地用后腿跪下。我从它很有韧劲儿的大屁股上滑下来，仔细打量着它的背后，只能看到犀牛还在它前面不远处嚼着芦苇。我又环顾了一下地面，草虽然短，但很厚。除非有人引导，否则我永远也不会在这么乱的地方找到一个微型麦克风和它的发射器。

“哈喽，哈喽。”我尽可能大声地喊着，惴惴不安地朝着开阔地带走了几步。

“近了，”迪基坐在他那只站着的大象身上，笃定地说，“肯定近了。”

我花了大约三分钟玩这个让人绝望的近了又远了的游戏，最后终于在大象走过的路上几码远的地方发现了微型麦克风和发射器。谢天谢地，我把它捡起来，正准备再爬回大象身上时，迈克朝我叫了一声。

“待在原地别动，”他说，“你在地面上效果好得多。如果犀牛冲过来，你就爬上旁边那棵树，我们会救你的。”

这就是为什么在最终呈现的镜头里，我看起来像是愚蠢地选择了步行接近一头巨大的印度犀牛。我承认，从斯蒂芬的镜头来看，这头犀牛似乎比我记忆中的要遥远很多倍。而另一方面，迈克建议我去爬的那棵所谓的树，实际上比一丛灌木大不了多少。

* * *

我们决定在这个系列专门安排一集，来介绍能够在极端环境下茁壮成长的植物。除了能在节目中展现极具冲击力的地貌，还能带领观众们走进世界上鲜为人知的角落。这个主意颇为诱人，尤其是我们自己也能有机会前往。应该去哪里呢？我的思绪回到了四十年前，当时我和查尔斯·拉古斯沿着圭亚那的库奎河向罗赖马山进发。我还清晰地记得因为时间关系没能最终到达罗赖马山的沮丧。尽管它的山顶高原上并不存在像柯南·道尔的小说《失落的世界》中想象的那种不寻常的动物，但那里确实生长着一些奇异的植物，由于在隔绝环境中不断进化的缘故，这些植物显然与生长在3000英尺（约914米）下的热带稀树草原上的物种存在显著不同。我想，这些理由足够充分了，尼尔·南丁格尔也有同感。

理查德·柯比和特雷弗·高斯林和我们同行。在委内瑞拉，查尔斯·布鲁日–卡里亚（Charles Brewer-Carias）也加入了我们的队伍，他是一位多次登上罗赖马的委内瑞拉探险家。在山的一侧有一个很宽的岩架，相对容易到达山顶，但是携带设备步行上山会花费很多时间。查尔斯提议坐直升机快速到达山顶，这要简单得多，听起来是个好主意。

至少，当时这确实是个不错的主意。但我应该预想到，像罗赖马这样规模的山脉往往会产生自己的小气候。我们坐在山脚下一条小飞机跑道上等待包机，一边凝视着地平线上的积云，那个位置看到的本应该是山。最后，直升机的主机场发来一条无线电报，当天飞机无法在罗赖马附近飞行。

第二天早上，云层看起来还是那么厚，但出乎意料，我们被告知一架直升机已经在路上了。飞行员到达后，神情凝重地打量着我们的装备。他表示，如果想把所有这些都带上山顶，至少要两个来回，但天气恶化得很快，他甚至不确定是否来得及往返一次。我们得快点。我们装进去一半设备，理查德和我紧接着爬了进去，还没等喘口气，就发现自己已经在全速前进了——穿越天空，冲进云层。当我们在云雾中呼啸而上时，我知道我们一定飞得非常快，因为都感觉到耳朵被堵上了，天气也迅速变得寒冷。我惊恐地从云层的缝隙中瞥见一块从峭壁上长出来的巨大裸岩，但是转瞬间，我们又一次穿越了浓雾。我们开始兜圈子。正当我已经觉得这次肯定要原路返回之时，飞行员突然发现云层中有一个小小的出口。他迅速调转方向，一头扎了过去。我们降落在一大片光秃秃的黑色岩石上。飞行员的情绪已经紧张到近乎恐慌的程度，他在震耳欲聋的引擎声中冲我们大喊，然后把所有装备都扔下来，我们还没来得及进一步讨论任何信息，他就飞走了。在突然的寂静中，我们检查了四周散落的行李。至少我们考虑到在匆忙中带上了一顶帐篷和一些食物，没有人能保证直升机还能飞回来。

我们来到罗赖马山就是为了发现一些奇异的景观。这个选择再好不过了，这里简直就是奇山异石。我们周围的岩石被风雨雕刻得前所未见地奇特：有的像炮塔和圆柱；一些凸出的石头像肿胀的动物头部，另一些则像中世纪的城堡。巨大的倒金字塔状岩石摇摇欲坠，看起来好像只要轻轻推一下就会倒塌。一切岩石都黑得像熔岩，但黑色只是表面。我移开一块大一些的石头，发现下面的石头都是粉灰色的。看来这是砂岩，而非熔岩。黑色来自一种生长在每一处裸露表面的藻类。它之所以到处都是，缘于这里到处都是水。

雾越来越浓，开始下起了大雨，天气也十分寒冷，我们在一块岩石下避雨。令人宽慰的是，我听到了直升机返回的微弱声音。声音越来越大，似乎离我们很近，但什么也看不见，只得干听着声音渐渐远去。我想知道我们带了多少食物。雨下得更大了，除了等待，似乎别无他法。大约一个小时后，我们听到远处传来声音，朝着声音的方向呼喊回去。飞行员没能找到我们，他把其他人和装备都扔到了1英里外的地方。

集合起来需要时间。峡谷至少有二三十英尺深，两边垂直，布满了纵横交错的岩石。有些我们可以跳过去，但有些实在太宽了。如果你滑倒掉下去，爬出来的机会微乎其微。找个地方搭帐篷也不容易，因为到处都是水，而固定绳必须绑在大石块或突出的岩石上。最后，我们好不容易搭起一个营地，为自己做了一顿饭。

在接下来的五天里，我们探索了这片山顶高原。我们差不多处在这块巨大平地中央，所以横穿平地本身并不困难，但任何平坦的地方几乎肯定会覆盖着巨大的水坑，深到足以没过靴子，峡谷的存在也使得我们不太可能走直线。最后，我们总算找到了通往高原边缘的路，终得以越过垂直落下两千多英尺的巨型峭壁往下看。我们身边的小溪在岩壁边缘喷涌而下，像瀑布一样，但还没等水流冲下去多远，大风就把它们吹成了雾蒙蒙的小水滴。偶尔云也会被吹走，于是我们就能看到阳光炙烤下的大草原。但在大多数时间里，我们似乎置身于另一个世界，一个被云海环绕的岩石小岛。当然，我们为植物而来，罗赖马盛产植物。虽然大部分景观是裸露的岩石，但岩石裂缝和悬岩方藏着相当多样的植物。一些地方堆积着厚厚的泥炭，足够植物大量发芽、形成一层薄薄的湿漉漉的地毯。但砾石毕竟非常贫瘠，许多植物不得不从其他地方寻找养分，比如昆虫。这里生长着几种茅膏菜，它们的叶子上覆盖着长毛，每一根毛的顶端都闪耀着一团黏稠的花蜜，吸引和捕获小猎物。有些猪笼草的叶子变成杯子的形状，可怜的昆虫会淹死在里面。多肉菠萝科植物一般在莲座叶丛中央的“瓶子”里保存水分，而罗赖马的菠萝科植物发展出一种进阶的能力，可以溶解和吸收掉入“瓶”中的任何小动物的尸体。在罗赖马，还有一种独特的食肉植物——狸藻——成了这些菠萝科植物的猎物的窃贼。

狸藻是一种全球广布的水生植物。它的部分叶子能变成小囊袋，从内部吸收掉水分后，这些囊袋就形成了部分真空。如果一只昆虫或其他水生生物误闯至此，囊袋就会向内打开一个小口，水滴便裹挟着昆虫被吸入囊中。在其他地方，狸藻一般生活在池塘里。但在罗赖马，它们寄居在菠萝科植物中，并且能够在那些植物消化掉被困的昆虫之前就抢先吃掉它们。菠萝科植物的“瓶子”很小，只能容纳几根狸藻的茎，但这些房客可以伸出卷须在岩石上摸索，以寻找更多的菠萝科植物去抢夺营养。

尼尔最终决定以卷瓶子草（*Heliamphora*）为拍摄对象，这是一种生长在沼泽地带的猪笼草类植物，它们的叶子卷成细长的管状以储存水分。这是罗赖马独有的一种植物。尼尔认为，地质上的光怪陆离固然令人兴奋，但我们的目的毕竟是拍一部植物纪录片。我们搜遍了营地周围的每一个缝隙和沟壑，却没找到哪怕一棵卷瓶子草。查尔斯说他唯一知道的卷瓶子草的生存地位于高原最偏远的一处岬角。同时，他对能否穿过迷宫般的峡谷找到通往目的地的路毫无信心。直升机已经预定好在第六天也就是最后一天的早上来接我们下山。应该有足够的时间让飞机把我们带到那处岬角，在离开罗赖马之前拍摄一段卷瓶子草的镜头。

到了最后一天的破晓时分。显然，直升机公司在未告知我们的情况下便擅自决定先处理一些先前积压的业务。不是约定的黎明时分，而是将近正午，直升机才突然从高原边缘出现，降落在我们身旁。我们把行程变化告知飞行员，然后钻进机舱，向选定的地点冲去。卷瓶子草就在查尔斯所说的那个地方，但它并不是那种能给人留下深刻印象的植物。尼尔觉得，为了让观众能充分体会看到这样一个稀有物种是多么荣幸，我应该坐在它旁边进行解说。特雷弗非常诚实地指出，他没办法在直升机的背景噪声中给我录音，并要求飞行员关掉引擎。飞行员没有接受这个提议。发动机在这么高的海拔很可能无法启动，那样我们就都得困在这儿了。查尔斯建议，在这种情况下，飞行员应该先飞下山去，在山脚的草原上等一个小时。还没等任何人想出其他计划，飞行员就进入驾驶舱飞走了。

我们设法在半小时内完成了拍摄，但是没办法让直升机早点回来。看着云越积越多，我们的心情也愈发沉重。当直升机返回时，云层已经压得很低了，天也开始下起雨来。我们听到直升机在头顶上空盘旋的声音，但除非云消雾散，谁也不能指望飞行员会降落。他也确实没有。

我们手头还剩一顶双人帐篷，但有六个人。当我们设法用绳索把帐篷固定在光秃秃的岩石上时，身上已经湿透了。我们就这样穿着湿漉漉的衣服躺在帐篷里，四个人叠成两个对折，像沙丁鱼一样头脚相对。特雷弗横躺在一头，而我是沙丁鱼底层的一员。黎明姗姗来迟，但不久，直升机就出现了。我们穿着依旧湿透的衣服，睡眼惺忪地坐着。我很想知道，如果有人看到我们拍摄的一株小型水生食肉植物，能不能想象到为了拍摄它，需要付出什么样的代价。不过，这并不需要我担心，观众的洞察力根本没有得到考验的机会。这一镜头压根儿没出现在最终的正片中。

* * *

虽然大王花无疑是世界上最大的花，但还有一种植物，其繁殖结构更加庞大。它和斑叶疆南星（一种生长在英国灌木篱墙里的奇特小植物）以及马蹄莲同属于天南星科。天南星科植物围绕其长钉一样的基部长出一簇簇小花，形成肉穗花序，外侧还包裹着一层佛焰苞。严格来说，这是一个花序而不是一朵单独的花，所以不应该与大王花进行比较。但对于那些不拘泥于植物学术语细微差别的人而言，天南星科的这一繁殖结构与单独一朵花并没有什么区别，如果这样理解，世界上最大的花就不是大王花，而是巨魔芋（*Amorphophallus titanum*）。它的肉穗花序可以长到10英尺（约3米）高。显然，它也应该出现在我们的纪录片中。

我们很快发现，想拍摄巨魔芋并不是一件容易的事情。它生长在苏门答腊岛的热带雨林中，最初只有光秃秃一根高大的枝条像杆子一样从地里伸出来。当它长到大约10英尺高的时候，会分枝出三片叶子。一年后，它逐渐枯萎，但到了下一季，又会重新发芽。年复一年，它在地下积累起一个巨大的块茎，然后又会枯萎更长时间。地面上的花茎会在几周里腐烂掉，最后就只剩藏在土壤下面的块茎。这种情况会持续多久，人们说法不一。有人说要十年，有人说要更久，但无论如何，这段时间都足以让人们忘记巨魔芋曾经落叶的确切位置。然后，在某个不可预测的时间点，肉穗花序的尖端开始从地面露出来，并以惊人的速度生长——一天可达3英寸（约7.6厘米）。当它长到五六英尺高的时候，佛焰苞就很明显了，紧紧地包裹着它的底部。然后在差不多一天里，它像一个大喇叭一样迅速地延展开。开花的状态只会持续一两天。就在这段时间里，它会完成授粉，但究竟是如何授粉，又是通过什么授粉的，没人能告诉我们。

我们着手做了一些调查。没有一个植物园栽培巨魔芋，但我们发现，住在旧金山的医生吉姆·西曼（Jim Syman）是一个狂热的魔芋爱好者。他收集了所有已知的关于巨魔芋的记录，还收集了所有出版过的插图。他曾为了寻找一个花期标本跋涉了数千英里。他见过许多巨魔芋的叶片，甚至看到过一朵腐烂的死花。但他还从来没有见过一个完全扩展、最辉煌的盛花期的巨魔芋。然而，在穿越苏门答腊岛森林的旅途中，他组织了一个魔芋观察者的网络，只要他到访苏门答腊，这个网络就可以启动。他正计划几个月后再去那里旅行，并且欢迎我们的加入。

我们选在棉兰（Medan）见面，这里是苏门答腊北部最大的城市。事实证明，吉姆本人就像他在电子邮件中一样充满热情。他又高又壮，和他一起来的是荷兰植物学家威尔伯特（Wilbert），他正在研究整个天南星科的植物，和我们一样渴望看到巨魔芋这样的天南星科明星。我们驱车前往该岛南部的一个小镇，吉姆在当地的主要代理人是一个名叫达尔文（Darwin）的人，这个名字一点也不印尼。达尔文告诉我们，他之前已经发现了四个即将开花的巨魔芋样本。然而，他说，附近村庄的人非常嫉妒他能从属于他们的植物身上赚钱，于是故意把它们都砍成了碎片。我对这种说法的真实性有所保留，但吉姆深信不疑，并且向我确证，这种事情发生在当地不出所料。他说，巨魔芋就是可以让人产生奇特的激情。不过，达尔文也承诺，他会彻夜在森林里寻找更多巨魔芋。

第二天，他得意洋洋地来到我们下榻的酒店——他找到了一株。去那里的路途并不轻松。搬运工们沿着狭窄的小路一路小跑，穿过稻田，进入森林。我们气喘吁吁地跟在他们后面，脚下净是污泥和烂树根。一小时后，我们终于赶上了坐在那里抽烟等我们到达的领路人。他们面前，是一堆烂掉的、黏糊糊的巨魔芋。达尔文满脸笑容。吉姆如数支付了答应的报酬，但解释说我们需要的不是死花，我们想看的是它还活着的时候。达尔文点点头，说他没有意识到这一点，会再试一次。我们疲倦地拖着沉重的脚步回到车旁。但在那里我们发现了达尔文手下的另一群人，他们也找到了一株巨魔芋。于是，我们再次出发了。又是一个小时的跋涉，我们连跑带颠儿冲下一个直通溪流的陡峭斜坡，绕过一座山丘，在那里看到了我所见过的最惊人的植物奇景。

巨魔芋在森林里生长的样子就如同一个外星生物，它的规模完全超出了周围所有其他植物：喇叭状的佛焰苞内部呈深红色，外面则是淡黄色的，直径至少有4英尺。它那褐色的肉穗花序从中心长出来，呈教堂尖顶般的锥形，至少有9英尺高。我凑到它巨大的佛焰苞旁边，看能不能闻到它身上的臭味，但是什么也闻不到。我们开始拍摄。这时候，我们意识到这朵花开始散发出一种气味，“臭鱼烂虾味儿”应该是个比较恰当的描述，尽管这么形容有点怪，但这味道并没有特别刺鼻。味道是一阵一阵散发出来的。要是看到巨大的佛焰苞明显地收缩和扩张，我也不会感到惊讶。

威尔伯特迫不及待地想把它大卸八块，他说自己需要从它的各种组织中提取样本。他还想精确掌握生长在肉穗花序底部那部分花的发育状态，为了实现这一目标，必须从肉穗花序底部切下很大一条。在我看来，这简直就是活体解剖，当然，也是亵渎。幸运的是，吉姆站在了我们这一边，请求他不要动刀破坏。当我们忙于拍摄时，威尔伯特只能坐在那朵花旁边的河岸上，脸上掩饰不住内心的沮丧。

第二天，我们动身返回，想看看那朵花是否已经发生了变化，如果有变化，就在威尔伯特把它解剖之前先拍下来。正当我们准备出发时，一个村民前来，告诉我们他也发现了一朵。我们决定把注意力集中在已经开始记录的那朵花的变化上，但是威尔伯特看到了一个可以不受我们的艺术影响而实践科学的机会，急忙跟着这位新向导离开了。

我们的花确实发生了变化：肉穗花序周围的佛焰苞已经收拢起来，除了边缘的一部分低垂着，透过这个开口，我们能够窥视到它的深处，得以观察到那些长在最底部的红色雌花。一些小型的汗蜂依次飞来访花，它们就是授粉者了！我们抓住一些，打算带给威尔伯特。为什么巨魔芋这么大的结构却仅仅吸引到这么小的授粉者呢？看起来很不相称。

巨魔芋究竟为什么长得如此庞大？也许这与它的稀有性有关。如果要进行异花授粉，两株不同的植物必须同时开花。由于这种植物七年左右才开一次花，而花期只有几天，两株同时开花简直是罕见的巧合。此外，两株同时开花的巨魔芋之间最近的距离可能也要数英里，从达尔文报告的位置信息来看，也确实如此。因此，一朵花必须能够从很远的距离吸引到刚刚从另一朵花上采来花粉的汗蜂。大部分虫媒传粉植物所使用的是视觉信号，对于巨魔芋而言，这么远的距离，视觉信号显然是行不通的，因此只能依赖味觉信号来完成。巨魔芋的气味产生自底部微弱的升温，但要通过巨大的肉穗花序散发出来，就需要是一个中空结构。看来，我把它比作教堂的尖塔未免太浪漫了，更恰当的比喻应该是工厂的烟囱。

* * *

在将拍摄到的镜头剪辑成最终成品的过程中，也会遇到一些意想不到的难题。应该告诉观众我们改变时间尺度的方式吗？在一些连续拍摄了一周的镜头中，那些有节奏感的律动其实是植物昼夜间生长速度的不同导致的，我们通过技术手段让它们看起来像是一直在白天接受光照，该不该指出这一点呢？又应该怎么处理声音呢？如果观众看到植物突然剧烈地运动而没有发出任何声音，恐怕会觉得很怪。加入音乐的效果并不是很令人满意。最后，我们选择谨慎地添加一些背景音。当猪笼草的嫩枝开始膨胀成巨大的罐子时，我们加入了柔和的吱吱声；当罐体的盖子最终成形并打开时，加入了仅仅是能听得到的“砰”的一声。菟丝子卷须紧紧地缠绕挤压荨麻茎时，我们认为制造声效的机会又来了。但最后，我们抵制住了诱惑，没有加上那一声微弱的窒息的尖叫。

26

The Lure of Birds

鸟类的诱惑

众所周知，英国人爱鸟是出了名的。我们有皇家学会来保护鸟类，但保护儿童的只有一个国家级的学会。书店的博物学区域永远被关于鸟类的书籍占据着。无论在哪里度假，详细的野外指南都能引导你找到当地鸟类的身影。毕竟，鸟类是许多人在工作生活中所能见到的唯一真正的野生动物了。1997年，阿拉斯泰尔·福瑟吉尔成了BBC自然历史部的负责人，他同时也是一位鸟类专家，非常希望鸟类能成为我下一个系列的主题。但有一个问题。我本身不是那种仅凭轮廓就能一眼认出一只鸟的人，也不是识别鸟鸣的专家，所以我觉得自己没法做一个关于鸟类鉴定的系列纪录片。但另一方面，我对鸟类的行为方式很着迷：它们是怎么飞行的？为什么有些鸟已经不会飞了？它们是如何识别方向的，又是如何在自己的社群中生活的？做一部研究这些东西的系列纪录片应该会非常有意思，至少我可以从中学到很多。阿拉斯泰尔同意了我的这些想法。莎米拉·乔杜里（Sharmila Choudhury）是一名才华横溢的年轻科学家，她当时在瘦桥（Slimbridge）野生鸟类基金会（Wildbirds Trust）工作，被招募来对近期的鸟类研究做调研，而迈克·索尔兹伯里则再次全面负责执行，《生命的考验》《植物的私生活》和关于化石的系列都是由他领队的。找导演来制作这些节目更没有问题，几乎每个自然历史部门的工作人员都有一种强烈的渴望，想要尝试利用新的巧妙技术去记录他们最喜欢的鸟类。

皮特·巴塞特（Pete Bassett）负责鸟类鸣声这一集。他从一开始就决定，不会满足于拍摄鸟儿鸣叫的画面，然后配上其他时间录制的声音。他说得很对，这样的拍法，观众很容易就能看出鸟喙的张合、喉咙的脉动与声音的起承转合根本不匹配。《飞禽传》（*The Life of Birds*）绝不会走这样的捷径。

有这么一个重要的镜头，拍摄的是英国森林里黎明时的合唱。皮特下定决心，不仅要让每只出镜的鸟儿都能唱着自己的歌，还想让人们看到在破晓的冷空气中，从它们小小的肺部发出的热气随着呼吸凝结成雾的画面。为了拍摄这些镜头，在短短几周里，摄影师必须找到一只鸟，当黎明合唱达到高潮时，这只鸟正好朝着与摄影师藏身之处垂直的方向歌唱，这样，它呼出的气体就会被朝阳照亮。摄像机和鸟之间不能有任何细枝阻挡。同样重要的是，它身后也不能有太多植被，否则会模糊掉身体的轮廓。录音上也有要求。附近一定不能有车声嘈杂的高速公路，也不能有早起用电锯干活的樵夫，还不能有飞机嗡嗡地飞过天空。雨天同样不合适，太阳不能藏在云的后面，必须明亮、清晰地升起。安德

鲁 · 安德森（Andrew Anderson）接受了这项工作。尽管在完成的剪辑中只有十几个物种，但安德鲁好几年春天的黎明都是在树林里度过的，直到他觉得自己拍到了理想的高质量镜头。最终完成的镜头堪称梦幻。

* * *

有一个非常有效的方法可以引来鸟并诱导它唱歌，那就是先搞到一段鸟鸣的录音，在同种鸟的另一块领地上播放，这一领地的合法所有者往往会出现并愤怒地回应。使用同样的技巧，很容易就能把鸟引到镜头前的开阔地带。我们在澳大利亚南部的森林拍摄琴鸟时就决定这么做。

雄性琴鸟是所有鸟类中最具魅力的歌手。它们不仅有属于非常复杂的原创歌曲，还能把听到的许多来自周围森林里其他鸟类的歌曲融入自己的表演。据悉，一只雄性琴鸟通常可以模仿十几种不同鸟类的声音。随着外面的世界离它们的森林越来越近，琴鸟们开始模仿鸟类以外的声音。在我们录制的一段影片中，它完美地模仿了汽车防盗警报器和相机快门的声音，甚至包括计时器震动之后快门的咔哒声。悲哀的是，它甚至完美地模仿了让自己毁灭的声音——附近伐木人使用链锯的声音。

我们打算试着把这只鸟和我拍在同一画面中。如果我能先于它登场，就可以恰如其分地对这位鸟类世界中最伟大的歌唱家做一番充满溢美之词的介绍。然后，我到一旁休息，让鸟儿开始它的独唱。琴鸟生活的森林大部分非常茂密，很难看清它们的身影。但是一棵倒下的树给了我们机会。我固定在树的一头，摄影师在另一头。如果我们能成功引诱琴鸟跳到树干中间，摄像机就可以沿着树干没有阻隔地拍到我和琴鸟同时都在的画面。最简单的做法是把一个扬声器放在树干中部下方，播放琴鸟歌声的录音。

效果立竿见影。我们刚开始播放，一只琴鸟就出现在了离我很近的地方。它没有理睬我，而是跳上树干，冲过去想找到自己的竞争对手：这家伙唱得怎么能和它自己的歌曲一样动听？但当它跑向摄像机和声源时，跑着跑着，就越过了扬声器。突然，它意识到那声音是从身后传来的，于是转身向我跑过来。这一次，声音又是从圆木中间发出来的了。它又转过身来面对镜头，看上去既气恼且困惑，我们在它精神崩溃前关掉了录音机。对手既然已经走了，它也飞走了。

让这只琴鸟在森林里休息一会儿恢复了镇静，我们又播放了很短的一段鸟鸣。摄像机启动，我轻声开始了引语。正说着它的名字，它就自己走上了舞台，傲慢地沿着树干朝摄像机走去。这时，歌声停下来，它也跳下树干，自信地回到灌木丛中——毫无疑问，是它震慑走了对手。

* * *

我们从澳大利亚向南，去了新西兰。这里许多鸟类是不会飞的，因为这些岛屿在地质史上很早就与陆地分离了，大约在人类到达一千年以前，所以这里没有任何生活在陆地的食肉类哺乳动物捕猎它们。不会飞的鸟中就包括新西兰的国鸟——几维鸟。

几维鸟是一种很像哺乳动物的鸟。它的羽毛几乎像毛发一样细软，所以看起来毛茸茸的。它的视力很差，通过嗅觉来寻找食物，而大多数鸟类其实没有嗅觉，它喙的下方还长着长长的触须，翅膀已经完全消失了。这是一种夜行性的鸟类，非常害羞。不过，我们听说在新西兰最南端斯图尔特岛（Stewart Island）的海滩上，最有可能发现几维鸟。

黄昏时分，我们前往海滩。天黑了，一只不到1英尺高的小鸟小心翼翼地从灌木丛中探出头来。它胆子大了些，往海滩下面走，沿着一排搁浅的海藻移动，在沙子里搜寻沙蚤。考虑到这种鸟近似哺乳动物的特性，我觉得掩盖自己的气味是明智的，而且我也有很好的法子。我在海藻旁平躺下来，用一丛腐烂的藻体覆盖住自己。几维鸟沿着潮水前进，把嘴伸进沙子里，用“镊子”夹起一只沙蚤，伴随一声清晰的鼻息，它把钻到鼻孔里的沙子擤了出来。显然，它并不害怕我这块海草覆盖的像是弃船残片之类的物体存在，虽然只有不到五分钟，但我有幸让一只世界上最奇特的鸟就在自己面前几英寸的地方捡食食物。

* * *

我们还得拍摄一些鸟儿飞翔的镜头，而且要让摄影机和鸟儿一起飞，这样才能精确捕捉到鸟的翅膀运动的细节，顺便自己也体验一下在天空中自由飞翔的感觉。为了实现这一目标，我们参考了康拉德·劳伦兹的发现，四十年前我在亚历山大宫采访他的时候，他告诉了我这个有趣的现象。采访中，他除了展示对灰雁语言的理解，还发现他研究的灰雁在孵化后几个小时内会坚定地跟随它们看到的第一个对象，以及听到的第一个声音。这就保证了在野外降生的灰雁幼崽能够紧紧地跟随着灰雁妈妈学着下水，而且之后相当的一段时间内，它们都会这样一直紧随妈妈行动。劳伦兹称这种现象为“印随行为”。如果一个实验人员利用孵化器孵蛋，当雏鸟破壳而出时实验人员就替代了雌雁，即使它们长大、羽翼丰满后，还是会一直跟着实验人员。后来，人们逐渐发现，许多在地面筑巢的鸟类，以及不少其他动物，都是受到了幼年时看到和听到的事物的深刻而不可磨灭的影响。

奈杰尔·马文（Nigel Marven）负责制作一集关于水鸟的节目，他是这方面的专家，而且已经让一些野鸭对自己产生了印随行为。其中有一只公鸭子特别喜欢他，无论他去哪儿，都形影不离地跟着。奈杰尔决定试着把我加入这只会飞的公鸭的镜头中。我们去了威尔士中部的一个水库，大坝顶部有一条很长的直路。我坐在湖里的一艘小船上，周围游着几只母野鸭，我给它们投喂面包，好让它们一直在附近游泳。奈杰尔和摄像师坐在一辆敞篷车里，那只公鸭也在车上，不过暂时被关在笼子里。汽车沿着坝顶上的公路出发了。奈杰尔把公鸭从笼子里放出来的同时，朝公鸭叫了一声。公鸭飞起后，保持离摄像机不到一码的距离，一直跟着奈杰尔。走了四分之三时，司机突然加速。公鸭跟不上了，转头向水面飞去。它看到那群母鸭后，俯冲下来，落在它们旁边。要是一直盯着公鸭的话，此时我也会碰巧出现在镜头中。

奈杰尔以稍快的速度又重新拍了一次。他决定在飞行着的公鸭嘎嘎叫的时候，给它的头部一个特写。为此，他邀请我一起乘车。当我们沿着公路疾驰时，那只公鸭也在一旁的半空中扑扇着翅膀。摄影师说公鸭飞得有点低，如果再高几英尺，就可以取到远处美丽的群山作为背景。我伸出胳膊，把手放在这只飞翔的鸭子胸前，轻轻把它往上托了托，直到摄影师说这个画面很完美。公鸭一点也没有不安的感觉，继续高兴地在新的高度飞行，直到它再次降落在小船旁边，然后被放回笼子里。

奈杰尔对公鸭的表现十分满意，以至于我以为他整个下午都会继续带它飞。但经过六次飞行后，公鸭意识到在水坝的另一头总是有一群母鸭，它直接飞过去更快些，所以它决定暂时不理睬奈杰尔的招呼。是时候送它回家了。

* * *

我决定让一种特别的鸟在这个系列片中担任主角，那就是极乐鸟。我承认，自己对这类鸟的痴迷早在童年时就开始了，源自华莱士的著作《马来群岛》（*The Malay Archipelago*）。这本书不仅生动地描绘了捕猎极乐鸟的场景，还描述了它们求爱期的炫耀行为。事实上，华莱士是第一个看到并描述这一戏剧性场面的欧洲人。自从我读了这本书，极乐鸟对我而言，就成了自然界中所有奇异、夸张和壮观事物的象征。我参与制作《动物园探奇》的时候，印尼人没有批准我前往阿鲁群岛寻找华莱士所描述的那种大极乐鸟。第二次尝试是在遥远的1957年，我拍摄到了大极乐鸟的近亲——新几内亚极乐鸟，但那只是很短的一段黑白画面，远远不够。1971年，当我们徒步穿越塞皮克河的源头时，我依然没能寻找到它的一点踪迹。我现在七十岁了，这将是最后的机会。所以，我决定让极乐鸟在《飞禽传》中占据一个重要的位置，我将再次前往新几内亚，尝试拍摄它们。

但是，这个系列中有超过九千种可供选择的鸟类，能有足够的篇幅让我用最满意的方式去记录整个极乐鸟科吗？我认为不能。它们需要一个完全属于自己的系列。所以我提出，延长我在新几内亚停留的时间，多拍摄一些素材，为这一科鸟类专门制作一集加长特别版。我与部门制片人保罗·雷迪什（Paul Reddish）进行合作，他对极乐鸟的痴迷不亚于我。他答应做制片人，我们一起制订了一个节目计划，对极乐鸟进行全面的调查。

极乐鸟共有42个不同种类，其中许多种首次被以科学的方式进行描述，是在19世纪时，由德国和意大利的鸟类学家完成的。他们认为，如果以一位皇室赞助人的名字为发现的新物种命名，他们的探险活动就更可能得到支持。结果，这些鸟类学家给极乐鸟取的名字起不到任何有效描述的作用，也完全不适合这些鸟类世界的贵族。

极乐鸟科具有很高的多样性。最著名的当属雄性大极乐鸟，曾登上过华莱士书的封面，它的胁部长有长长的饰羽，总是成群地出现在树上。类似的种类还有六个——小极乐鸟长有黄色的饰羽，新几内亚极乐鸟的饰羽是红色的，线翎极乐鸟的则是白色的。极乐鸟科的另一大类——华美极乐鸟、掩鼻风鸟、六线风鸟等，则有着完全不同类型的饰羽——彩虹色的胸盾、饰领和披肩。它们会在森林的地面上清理出一座特殊的舞台，然后独自跳舞以吸引雌鸟，这些雌鸟在做出选择之前，会在一个广阔的区域内考察所有类似的舞台。还有一类极乐鸟，包括公主长尾风鸟、绶带长尾风鸟和镰嘴长尾风鸟，它们的尾羽特别大，一般在枝头单独行动，展示肩部和胸前的扇羽。除此之外，还有一些非常怪异的种类，比如王风鸟，大部分羽毛为橙红色，胸部呈白色，尾巴上延伸出两根翮羽，每根末端都有一个绿色的间变色带；萨克森极乐鸟的头顶上长有一对两倍于其体长的锯齿状上釉般光滑的羽毛，瓦基人特别喜欢它的头饰。

这些装饰是如此变幻多样，很难相信所有这些鸟都属于同一个科。但只有成年雄性才会发育出各种各样华丽的装饰，雌性极乐鸟的背部和胸部都是褐色的，上面有黑色和奶油色的条纹，彼此非常相似。所以当你看到雌鸟时，就不会惊讶于它们都是近亲了。

我着手研究这一集的拍摄对象时选择了12个种类，它们之间的差异足以代表整个极乐鸟科非同寻常的多样性。仅凭一位摄影师显然不可能在我们所要求的时间内完成全部拍摄任务。事实上，我也不指望可以一直坐在摄像机旁，亲眼看见每种极乐鸟的精彩表演。因此，保罗和我决定委托我们所认识的技术最过硬、意志最坚定的两名摄影师，每人到新几内亚进行两次拍摄。每个人都会去岛上不同的地方，拍摄6种左右极乐鸟。他们回来后，我和保罗要把所有录像都看一遍。然后，我要根据这些材料写一个剧本，把极乐鸟科及其进化演变的故事串联起来。接下来，我们就能够决定还需要补充哪些场景。到了第二年，我们四个都会再去岛上补拍那些需要额外素材的种类，并且拍摄我必须出现的场景。这样，就能制作出一部覆盖全科、相当全面的一集，同时，我终于也能一睹那些渴望已久的奇妙鸟类的风姿了。

我们很幸运，理查德·柯比和迈克·波茨（Mike Potts）同意接下这个项目。柯比曾参与《植物的私生活》系列的拍摄，波茨曾在《生命的考验》系列中拍摄过许多鸟类的镜头，他们非常清楚将会遇到的困难。大多数情况下光线很差，生活条件极其艰苦，大部分时间要在暴雨中度过，还有淤泥和水蛭，以及整日都得在布满荆棘的森林里泥泞陡直的斜坡上跋涉。

我最想拍摄的是蓝极乐鸟，又称鲁道夫王子极乐鸟。这种鸟的雄鸟在舞蹈时，深蓝色薄如轻纱的羽毛会展开，形成一个巨大的半圆形扇子，它们倒挂枝头，有节奏地震动着自己的羽毛扇，发出一种类似电子设备出故障时的声音。此前，动物园里一只被捕获的蓝极乐鸟雄鸟曾被记录下这个精彩的表演，但据我所知，还从没有人在野外拍到过。我们得知一个年轻的英国人在新几内亚高地的一个小村庄当老师，他知道一个地方，那儿有一只雄鸟每天都会表演开屏，迈克·波茨于是前往拍摄。

在他到达那里的头天晚上，爆发了一场村与村之间的械斗，有两名男子身亡。武装团伙在森林中游荡，并时常埋伏在铁轨旁的灌木丛里。当地人非常肯定，这时候要是有个欧洲人独自躲在森林里，身边还都是贵重的摄录设备，必遭袭击和抢劫无疑。迈克不得不撤退。

尽管如此，第一个拍摄季结束时，我们选定的种类中有一半以上都已经被拍摄下来了。保罗、我、迈克和理查德一起讨论了还缺少的素材。第二年，他们回到了新几内亚。这一次，在他们安顿停当大概一周之后，保罗和我，以及录音师迪基·伯德，飞往新几内亚加入了他们。

菲尔·赫瑞尔（Phil Hurrell）也和迈克一起出去拍摄，他的任务是协助迈克爬树。我在拍《植物的私生活》时，曾在树冠周围荡来荡去，就是他帮我固定的绳子。他们在南部海岸弗莱河三角洲的一个小村庄里工作。华莱士亲眼所见的那种大极乐鸟，就在一英里外的森林里有一棵专门展示自己的树。巨大的树干笔直而光滑，足有120英尺（约36米）高，一直到超过了周围矮一些的树，才开始向外分枝。我只能通过双筒望远镜看到六只鸽子大小的棕色小鸟坐在其中一根树枝上。它们静静地休息，但我仍能从翅膀上的黄色饰羽得知，它们就是雄性的大极乐鸟。

我的计划是在附近的另一棵大树上观看这些鸟儿表演。菲尔已经为我准备好了：他把一个滑轮固定在一根粗大的树枝下方，并且穿了一根绳子在上面。在绳子接触地面的那一端，他把一个立在地上的支架和绳子连在一起，那副支架活脱脱就是一辆没有轮子的自行车。在绳子这一端，我坐在支架的座位上，看着固定在本该是自行车扶手那个位置上的摄像机。支架下面有两个踏板供我歇脚。通过改变对踏板的压力，我可以让支架在升到空中以后保持平稳。在另一端的树上，高悬的滑轮的正下方挂着一个和我体重相等的巨大沙包。当菲尔拉动绳子另一端的时候，沙包就会平稳下降，我随之平稳上升，并在这个过程中对着摄像机描述所看到的一切。

我就这样平稳地越过棕榈树的树冠，沿着悬垂的藤蔓升高，又越过较低的树冠层，整个人进入阳光，最后突然地，我就摇摇晃晃地悬停在了滑轮正下方。我现在和旁边树上的大极乐鸟在同一水平线上。透过双筒望远镜，可以清楚地看到它们的细节——翠绿色的波浪形围嘴和翅膀下方肋部的金色饰羽。它们似乎对我的到来毫不在意。我盯着它们看了几分钟后，其中一只尖叫起来。其他鸟立刻行动起来，毫无疑问，那只雄鸟刚刚发现了一只雌鸟。每一只雄鸟都埋下头，把羽毛甩到身后，蓬松垂落宛如瀑布，在自己的枝头忽上忽下。有一只扑扇着翅膀飞起来，试图停在另一只占据的树枝上，但马上被赶回自己的地盘。随后，一只雌鸟果然出现了。雌鸟飞到鸟群中间的一根栖木上，那里的雄鸟低着头，紧张地张着翅膀。但雌鸟刚一落定，雄鸟就转过身，抬头朝雌鸟走去。雄鸟一靠近，就开始猛啄雌鸟的头，雌鸟岿然不动。雄鸟开始用张开的翅膀拍打雌鸟，可雌鸟还是未移分毫。雄鸟于是跳上雌鸟后背，几秒钟之内就完成了交配。

迈克已经用特写镜头记录了这次交配的每一个阶段。为此，他在离地面100英尺（约30米）的一个小平台上端坐了好几天。“这其实不难预测，”他不屑一顾地说，“因为雌鸟总是选择在同一根栖木上表演的同一只雄鸟。”一旦他意识到这一点，就知道该把镜头对准哪里。显然，这种极乐鸟的镜头画面已经很完整了。这也无疑是我所能期望的最接近华莱士那本书封面插画的极乐鸟了。

* * *

对我而言，极乐鸟的神秘和迷人之处，就在于它们华丽的装饰羽毛。当博物学家们第一次收到来自到世界边缘探险的采集者们送来的标本时，他们还不知道该如何处理这些皱巴巴的皮肤和脏兮兮的羽毛。欧洲人第一次见到这种鸟是在16世纪初，麦哲伦的探险队带回来一些大极乐鸟的标本。探险队不是从新几内亚，而是从香料群岛之一的蒂多雷（Tidore）收集的，当地经常进口这种鸟作为货币使用。而在往东500英里（约804千米）的地方，捕捉它们的新几内亚人会习惯性地剪掉鸟的翅膀和脚，以更好地展示胁部饰羽的色泽。在华莱士的时代，他们沿用同样的方法制作这种贸易品，今天依旧。当麦哲伦一行问起这些没有脚，也没有翅膀的生物时，蒂多雷的商人虽然从来没有亲眼见过这些活着的鸟，但仍自信地向他们保证：这些鸟从来就没有翅膀。它们不需要翅膀，因为它们飘浮在天堂里，以露水为食；它们也不需要脚，因为它们休息时是靠从尾巴上伸出来的光秃卷曲的羽轴支撑的。事实上，只有当它们死后落到地上，人类才会发现它们。这也是大极乐鸟学名的由来，它是欧洲人最早见到的极乐鸟，曾经是，现在仍然是——“来自极乐世界的无脚鸟”（Paradisea apoda）。

在接下来的几个世纪里，虽然不断有新的发现，但这种鸟类一直困扰着鸟类学家。即使到了19世纪末，约翰·古尔德委托画家们为他那本关于极乐鸟的杰出专著画插图时，仍然犯了很多错误。他们竭尽所能地去表现那些奇特的彩虹色的羽毛肩章、衬裙和帽徽，但是他们不知道蓝极乐鸟不是直立地、而是倒挂在树上求偶的，也不知道国王极乐鸟会像跳蹦床一样运用藤蔓来跳舞。

即使在我们拍摄的过程中，仍有许多谜团尚待解决。有一种被称为“十二线风鸟”的极乐鸟尤为奇特。“线”指的是这种鸟裸露的羽轴，从尾部伸出并向前弯曲。19世纪初收到第一批标本的博物学家以为，这些羽轴的弯曲是由标本的包装方式造成的，倒是也可以理解。在他们为其描绘的插图中，鸟儿的身体周围缠绕着羽轴并泛着绚丽的黄色光晕。当鸟类学家们最终看到活鸟时，他们才发现，实际上，这些羽轴是自然弯曲的，从鸟的尾部向外辐射，就像轮辐一样。不过，这是为什么呢？如果它们的功能是在求偶时作为一种视觉展示，那么被简化到只剩光秃秃的羽轴就很奇怪了。迈克·波茨第一次拍摄到了十二线风鸟的炫耀行为，并就此揭示了答案。

表演开场：雄性十二线风鸟站在垂直的树桩（通常是沼泽地里的一根枯立木）上发出叫声。如果有一只雌鸟落到树桩上，雄鸟就会开始跳舞，从雌鸟下方稍有点距离的地方开始，绕枯树干转着圈，慢慢靠近雌鸟。一旦到了雌鸟身边，雄鸟会突然转过身来，让自己的屁股对着雌鸟。然后，它用自己那神秘的十二根羽轴在雌鸟脸上轻轻一扫。现在我们知道了，极乐鸟的前戏不仅包括迷人的视觉和奇特的声音，还有触觉的刺激。

也许极乐鸟科中最奇怪的一员就是华莱士自己发现的一个种类，并且也以他的名字命名——华莱士标准翼（Wallace's Standard-wing）*。华莱士是在新几内亚近海岛屿最西端的巴干岛发现它们的。这种极乐鸟两只翅膀的前缘都长有一对长长的白色羽毛，华莱士在书中描述其是直立的。书中的插图展示的是羽毛大致与身体呈直角向外展开，但是说实话，也很难理解。古尔德的书中描述的则是自然悬垂，两个版本看起来都不太可靠。当时没有人知道这两对白色羽毛在活体状态下到底是什么样子的。直到50多年后，另一位欧洲博物学家才第一次看到了活着的幡羽极乐鸟，到1983年，已知的对幡羽极乐鸟活鸟的观察总共只有三次。这第三次，是英国鸟类学家大卫·毕晓普（David Bishop）在邻近巴干岛、更大的哈马赫拉岛（Halmahera）上发现了一个鸟群。我们有详细的地图信息，也找到了向导。保罗、理查德、迪奇和我自己四个人，加上新几内亚鸟类研究的权威专家大卫·吉布斯（David Gibbs），一起来到了发现幡羽极乐鸟的那片森林安营扎寨。

幡羽极乐鸟是整个极乐鸟科最稀有的种类之一，但它们却能与这片森林和谐共存。到处都回荡着它们的鸣叫声，一定有一百只左右的雄鸟

* 中文一般译为幡羽极乐鸟。

聚集在一两棵树上。与其说它们美丽，不如说是奇异。它们身上的羽毛大多是纯棕色的，但每一只雄鸟胸前都有一个鲜艳的绿色“围嘴”，就像一个精心打造的奢华领结。每只鸟的翅膀前缘都长出白色的羽毛，休息时，它们是垂下来的，但当鸟儿们开始跳舞时，就会像白色的桅杆一样高高挺立。当雄鸟们特别兴奋的时候，它们会把白色羽毛摆出各种各样的造型，就像着了魔的旗语信号员。雄鸟们在树上总是簇拥在一起，但每一只都立在自己的枝干上。整个鸟群会突然爆发出一阵尖叫，并且一起疯狂地舞蹈，所有雄鸟都扭过头来炫耀自己的领结和白色羽毛。但它们也有自己的特色展示，在极乐鸟家族绝无仅有，那便是垂直跳跃。它们不时微微前倾，接着垂直向上，像火箭一样，飞到大约30英尺（约9米）的高度，然后再下落，尖叫着飞回到各自起飞的栖木上。

* * *

在大卫·吉布斯的帮助下，理查德·柯比在新几内亚本岛最西边的山上建立了营地。它建在森林里一个陡峭泥泞的斜坡上，毫无疑问，这是我住过的最不舒服的营地之一。每天至少有一半的时间森林里都在下着大雨，所有的东西要么湿漉漉的，要么直接就能拧出水来。即使没有大雨，空气中的湿度也接近饱和，每样东西都在滴水。我们的帐篷只不过是挂在横杆上的大布片，下面是由一排排修剪过的树苗搭成的地台。这可以使我们的装备不至于放在泥沼里，还能充当我们的床。

就在我们上方200英尺（约60米）的山脊顶上，一只威尔逊极乐鸟在此打造了它的展示舞台。我们爬上去一探究竟。这片大约12英尺（约

3.6米）宽的区域里，所有枝叶都被仔细清除了，只有一棵很大的树苗倒在地上。但理查德说，这对这只雄鸟而言不是什么障碍，树苗已经被融入舞蹈。理查德安排了两个隐蔽处，舞台两边各一个。他在一处拍摄，我在另一处观察。我到时候会在脖子上戴一个无线电麦克风，他戴着耳机，必要时我们可以通话。第二天只有我们会来，其余人留守营地。我们不敢冒险让两个以上的人待在舞台旁边，以防那只鸟受惊放弃表演。

第二天清晨，日出前两小时，理查德和我在一片漆黑中离开营地，借着电筒的光向山脊爬去。天还没亮，我们就隐蔽好了。除非这只鸟在非常近的地方栖息，否则它是不会知道过去一个星期来自己已经习惯了的那两丛枝繁叶茂的藤本植物已经被占领了。

树叶开始滴下露水，森林渐渐亮了起来。蚊虫开始活动，时不时叮咬我们。在我们下方的山谷里，有一些遥远的鸟叫声，但我分辨不出是什么鸟。然后，从我头顶正上方传来一声刺耳的哨声。在舞台的另一边，树叶间出现了非常缓慢而平稳的运动，那是理查德把他的照相机慢慢地向上倾斜，以便对准我头顶上的什么东西。叫声又响了起来——舞台的主人扑打着翅膀飞临了。

我当然知道威尔逊极乐鸟长什么样，因为看过博物馆的标本和线描插图。这种极乐鸟雄鸟的长相是整个科中最奇怪的：它们是秃头，头部前方和喙下部覆盖着像天鹅绒一样细腻的短而乌黑的羽毛，一根羽毛都没有的头皮是浓郁的深蓝色。它们的胸部是像涟漪一样波光粼粼的绿色，背部深红色，看上去像背了一个红色背包，这些红色羽毛有一种特殊的、如同玻璃纤维反光时那样的光泽。它们颈后披着一件金色的披风，短尾巴上伸出两根光秃秃的羽轴，一边一根，都卷成一圈。它们的颜色太鲜艳了，好像自带光效，仿佛身体里有光源，像白炽灯一样，从里向外点亮着全身精妙的颜色。

这只极乐鸟注意到有一小片叶子被黎明的寒风从一根树枝上刮了下来。这引起了它的不满，于是跳过去，衔住它，把头向侧方一甩，扔进了附近的灌木丛里，然后又开始了鸣叫。

处理了这片叶子后，这只不放过任何细节的雄鸟又开始从横贯在舞台上的树苗上清理叶子。它费力地用喙锯下叶柄，然后把叶子扔到周围的灌木丛中。也许它想增加照到舞台上的光线，这样自己漂亮的色彩就能得到更充分的展示。虽然它很漂亮，但我知道，除非有一只雌鸟到来，否则我们是没有福气看完激动人心的完整表演的。只有到那时，雄鸟才会把它的全套服饰展现出来。现在的它就是一个舞蹈演员，皱巴巴的服装有点大，显得不合身，但是当舞蹈中最华丽的动作开始时，它就会全副武装。现在，它就暂时这么跳着叫着。

突然，雄鸟尖叫起来。与此同时，它跳上了那棵横斜在舞台中央的树苗。它脖子上的斗篷耸立起来，变成了一个华丽的环状领环。它的胸盾挺起，与背部呈直角。嘴张得大大的，露出一层像珐琅一样的绿色衬里。直到这时，我才看到一只雌鸟从树枝上飞下来。雄鸟在雌鸟面前旋转，不断地在树苗和地面之间跳来跳去，剧烈地左右晃动着脑袋。我屏住呼吸，仔细观察。对面理查德的隐蔽处有轻微的动静，他正在记录着一切。

华莱士当年曾找到一种遍寻多时的蝴蝶，他描述了当时那种梦寐以求多年终于得偿所愿的心境——“我的心开始剧烈地跳动，”他写道，

“血冲到头顶，我感到一阵眩晕，这种眩晕比对死亡的忧虑还要危险。在那天接下来的时间里，我的头一直疼。”我除了头痛，其他方面的感受和华莱士几乎一模一样。

威尔逊极乐鸟鸣叫了最后一声之后飞走了。理查德和我冲下山脊，回到营地。

迪基出来迎接我们。

“我们拍到了！”我兴奋地喊着，“我们拍到了！”

“我知道，”他说，“我当时就知道，那只鸟出现的时候，迈克正在收听你的心跳，我们听到你的心跳突然加快了一倍。”

* * *

1997年2月，我们在新西兰拍摄《飞禽传》系列，拍的是食肉鹦鹉袭击细嘴海燕的巢穴，然后把那些胖嘟嘟的幼鸟吃掉的画面。那天晚上我被迈克从隔壁房间打来的电话吵醒。他刚接到布里斯托尔的来电，简已经被送往医院，病危。我要尽快回到伦敦。特雷弗连夜开车送我去克赖斯特彻奇（Christchurch），我赶上了一早的航班。在希斯罗机场降落后，我径直去了医院。当我走出电梯时，我们的女儿苏珊已经在那里等我了。自从简生病以来，她一直和母亲在一起。几乎同时，旁边的电梯门开了，弟弟罗伯特走了出来。他从堪培拉赶来，现在是澳大利亚国立大学的人类学家。

简处于昏迷状态。她此前得过脑出血，医生说，如果我一直握着她的手和她说话，她也许能意识到我的存在。她做到了，捏了捏我的手，而且以同样的方式回应了她的两个孩子。但她的生命正在消逝，我们在医院里陪了她一整夜。第二天晚上，她走了。那是我们结婚四十七周年的前夜。

我生命的重心，我的船锚，消失了。简生前总是一直在那里等我、支持我。每次我旅行回来，她总是在机场接我。她支持我所做的一切。事实上，我做的大多数事情是我们两人共同的作品。如果没有她坚定的支持，我不可能有今天的生活。但是现在，我迷失了。

《飞禽传》接下来的拍摄行程取消了，但我不能就这样不管它，毕竟四分之三的拍摄已经完成，其中一些也经过了编辑，只是解说词还没有写。我还有很多工作要做——我很庆幸。

27

Mammals and Two-shots

哺乳动物和“双镜头”

我想让自己忙起来。《飞禽传》于1998年秋季播出。千禧年即将结束。尽管事实上新千年的第一年应该是2001年，但BBC和其他几乎所有人都已经决定将1999年12月31日作为上个千年的最后时刻，必须加以盛大且庄严地纪念。自然纪录片部门也将在一系列纪念活动中作出自己的专业贡献，我受命在这个有些武断但却有意义的时刻拟订两个评估自然界状况的节目方案。

我从20世纪50年代初就开始参与环保运动，当时作为一名资历很浅的成员参加了彼得·斯科特和其他环保先驱们创立的第一个伟大的国际环保慈善机构——世界自然基金会（World Wildlife Fund，WWF）的会议。自此，我开始越来越多地参与到一些志愿组织中，宣传环保事业并为之筹集资金。然而我相信，如果人们不关心自然，就不会采取行动，更不会为自然保护事业捐款，人们不会在乎自然，除非看到了自然的复杂性和美丽，明白我们不仅是自然的一部分，更深深地依赖它。因此，我继续把自己的节目集中在直接明了的博物方向，也确保在每一季结尾都呼吁保护这个受到越来越多威胁的自然世界。而现在，我不仅有机会宣传自己的担忧，同时还有生态学家、气候学家、冰川学家、地质学家、动物学家和其他正在调查地球现状的科学家们的发现——自然界退化的速度令人震惊，气候变化引发的灾难也愈发迫在眉睫。我对此心怀感激。

整个系列分两部分，《大地的声音》（*The State of the Planet*）以在复活节岛上拍摄的镜头结束。考古学家已经证明，当波利尼西亚海员们第一次在岛上定居时，岛上森林茂密，能够养活大量人口。但是随着人口数量的增长，人们砍伐了越来越多的树。失去植被覆盖的土地上，薄薄的土层变得更加贫瘠并被风吹走。当人们砍倒最后一棵树时，便丧失了建造新船的能力，实际上也是把自己囚禁起来。最终，他们甚至无法离开海岸捕鱼以补充自己在这个满目疮痍的岛上所能种植的有限食物。除非我们开始改过自新，否则几乎没有比这场灾难更生动、更令人心酸的缩影了。

我还参与了一些其他的工作。二十多年来，我一直为时长半小时的《野生动物》（*Wildlife*）系列节目做主持，至今仍在继续。但现在有了一个更大的提议：阿拉斯泰尔·福瑟吉尔曾与我一起合作过《生生不息的地球》，他计划拍摄一部讲述全球海洋生物的真正史诗级的系列纪录片。他打算称其为《蓝色星球》（*The Blue Planet*），总共有七集，每集50分钟。时至今日，我和他在《生生不息的地球》中所使用的水下头盔已经有了很大的改进，演讲者终于可以在水下对着摄像机讲话而不会溺水。尽管如此，由于不可避免的语调变化和断断续续的气泡流产生的漱口效果，主持人在水下的表现毫无疑问不如在陆地上的好，阿拉斯泰尔因此决定在他的新系列节目中不使用水下头盔。尽管如此，他确实需要一些画外评论。当他邀请我提供这些评论时，我欣然接受。他和我都清楚，最后我会因此沾光，但他很高兴接受这一点。

事实证明，这个预测是正确的，而且还有额外收获。当这一系列节目在美国销售时，我的旁白被一个特别修改过、适合美国人品位的旁白所取代，由一位演员负责配音。总的来说，这个系列非常成功，阿拉斯泰尔又被委托制作续集《地球脉动》。我又一次为之录制了旁白，美国的发行商再次删除了我的旁白，这次由好莱坞女演员西格妮·韦弗（Sigourney Weaver）来配音。然而，这一次，英国广播公司决定要在美国推出原版光盘。不到一年，它就成为有史以来最畅销的非电影DVD。我的思绪回到了《生命的进化》最初在美国被拒绝的时候，正是因为当时我拒绝让一个美国人的声音取代我的声音。过了这么久，我似乎终于赢得了这场战斗。

自然纪录片的下一个主题似乎显而易见——哺乳动物。诚然，它们不像鸟类那样拥有广泛而忠诚的追随者，但它们确实也具有一定的吸引力。人们喜欢那些能够用手拍打的动物，即使只是理论上的，毕竟我们自己也是哺乳动物。部门内对此并无异议。迈克·索尔兹伯里很高兴再次掌管全局，他招募了该部门一些最具创造力的导演，包括尼尔·卢卡斯（Neil Lucas）和瓦内萨·波洛维兹（Vanessa Berlowitz），在《野生动物》中，我曾与他们合作过。其他人如马克·林菲尔德（Mark

Linfield)、约翰尼·基林(Jonny Keeling)、克里斯·科尔(Chris Cole),我以前从未见过面，但如果是迈克邀请他们加入，我知道我们都会相处得很好。和之前的系列一样，各自将尽各自最大的努力纳入一些鲜为人知的物种，如鼠兔、马岛猬、蹼足负鼠、鹿豚、马达加斯加麝猫和秃猴。它们会给我们提供一些从未被拍摄过的影像。但是，如果这个系列要以百科全书式的方式调查哺乳动物，我们还必须加入人们最熟悉的动物明星——狮子和老虎、大象和长颈鹿、猩猩和黑猩猩。要怎样拍摄这些生物才能让它们看起来既新奇又刺激呢?整个团队集思广益，得出的解决方案就是引入大量双镜头，也就是说，在这些镜头中，一位主持人(那就是我)出现在被讨论的动物旁边。这将使观众清楚地看到，他们正在观看的是专门为这部纪录片拍摄的全新画面，而不是一个勤奋的研究人员仅仅通过翻看自然纪录片档案室拼凑整理出来的东西。我们决定每一集关注食性相同的动物——动物吃什么不仅对其体型有深远的影响，更对其行为，甚至繁殖习惯也有深远的影响。食草动物的牙齿必须咀嚼相对不易消化的食物，还得有一个大胃来消化。进食草料需要花很长时间待在户外，因此它们不得不制订良好的防御策略，许多食草动物集群活动以确保安全，这进而影响了它们的社会结构和求偶方式。另一方面，食肉动物拥有快速奔跑所必需的柔软的身体，因为只有这样才能捕获猎物，它们还拥有锋利的牙齿来切割肉食。它们要么像狼一样群居，要么像老虎一样独居。

这一原理在其他类群(如食虫动物、杂食动物和啮齿动物)中并不十分明确，但这种划分方式与科学对哺乳动物的分类方式相近，现代遗传学证据也反映了它们的自然关系。因此，以这种方式组织我们的调查是很科学的。

这个系列将从现存最原始的哺乳动物开始。这些动物仍然保留着爬行动物的一些特征，所有哺乳动物都是爬行动物的后代。其中最引人注目的是它们繁殖的方式：它们产卵，而不是像其他哺乳动物一样产下幼崽。现在只有两种哺乳动物会产卵——针鼹和鸭嘴兽。

拍摄鸭嘴兽的难度很大。早在1977年拍摄《生命的进化》的时候，我们就曾尝试过一次。当时和现在一样，在澳大利亚以外的动物园里找不到这种动物。即使在它们本土，它们也只被圈养过一次。当然，鸭嘴兽的繁殖是我们想要展现的关键特征。我们当时认为，记录这种行为对于《生命的进化》非常重要，我们提出为澳大利亚的大学提供资助来研究这一物种，并将通过纪录片的方式展现鸭嘴兽与众不同的繁殖方式。令人失望的是，一直未能找到任何可行的人来承担这个项目。

但是，我们随后在澳大利亚政府的档案中发现了一些零星的电影镜头，显示一只幼小的鸭嘴兽挣脱了那像羊皮纸一样的蛋壳。作为一个电影片段，这远不能令人满意，因为它没有展现任何巢穴信息，甚至幼兽出现时，身体已经有一半离开蛋壳了。尽管不完整，但这是一个非凡的景象，我们把它纳入了最终的节目中。

许多年后，我遇到了拍摄这段画面的澳大利亚政府的官方摄影师。我为此向他表示感谢，但又说，我对没有完整过程的记录是多么失望。我问他，当他发现幼兽时，幼兽的身体是已经半露出来的吗？“啊，不，”他说，“直到我拍到一半的时候，才意识到忘了拿掉那该死的镜头盖！”

然而现在，我们有了另一个机会。迈克到澳大利亚做了一次初步的实地探查，发现新南威尔士大学的科学家坦尼娅·兰金（Tanya Rankin）

已经在野外对鸭嘴兽进行了数年研究。她成功掌握了在鸭嘴兽皮肤下植入微型无线电发射器的技术，这样就能准确地知道研究对象的位置——不论是当它在河里游泳、捕捉猎物的时候，还是当它在地下的时候。她为期两年的项目即将结束，迈克马上意识到这是我们的机会——终于有可能拍到以往从未被拍摄过的画面。他提出，如果她能帮助我们完成拍摄任务，我们将从自己的预算中为她下一年的研究提供资金，这是她非常想要的。

当然，我们的首要目标是拍摄到一种毛茸茸的温血哺乳动物出生的奇特画面，不是一只幼兽，而是一枚卵。想要见证雌性鸭嘴兽产卵的瞬间几乎不可能，即使是看一只幼兽破壳而出也得非常幸运，但我们至少可以看到鸭嘴兽母亲用腹部的特化汗腺哺乳的场景。不过，雌性鸭嘴兽会在河边挖出长长的隧道，隧道尽头就是它的繁殖室，它只在那里哺育幼子。尽管如此，坦尼娅对位于新南威尔士州一个僻静山谷里的鸭嘴兽种群十分熟悉，使我们有幸拍摄到这样的画面。

我们很幸运地得到了马克·兰布尔（Mark Lamble）的帮助，他是澳大利亚最有经验、最专业的自然摄影师之一。他拍摄了一只坦尼娅很熟悉的鸭嘴兽捕食小龙虾的画面。甚至当我慢慢地向它走去的时候，它还在继续捕食。所以，我们又拍了另一段双镜头，尽管我的贡献微乎其微。

迈克和坦尼娅已经学会了如何拍摄巢穴里发生的事情。他们计划使用内窥镜，这是一种柔韧的光纤棒，最初是为了让外科医生检查活体的内部，例如，将其推入某人的喉咙，以便观察其胃内壁。马克和迈克认为，他们可能会以同样的方式看到鸭嘴兽巢室内的情况。

坦尼娅无线电的发射器发出的信号强到足以穿过大约1码深的泥土，

这样她就可以在雌兽沿着地下隧道行进时跟踪它的轨迹。坦尼娅发现，那个洞穴可能有20码（约18米）长。当信号源停止移动时，坦尼娅知道，雌兽已经到达了最远端的巢室。

马克仔细地在地面上标出了巢室的位置。然后，为了不惊扰母鸭嘴兽，他开始慢慢地朝着巢室的方向钻出一个直径1厘米的小洞。

鸭嘴兽不像兔子那样挖洞，它们不会在洞外推出一堆土。相反，它们通过肌肉的力量强行穿过松软的土壤。因此，隧道壁的土壤比其他地方更加紧实。当马克的内窥镜钻到离隧道1厘米左右的时候，他马上就察觉到了土壤密度的不同，因此也能够把握何时进入隧道。因此，当他知道雌性鸭嘴兽在河里游泳时，才有可能做出最后的可能也是最令人震惊的突破。

因此，马克和坦尼娅能够首次看到并拍摄到以前从未有人见过的景象——一只巢穴中的雌性鸭嘴兽。迈克和我加入了他们，我们一起观看鸭嘴兽从它的隧道内爬进爬出。它蜷缩在窝里睡觉时，我们偷看了一眼。当它离开的时候，我们看到巢内树叶在轻微地移动，最后，我们瞥见了一个闪闪发光、蠕动着的光秃秃的小东西。马克立刻启动相机，第一次拍摄到鸭嘴兽宝宝在窝里不受打扰的画面。这些画面本身非常令人兴奋，但它们也让人有些失望，因为它们表明，至少在这个洞穴里，我们来不及拍摄卵的孵化了。尽管如此，当妈妈回来的时候，我们可以看到妈妈的腹部出现了乳珠，宝宝也开始吃奶了。

在一个星期左右的时间里，马克为这个年轻生命的早期阶段拍摄了足够多的镜头。一只鸭嘴兽宝宝需要三个多月才能长到足够大、足够强壮。为了马克和鸭嘴兽的安全，迈克决定暂停拍摄。马克计划几周后回来，那时幼兽已经长出了皮毛，明显更健壮了。

但之后的拍摄并未成功。马克离开大约一个星期后，澳大利亚的春天突然下起倾盆大雨，河水上涨了几米，鸭嘴兽的洞穴被淹没了。当水终于退去时，坦尼娅发现鸭嘴兽不见了，洞穴里空无一物，所以这个镜头并不像我们希望的那样完整。尽管如此，这还是第一次对鸭嘴兽的拍摄。

内窥镜使我们有了另一项发现。我把啮齿动物这集中的一个主要镜头分配给河狸。它们是天生的电视明星，放倒树木，拖进专门开通的运河里，这些运河通向它们的湖泊，最重要的是，它们勤奋而巧妙地建造水坝，为自己创造湖泊。在湖的一边，它们建造的巢穴有一个由泥土和树叶组成的巨大圆顶，上面通常覆盖着原木和石块，通过一条通往巢穴的水下隧道进入。我们知道河狸在冬天不冬眠，因为可以看到它们在冰下游泳，还拖着许多树枝，这些都是它们在夏天收集拖到水下的。但是它们在巢穴里做了什么？

迈克用了三个内窥镜，一个连接着我们的红外线照相机，另两个用肉眼看不到的红外线照亮宽敞的室内——我们假设河狸的眼睛也看不见红外线。我们看到河狸们溜进了小屋地板一侧的池塘里，那是通向湖里的隧道的入口，我们看到它们在池塘里跳来跳去，拖出一根枝叶繁茂的树枝，这些树枝是它们夏天储存在湖里的，现在它们都在上面吃东西。但是除了成年河狸，小屋里还有两只毛茸茸的小动物。起初我们以为它们是非常年幼的河狸，后来发现它们非常小，没有又宽又平、有鳞的河狸尾巴。它们是完全不同的物种——麝香鼠。我们不知道它们是否为河狸在冰下的冷藏库贡献了它们应得的一份，也不知道河狸们在一片漆黑中是否知道旁边住着房客。但河狸似乎并不像我们想象的那样对红外线不敏感，或者至少它们能感觉到灯光产生的轻微温暖，因为最终，正如我们拍摄的那样，它们把泥抹在内窥镜的末端，使得自己的巢穴重新回到完全黑暗的状态。

我们在拍摄鲜为人知的动物的全新画面方面做得很好。但我和一些更知名的动物明星在一起的双镜头该怎么办呢？帮助过坦尼娅·兰金的无线电标记技术再次帮助了我们，这次是在更大的尺度上。众所周知，蓝鲸是所有现存动物中体型最大的，重达200吨，身长可达100英尺（约30米）。事实上，它几乎肯定是有史以来最大的动物，是迄今发现的最大恐龙的两倍大。但只有当一些熟悉的东西放在它旁边作为参照时，才能在视觉上正确理解它的大小。还有什么比电视节目主持人更好的参照物呢？然而，遗憾的是，在这种情况下，双镜头似乎是不可能实现的。

蓝鲸与大多数鲸类不同，它们往往三五成群或独自巡游，能在水下待半小时之久，并能以每小时15英里（约24千米）的速度游泳。想要拍一张我在蓝鲸旁边的照片似乎是不可能的。我曾经在夏威夷和驼背鲸一起游泳，但那是在20世纪70年代拍摄《生命的进化》期间，现在，我已经75岁了，我觉得自己赶不上一头蓝鲸，即使它在休息。

那时，人们对蓝鲸在海洋中的活动知之甚少。但在加利福尼亚海岸工作的俄勒冈大学动物学教授布鲁斯·梅特斯（Bruce Mates）已经开发了追踪它们的方法。经过长时间的搜寻，他成功地靠近了一头浮出水面的蓝鲸，然后向它的侧面发射了一枚小型无线电标记。一旦成功地标记蓝鲸，他就能追踪它在浩瀚海洋中游荡到的任何地方。每次它浮出水面喘口气时，无线电发射器就会向几英里高空中的卫星发送信号，然后通过互联网将信号传回布鲁斯的电脑，无论他身在何处。

我们在旧金山以南的半月湾海岸与布鲁斯会合。他很乐观。一条他很熟悉的鲸正从离海岸大约二十英里的南方游来。布鲁斯有个朋友史蒂夫，是一名药剂师，但他最大的乐趣就是驾驶自己的塞斯纳小型飞机。他非常高兴能在半月湾上空的高空巡航，观察鲸，他的理由也非常充分：这是在帮助布鲁斯从事科学研究。

我们乘坐橡皮艇出发，橡皮艇由一个强劲的舷外发动机驱动。负责掌舵的是巴伯（Barb），她和布鲁斯一起在鲸的研究项目共事了好几年，一旦确定了鲸的位置，她非常擅长预测它可能会在何时何地浮出水面。她正和我们前方与上方500英尺（约152米）的塞斯纳飞机上的史蒂夫交谈。他看到了一头鲸，正在告诉她下次鲸浮出水面时该向哪个方向行驶，以便靠近它。我被绑在船头的木结构上，这样就可以俯下身去看我们下面的水里有什么东西，而不会有掉进水里的危险。但我们仍然是以极快的速度航行，在海浪上剧烈地颠簸。

然后我看到了它—— 一个巨大的苍白的形状，像一架小飞机的机翼那么大，在我们下面的蓝色深处缓慢地上下移动。巴伯一直高速行驶，使我们保持在它旁边。这是鲸的尾巴，随着每次划水不断向上，它似乎越来越接近水面。然后在我们前方20码（约18米）远处，一股充满黏液的水柱喷向天空，远到让人难以相信它和尾巴在我们下面的动物是同一个体。它巨大的侧面闪着光芒，浅蓝色的皮肤上点缀着奶油色的斑点，以极快的速度滑过水面。“一头蓝鲸！”我对着镜头得意地喊道。这不仅仅是一只蓝鲸，还是一只蓝鲸的双镜头。我做梦也没想到自己会这么幸运。

大部分情况下，拍摄自然纪录片并不是一个危险的职业。当然，这可以通过虚张声势来实现，但我们的节目旨在展示动物的自然行为，就好像摄影机和摄影师不在那里一样。在大多数时间里，实验对象确实没有意识到我们的存在，或者对我们的存在漠不关心。

熊，可能确实是非常危险的。然而，杰夫 · 特纳（Jeff Turner）已经在阿拉斯加和熊一起生活了很多年，他对熊也相当了解。他同意拍摄熊的特写镜头，也承诺尽量让我在双镜头中靠近熊。我们和导演休 · 科迪（Huw Cordey）、摄影师加文 · 瑟斯顿（Gavin Thurston）一起去了阿拉斯加南海岸的科迪亚克岛（Kodiak Island），那里有世界上最大的灰熊。它们能长到9英尺（约2.7米）长，0.75吨重。它们不仅身形庞大，而且行动敏捷，跑得比你快。

杰夫已经认识了这里的许多熊，他能从它们耳朵和鼻孔的形状认出每只熊。认识每只熊是非常重要的，因为熊是有明显个性的，有些比较平静，有些就比较暴躁。科迪亚克岛入海口附近的开阔砾石坪上无处可藏，当他一步一步犹豫地走近一只特定的熊时，我们衷心希望他没有记错鼻孔。

对着摄像机讲话时，我必须告诉观众的是，在阿拉斯加苔原这样一个荒凉的地方，几乎什么都吃至关重要。熊可以在这里生存，是因为随着季节的变化，它们可以收集和消化各种各样的食物。我们8月到达那里。退潮时，熊一直在挖蛤，壳中取肉的操作表现出了它们非凡的灵巧和精细程度。但是现在，鲑鱼开始从海里游到河里，游到它们产卵的源头。我们看见一只母熊，杰夫说自己认识它，它停止了在沙子里挖洞，笨拙地离开我们，朝一条蜿蜒穿过宽阔砾石滩的浅浅小溪走去。于是，我们赶紧向岸边走去，涉水穿过鱼正在游动的小溪，又把镜头转向大海，这样就可以在熊走过来的时候看到它的前面了。加文充满了热情。那只熊径直朝我们走来的画面让我们印象深刻。休让我站在岸边，开始介绍熊的季节性饮食。这样一来，我就不得不看着摄像机，同时背对着渐渐逼近的熊。我只希望如果它有任何想吃肉而不吃鱼的迹象时，休能告诉我。

我认真地看着摄像机。“熊的菜单会随着季节的变化而变化。”我说。现在“菜单”上的首选是三文鱼。我转过身来，急切地想看看熊跑到哪里去了。它在河的另一边，离我只有几码远。当我说到“三文鱼”这个词的时候，它腾空而起，头朝下，一头扎进水里，抬起头来，毛茸茸的皮毛上滴着水滴，嘴里叼着一条4英尺（约1.2米）长的三文鱼，随后蹒跚着走开了。

我们欢欣鼓舞。如果说有什么令人怀疑的话，那就是它选择的时机太完美了。如今，数字技术将一个熊抓鱼的画面和一个男人对着镜头说话的画面拼合在一起变得很容易，也许观众会认为我们精彩的镜头是假的。但另一方面，我觉得人们也可能会从我脸上流露出的喜悦和宽慰中意识到，要是造假，还需要一个比我更好的演员来模仿。

我喜欢大多数动物。从科学的角度来看，即使是最不讨人喜欢的动物——例如，长得像白香肠、有两对弯弯牙齿的裸鼹形鼠——也有它们的魅力。然而，我确实有一种完全非理性的厌恶，几乎如同恐惧症。我不喜欢老鼠，就是那种会在屋子里栖息的老鼠。也许是因为它们携带了如此多的人类疾病，并在下水道里繁衍生息；也许是因为与大多数动物不同，它们故意寻找人类的栖息地，以便尽可能地收集我们的食物。不管是什么原因，只要房间里出现一只老鼠，我就想跳到最近的桌子上。

然而，当我开始为这一集写拍摄剧本时，几乎不能把老鼠排除在外。这个节目是关于机会主义者的。“机会主义者”是指那些几乎可以吃它们找到的任何东西的动物，比如猪、浣熊和熊。它们是所有机会主义者中最成功的。我认为，在编写它们的剧集时，不含任何需要我在老鼠面前拍摄的镜头片段恐怕有些懦弱。有一个格外戏剧性的地方可以拍摄这样的场景——在离印度城市比卡内尔不远的拉贾斯坦邦，有一座供奉老鼠的寺庙。

休和加文先行前往，在火车站迎接我和录音师特雷弗·高斯林。“一切顺利。”休说。当局已经同意我们可以在他们的寺庙里拍摄。当然，也有很多老鼠。“不要紧，”我强作镇定地说，“我只要穿上最厚的靴子，把裤腿儿塞进袜子里就行了。”“恐怕你不能，”休毫不同情地答道，“别忘了，这是一座印度教寺庙，只有赤脚才能进去。但我会确保给你安排一个高脚凳，你可以坐在上面对着镜头，这样就能远远高出老鼠了。”

我感觉不舒服。我已经好几年没有消化不良的感觉了，但是印度菜里的某些东西却不太合胃口。我刚喝下一杯欢迎客人的饮料，就觉得有必要迅速地回到我们每个人分配到的那个雅致的小隔间里去。当我坐在马桶上时，虽然疲惫不堪，但感觉轻松多了。我发觉自己下面有动静，低头一看，只见一只大老鼠从我两腿间蹦了出来，身上有点湿。它飞快地穿过房间，消失在我的床上。加文听到了我的尖叫声，帮我把它赶出大楼。它跑进了周围的田野。毫无疑问，它一定会不知通过哪种方式回到原来的下水道里去，但这不是一个好兆头。

第二天，休和加文先到鼠庙架设设备。半小时后，特雷弗和我也跟着去了。这座庙宇的确壮观。在那里做礼拜的人认为老鼠是神圣的，因此必须加以保护。主神殿周围的露天庭院都覆盖了围网，以防止猛禽捕食，门口还站着一名警卫，专门驱赶猫狗。我们不情愿地脱下鞋子和袜子，走了进去。老鼠一窝蜂地在石头地板上到处跑，捡拾那些散落在地上的谷物。它们沿着墙头排成长长的队伍。没有任何捕食者的存在，意味着这里有一些病得很重、腿瘸了或是衰老了的老鼠在外面是永远无法幸存的，而在这里，它们仍然一瘸一拐地走在更年轻、更灵活的同类中间。一个朝拜者盘着腿，一动不动地坐在内院的入口处，面前放着一个盛满谷物的大铜盘。老鼠跑过他的肩膀、脑袋和胡子，他和老鼠一起进食。

特雷弗和我小心翼翼地穿过老鼠群，朝中央最神圣的房间走去，我们希望能在那里找到休。他就在那儿，弯着腰坐在我要坐的凳子上。看到他把香蕉涂在凳子的木腿上，我很生气。他故意在我坐下后留下一条痕迹，引诱老鼠在我说台词的时候爬上我的裤子。他确实显得很不好意思。“嗯，”他说，“我们都认为我们需要双镜头。”

我们费了很多心思去设计拍摄动物的新方法。在肯尼亚埃尔冈山（Mount Elgon）一条长长的隧道状洞穴的尽头，贾斯廷·埃文斯（Justine Evans）高贵而勇敢地拿着红外摄像机，一晚又一晚地坐在那里，而大象们则在漆黑的环境中小心翼翼地摸索着从她身边经过。马克·林菲尔德使用了一种特殊的摄影机，能以极慢的速度拍摄蝙蝠的飞行，展示蝙蝠从蛛网中间把蜘蛛拉下来的过程，它们会在半空中翻转，以避免被黏糊糊的蛛丝缠住。我们甚至对“刺猬如何交配”这个古老的谜题给出了一个直观的答案。传统的答案当然是“极度小心”，很难找到更科学的描述。就在不久之前，许多权威人士还认为，刺猬是通过面对面交配的方式避免刺伤对方，但似乎没有影像资料证据来证明。

事实上，当时的确有一只雄刺猬住在我的花园里，但它是独自生活的，所以马克找到了一个野生动物保护区，那里有大量的雄性雌性刺猬，包括一些年轻的雌性刺猬。一天晚上，他带了20只刺猬到了我的花园里，我们已经在此布置了昏暗但足够亮度的照明。他首先放了几只雌性刺猬，给它们一点时间安定下来。然后，他一次放一只雄性刺猬。午夜过后，终于有一只年轻的雄性刺猬遇到了一只年轻的雌性刺猬。它们绕着花园小跑了一圈又一圈，雌刺猬喘着粗气，雄刺猬紧随其后，直到最后，它俩似乎都认为合适的时机到了。雌刺猬把臀部放低到地面上，并把背部的刺压平。雄刺猬把前腿放在她的背上，把骨盆向前推。真相大白了。它的装备十分精良，不会对自己造成任何伤害。

经过整整三年的工作，包括大约12个月的海外拍摄，《哺乳类全传》（*The Life of Mammals*）最终完成了，并于2002年11月开始每周播出一集。

28

Undergrowth

丛林之下

哺乳动物的系列完成后，我可以底气十足地宣称，自己已经拍过动物界最受欢迎的一些物种了。而目前为止我还没顾上研究的，基本都是无脊椎动物。它们更加不为人所知——或说，不是那么有吸引力。但这也意味着，从做电视节目的角度而言，它们基本还没被曝光过。大致来说，无脊椎动物可以根据腿的数目来分类。昆虫都有六条腿，是迄今为止最庞大的生物种群。事实上，在所有已知的动物物种中，昆虫就占了一半。其中约有100万种已获科学命名，可能还有200万种尚未被鉴定过。无脊椎动物还包括八条腿的蜘蛛、大约四十条腿的蜈蚣、数百条腿的马陆，以及根本没有腿的蛞蝓。此外，还有一些除专业动物学家以外、人们闻所未闻的品种，例如有爪动物（lobopods）和无鞭蝎（amblypygids，又名鞭蛛）。不管怎么说，我们会有很多素材可以拿来尝试。既然如此，何不制作一部关于所有陆生无脊椎动物的纪录片呢？

我想，这个点子本身是挺好，不过，我为节目报选题已经积累了充足的经验，所以知道台长和选题委员们都喜欢一个响亮的名字。如果你没为准备推销的节目策划起个吸引眼球的标题，就会给自己设置不必要的障碍。而假如过去曾有过什么成功案例，他们就喜欢重复使用那些标题，比如“某某之子”就是好莱坞式片名的标准起法。那么，就我们的项目而言，标题的前半部应该包含“life”这个词。然而我想，“陆生无脊椎动物的生活”恐怕不是个能打动他们的标题。另一方面，我也不想像许多博物馆那样使用过于低幼化的语言，将节目命名为“爬虫们的生活”之类。我花了很长时间琢磨这件事，直到一天晚上，在洗澡时，一个名字突然浮现在我脑海：Life in the Undergrowth（《灌丛下的生命》）。我们就用这个名字，把项目提案成功推销给了BBC 1台的台长。

我有十足的信心，今时今日，在这新世纪伊始，我们已经可以把小型动物拍摄得比以往任何时候都好了。从前，即使是感光度最高的胶片，也仍需要很强的光照量，足以令蚂蚁这样的小动物被照得几乎无法正常行动，更糟糕的是，还可能因为温度过高把它给烤死。对光线最大化的需求还意味着镜头的光圈必须开到最大，好尽可能获得光线，这就导致图像的景深会变得很浅。所以，如果画面中蚂蚁的头部清晰，那它的身体就会一团模糊了。现在，最新问世的超灵敏数码摄影机可以让我们在没什么额外照明的条件下工作。于是，曾经的两个困难就都不再是问题了。

不过，还有另一个障碍要克服：如果我们真的想把观众带入这些小生物的世界，就必须把视角降低到拍摄对象的高度，这样才能与它们面对面，并让它们以自己的速度与镜头并肩而行。以一台普通摄影机的体量，是无法实现这样的拍摄的。但我们杰出的摄影师马丁·多恩（Martin Dohrn），在其职业生涯中花费了大量时间来应对这类问题。马丁身材魁梧，出外勤时总会随身携带好多只巨大的行李袋。他一进酒店大堂，就连最强壮的行李员也会觉得有点吃不消。但对酒店而言，更糟的情况还在后面。当这些巨大的行李袋最后终于被拖进他的房间后，就会吐出一大堆奇怪的设备和特别组装出的支架。马丁喜欢万事俱备的感觉。

他首先会将拍摄中遇到的技术问题评估一遍——如何从一朵花的内部拍摄一只吸食花蜜的昆虫探进来的口器，或是如何拍到一个有蜂群入住的黄蜂巢内部。随后，他很可能会以一种有点阴郁又有点难掩兴奋之情的语气，向我们其他人解释说，要想拍成这个画面，只能用上一套全新的拍摄装备了。这就涉及对摄像机、支架、光纤、镜头和许多其他设备的重大调整改造。然后，他就动手干起来。最终，一部新装置问世了，还被冠以自己独一无二的名字——“蚂蚁摄影机”（Antcam）、“蜘蛛摄影机”（Spidercam）或“苍蝇摄影机”（Flycam）。等一有时间，马丁就会为某套设备特制一个储存箱，于是他的装备大军里就又多出一只大包。事实上，马丁对制造这些新玩意总是乐此不疲，尤其是，如果在此过程中必须把一间原本很漂亮的酒店房间变成一个工程车间，他就更开心了。

* * *

他的技能很快得到了检验。关于社会性昆虫这一集的高潮部分，是热带雨林里那些可怕的武士——军蚁（Army Ants），它们是非洲行军蚁（driver ants）在新大陆上的近似物种。早在1954年我第一次去热带地区探险时，就在塞拉利昂见识过非洲行军蚁的厉害。它们侵入一间存放着我们收集的几十条蛇的小屋，发起非常猛烈的攻击，用锋利的下颚深深咬进蛇鳞片之间的部位，导致好几条蛇死亡。而新大陆上的军蚁虽然只是非洲行军蚁的远房亲戚，却有着非常相似的习性。

如果在夜晚外出，这支昆虫大军可能会是个大麻烦，即便对于人类也是如此。当它们在林中四散开来寻觅猎物的时候，你就很容易步入它们的包围圈。蝎子、蜈蚣、各种昆虫，甚至像蜥蜴这样的小型脊椎动物，都会被迅速捕杀、撕成碎片，带回到它们在岩石下或树缝间的大本营，献给蚁后和其他家族成员。如果你在军蚁捕猎时无意间走进了它们当中，它们肯定会爬上你的裤腿，但通常会推迟一会儿才发起攻击。如此一来，在你还没意识到它们的存在时，衣服里就已经爬满蚂蚁了。然后，你要做的第一件事就是跑，好远离这支劫掠大军的行进路线。但这也不太容易，因为在黑暗中，你往往无法确定该往哪边去。一旦摆脱了主力部队，就必须脱掉衣服，把身上的蚂蚁一只一只地摘下来。到了白天，它们的威胁就没有那么大了，因为至少你能看到它们。

每隔几天，蚁群就会放弃它们的宿营地，开始寻找新的狩猎场。工蚁们排成几英寸宽的纵队，随身携带着它们的茧；队伍两侧有巨大的兵蚁守卫，它们张开像卡钳一样的大嘴，随时警戒着。而拍摄它们，正是马丁喜欢的那种挑战，无论在白天还是夜晚。“蚂蚁摄影机”是他标准装备的一部分。关键是，要确保拍摄器材不能有任何部分碰触到这支行进中的大军。马丁给摄影机接上一个光纤电缆末端的微型摄像头，并将整套组件安装到一条悬臂上，就满足了这个要求。如此一来，他的摄像机不仅可以在蚁群上方悬停，还能循着蚁群行进的方向展开追踪，和每只从卵石上、树叶下、树根上一路走过的蚂蚁保持同步。

* * *

大约3.5亿年前，第一批出现在陆地上的昆虫是没有翅膀的，就像它们今天的后代石蛃和衣鱼一样。然而，就在某一天，翅膀出现了。很可能它们刚刚形成时的形态是背部成对的囊袋，充满体液的脉络将其充分撑开。我计划通过拍摄现今最原始的有翼昆虫——蜉蝣展开翅膀的过程，来展现进化史上这一革命性的事件。

全世界大约有2500种蜉蝣，但其中体型最大的，翅膀展开几乎有3英寸（约7.6厘米）长。它们生活在匈牙利中部的几条小河里。同所有种类的蜉蝣一样，它们无翅的幼虫在生命中的第一年，一直在河床的淤泥或砾石中挖洞——它们一生中大部分时间都是这样度过的。但最终，它们会完成最后一系列戏剧性的动作，爬到水面上来，蜕变成有翅的形态，并飞到空中。它们不吃不喝，因为没有口器，根本无法进食。在短暂的飞行时段里，它们唯一的任务就是寻找配偶。对雌性蜉蝣而言，还要找到一处合适的产卵地点。然后，它们的生命就结束了。

多数种类的蜉蝣会在整个夏天里渐次浮出水面，完成羽化。然而，匈牙利大蜉蝣的出水时间是协调一致的，而且只在盛夏时节的少数几个时刻发生。因此，它们出水时的数量格外庞大。更重要的是，它们现身的日期据说是可以预测的。

然而，当我们抵达时，当地的专家约瑟夫·斯琴特佩特利（Jozsef Stzentpeteri）和我们解释说，今年的情况有点特殊——降雨量多得有点反常，因此河中的水温比正常情况更冷，可能会导致蜉蝣出水时间延迟。

于是，我们来到河边等待。马丁·多恩在现场视察了一下，宣布他终于不需要特制一台“蜉蝣摄像机”了。我和迈克·索尔兹伯里坐在岸上，在时而阳光、时而细雨的天气里，静候着佳音。

三天后，天气开始变暖了。终于，马丁在光滑如镜的河面上发现一个浅窝，其中有一只蜉蝣正扭动着身体，努力从幼虫的皮肤里挣脱出来。蜉蝣们开始出水了。第一批出现的个体都是雄性。不出几分钟，空中就出现了密密麻麻的翅膀，好像刮起一阵暴风雪，河对岸都几乎看不见了。这数千只昆虫在空中飞舞着，来到岸边的灌木丛中，悬在那里。出于没人真正了解的原因，它们开始进行第二次蜕皮。只过了一分钟左右，蜉蝣的成虫现身了。它们腹部末端那对细丝比之前更长了一些，翅膀也不再像此前那样透明，而是变成了一种精致的蓝色。蜉蝣们出水的过程格外紧迫，并且占据了它们的全部注意力。因此，我可以坐在一艘小艇中，让它们停在我的手指上，趁它们进行蜕变的时候描述这些变化的细节。

然后，雌性蜉蝣开始出现了。当雄性蜉蝣的身体干燥后，它们就在水面上低飞，寻找配偶。一旦有一只雌性露出水面，成群的雄性就会扑向它，争先恐后地和它交配。一旦交配完成，雌性就会飞到空中，去寻找一处合适的地方，产下这些刚刚受精的卵。但这可没那么简单。蜉蝣的卵经过几周才能孵化。在这期间，它们几乎不可避免地会被河水冲向下游。因此，如果雌性蜉蝣就在自己孵化的河段原地产卵，它们的下一代就会出现在更远的下游了。若是这种情况年复一年地发生，那么毫无疑问，整个种群最终都会葬身大海。为防止出现这种结局，雌性蜉蝣一旦完成交配，就会成群结队地向上游飞去。奇妙的是，它们选中的产卵地，总能确保这批卵在最终孵化时，恰恰会被带回到其父母当年出水的那个河段。

* * *

我们还计划拍摄十七年蝉的出土过程。和蜉蝣一样，这种北美洲的昆虫，生命中大部分时间都在人类视野之外，不过它们不是在水下，而是地下。它们把卵产在树皮下面，一经孵化，幼虫们就会掉到地上，钻进土里，然后把口器牢牢扎入树根，开始吮吸树汁。在长达十七年的岁月里，它们就保持这种状态，坚持不懈地吸取营养，有规律地定期蜕皮，慢慢生长。到目前为止，它们是所有已知的昆虫里寿命最长的一种了。

在这段漫长的过程结束后，它们便开始挖掘地道，好回到地表。快要挖到头时，通常会等上一天左右。然后，它们就都破土钻出地面，爬上在自己漫长的生命历程中始终滋养着它们的树干。在那里，雄蝉就开始了鸣唱。

它们发出的噪声震耳欲聋。当地人把自己关在家里，只为躲一躲清净。雌蝉对歌声给予了回应——万幸的是，它们并不自己唱歌，而是弹动翅膀。这个动作会发出比较微弱的咔哒声，频率比雄性的鸣唱低得多，但其音量也足以让雄蝉们在响亮的大合唱之余察觉得到。一只雄蝉在定位到这种咔哒声后，就会停止歌唱，向发出声音的雌蝉移动，雌蝉则会双击翅膀来鼓励它。雄蝉靠得更近，最终，它们就可以交配了。

我们的计划是，我用打响指来模仿雌蝉发出的鼓励信号，看看能否引诱一只雄蝉爬到我手上来。稍作研究后，我们确定进行这项实验的最佳地点是辛辛那提郊外一座修道院周围的一片大墓地。这是一幅令人愉悦的乡野图景，广阔的草坪上点缀着几株矮树。当我们到达的时候，蝉鸣声响彻四野，正适合拍摄。树干和树枝上爬满了雄蝉，它们成群结队、摩肩接踵，都在拼命唱着。摄影师罗德·克拉克（Rod Clarke）选中了一段蝉格外密集的树枝。我在树枝后面站定，准备一边向前走，一边对着摄像机讲解自己打算如何迷惑一只性饥渴的雄蝉。一切就绪了。于是，我开始边走边说，很大声地喊着，以便让观众能在一片喧闹中听见我的声音。一切似乎进行得很顺利。我话音刚落，就走到了那棵树前，正准备打个响指召唤一只雄蝉。罗德打断了我："停，停，停。"

在我身后100码（约91米）左右，一辆白色小客车驶进了镜头。我们转过身，看着它不偏不倚正好停在了罗德的画面中间。十来位上了年纪的女士从车里走出来，每人都把一根又长又细的杆子举在自己面前。现在，她们在林中散起了步，并将杆子竖直插在地上，就像高尔夫球童在果岭上插旗子一样。我们走过去问她们是否要停留很长时间。"不会很久，"她们说，"但是你们在做什么呢？"我们如实回答了。"那你们呢？"我们问。"这个呀，"她们温柔地解释说，"我们在这座修道院里住了一辈子，现在我们在选择自己的墓地。"所以，想想也真奇异，当我们在拍摄前景里正从土地中复苏的昆虫时，背景中的其他生命却正准备回归大地。修女们都觉得这个想法十分有趣，一想到自己没准还会上电视，也都有点跃跃欲试。但我们还是决定，最好再重新拍一遍。

* * *

我们的新技术出色地实现了在尽可能无须强光的条件下拍摄，并将摄像机降低到了拍摄对象的高度。我们还有一项新的技术改良作为杀手锏。如今的镜头已经能将图像放得很大，使得一根3英寸（约7.6厘米）的小树枝可以横贯整个电视屏幕，但镜头并不能将时间也相应地放慢。因此，一只蚂蚁在几秒钟内爬过那根小树枝的场景，在电视上看起来，就成了以疯狂的速度穿过屏幕。而有了慢动作技术（slow-motion technology），就能做到把时间放缓了，正如也能将空间放大。于是，就可以将蚂蚁或其他小生物在其微观世界里的行为，比较合乎情理地展现出来。你能观察到两只蚂蚁在相遇时，如何通过触角的互相试探，或交换少许唾液，来推测彼此是陌生人还是老朋友。这种技术的应用，连同我们侧重展现生物自身尺度和生活节奏的拍摄方式，意味着我们开始将拍摄对象视为独立的生命体了。令人惊讶的是，我们发现它们当中的许多个体并不只是在无意识地机械运动——它们不仅有复杂且微妙的行为，而且还有自己独特的个性。

凯文·弗莱（Kevin Flay）负责拍摄一些蜘蛛的镜头。我在美国南部与他汇合，当时他正在拍摄博拉斯蜘蛛（bolas spider）。这种蜘蛛会在夜间以一种特别巧妙的方式捕猎。它们并不编织复杂的大网，而是纺出一根末端带着一小团黏液的蛛丝，然后用一条长长的前腿提着那根蛛丝，藏身叶片之下。当它们感觉有飞蛾接近时，就会用腿旋转带着黏液团的蛛丝，就像一位阿根廷的加乌乔牧人旋转起他的套牛绳。与此同时，它们会释放出一种化学气味，一种信息素，来吸引当时正好飞到附近的那个品种的飞蛾。当飞蛾靠近后，多半会被旋转的黏液团击中，并粘在身上。然后，蜘蛛就可以把捕获的猎物拉上来吃掉了。

凯文向我展示了他的拍摄安排：他一共收集到10只蜘蛛，各自趴在一只空牛奶瓶里带叶子的小树枝上。它们都是雌蛛，因为就蜘蛛而言，通常都是雌性更大，也更活跃。他向我逐一介绍了这些蜘蛛。这一只不喜欢光亮，他说道，只要一有灯照着，它就不肯去捕猎；接下来这只呢，哪怕有一丁点儿噪声，就会停止捕猎；还有这一只，据他观察，它要么是十分满足，要么就是懒到了极点，因为无论周遭有多安静或多黑暗，它就只是坐在原地，不愿出击。然而最后这只是个宝贝，无论有无光照，嘈杂或安静，也不管是否刚刚吃过饭，它都会旋转起自己的小小捕虫绳。

我们逐渐发现，这些娇小的表演者们，或许只有一个用显微镜才看得见的大脑；但就同其他许多比它们大上百万倍的动物一样，它们也有着各自独特的个性。

* * *

克里斯·沃森（Chris Watson）负责为这个系列节目录制所有自然界的声音。他是个痴迷声音的人，也是我认识的人里听觉最为敏锐的。比方说，他坚称自己能够区分太平洋和大西洋的波浪声，但鉴于他还是一位幽默感十分发达的约克郡人士，所以谁也不敢百分百确定，他是在说真的。

当我们把内窥镜探入白蚁的巨型泥筑堡垒内进行拍摄时，克里斯觉得我们也需要录一些配合视频画面的自然声音。他有些沮丧地强调，等我们编辑成片的时候，几乎一定会用一段完整的管弦乐覆盖掉他录的声音。尽管如此，他还是从蚁丘顶部的通风口放下一只微型麦克风，发现从蚁巢中部升起的热空气会发出幽灵般的声音，就像一阵风从下方穿过烟囱的声响 —— 其实，也就是这个原理。他还能听到兵蚁的声音，它们的脑袋在通道的墙壁上敲来敲去，还用大颚互相撕咬。他全神贯注地记录下这些来自另一国度的声响，过了很久，终于把麦克风提了上来，却发现其中一些声音原来是白蚁们在撕扯包在麦克风外的泡沫橡胶保护罩。"该死的，五十镑呀，就这么没了，"他说着，代入了一个音乐厅里的约克郡人的角色，"今年圣诞，无钱为我小儿购新鞋啊。"

在非洲南部，白蚁经常会遭受巨猛蚁（Matabele ants）的欺负。这种蚂蚁是以非洲一个出了名好战的部落来命名的*，因为它们时常从地下倾巢而出，集结起数百号精兵强将，去袭击附近的白蚁大本营。

巨猛蚁所属的这一类，最与众不同的是它们拥有一种特殊的发声结构，位于连接蚂蚁腹部和身体其余部分的关节上。一边是一排梳状尖刺，另一边是粗糙的铲状结构，所以，当蚂蚁上下摆动自己的腹部时，就能发出微弱的声音。克里斯蹲在一群正从蚁窝列队而出的蚂蚁旁边，什么也没听见。但当它们抵达白蚁丘并冲进其中一个入口时，他就听到一阵嘈杂的沙沙声、噼啪声和咔哒声，战斗已在内部打响了。最终，巨猛蚁出来了，大多数嘴里都叼着被它们屠杀的白蚁尸体，令克里斯高兴的是，它们还发出很大的摩擦声，就像在庆祝胜利。

---

* 即非洲祖鲁族的马塔贝勒部落。

我们还请克里斯录制了搞不好是全世界第一组蚯蚓的野外录音，他的天赋再一次得到了验证。在澳大利亚南部的吉普斯兰（Gippsland），生活着一种巨型蚯蚓。想要说清它们的确切长度并不容易，因为那些急于创造世界纪录的收集者很可能会把自己捕获的可怜蚯蚓拉到它在正常情况下无法达到的长度（在此过程中还会扯断它）。不过，有人声称它们可以长到惊人的7英尺（约2.1米）。这种生物不太会成为我们节目里的明星物种，但尽管如此，此前还从未有人拍摄过巨型蚯蚓，所以我们认为，应该给它一个露脸的机会。克里斯面临的问题是，它们挖的地道鲜少露于地表。这种动物生活在地下几英寸的地方，那里的土壤永远是湿润的。当一条蚯蚓沿着地道边往前爬，边咀嚼着腐烂的植物碎屑时，偶尔会收缩自己的部分环节，好在地道中把长长的身体往前拖上一段。这样蠕动时发出的咕咚声非常响亮，于是，当你走在澳大利亚南部的草场上，可能会突然听到身后传来什么人在冲厕所的声音。由于这种声音出现时几乎没有任何预兆，地面上也没有任何痕迹能显示出草皮之下的土层深处哪里会有蚯蚓出没，所以为它们录音绝非易事。但克里斯带上自己的录音机，就在草场上锲而不舍地走了一个小时又一个小时，终于收集到了这些“幽灵厕所”最有说服力的录音。

* * *

拍摄无脊椎动物前后花了两年。到2005年初，我们完成了最后一次海外拍摄，要开始着手最终那项引人入胜又令人愉快的任务了——将各不相同的碎片拼到一起，形成连贯的叙事。我们正进行到一半，迈克在布里斯托尔的一间剪辑室里，接到了伦敦电视中心一位女士的电话。她自我介绍说，她是专职统筹电视节目的整体呈现效果的，想和我们探讨一下这个系列的名字。她的理解是，“灌丛下的生命”只是个暂定名，不可能是纪录片最终的名字。她为此组织了一些焦点小组（focus groups），并以单词联想的方式在各组测试了这个名字。由此她得出的结论是，“undergrowth”这个词，让人联想到黑暗、阴郁、肮脏和不愉快的感觉。她还很确定地说，它会让一些人想起“内衣”（underwear），因此肯定不能使用这个词。然后，她明白“生命”这个词必须被包括在内；但她也接受团队的意见，如果使用“昆虫”就不太科学了，因为这个系列中同样出现了其他类型的生物。但总得把名字定下来。因此，她决定召集一次“头脑风暴会议”，充分“碰撞”一下大家的想法，非常欢迎迈克能来参加。

迈克还是那么从容不迫。他解释说，制作团队就是把《灌丛下的生命》作为节目名的，并且请她谅解，鉴于自己手头有一大堆节目制作上的事要做，他就不过来了，同时表示有兴趣静候她们头脑风暴的佳音。两周后，讨论结果出来了。经过一下午的激烈争辩和冥思苦想，伦敦电视中心的这位女士和她的小组决定，这个节目的最佳名称应该是——《多腿生物的生活》（*Life of the Multilegs*）。迈克恭敬地听完她的建议，就按部就班地继续做事了。2005年秋季，《灌丛下的生命》如期登上了电视荧幕。

* * *

这个系列开播后，我突然意识到，自己除了两栖动物和爬行动物外，已经为陆生动物里的其他所有主要门类拍过纪录片了。而那两类动物加起来，其多样性肯定也足以支撑起一部完整的纪录片。如果真的把它拍出来，那么我们对陆生动物的呈现也就完整了。于是突然间，这就变成了我最想要做的一件事。然而，把两栖和爬行动物合起来拍，就带来一个问题：我们该给这样一部纪录片，起个什么既活灵活现又符合科学的名字呢？

之后，我接到了迈尔斯·巴顿（Miles Barton）打来的电话。他此前参与过“鸟类”系列的拍摄，但总是对我说，自己真正热爱的是爬行动物和两栖动物。他还是个孩子的时候，就饲养过许许多多品种的爬行和两栖动物了。简言之，他就是那种会相当不讨喜地自诩为“爬虫（herp）”的人——也就是，爬虫学家（herpetologist）。这个词源自希腊语，意思是“了解爬虫的人”。他提议，这部纪录片，就从它们“缺乏哺乳动物那样温热的血”这个角度定主题，怎么样？我认为这个主意很棒。我说：“何不就叫‘冷血的生命’（*Life in Cold Blood*）呢？”之后有那么一阵子，我当真认为这个标题是我本人想出来的，直到发现迈尔斯在推销这个创意的时候，无疑用上了一个经典技巧，让金主相信他要为之买单的那个想法，正是他自己想出来的。

几天内，提案就被接受了。我可没时间耽搁。2006年5月，迈尔斯和我就坐在周围满是海鬣蜥的加拉帕戈斯群岛上了。还有哪儿能比这里更适合度过我的八十岁生日呢？

29

Completing the Set

完成任务

我以前去过加拉帕戈斯群岛——最初是在拍摄《生命的进化》时，然后是拍摄关于鸟类的纪录片，但这次到达岛上的兴奋丝毫未减。这里的野生动物毫不惧怕人类——嘲鸫会扯掉你的头发，因为它们需要这些毛发来筑巢；陆地鬣蜥在你走近时，会趁机爬上你的靴子；海狮在你身边巡游，邀你和它们一起在水中嬉戏，这样的经历给你一种漫步伊甸园的感觉。的确，现在岛上的游客要比我早年到访时多得多。游客们往往被分成小组并安排上船，以便在岛屿之间穿梭，这样一来，一方面他们的行程安排变得很容易，另一方面，每个小组都会有一种"孤身一人"的感觉。

这一次，年龄优势给我带来了一些旅行上的便利。为了接近野生的巨龟，我不用再背上所有的装备和两加仑的水，花两天的时间在阿尔斯多火山（Alcedo volcano）的两翼费力前行。这一次，我和我的团队乘直升机飞到山顶，停在环形山边缘自然保护署的一个小屋旁边。从那里，我们可以在龟群中漫步，它们四处乱窜，一边啃着稀疏的草，一边持续不断地嗥叫着，我还清楚地记得我们上次拜访时的情景。

海鬣蜥仍然成群结队地聚集在海边的火山岩上晒太阳。然而，现在我们能够以一种比以前更有想象力的方式拍摄它们，获得更多信息，因为有了一件新技术设备——热感摄像机。这个主要用于军事目的的设备并不是由光来产生图像，而是以不同颜色来显示热的强度。人类的脸会从裸露的脸颊散发出大量的热量，在眼睛周围呈现出金黄色到明亮的白色，而一块冰冷的岩石则显示为蓝色。因此，配备了这种摄像头的巡逻士兵，即使在敌方视觉上伪装得很好的情况下，也能在相当远的地方辨认出他们闪亮的轮廓。

当然，正如我们的标题《冷血的生命》所阐明的那样，热量——或者说缺乏热——是我们这个系列的统一主题。两栖动物和爬行动物不像鸟类和哺乳动物，它们体内不产生热量，因此它们必须直接从太阳那里获取所需的大部分能量。当用热感摄像机观察海鬣蜥时，我们看到了它们是如何做到这一点的：早晨，它们从夜间藏身的熔岩岩石的裂缝中钻出来，热成像图片中它们是深蓝色的。但是，当它们晒日光浴时，体温会升高，热成像图片中的颜色慢慢变成红色、橙色，最后变成明亮的黄色。它们精力充沛地游向大海，潜入海底，吃海底生长的海藻。但是，水又会“抢”走它们身上的热量，几分钟后，它们就冷得不得不返回。爬出水面时，可以看到它们又变回了寒冷的蓝色，只能靠再晒太阳来获得热量。

这个系列不仅把我带回到加拉帕戈斯群岛这样的地方，拍摄自己以前拍摄过的生物，还让我有机会拍摄过去旅行中未能找到的动物。1960年，我和杰夫 · 马利根在马达加斯加拍摄了许多罕见的珍稀动物，比如马达加斯加大狐猴和鼠狐猴，这些动物以前从未在电视上出现过。但我们没有找到我非常希望看到的侏儒变色龙科的任何物种。从它们的学名来看，这似乎是最不寻常的一类生物。与大多数变色龙不同，它们并不在灌木丛中爬来爬去，而是完全生活在地面上，因此不再需要用来抓住树枝的肌肉发达的尾巴。它们的尾巴又短又粗，最值得注意的是，它们变得非常小，有些甚至就和蚱蜢差不多大。在马达加斯加的动物探险中，它们是我最想找到的物种之一，但由于种种原因，我们从未下定决心去寻找它们——从那以后，我一直后悔错过了这个机会。现在我有机会纠正这个错误，坚定地把它们写进了剧本。

迈尔斯和我一样对这一物种充满热情，并设法联系了伯特兰 · 拉扎菲马海特拉（Bertrand Razafimahatratra），他是马达加斯加一位经验丰富的博物学家，他说自己肯定能给我们找到一些。我们在岛上还有其他东西要拍摄，特别是全尺寸的大号变色龙们，其中一些极为特别且绚丽多彩。但这些棕色的侏儒小变色龙才是我真正想看的。一天晚上，伯特兰带我们进入森林。我们一起手脚并用，爬来爬去，用手指在落叶堆里筛来筛去。几分钟后，伯特兰就找到了一只。它比我想象的还要小，从那小小的、翘起的鼻子到它粗短的尾巴，只有大约1英寸（约2.5厘米）长。它坐在我的手指尖上，在我们的火把下，伯特兰告诉我它的习性。他说，它以果蝇为食，非常小。他的语气中充满了喜悦和敬意，当这个镜头播出时，成功吸引了观众，让这只小小的爬行动物成为该剧中本不太可能的明星之一。

当然,《冷血的生命》中必须有从未被拍摄过的物种镜头，侏儒变色龙（stump-tailed chameleon）就是其中之一。虽然我自己也发现了它的魅力，但我们还需要一些更具戏剧性的明星物种。詹姆斯·布里克尔（James Brickell）对此毫不怀疑。他是制作团队中的蛇类专家，他戏剧性地压低声音告诉我，从来没有人拍过毒蛇在野外捕捉猎物的镜头。当然，一些观众可能认为他们此前看到过类似的画面，但其实被骗了——他们看到的镜头是伪造的。

BBC内从未有人拍摄过一条被捕获的蛇杀死一只活生生的小鸡或老鼠的场景。公司内部规定禁止安排此类拍摄，大多数动物园都有类似的规定。而在野外看到动物被捕杀的概率几乎可以忽略不计。大多数蛇会一连几天一动不动地躺在一个地方，等待合适的食物经过。没有人能架好摄影机、对好焦等着狩猎时刻的到来，而且无论如何，大多数狩猎时刻都发生在夜间。詹姆斯认识一些动物学家，他们把整个职业生涯都奉献给了毒蛇的研究，却从未见过一条自然状态下捕食的蛇。因此，那些想在自己的节目中有这样一个镜头的制片人，会首先通过在蛇面前挥舞什么物品刺激它，拍摄到一条蛇攻击镜头的画面。然后，拍摄一只老鼠在蛇的周围相似的环境中四处奔跑的画面。最后，再给蛇喂一只死老鼠。这些镜头被巧妙地拼接在一起，让观众们仿佛看到了一场杀戮。

然而，詹姆斯继续说道，他已经想出了一种方法，在不违反BBC任何规则的情况下，我们将首次能够得到一个完全真实、未经操纵的响尾蛇捕食的镜头。他联系了一个在美国东部林地工作的科学家小组，科学家们给研究区域内的十几条响尾蛇安装了电子标签，这样他们就知道每条响尾蛇的确切位置，并且很清楚它们要做什么。他们可以从中选出一条已经好几天没有进食的响尾蛇，它已经表现出了埋伏等待的迹象。然后，摄制组将安装数码摄像机以及连接到运动探测器上的红外线设备，就像防盗系统中使用的那种。这样，响尾蛇周围的一丁点小动静都会启动摄像机。一切又重新安静下来之后，摄像机会再录两分钟，然后自动关机。这样，我们几乎肯定能录下这个令人毛骨悚然的瞬间。

詹姆斯的计划很成功。他和摄影师马克·麦克尤恩（Mark McEwen）只在纽约州北部的林地待了四天。第四天早上，当他们检查设备时，发现摄像机在夜间确实运行了。他们开始回放，看到一只小老鼠自信地沿着地上的小段枯枝小跑，显然没有注意到离它几英寸远的那条响尾蛇。令人惊讶的是，蛇并没有动。但在老鼠消失后，蛇稍微调整了一下它的位置，然后再次陷入静止。摄像机在两分钟内没有看到任何进一步的动作，于是自动关机。詹姆斯觉得自己差了一点点运气。但摄像机再次启动，一开始似乎是重播的画面。那只老鼠，或者可能是另一只沿着同样的路线走的老鼠再次出现在树枝的顶端，沿着树枝往下走。这一次，在令人震惊的一瞬间，那条蛇出击了：那只老鼠后腿抽搐着猛地一跳，飞向空中，落在地上，立刻又以一个很高的抛物线反弹起来，飞离树枝。这次，它落在了一片看不见的枯草地上。詹姆斯又一次失望了，因为他需要看到这条蛇真的在进食，才能完成自己的拍摄。摄像机又一次关机后自动开机。这一次，蛇慢慢地舒展开来，爬进草地，它消失在干枯的草丛中。没过几秒钟，草丛中传出沙沙声，蛇又出现了。它转过身，直视着摄像机，嘴里叼着死老鼠的尸体。然后，面对镜头，它不慌不忙地吞下了猎物。

响尾蛇捕食的画面已经让我们取得了惊人的成功，但这对詹姆斯来说还不够。还有其他不同毒蛇的捕猎方式也同样引人注目，例如，喷射毒液的眼镜蛇不仅用它的毒牙杀死猎物，还能击退敌人。如果受到惊吓，它会直立起来，张开嘴巴，把尖牙向前转，并从尖牙顶端喷出毒液。这特别有趣，詹姆斯解释说，因为蛇总是瞄准你的眼睛。哪怕只有一滴毒液进入眼睛，都会导致失明，可能只是暂时失明，但也很可能是终生失明。他的计划是让我来展示这样的攻击。“当然，”他关切地说，“我们会给你一个塑料面罩。”我们会给它涂上一层特殊的粉末，如果接触到毒液，就会变成亮粉色。这样，在蛇喷射完毒液后，我们就能检查面罩，看看它是否真的能瞄准目标。

过了一段时间，我和詹姆斯以及一个摄制组来到了南非北部一家专门饲养爬行动物的动物园。经营这家动物园的唐纳德·斯特赖敦（Donald Strydom）养了好几条眼镜蛇，他很有信心，只要时机成熟，这些眼镜蛇就会友好地朝我喷射毒液。我们把其中最大的一条拿到灌木丛中，放在一块合适的岩石上。摄像机安置在蛇的一边，我戴着面罩，从蛇的另一边走向它，解释自己要做什么。我在离蛇大约6英尺（约1.8米）远的地方停了下来，以一种挑衅的方式靠近它。蛇一如既往地按本能行事，从水枪一样的尖牙中喷射出两股毒液，结果毒液沿着一条平直的轨迹直奔我的眼前，面罩适时变成了粉红色。詹姆斯很高兴。我松了一口气。

这部片子在2008年初播出。当时BBC正处于风口浪尖，许多媒体和报纸大肆渲染，指责英国广播公司存在欺诈行为。BBC1台的总监在宣传他即将推出的节目时，播放了一组关于女王的纪录片的画面，而这些画面的镜头编排顺序是错误的。这件事引发了媒体自以为是的情绪。

女王原本是因为要穿着厚重的礼服去见一位摄影师而有些许不耐烦，但镜头的剪辑使得她看起来似乎对拍摄过程本身感到不满并怒气冲冲地离开。一家小报一如既往地急于把一个故事变成一场宣传活动。这家小报发现《冷血的生命》中拍摄到了一条喷毒液的眼镜蛇，这条眼镜蛇不是在野外发现的，而是从动物园里捕获的。更假，他们尖叫着。我尽可能耐心地解释说，正如他们轻蔑地指出的那样，这个镜头确实是“设计好的”。这完全正确，没有人试图掩盖真相。我通常不会戴着涂有粉色染料的塑料面罩在非洲丛林中漫步，除非事先安排好遇到一条喷毒液的眼镜蛇。这一解释再次引发了一个问题，即自然纪录片中有多少镜头是专门为摄像机安排的。幸运的是，我没有必要自卫。在很久以前，制作自然纪录片的部门就决定不应该对其拍摄技术保密。事实上，我们甚至为此制作了一个特别节目——《生命星球的拍摄过程》(*The Making of the Living Planet*)，这期特别节目早在1984年这一系列第一次上映时就播出了。我还做过一次电视演讲，题为《非自然的历史》(*Unnatural History*)。在演讲中，我解释了我们为了记录影像和声音所必须使用的各种技术，只有这样才能制作出有关自然世界的内容丰富的节目，其中当然很可能包括在受控环境下拍摄动物。

如果想要展示蝎子的交配之舞，就像我们在拍摄《灌丛下的生命》时所做的那样，在野外收集蝎子，然后在一个可以允许摄像机工作的地方，把一只雄性蝎子“介绍”给一只雌性蝎子，这并不是没有道理的。如果我们想让动物们出现在户外，并且让摄像机清楚地拍到它们，那么用一些精心摆放的食物来引诱它们也合情合理。我们同样可以拍摄一些特定鸟类的求偶表演，并将相关画面编辑在一起，以得到一个完整的表演画面。如果需要在洞穴或地下隧洞内拍摄，最好不要使用光纤，而是建造这样一个洞穴，并引诱动物在那里安家。这样的做法可以展示动物生活中最完整的画面，因此也是最真实的。在拍摄过程中，我们会用到各种各样、五花八门的新技术。

即使如此，问题也并不简单。现在的电脑成像技术和剪辑技术日趋成熟和万能，以至于可以让一种动物看起来在做一些它实际上没有做的事情。一个狂热的自然纪录片制作人在研究他的课题时，可能会读很多报告，其中写到动物们具有某种行为。然而，无论多么有耐心，多么努力，他都没有看到这些行为，因此，他对自己的电影镜头进行了处理，使其看起来就像他读到的那样。他甚至可能尝试以某种方式刺激动物来完成自己希望看到的动作，但很可能原始报告就弄错了。然后，当然，电影制片人遇到了麻烦。有时他的错误虽然无可辩解，却是无心之失。有时，他可能是故意欺骗，那么当然应该受到谴责。

如今，观众几乎无法从屏幕上推断出什么是事实，什么是虚构。如果电脑动画能以一种完全令人信服的方式展示恐龙在陆地上横冲直撞的样子，那么它当然可以毫不费力地修改真实动物行为的某些细节。事实上，观众只有通过考虑制作影片的人，以及播放影片的组织的诚信和记录，才能判断影片的情节到底是真实的还是虚构的。

在五十多年的节目制作中，我从未拍摄过一种后来完全灭绝的动物。不过，我们拍摄了一些现在非常罕见的物种的镜头。在拍摄《生命的进化》时，我曾经和山地大猩猩坐在一起，当时世界上山地大猩猩的数量只剩下几百只。在拍摄关于鸟类的系列纪录片时，我们拍到了鸮鹦鹉（kakapo），这是一种不会飞的巨型鹦鹉。这一物种曾经一度减少到仅剩40只，其中仅有2只是雌性。幸运的是，在每一个案例中，热心的自然保护主义者都成功地将该物种从灭绝的边缘挽救了回来。但在《冷血的生命》中，我们拍摄了一个物种，在这个系列播出的时候，它几乎肯定已经在野外灭绝了。

那就是泽氏斑蟾（也常被称为巴拿马金蛙），这是一种比我的拇指还小的蛙类，学名为*Atelopus ziteki*，它们曾经生活在巴拿马的一小片雨林中。它全身呈一种美丽的、几乎是在发光的金色，点缀着一些黑色的不规则的斑点。它被当地人尊为圣物。在过去的几个世纪里，人们以它们为原型，用黄金制作神像，当作护身符佩戴。现代一些人大量采集活体标本，并以高价出售给宠物贸易商，其野生栖息地不断遭到破坏，也意味着它们的数量越来越少，越来越危险。

我们对金蛙感兴趣，不仅因为它稀有，更因为它那奇特的发出信号的方式。它生活在湍急的小溪边。大多数蛙类在繁殖季节通过鸣叫来交流，但这对金蛙来说并不实用，因为附近小溪里的流水声可能会淹没它的声音。因此，它用四肢来加强其相当微弱的鸣叫——它用一条前腿慢慢地欢快地挥动着，就像一个花花公子通过触摸帽檐来表达幽默感。

但近年来，世界各地的蛙类都染上了一种真菌，这种真菌会感染它们潮湿的皮肤。虽然蛙有肺，但它们也通过皮肤呼吸。真菌在身体上蔓延，最终会让它们死于窒息。这种真菌疾病在澳大利亚、非洲和南美的传播已经得到了详细的记录。当我们开始拍摄《冷血的生命》时，真菌正沿着巴拿马地峡稳步无情地“前进”，还没有任何解药可以阻止它。按照它旅行的速度，将在2007年到达金蛙的领地。因此，保护生物学家们决定召集当地所有可利用的帮助，并收集他们能找到的每一只金蛙。然后，它们就能被带到巴拿马和其他地方的动物园，在那里，它们可以被关在笼子里饲养和繁殖，直到找到治疗这种疾病的方法，或者直到由于缺少寄主，这种真菌在野外消失 —— 如果这两种情况真的能够发生的话。然而，在圈养环境中，蛙不会像在野外那样互相“招手”。所以如果我们想要记录这种行为，只剩下几个月了。

研究该物种多年的生物学家埃里克 · 林德奎斯特（Erik Lindquist）带领我们来到了发现该物种可靠分布的最后一块区域。正是埃里克研究出了这个物种肢体语言的细节。为此，他设计了一个小巧精密的斑蟾模型，这个模型固定在一根长杆的末端，利用这个模型，他可以让它像活体动物那样移动前腿。在埃里克和他的团队把金蛙收集起来带到安全的地方之前，我们“说服”其中一只金蛙做了最后一次“招手”。

* * *

《冷血的生命》这一系列纪录片展示的是自然界呈现在20世纪末的一位导演眼中的样子。但是，这个集合起来的系列还能用另一种方式来看待。如果不按照既成的顺序，而是按照演化中众多生物群组出现的顺序来安排，这部系列片就能提供物种演化史的大纲。不经意间，我已经做成了一个系列，可视为这一演化进程中的高潮。

早在1987年，在《最初的伊甸园》（*The First Eden*）中，我就追溯了人类是如何从众多灵长类动物中脱颖而出，成为一个特别聪明、特别成功的物种的。在第一批人类学会如何制造石器之后，他们离开非洲，定居在地中海附近的土地上。在那里，他们开始以一种无与伦比的方式改造自然世界。他们驯化了植物和动物，并通过人工选择塑造自然物种，使之适应自己的特定目的，创造出几乎不像他们野生祖先的生物。他们砍伐森林，以建立不断增长的定居点；他们清理土地，用来放牧和种植庄稼。在地中海附近，他们造成了地球上第一次人为的生态灾难。地中海南岸周围的土地非常肥沃，为罗马帝国的迅速发展提供了大量的粮食。但是农民对土地的消耗越来越大，土壤被风吹走，变成了沙漠，今天这里依然是一片沙漠。地中海人还首先从其他大陆引进动物和植物，影响了这片土地上复杂的生态群落。这些动物和植物来自亚洲，甚至来自更遥远的南部非洲，最后，随着技术的进步，美洲的动植物也来到了这里。最终，他们甚至打穿了分隔开红海和地中海的陆地，地中海和红海的动物区系开始混合。简而言之，这可以看作是全球化过程的一个缩影。

由于这六套节目以这种方式相互联系，我想到我们也许可以把整套41集全部转换成光盘，并给每一集做电子标记。然后，我们可能会制作一个单独的播放索引，这样观众们就能方便地查找某一个物种或者自然史的某些方面，比如求偶或侵略。然后，只需点击几下遥控器，就能在他们的屏幕上播放这一集。

让我非常满意的是，这六部纪录片被打包为一个整体，并被命名为《陆地上的生命》（*Life on Land*）。虽然片子中提供的知识当然是浅显和粗略的，但我认为，考虑到当前电视台频道数目的激增以及观众分流的大趋势，未来几年是否还会有广播机构有财力和耐心委托其他人对地球的自然史进行这样的调查，并不乐观。

30

Voice-over

画外音

接下来要做什么？我已经82岁了，即便如此，我还是不愿停下来。从一方面来说，用三年的时间为新一季的六集纪录片制作并朗读旁白的确极为吸引人。但BBC愿意与我合作吗？另一方面，如果有机会能为某人制作一部电影或录制旁白，我会非常高兴并且愿意为此忙碌起来。事实上，写旁白的确是一件令人愉快的事情。早在1954年，我在电视行业最早的工作之一就是为《旅行者的故事》这部片子制作旁白。理想情况下，旅行者应该自己把解说词读出来，但在实践中，很少有人能声情并茂地朗读剧本。所以最后我不仅要负责写，还得负责录制。

当然，旁白的风格有许多种，我最喜欢使用的一种要求十分苛刻。我认为，画面的优先级应当高于解说词。观众能自己看到的东西如果再提及，就会显得多余。解说词应尽量精简，避免使用华丽的辞藻。还必须精确踩准时间点，以便让一个特定的词出现在画面的准确位置上，以达到最合适、最理想的效果。实现这一目标对语言表达方式的要求很高，讲究不着痕迹，最好就是让观众感受不到旁白的存在。

录制旁白也有独特的技巧。在制作《旅行者的故事》时，一篇旁白被记录在一卷35毫米的磁胶片中，胶片被放置在独立的机器上与画面同步运行。为了节省开支，是不允许剪辑胶片的。每一卷胶片可以录十分钟，所以如果在录到第9分钟的时候把一个单词念错了，就必须从头开始。这一过程会刺激你产生足够的肾上腺素，使你从头到尾保持清醒。现如今，每读一句话就可以选择暂停和重新开始，但我仍然认为一次性录完整篇解说的效果最好，即使这个过程要花费1个小时。这样，旁白者可以对节奏的变化有一个整体的感觉，在必要的时候可以倒回去纠正一些小的错误，这在现代科技的帮助下很容易实现。

选择为自然纪录片录制旁白的人可不是件容易的事情。理想情况下，旁白者应该是制作人或片中的科学家，但并非所有的科学家都口齿清晰，所以有时候导演会请专业演员来配音。专业演员毕竟经过专业训练，发音清楚，并能在导演需要的地方进行很好的处理。回到20世纪50年代，对于一家独立的电视制作公司来说，如果旁白者不仅是一位专业演员，还是明星的话，他的参与将大大增加一部纪录片的吸引力。例如当时的万人迷詹姆斯·梅森（James Mason）就曾被请去录制旁白，但此举实际上并不成功。观众们非常清楚，无论他在银幕上引诱女主角的技巧多么娴熟，他对动物知之甚少。因此，在这之后，当邀请演员来配音时，导演们会选择那些识别度不那么高的声音。

幸运的是，我的声音自20世纪50年代《动物园探奇》播出以来，便开始为大众所熟悉，他们已经接受我的声音，并认为我对自然世界有足够的了解。作为一名制作人，我也有丰富的经验来朗读和修改旁白，在必要的情况下甚至可以重写旁白材料。

当我离开BBC、开始从事自由职业时，当时的自然历史部的主任克里斯·帕森斯邀请我录制一部纪录片的所有旁白，他打算把这部系列纪录片命名为《野生动物》（*Wildlife*），每集半个小时，由BBC 1台播出，其中的每一集都将由一名年轻的自然纪录片摄影师或导演来制作，行业内的新人也因此有机会在制作过程中积累丰富的经验。不过，克里斯认为这个系列应该保持一些连续性，比如使用同一个声音做旁白——他便邀请我来承担这份工作。自此开始，除了我自己制作的片子之外，我又开始为其他纪录片录制旁白。

1998年，这份工作给我带来了不同凡响的回报。阿拉斯泰尔·福瑟吉尔在他早期的BBC职业生涯中制作了一部关于食蜂人的纪录片，是《野生动物》系列中的一部。他后来在拍摄《生命之源》时，差点把我淹死在一个巴西人的游泳池里。当时他着手一项全新且极具挑战的工作——拍摄水下世界，这个系列名为《蓝色星球》（*Blue Planet*）。毫无疑问，这份工作非常有挑战性，而且水下摄影和自然纪录片一样非常复杂，成本高昂。那么，观众们会想要看这种题材的八集系列纪录片吗？每周的内容都是水下的画面，摄影师似乎从来没有出水透过气，可以吸引观众吗？

还有一个问题：谁来担任那个至关重要的角色——在水下的主持人？那时，穿着潜水装备的人在水下说话听起来很奇怪，人的声音被水压扭曲，被嘈杂的喘息声打断。因此，阿拉斯泰尔决定不采用水下主持人，而决定用画外音的方式来制作。令我非常高兴的是，他希望由我来录制旁白。导演会为我准备每一集的剧本大纲，我会做一些必要的修改，然后朗读出来，这对一个旁白者来说真是再好不过了。

《蓝色星球》的摄制工作主要由四位经验丰富的水下摄影师负责，另外有三十多个工作人员来承担某些短期、独立的拍摄任务。许多人被要求拍摄之前从未拍过的物种影像，这些物种的行为方式在当时无人知晓。不可避免，进展非常缓慢——但阿拉斯泰尔为此做了充足的预算。我不时和他一起观看从世界各地发回的素材，有时海洋生物学家也会加入我们，提出专业的建议。在看到某些画面的时候，科学家们会比我们更加震惊，因为他们终日埋头于案头研究，几乎没有时间、更没有相应的技术来做阿拉斯泰尔的水下摄影专家团队所做的工作。

这个系列获得了巨大的成功。从阿拉斯泰尔一开始在脑海中设计这个系列开始，他便一直坚持，直到取得了不同凡响的结果。乔治·芬顿（George Fenton）为这个系列谱写了一段精心编排的优美乐曲，并起了一些令人难忘的标题。在英国，这一系列的收视率排名第一。在海外，各大电视台竞相争夺独家播放权。大约六十多个摄影师、录音师和导演为这个系列做出了巨大的贡献，而且每一集都能听到我的声音。

阿拉斯泰尔非常清楚他的下一步计划——拍摄一部丝毫不逊色于《蓝色星球》的纪录片。

这次，阿拉斯泰尔关注的重点是整个星球上的陆地生命。他不得不承认，有人拍摄过相似的题材。事实上，我本人就在继《生命的进化》之后所推出的《生生不息的地球》中做过类似尝试。但阿拉斯泰尔有两个技术优势：首先，这将是第一部以高清摄像机拍摄的自然纪录片，因此，所有画面都有着极致的清晰度，蕴含着无与伦比的细节；其次，他还找到了一种新研发且具有革命性意义的摄影机稳定器。这两点听起来好像不算什么，但它们的确作用巨大。

拍摄野生动物影片的摄影师常常藏在“隐蔽帐”里，等待拍摄对象主动走近。有时候，如果摄影师很勇敢且动物们也无所畏惧，那么他有时可以步行跟随。极偶尔的情况下，摄影师甚至可以开着路虎车追逐动物们进行拍摄，但此举更有可能使动物们十分警惕，反而令摄影师拍不到想要的画面。如此随机真是令人非常沮丧，摄影师怎么可能指望拍摄到猎狗追逐羚羊的连贯的画面呢？也许航拍可以解决这个问题。但是，当直升机下降到能拍清楚地面上的动物时，发动机轰鸣声会使动物惊慌失措、四下奔逃。甚至拍摄地面景观的近景可能也是无法使用的，因为旋翼造成向下的气流会压扁灌木丛。你可能会觉得解决办法是让直升机保持在足够高的空中，用长焦距镜头拍摄下面正在发生的事情。

然而，阿拉斯泰尔听说好莱坞有人制作出了革命性的新系统Cineflex。它是一款由陀螺仪控制，内置平衡环，被安装在直升机的机身下方的电子摄影机系统。一名摄像师坐在飞行员后面观察传输到电子屏幕上的影像，并用操纵杆来控制摄影机的拍摄方向，随时放大自己想仔细观察的细节。

第一部使用这种方式拍摄的是阿拉斯加的狼群追逐野牛的画面。直升机飞得如此之高，以至于地面上的狼群还有野牛都没有意识到它的存在。Cineflex支架的稳定性非常高，迈克·科勒姆（Mike Kelem）有足够娴熟的技巧来操控机器，可以为全速奔跑中的狼头拍清晰的特写。

第二摄制小组正在追逐地面上的一场狩猎活动。导演高高地飞在天上，坐在飞行员的旁边指引拍摄小组在森林中穿梭，因此地面人员常常能抄近路，有时候甚至可以赶在狩猎活动前头。当狩猎活动达到高潮时——狼群把一头小牛拖到地上撕咬成碎片的一刻，地面人员几乎就在旁边拍摄。随后，将航拍和地面拍摄结合，便有可能将狼群流畅生动的动作与复杂的狩猎战术以前所未有的方式展示出来。

《地球脉动》(*Planet Earth*)充分发挥了这种新设备的最大优势。它不只将动物们的行为拍得非常流畅生动，同时也大大改进了风景的拍摄效果。一个看起来距离湍急的河面仅有几英尺的照相机，可以在河水从悬崖上急速跌落的瞬间下降1000英尺(约305米)。Cineflex赋予了《地球脉动》一种全新的感觉。阿拉斯泰尔又一次取得了巨大成功，我也因此获得了诸多荣耀。

我第三次获得此类荣耀得益于阿拉斯泰尔新的创作冲动。他是大个子，极具冒险精神，擅长说服别人加入自己的团队，帮助他实现自身的伟大构想。像他这样身强体壮的人都对极地十分着迷，在这些地区，人类不得不置身于地球上最恶劣的环境之中。鉴于此，他有了拍摄《冰冻星球》(*The Frozen Planet*)的想法，这个系列将同时探索北极和南极的奥秘。

这个想法又一次受到了规划师和委员们的质疑。六集只拍摄冰雪的一小时节目会不会有些单调？是否有可能长期保持观众对这样一部纪录片的兴趣？阿拉斯泰尔再一次坚持自己的看法。他解释说，因为南北极差别非常大，所以这个系列拍摄的内容也会非常丰富。北极被冰冻的海洋所覆盖，向北延伸至北极圈——加拿大、西伯利亚和斯堪的纳维亚的冰面上生活着许许多多的生物。那里有北极熊、北极狐和土著人。而南极则位于广阔冰冻大陆的中央，因南大洋肆虐的暴风雨与地球上其他地方完全隔离，所以在人类涉足之前，只有会飞或会游泳的动物才能到达这里。他表示这部系列最终会让所有人明白，为什么在大自然中北极熊永远不会捕猎企鹅。规划师和委员们明智地点头同意，批准了阿拉斯泰尔的预算申请。

阿拉斯泰尔决定我应该在两个极点有个简单的露面，我很看好这个提议的前景。事实上，当一片雪原向四面八方伸展开来，南北极看起来都差不多。不仅如此，不管站在哪个极点上，从头到脚捆绑着沉重御寒装备的人类看起来也十分相似。即便如此，拍摄的准确性依然十分重要，所以这两个地方我都要去。

第一站是南极。世界上有几个国家已经在南极大陆上建立了基地，以方便进行科学研究。20世纪初，英国和挪威首先在此建立了基地。南半球上南极洲最近的邻居——智利、阿根廷、澳大利亚和新西兰紧随其后。后来，遥远的日本，甚至比利时也加入了这个行列。但是，只有一个国家拥有在极点建立基地的技术和财力——美国。南极大陆常年冰封，尤其在漫长的极夜，环境更加恶劣。而在这里，关于天文学、气象学、粒子物理学等其他科学领域的研究都有着得天独厚的优势，这是地球上其他地方都无可比拟的。第一次到达南极点的两个人都不是美国人，但美国慷慨地以他们的名字将这个基地命名为“阿蒙森-斯科特基地”（Amundsen-Scott Base）。

要到达阿蒙森-斯科特基地，我们必须先到达美国位于南极洲海岸的主要基地——麦克默多。美国空军定期从新西兰的基督城飞到那里。阿拉斯泰尔和我便从新西兰开启了南极之旅。

在一排排类似机库的巨大建筑物里，我们要交出自身携带的普通装备，承诺放弃自主行动，服从军队化管理。我们的衣服被装进袋子，贴上标签等待回来后取走。随后，我们得到了专业的防寒装备，从护目镜、羊毛帽，到保暖内衣。通过大概的讲解，我们了解到基地的基本情况，以及在生死危急关头的自救办法。在那个时刻，能否成功到达目的地依旧不确定，我们甚至有可能会不知不觉地陷入所谓的“回飞棒旅程”。南极的天气变化无常——面对极端恶劣的天气，即使再飞一个小时就要落地，也不得不调转机头折返回基督城。因为没有足够的燃料能够支撑飞机盘旋在空中以等待情况好转。就这样，我们鱼贯而出，爬进了在停机坪上等待着的巨大C-17全球霸王运输机。

挤在成排的金属桶形座椅上，周围堆满了大型货物，在没有窗户、灯光十分昏暗的机舱内，我们静静等待。终于，飞机引擎发出了震耳欲聋的轰鸣声，我们起飞了。

幸亏我们得到了警告。六个小时之后，机长告知我们确实遇到了“回飞棒旅程”。麦克默多情况恶劣，不可能着陆，必须回到基督城。得知这一情况，我非但没有感到沮丧，反而有点兴奋。即使在今天，南极这个极远且苦寒之地，仍能阻挡人类的脚步。

第二天，跟着新加入的一两名新乘客，我们又听了一遍所有注意事项。我们再一次出发，这次，我们落地了。

麦克默多基地是目前南极地区最大的人类定居点。夏天，这里拥有大概一千多名居民。在白雪覆盖的岩石山坡上，看似杂乱无章地分布着一百多栋独立的建筑。这里有宿舍、食堂、车间和实验室，在冰面上有两个永久机场和一个更靠近定居点的直升机停机坪。

今年夏天，在海冰上开辟了一条通道，以便携带大量补给的船只靠岸。根据避免污染南极大陆的国际条约，最后离开的船只要运走基地上包括人类污水在内的所有垃圾。

加文·瑟斯顿和克里斯·沃森已经到了，正在冰面上拍摄关于虎鲸的特别画面。虎鲸在冰层的边缘潜行，偶尔浮出水面仔细观察四周，好似正在捕猎海豹。航拍导演瓦内萨·波洛维兹，还有Cineflex的摄影师迈克·科勒姆也在这里，正在使用基地的一架直升机进行空中拍摄。阿拉斯泰尔和我乘坐另一架直升机加入了他们的行列，置身山巅之间，几近与地面垂直的山尖为迈克提供了一些绝佳的拍摄角度。我有时候会想知道观众们看到我们到达这种难以逾越的苦寒之地时将如何想象。站在这种人迹从未涉足过的地方，却有一种孩子气的快乐——这于我来说，是绝无仅有的机会。

我们在南极的任务很简单：拍摄纪录片中的第一集和一些非常重要的镜头，同时会以特写的形式对我进行拍摄，穿着防寒服，其上装饰着毛茸茸的帽边，帽边上最好凝结着一些白霜，说完“我站在南极点，我的四周一片空虚”，我会大大张开双臂。紧接着，会转向另一个镜头：我孤独地站在冰雪覆盖的田野之中。加文和克里斯将负责拍摄特写，瓦内萨和迈克会将镜头渐渐拉远，直到我变成一个小点，消失在洁白的冰雪大地上。

显然，这一组简单的镜头在实践中并不好拍，第一个困难就是如何把Cineflex带到极地。首先，它不可能安装到我和阿拉斯泰尔乘坐的那种巨型运输机上，使用瓦内萨和迈克航拍的麦克默多直升机也不现实，因为极地拍摄远远超出了它的活动范围。所以，最终我们决定将Cineflex安装到一架固定翼飞机上，据迈克所知，这种做法前所未有。

这种飞机很小，又被称作“双水獭”，因为是固定翼，其活动范围大大提升。它们会飞到极点加入我们，并在旅程中拍摄南极洲的一系列宝贵影像。

几天后，阿拉斯泰尔和我，以及加文和克里斯一行人按计划踏上了距离极点最后850英里（约1368千米）的旅程。我们又回到了军用运输机扭曲的机舱里，它轰隆隆地向南飞去，我们又一次沐浴在南极夏日灿烂的白光中。阿蒙森-斯科特基地，相比于麦克默多其他基地来说非常小，坐落在阳光下闪闪发光的冰面上，看起来就像一艘停在月球表面的宇宙飞船，有些不太协调。它被高跷撑起，冬天来临，被猛烈的大风吹来的雪才不会靠着墙壁堆积起来，而是自楼底就被吹散了。但还会有一些漏网之鱼没被吹走。高跷实际上是有力的千斤顶，可以将整个建筑物抬高——如果有必要的话，每到雪季都要抬高建筑物——所以这里可以做到没有积雪。

到了冬天，基地住着二十多个人，其中很多人也许几个月都不会走出基地。他们中少数人是科学家，其他人都是技术人员，负责维护这个广袤无垠的南极洲上微小的生命胶囊。然而，在这个季节，因着持续不断的极地光照，居民增至数百人，许多和我们一样，只做短暂的停留。

我们到达后不久，瓦内萨和迈克乘着“双水獭”也到了，我们立刻开始商议拍摄细节。第一个问题就是我应该站在哪里。有一个显而易见的答案——距离基地主楼前的院子二三十码的地方，竖立着在南极洲建立基地的所有国家的国旗，它们以半圆形围绕，是游客们必来的地方。但飘扬的旗帜并不能传达我们想展示的那种非同寻常的距离感。另一个更重要的问题是——它们并没有树立在南极点的遗址上。

南极洲被冰覆盖着。在极点这里，积累着3千米厚的冰，冰层在持续下滑，它以每年10米左右的速度滑向海岸。所以，从旗子树立之时起，旗杆和底座就一直向着远离极点的位置滑动，到目前为止，位置已经偏离了几百米。也许当局曾经考虑过重新选址，但最终考虑到游客们只是想走一小段路，来这里拍摄一张标准的微笑握手的照片。无论如何，目前国旗距离基地比南极点更近。一个地理上更精确的南极点是由顶部装有不锈钢地球仪的小柱子标记的。柱子可以每年移动，但即使如此，也只有标记的第一天是准确的。所以，最后我们决定，最好的折中方案是在两者之间的冰面上找一个地方，这个地方除了冰和雪之外什么都看不见。这个方案通过了，“双水獭”带着迈克和瓦内萨起飞，我口袋里装着对讲机并将扬声器开到最大，从基地沿着一个迈克认为光线良好的方向行走。口袋里传出瓦内萨低沉的声音，告诉我已经走得够远了。“双水獭”出现在地平线上。我在瓦内萨的指示下开始说话，然后张开手臂。“双水獭”消失了。我们又拍了一次。一次又一次。我开始感觉到极度的寒冷。毕竟是零下35度的低温，而且刺骨的寒风猛烈地拍打着我那张必须暴露在外的脸。观众应该至少能看到我的嘴唇在动——即使在这个雪地中全副武装的身影上没有其他可以辨认身份的东西。“双水獭”又出现了。我又默念了一遍，展开双臂。在这种时候，各种各样悲观的想法闪过脑海。“双水獭”一次又一次地消失——但我知道它还会再回来。最后，我终于听到了瓦内萨的声音，她说自己拍到了理想的镜头。

我之前想象过在这种环境中会发出怎样的感慨，“我站在南极点”这句话也许不是我最想说的，但是至少它的确精确有力。

六个月之后，我们在北极拍摄了类似的场景。当然，它所处的位置与南极点大不相同。南极位于海拔3000英尺（约914米）大陆的中央，而北极点位于北冰洋的表面，和海平线持平。早春时节是北极最佳的到访期，冬天的严寒逐渐消退，几周之后海冰开始融化，汇成了不规则、细长的涓涓细流。一家俄罗斯公司也有去北极点的行程规划，与地球另一端的南极点非常不同，你会首先飞到地球上最北边的斯匹茨卑尔根岛，它是挪威北极领土的一部分。在那里，一架俄罗斯飞机将载着你向北继续飞行700英里（约1126千米），到达一处距离北极点70英里的营地。

营地本身在外观和感觉上与阿蒙森-斯科特基地几乎没什么不同。当然，这个营地只是暂时的落脚之地，春天雪水融化的时间提前了很多，而在那之前，营地必须全部拆除。因此，营地不是超级高效的现代化建筑，它放置着许多高科技仪器，乱七八糟地堆放着巨大的帆布帐篷。每一顶都是双层设计，非常实用——内层的墙壁和天花板上覆盖着填充物，外层稍微大一些——所以这两层之间有一层静止的空气作为绝缘层。每个双层帐篷都有一个加热器，以及一台放置在旁边小帐篷里的发热扇，它动静不小，通过一个短短的帆布管道将热风源源不断地送进大帐篷里。帐篷内部还有几张行军床。除此之外，提升舒适度的其他设备都是游客自己带过来的。

营地的人员组成相对南极来说要复杂许多。毫无疑问，在这里有些人进行着严肃的科研项目，但也有一些私人冒险家，他们计划走完剩下的70英里到达极点。一个俄罗斯北极专家组成的团体将所有人员组织起来，将其作为纯粹的企业运营。我们的任务是拍摄一组和南极相对应的镜头。我会再一次告诉大家我在那里，伸出手臂，展示茫茫雪原。如果我又一次说出自己所在的这片冰天雪地就是北极，毫无疑问，也是真的。

一架俄罗斯直升机负责送我们到极点。它停在距离营地几百码远的地方，紧挨着一排装满冰的黑色塑料袋，这些塑料袋标记着跑道的边缘。跑道很长，冰面十分干净平滑。在我这种非专业人士的眼中，这架直升机都看起来有点过时，它有两个巨大的发动机和长而下垂的旋翼桨叶。但直到朗伊尔城的气象学家宣布天气适宜，我们才能起飞。现在，必须等待。

我们坐在行军床上看书，谈论着已经聊过很多次的拍摄之旅，或者只是盯着天花板发呆。每隔几个小时，我们就步行穿过冰面，走进乱糟糟的帐篷里喝一份罗宋汤，也就是俄罗斯甜菜根汤。在持续不断的日光中，每隔大约12个小时，我们决定最好假装夜晚已经来临，试着入睡。

在大约150个小时，也就是7天之后，我们的俄罗斯接待方带来了好消息。北极的天气突然变好，可以出发了。突然，一切都变得紧张起来，我们急匆匆地带着拍摄装备爬上了直升机。

俄罗斯队员们很高兴，也很友好，但是他们的英语跟我们蹩脚的俄语相比，好不了多少，因此，我们之间的交流并没有之前期待的那样简洁明确。但是，他们高兴地肯定了北极点的确是我们的着陆点。毕竟，那里是所有其他乘客都想去的地方——唯有我们可以如愿以偿。

在最好的情况下，机舱的内部也十分嘈杂，我们的交流几乎全部通过手势来完成。半小时后，他们点了点头，而闪耀的光束也似乎表明我们已经到了。在冰面上使飞机着陆十分不易：地面上没有任何可见的标志物，故几乎不可能判断出离地高度。俄罗斯队员有他们自己独特的判断方法。在飞机盘旋时，他们打开机舱的门，扔出一个破旧不堪的汽车轮胎。轮胎几乎立刻就着地了，从这一点我推断出我们离冰面只有几英尺的距离了。

我从机舱里爬了出来，阿拉斯泰尔、瓦内萨、加文和克里斯紧随其后。他们快速地把设备调试好。我看着摄像机，说出了自己的台词，然后张开双臂指向茫茫雪原。为“以防万一”，我们又拍了一遍，但谁也说不出“万一”具体是指什么。然后，我们返回直升机，不到一个小时就回到了营地，喝了一碗罗宋汤。之后，我们便听到了一个好消息：马上有一架载着其他游客的飞机要从朗伊尔城飞过来，可以顺道带着我们离开营地。我们收拾好行装，躺在行军床上，闭上眼睛——这是最后一次假装到夜间了。

在冰上露营是一种奇怪的感觉。大多数时候你会忘记脚下的雪不是堆积在坚硬的岩石上，然后感到某种若有似无的不稳定，些许微妙的变化，这让你不由得想到脚下几英尺的海水是不是在微微波动。你也许会注意到冰面上那条如发丝般极细的线——一条裂缝。

在通向机场的冰面上就横贯着这么一条线。当我指出时，司令官轻蔑地笑了。这样的裂缝一直开开合合，循环往复。我真希望它不要从营地和机场之间穿过。

俄罗斯运输机准时地“轰隆”一声降落在冰面上。我们装好装备，几个小时后，便坐在朗伊尔城的酒吧里喝啤酒。直到次日早晨，在我们汇合搭乘上回奥斯陆和伦敦的飞机之后，才听到这个消息：我们的飞机离开俄罗斯营地不久，那条横贯机场的裂缝突然开始变宽，形势很不乐观。指挥官立即发出命令，疏散全体人员。帐篷被掀翻，匆匆打包的行李被拖拽着翻过裂缝。当裂缝明显增大时，他们在上面搭了梯子作为桥梁。几分钟之后，营地那边的人再也无法大步跨过逐渐拓宽的缝隙，只能选择跳过去。大约过了一个小时，裂缝已经增大到难以逾越了，幸好那时大部分行李和所有的人员都安全了，他们挤在跑道旁等待救援飞机的到达。我们的北极之行看起来好似平淡无奇，但也有可能因诸如此类的情形难以成行。

《冰冻星球》系列于2011年制作完成并播出，和之前两个系列一样，它也获得了全球性的成功，阿拉斯泰尔·福瑟吉尔实现了三连胜。他现在有了更宏伟的目标——想将自己创造伟大场面的技巧用于更大的屏幕之上——电影院。看来，我能参与如此大规模的电视节目制作的好运也已到了尽头——至少目前是这样。

31

New Images and a Third Dimension

新图像和3D技术

进入21世纪，电视的变化比以往任何时候都快。当我加入英国广播公司时，它还是个一家独大的垄断公司。全国上下，除了我们这些在这家迷人而又独享特权的公司里工作的幸运儿，没人了解电视行业的错综复杂。即便在商业化的独立电视台问世后，这种神秘感依然存在。商业机构也像英国广播公司一样，招募了大量的内部制片人。但随着时间的推移，电子设备变得更加多功能，也更便宜、更可靠了。人们开始意识到，制作电视节目其实并不神秘，任何人都能做得到。小型的独立制作公司出现了，他们也想从中分一块蛋糕。政府很鼓励这种多元化，并在1990年通知英国广播公司，其业务量中必须有25%由独立制片人制作。

尽管我基本上没有为其他英国电视机构工作过，但在1973年，我辞去了当时担任的行政职务，离开英国广播公司的团队，开始以自由职业者的身份工作。没过多久，我就收到一些邀请，去参与一些虽是英国广播公司委派，但实际由独立团队制作的节目。在2009年的时候，我收到了当时还在制作中的《冰冻星球》的邀请。邀请信来自安东尼·格芬（Anthony Geffen），他曾经是英国广播公司的制片人，如今已经拥有了自己的独立公司——大西洋制片公司（Atlantic Productions）。他受英国广播公司委托拍摄了一部影片，讲述一块非常令人兴奋的化石在德国的发现过程。这块化石现归奥斯陆大学的自然博物馆所有，在灵长类动物这个最终进化出了人类的物种分支上，它可能是已知最早的生物。这部影片因此被定名为《链接》（*The Link*）。来自德国、挪威和美国的杰出科学家们已为其录制了访谈，我为它担任解说。我的叙述没有偏袒任何一方，让科学家们自由阐释自己的观点。哪怕在科学观点上有些争议，这也是一部制作精良的影片，我很高兴为它录制了解说。不过我尤其感兴趣的，是它如何通过CGI（computer-generated imaging，计算机生成图像）技术，将远古的动物栩栩如生地呈现在我眼前。这是由安东尼的公司内部一个名叫"动物园"（ZOO）的小团队制作的，规模虽小但非常专业。我认为，那些画面是我见过的所有物种化石复原里最令人信服的作品。

不久之后，我就收到一封来自澳大利亚古生物学家帕特里夏·维克斯-里奇（Patricia Vickers-Rich）教授的来信。她正在研究一些已知最古老的化石，一些看起来像微型水母，另一些像分节的蠕虫。有些带条纹的圆盘，小的像硬币一样小，大的则有门垫那么大。这些化石当中最大的，是一些长有羽毛的生物，就像海笔，可以长到一米多。它们最初是在澳大利亚阿德莱德北部弗林德斯山脉（Flinders Ranges）下辖的埃迪卡拉山区（Ediacara Hills）发现的。早在1979年，我就为《生命的进化》的第一集拍摄过其中一些化石。然而自那时起，人们已经对这些神秘的生物有了更多了解。帕特想向我寻求建议：谁可以为这些神秘的生物制作视频影像，呈现出它们活着时的样子？

我想到了大西洋制片公司为《链接》制作的电脑图像，于是让她联系安东尼·格芬。就这样，一件事很快牵出了另一件——一旦安东尼参与其中，事情往往就会变成这样。我还没反应过来，就已经在为他创作可以用上这些还原影像的剧本大纲了。

我们将这档节目命名为《生命的起源》（*First Life*），它将以帕特里夏·维克斯-里奇在澳大利亚研究的“埃迪卡拉动物群”*开篇。然后，节目会继续追溯生命演进的历史，无数今天依然存活在地球上的无脊椎动物门类出现了——海绵、水母、珊瑚、环节动物、海胆及软体动物。节目将以三叶虫（trilobite）这种虽然2.6亿年前已经彻底灭绝，但在其生存时期也一度极为昌盛的物种作为结束。这是一个恰当的完结点。在此之前，生命仅分布于地球上的水域里。而在那之后，它们登上了彼时依旧贫瘠而空旷的陆地，并最终孕育出了恐龙、鸟类和哺乳动物。不过，那又是另一回事了。大纲获得安东尼的认可，不久之后《生命的起源》就启动了。

现在，我等于获得了一个机会，为自己开出一张费用全包的通票，去参观所有世界上最壮观、最重要的化石遗址。能够细致入微地拍摄埃

* Ediacara fauna，由前寒武纪晚期的海生无脊椎动物化石和遗迹化石组成。最早于1947年由澳大利亚地质学家R. C. 斯普里格（R. C. Sprigg）在澳大利亚中南部埃迪卡拉山的庞德砂岩内发现。

迪卡拉化石，带给我极大的满足。因为正如我之前提到的，这组化石当中一个非常重要的物种，是在我小时候常去玩耍的查恩伍德森林的古老岩石中发现的。尽管我本人没能发现这种生物的化石，从而错失了在古生物界青史留名的机会，但现在，至少我可以拍摄它呀。

我们第一趟旅行去的是纽芬兰岛（Newfoundland），那里的岩石与埃迪卡拉的年代相仿，但其中包含的物种就要比澳大利亚的同类岩石壮观多了。这是我第一次和安东尼·格芬一同旅行。他是个雷厉风行的人。在牛津大学，他曾代表学校参加过田径、曲棍球和高尔夫球比赛。在英国广播公司，他很快就因经历过许多惊心动魄的时刻而出了名。比如前罗马尼亚领导人齐奥塞斯库（Ceausescu）被谋杀时，他正在布加勒斯特（Bucharest，罗马尼亚首都）的总统府里进行拍摄。

我从未见过像他这样精力充沛的人。我们飞到加拿大东海岸纽芬兰岛上的主要城镇圣约翰，然后一大早就乘一辆租来的汽车，出发前往几小时外的目的地——“错误点”（Mistaken Point）。安东尼一天的工作，就从同时做五件事开始。他一边打电话（一件），一边审核着放在膝上的iPad里的一些商业文件（两件），在用食指轻敲iPad的间隙，他还掏出相机快速拍下车外的山景（三件），并一边和我聊天（四件），一边告诉司机，他拐错了弯（五件）。

我们去看的那些动物化石，是在大约5.86亿年前被火山反复喷出的沉重火山灰深埋在海底的。这些火山灰层被压缩后变成了岩石，其后又在地壳运动的作用下发生扭曲、倾斜和折叠——但并未激烈到摧毁其中所有动物痕迹的程度。恰恰相反，突然从天而降的细灰将那些生物的形态保存得异常精细。如今，海水不断侵蚀着岩石，冲刷去岩层之间薄弱的部分，露出了曾经的海底。于是，在一片网球场大小的区域里，尽管坡度很大，还是可以手脚并用地爬来爬去，仔细查看其中死去的每一只微小生物：可以看到横扫海底的洋流如何将许多生物的遗体堆积成了一行；偶尔，还能沿着一条蜿蜒曲折的运动轨迹，在其尽头找到痕迹制造者的遗骸。对我们的拍摄而言，这里是个激动人心的开始。

我们为这个项目工作了几个月。在拜访查恩伍德时，我有幸见到了最近在一个秘密地点新发现、仍在原地的标本。我们还去看了落基山脉的伯吉斯页岩（Burgess Shales），比起我30年前第一次去那里拍摄《失落的世界》时，这次我们对这里化石的丰富性做了更详尽的记录。最终，作为最后的压轴戏，我们前往摩洛哥拍摄了三叶虫。

三叶虫的基本结构有点像木虱。它的背上覆盖着一层有关节的甲壳，甲壳下面有许多对带关节的长腿。这一整个类目现已灭绝，没有任何后代存活至今；但在其鼎盛时期，三叶虫也曾统治过海洋。有些还没人的小手指指甲盖大，还有一些则几乎有一米长。有些游泳，有些爬行，有些在泥里挖洞。有许多种类可以像小小的犰狳一样蜷缩起来。还有一小部分出现了眼睛——地球上最早能够产生清晰聚焦图像的器官。有一种三叶虫在头的前部伸出一个三叉形的突出物（即三戟三叶虫），其功能至今仍是未解之谜。一些最早期的种类是在威尔士的岩层中发现的；而在摩洛哥，可以从一些品种最为奇形怪状的复杂结构中，见证它们最后的辉煌。

为我们介绍这些神奇生物的是一位老朋友，最近刚从伦敦自然博物馆退休的三叶虫研究世界级权威，理查德·福泰耶（Richard Fortey）。他不仅带我们去了最好的现场，还在镜头前熟练地讲解了这些奇怪生物的解剖结构。他还是一位非常专业的全能型博物学家。

这一次，也像我们此后的每次合作一样，安东尼决定不只拍摄一部影片，而是同时拍两部——第二部专门用来记录我们是如何拍摄第一部影片的，由一位单独的摄影师兼导演负责。在业内，这种片子被叫作“制作特辑”。我们在摩洛哥的山区停了下来，吃个三明治，喝点东西。我一直坐在敞着门的汽车里。而理查德已经跑开了，一会儿在灌木丛中搜寻，一会儿翻动鹅卵石，一会儿捡起一些碎石片用放大镜仔细观瞧。正在拍摄影片制作花絮的大卫·李（David Lee），眼睛对在摄影机上走到我近前，机器上表示“录制中”的灯在闪着。

“理查德在那边干什么呢？”他问。

“这个嘛，”我说，“他是个博物学家，他什么东西都看。我敢打赌，他很快就会走过来，从口袋里掏出什么东西说：‘我刚捡到这个，你觉得它可能是什么？’”

大卫继续录着，只是稍向后退了几步，好得到一个更广的画面。被我说中，理查德又出现了，看上去有点心不在焉。他在我旁边坐下，把手伸进口袋，递给我一块形状古怪的小石头。

“我刚捡到这个，”他说，“你觉得它可能是什么？”

当然，他自己一清二楚，那是一小块保存完好的精美珊瑚化石。这样的情景，都是“制作特辑”摄影师们的幸运时刻，也是和伟大的博物学家一起旅行的乐趣所在。

* * *

对我而言，《生命的起源》是颇具启示性的，不仅由于它使我跟上了自打我在剑桥大学学习古生物学以来，这门学科的最新非凡发现，而且还有“动物园”团队图像复原工作的完美表现。当我1989年制作《失落的世界》时，可用的动画效果还非常不理想。看着恐龙一瘸一拐地走在明信片般的侏罗纪景观里，没人会不知道它们不过是一些笨拙的装置而已。而《生命的起源》中的画面就格外有说服力，以至于要是不作说明，有人可能真会以为，它们就是某些不知怎么存活至今又还未被人发现的物种吧。

“动物园”团队由计算机发明大师詹姆斯·普罗瑟（James Prosser）领衔。他手下有二十多名程序员，每个人都坐在一个大型电脑屏幕前工作，手边放着特定的古生物学出版物。他们为我展示的第一项创作成果，是一种3英寸（约7.6厘米）长的小生物——欧巴宾海蝎（*Opabinia*），其化石是在伯吉斯页岩中发现的。它分节的身体有点像虾，尾部有扁平的盘状结构，头上竖着五只突出的眼睛，头部之下则长着一根可伸缩的长长口器，上边还有一排锋利的刺，据推测，是用来抓住猎物的。这种生物的样貌是如此古怪，与当今的物种如此大相径庭，以至于当研究该标本的古生物学家在一次科学会议上首次展示他对该物种的复原图时，在场的观众哄堂大笑起来。

但“动物园”团队电脑屏幕上出现的那个影像，没有令我发笑。我被惊呆了。这只小动物游进画面，眼睛里闪着彩虹的光芒，就像一只活生生的虾。它用身体两侧的襟翼慢慢向前划动，将口器探入海底的泥浆。然后，尾巴猛地一弹，加速离开了。尽管与今天存活在世的任何物种都完全不同，它也无疑是个令人着迷、完全可信的小动物。

创造这样一个形象的过程是漫长而艰辛的：需要在屏幕上构建一个

不带特征的均质灰色模型，与该生物身体的大致轮廓相匹配，且比例要非常准确。

模型拥有完整的3D影像，因此操作者可以将其旋转、扭动，从任何一个角度观看，这样，就可以一处接一处地添加鳞片、羽毛或毛发等细节了。这项工作有时会由最初建模的操作员来做，也有的时候，他们会把前期模型通过网络传给坐在世界另一头（比方说印度）的其他计算机操作员——这些人都格外擅长创造诸如鳞片或褶皱皮肤这样极其逼真的纹理。每当一个阶段完成后，图像就会立刻被发给一位专门研究特定物种的科学家，以征求意见：它会这样移动吗？颜色猜测得合理吗？最后，绘制完成的生物形象会被嵌入一幅单独制作的生境图像里。于是，它就在其间漫步起来，可能直到随后被一只更大的生物抓住为止。

在我看来，最终的效果太惊人了。复原出的古生物不仅看上去完全可信，它们的动作和行为也像我所了解的动物一样，时而犹豫，时而后退，时而猛扑。而且它们不仅仅是被添加到了环境里，还与之发生着互动。海水中的微小颗粒会被它们的鳃所产生的水流冲走，它们的腿踩在海底，又会掀起团团砂砾。这样的细节，只有不仅知道翻阅书本，还对自然界有着真实感知的人，才能构想出来——这还是数百万年前就已存在的自然界。

直到几部作品之后，我才发现这个人是谁。正是詹姆斯·普罗瑟本人。几个月后，当我们一起在婆罗洲拍摄时，他说起自己在大学里学的是古脊椎动物学，但毕业后不久就发现，自己的计算机技能比古生物学的学历更有市场。而随着一个又一个物种被纳入《生命的起源》的演员名单里，我实实在在地意识到，如今将化石复原成生物的视觉技术，可以达到如此栩栩如生的程度，它已然为电视节目开辟了一个全新的领域。

* * *

当我们在落基山脉拍摄《生命的起源》中伯吉斯页岩的镜头时，安东尼在一天辛苦的拍摄结束后喝着啤酒，开始和我谈论起3D技术。这些年来，影院已多次尝试用3D技术放映剧情片，获得了很大成功。屏幕上的画面非常逼真，当一架飞机或一只鸟看似从屏幕上飞了出来、掠过观众们的头顶，坐在豪华座椅里的观众就会被吓得低下头，或举起手臂防御。但要观看这种效果，观众必须戴上特殊的眼镜。

如今，电视行业正在开发自己新改良的3D影像技术。观众仍需使用眼镜，但效果得到了极大改善，显得非常逼真。安东尼和以往一样，又被这项新技术迷住了。他知道自己认识一个广播员也有兴趣在这个新领域里做点尝试，于是他说，假设有人问起来，咱们选什么题材拍成3D电影呢？

我被这个想法迷住了。我的电视生涯在刚起步时，用的是第一代摄影机，定期为公众提供以405条扫描线传输的画面；后来我所负责的部门率先引进了625线传输，继而又有了彩色传输。若能跻身必将成为电视画面精进的终极形态的3D视觉幻象里，那可就太有趣了。

有一件事已经确定无疑，那就是计算机可以制作出质量非常高的3D影像。一部名为《阿凡达》的影片刚刚上映，几乎完全是由CGI技术合成的，取得了巨大的商业成功。我们自己也通过化石复原工作，对CGI有了一些了解。

为何不让化石们做一部3D影像纪录片的主角呢？至少当我们停下来处理3D拍摄过程中出现的技术问题时，它们不会抱怨或者发脾气。恐龙显然会令人震撼，但这个题材可能有点陈旧了。那么翼龙呢？它们是一种飞翔在恐龙头顶、有翼的巨型爬行动物，一定可以充分利用这种新媒体技术创造出的3D空间。那天晚上，我就以翼龙的进化和最终灭亡为故事线，写了一份初步的节目内容大纲。

但是，还有个障碍。英国广播公司并不打算涉足这个仍属试验性的领域，在我看来这似乎有点遗憾。在广播电视的发展史上，英国广播公司引领了从声音到视觉每一轮技术进步的潮流。但如今，它认为做3D影像步子迈得太大了。要启动这类转变，公司得花费大量资金，而没人能保证这会吸引来数量可观的观众。唯一积极支持这项新技术的，是天空电视台（SKY）。向安东尼征询点子的正是他们。

天空电视台是鲁珀特·默多克（Rupert Murdoch）创办的，他曾宣称自己是英国广播公司的死敌。如果我制作的节目暂时只能在他的电视台播放，是否在背叛自己服务公众的理想呢？

50年前，当英国独立电视公司（ITV）成为第一个挑战英国广播公司的商业电视台时，我还觉得为竞争对手工作是不可想象的，但现在情况完全不同了。英国的电视界，不再是一家高尚的公共服务型广播公司与一家广告赞助的商业竞争对手之间的较量。如今，各式各样不同的广播公司都在同一个舞台上表演，彼此之间的设备、演播室，甚至是演员都时有交换。英国广播公司自身，也在向那些靠广告创收的数字频道出售以往的节目。最终，我决定：既然英国广播公司没有可供我试播3D影像作品的平台，那么我把它带到一个可以展示它的平台去，应该并无不妥。我和一些英国广播公司的朋友沟通了一下，他们也同意。于是，我就继续着手完成了脚本大纲中的一些细节。安东尼把它发给天空电视台，他们回复认可了。

我们给这个翼龙项目起名为《空中怪兽》（*Flying Monsters*）。我们拍摄的第一站，是在德国巴伐利亚的一座巨型采石场。19世纪时，在那里发现了一块世界闻名的化石，部分像爬行类，部分像鸟类，被称为“始祖鸟”。我正是在那里第一次见到了一台可操作的3D摄影机，及其操作人员。

3D摄影机的体量特别庞大。简单说来，它就是将两台普通摄影机绑在一起，用各种电线和附件连接，以使两台机器实现完全同步录制。这样，才能令两套独立拍摄的画面在观看者大脑中合二为一，产生具有景深的影像错觉。但这个操作也很容易出纰漏，因此，每一个镜头在拍摄完后，都必须经过数学分析，好验证它是否达到了一些特定的标准。如果有一点不完美的地方，无论多么复杂、费时费力，都必须重新拍摄。我真是很庆幸我们没选择活的动物来做影片主角。

我想，我们第一天就设法完成了一个，也可能是两个令人满意的镜头，但也仅此而已。我们都戴上观影必需的眼镜，挤在显示器周围，惊叹于拍出来的3D效果。但是，显然，如果想把预算控制在合理范围内，就必须提高拍摄效率。

第二天开局不利。天气阴沉，光线很差。我们开始拍摄我坐在采石场地面一处小矿坑里的镜头：我一块一块地翻开石灰岩，以展示化石实际上是很稀有的——没想到运气好极了，我拿走一片岩石，就在其下方的石板上看到一只菊石（即鹦鹉螺的化石）完美的螺旋状贝壳。我带着完全真情流露的惊讶和欣喜，开始描述自己的发现。

“停！”导演马特说，“我们要拍一下它的特写。”如果是台普通摄影机，只需把镜头拉近就行了。但是，变焦在3D摄像中是行不通的。那个时候，给3D摄影机更换一个镜头至少需要40分钟。最好的办法就是把整台摄影机移动一下。“别动，”马特说，“保持连续性。”摄制人员开始把摄影机拖到新的位置，我则坐在自己的小矿坑里等着，在石板上新发现的菊石，就静静躺在我的膝盖上。

不久，就开始下雨了。我们的技术人员已经预料到了这种可能性，围着他们脆弱娇气的摄影机迅速搭起了一顶帐篷。我毫不怀疑，安东尼当时正在一边数人头，一边计算这场阵雨对他的预算会有多大影响。我退到帐篷里，和我们备受宠爱的摄影机待在一起。不只是因为我觉得冷——如果衬衫湿了，我们已经拍的画面和后续画面之间就没有连续性了。雨持续了大约不到二十分钟。

但现在天色渐晚，新的问题迫在眉睫。太阳要沉到一座巨大的废石堆后面去了。如果没有了太阳，同样会缺失连续性，导致这组镜头无法使用。“铁锹，”马特叫道，“拿几把铁锹来，能拿多少拿多少。快！”铁锹拿来后，凡是不需要立即操作摄影机的工作人员都爬上了废石堆顶部，紧急挖掘起来，好降低山顶的高度，这可以给我们多留几分钟的阳光；其他操控摄影机的人则去完成技术调整，然后，我就开始详细描述我的菊石，幸好赶在太阳消失在废石堆后面之前完成了这个镜头。3D影像或许是明日图景，但就摄影机的机动性而言，生成这些影像的过程却似乎让我回到了五十年前。

那天晚上，我和摄制组人员交谈时，发现这种感觉是多么准确。

五十年前，我同查尔斯·拉古斯在塞拉利昂工作时，那会儿的16毫米摄影机上还没有变焦镜头。而现在，我们的3D成像技术专家克里斯·帕克斯（Chris Parks）则向我解释了变焦镜头为何无法（而且永远都不可能）安装到3D相机上的基本光学原理。

我们看到距离很近的物体都是3D的，是因为眼睛之间大约有3英寸（约7.6厘米）的距离，对于一个近处的物体，双眼会产生稍微不同的图像。然后，大脑将二者结合起来，反馈给我们一个带有景深的画面。两台同步的3D摄影机就是在复制这一过程。然而，如果一个物体离我们有20码远，两眼看到的图像就几乎一样了，因此发送到大脑的图像就是扁平的。如果这个画面是一只鸟在远处的电线杆上唱歌，或是一只猴子在树顶上做着什么有趣的事情，野生动物摄影师要么把镜头拉近，要么就会换上一个焦距更长的镜头，就像望远镜一样。但在一台3D摄影机上，相距3英寸的两个镜头所生成的两幅图像几乎是相同的。

理论上可以通过增加两台3D摄影机的间距，并为每台机器安装一支功能强大的长焦镜头来解决这个问题。这样，两支镜头就会产生略有差异的图像，供我们的大脑进行3D融合。然而，如果两支长焦镜头相隔很远，但拍摄的是同一只远处的动物，那么它们拍出的画面背景就会大相径庭，导致大脑无法融合。而无论两支镜头相距多远，都能避免这个难题的，只有那些背景单一的拍摄对象——无云蓝天下的鸟，或空荡荡的水域里的鱼。不过这类图像，无论在什么情况下，都可用一种很贵的“维度化”（dimensionalisation）手段处理出3D的效果。它不像真正以3D技术拍出的画面那样逼真，而且制作起来非常昂贵。尽管如此，在这些特定情况下，效果已经足够好了，也就没必要再去费劲操作一对大间距的3D摄影机进行拍摄。这是个宝贵的教训，如果有人再让我写一部3D纪录片脚本，我一定会牢记这一点。

还有一个风格的问题。显然，将已灭绝的史前动物的CGI图像与现代实景相结合是完全可能的。但是，要让它们和我一同出现在——比方说，一间现代的古生物学实验室这样的场景里，观众能接受吗？显然，鉴于它们并不真的在我身边，我就得假装能看见它们。这就是在演戏了！而我一直期望观众相信的是，我从未试图愚弄或欺骗过他们。那么，在需要用到这类场景时，怎样才能让大家一目了然，我身边那个活生生的动物其实并不存在，而且我也没有试图让任何人以为它是存在的呢？

我的设想是，使用CGI技术将一只动物的化石骨骼从它们所在的岩层上分离出来，再聚到一起，形成一具组装好的骨架，然后让这具骨架开始行走、跳跃和飞行。这样观众就会很清楚它是怎么回事，即使我们最后给骨架加上了肌肉、毛发或羽毛，他们也不会产生误解了。最初，制作团队对这个想法有些抵触，但很快，所有人都承认，这会让观众对我们创造的视觉特效产生身临其境的体验。当我们尝试将它做出来时，发现这些动画骨架自身就有一种迷人得近乎可爱的魅力。只因这个，它们就值得保留下来；何况它们还可以时常提醒观众，他们所见内容的真实本质（是动画而非现实）。

翼龙家族繁荣昌盛了近两亿年。在那段时间里，它们进化出了数百个品种。最早被发现的是一种体型较小的翼龙，大约有海鸥那么大。它的每个前肢上都有一根非常长的手指，连接着撑起翅膀的膜质皮肤。因此，它被命名为“翼手龙”（*Pterodactylus*，英文名为wing-finger）。在随后的几十年里，越来越多能飞行的爬行动物被发现了。显然，整个族群必须有个名字，所以它们被叫作了“翼龙”——“有翼的爬行动物”。

在英国发现的第一只翼龙，其实就是翼手龙的一种。它是由维多利亚时代令人敬畏的化石猎人玛丽·安宁在多塞特海岸的菊石和鱼龙（*ichthyosaur*）化石堆中发现的，我们对它进行了适当介绍。但整个节目毋庸置疑的高潮部分将是最后出场的一种翼龙，一只翼展接近40英尺（约12米）、相当于一架小型飞机那么大的怪兽。它的首个标本是在得克萨斯州靠近墨西哥边境的地方发现的，遂以阿兹特克人信奉的羽蛇神（Quetzalcoatl），贴切地命名其为“风神翼龙”（*Quetzalcoatlus*），虽然可能有那么点绕口吧。

为了证明这个庞然大物是多么非比寻常，我们必须找一种参照物来体现它的身材之巨。必须有某种好辨识的物体，同它一道出现在天空中。经过一番思考，我觉得最令人兴奋的表现方式是我乘一架双人悬挂式滑翔机飞上天，然后用CGI技术让一只巨大的风神翼龙飞进画面，在我身边滑翔。然而，大西洋制片公司找不到任何一家公司愿意为我上保险。最终，我还是坐上了一架双人滑翔机。

就这样，我们这部关于这些令人惊叹的远古动物的节目，结束在一段狂想曲般的镜头里。在这段画面中，我坐在一架优雅的、机翼纤细的滑翔机里，随后，空中先是出现了一只、继而是一小群这样的巨型生物，聚集到我周围。它们在我的滑翔机近旁轻轻拍打翅膀，打量着坐在驾驶舱里的我，而同时，我也注视着它们。我们就在英格兰南部绿色棋盘般的沃野上空并肩翱翔。

天空电视台已决定要同步播出2D画面版的节目，所以我们回避了那些有一定景深才能出效果的镜头。但我们又被告知，那些有巨幅屏幕的IMAX影院也很想放映这部影片。在那里，人们可以戴着眼镜观看3D版的电影。于是，我们为他们单独准备了一个特别版。在影片结尾，远处的风神翼龙飞向镜头，当它越来越近，前景中的一群火烈鸟惊恐地逃走了。但是这只巨型爬行动物拍打着翅膀，仍在不断逼近，最后看似完全冲出了屏幕，飞过观众的头顶——好一个戏剧性的3D电影结尾！

这档节目于2011年在天空电视台的3D频道播出，电视评论人都交口称赞。《星期日泰晤士报》的评论是“视觉震撼”，《每日电讯报》上写着“开天辟地”。然而，与那些在天空电视台的主频道观看二维画面的观众相比，我们努力打造出的3D画面，赢得的观众数量却只有一点点。为电视建立3D观众群，毕竟需要时间。

* * *

安东尼急于开始筹备下一部作品。CGI技术协助我们初次体验了在3D世界里的冒险，而又不必应付那些活生生的表演者时常出现的纰漏和喜怒无常。但是下一次，我们必须勇敢一点。我们也发现了，当摄影机近距离拍摄相对较小的物体时，3D效果是最显著也最有趣的。我们本该意识到这一点，遥远的物体实际上是看不出3D效果的。我们在看50码（约46米）外的东西时，双眼生成的影像就没有多大差异了，因此无法分辨出景深；只能通过所观看的已知物体的大小，或者它们之间的相对运动关系来判断远近。因此，我们下一个3D冒险的主题，应该是一种体型小的生物，而且能以有趣的方式移动，并且当一台大型摄影机及其人类操作者靠近时，它们也不会跑掉。

至于最后的答案，我猜它并不是那么显而易见——但我越想就越觉得合适，那就是植物！我的思绪回到了1995年，我们开始拍摄《植物的私生活》的时候。此系列里包含大量特写镜头，也就是整个屏幕上只出现一朵花，甚至是一粒落在花柱头上的花粉；但也借延时摄影技术加速了植物的运动过程，从而创造出一些最引人入胜的效果，树叶的舒展、花蕾的绽放和植物卷须的缠绕，比如旋花植物绞死它们的邻居。

延时摄影的原理很简单。电影摄影机是每秒拍25帧。如果你以每秒1帧的速度拍摄，然后再以正常速度播放，就会加速25倍。蒂姆·谢泼德是我们十分依赖的摄影师，他为我们的节目制作了一些最令人叹为观止的延时镜头。对他来说，用3D技术把同样的内容再拍一遍，有什么困难吗？恰恰相反。他向我解释说，事实上，用延时技术拍摄3D影像，比其他任何方式都经济。甚至不需要用电影摄影机，一台普通的数码相机就能胜任。需要做的就是把机器安装在一台特殊的电动底座上，拍完一张照片后，这台底座会立即自动侧移3英寸半（约8.89厘米）再拍一张。第二张照片最终将与第一张同步传输。

将植物作为我们下一个3D影像项目的主角，对我个人而言，还有个好处。英国皇家植物园邱园是世界上规模最大、拥有活体植物种类最丰富的植物园之一，离我在伦敦西区的住处只有几英里远。于是，我就可以待在家里，在需要时，比如赶上天气条件变得十分理想，或者某种稀有的植物突然开了花，往往用不着提前通知，随时可以赶到植物园去。我们将进入专门的温室，拍摄生活在其他气候条件下的植物——例如沙漠或热带雨林。植物园还允许我们拍摄一些幕后工作的镜头，来展现工作人员是如何促使那些很难种植的濒危物种开花和结籽的。

执导该系列的马丁·威廉姆斯（Martin Williams）建议，可以按季节的顺序来安排拍摄。安东尼对此大加赞赏，他说“皇家植物园里的一年”会是个很棒的副标题。但我不知我们如何实现这个目标，因为等准备好能开拍，已经要到2月份了；同时，必须在11月初就停拍，才能赶上天空电视台的圣诞播出档期。安东尼认为这种反对意见太过于迂腐，不予理会。但这个想法最终被放弃了，取而代之的片名是《3D版植物王国》（*The Kingdom of Plants 3D*）。正如有人说的，这是个遗憾，因为安东尼是大家认识的独立制片人中，唯一一位能在九个月里拍摄一部涵盖十二个月内容的影片的人了。

32

Spreading Our Wings

张开我们的翅膀

我们一直还没用3D技术拍摄过自然历史类节目的核心题材，那就是，众多不同种类的大型动物在原始荒野中漫步的场景。正是那样的景观，将自然纪录片制片人们吸引到了东非与中非广袤开阔的大草原。但现在，如果有制片人要求一位摄影师在完全不用长焦镜头的条件下，拍摄一部水准一流、引人入胜的非洲野生动物影片，我相信没人会接受。3D技术并不能拯救一个在二维世界里显得沉闷无趣的节目。

不过呢，我能想到全世界只有一个地方，可以让摄影师们无须长焦镜头就能拍到大型动物的特写，那就是加拉帕戈斯群岛。这些岛屿此前很长一段时间没有被人类发现，在当地进化繁衍的动物也就从没对人类产生过恐惧。当水手们后来到达这些岛屿时，他们杀死的巨龟和其他动物的数量之巨，致使许多物种因此而灭绝。尽管如此，那些幸存者们至今仍然无所畏惧。所以，你可以坐在一群黑色的海鬣蜥周围晒太阳，或是蹲在信天翁身旁，看它们双双起舞。

尽管我之前在加拉帕戈斯群岛拍过几次片子，但那都是为了展现博物学领域里的某些片段，例如信天翁的飞行方式，或者蜥蜴如何进化出了吃海藻的习性。但我从未尝试过对这些岛屿进行全面考察，包括它们的地质形成过程、它们是如何被动植物殖民的，以及它们的动植物群落在数百万年里发生了怎样的变化。现在，机会来了。

如果按照我和马丁·威廉姆斯导演共同拟订的脚本来，我们就需要两个摄制组同时工作。我原以为安东尼会包下一艘比较大的游轮，让我们可以随心所欲地从一座岛航行到另一座岛。但他最终决定，由于装备和团队成员的数量太多了，最好是在这处群岛的主要城镇阿约拉港（Puerto Ayora）包下一整座旅游酒店，然后租一架直升机，不仅能进行航拍，还能把我们从一个地方送到另一个地方去。但是，这些岛上没有直升机，我们也无法从南美大陆开一架过来，因为这些岛屿超出了直升机的飞行范围。如果我们需要的话，就必须走海运了。同时，如果我们打算乘它在不同的岛屿间长距离飞行，就必须在若干合理的地点建立航空燃料堆放点，所有这些都必须在开拍前完成。但主要问题还是如何弄到一架直升机。

当然，这些岛屿之所以出名，是因为它们在帮助查尔斯·达尔文形成关于“物种起源”的伟大理论方面发挥了重要作用。我们恰好拍摄过两部与他的进化论相关的系列节目——一部展示了一个物种在灭绝前的最后时刻，另一部则是关于一个新的未知物种被发现的过程。

当达尔文到达这里时，岛上生活着巨龟家族的十几个种或亚种，每个种群都有自己特有的龟壳形状，并能适应其所在岛屿特定的气候和生态条件。对于横渡太平洋的水手来说，这些在太平洋其他地方都没出现过的陌生动物是宝贵的鲜肉来源。成千上万的巨龟被捕获，一些被当场杀掉食用，另一些则被搬上船，储存在船舱深处。它们在那里，可以在没有食物和水的情况下存活，直到在海上航行了许多周后才被宰杀。

许多龟类物种因此彻底灭绝了，其中包括在群岛最北部的平塔岛（Pinta Island）上进化来的一种。但在1972年，一群科学家对平塔岛进行生态调查时，在岛上的一条水沟里，惊奇地发现了一只古老的雄龟。经过一番严密的搜查，并未发现其他个体。于是，这只雄龟被带回主岛，并最终在科学研究站下属的小动物园里拥有了自己的一席之地。

它被称为“孤独的乔治”（Lonesome George），很快就出了名。当然，没人知道它有多大了。龟背上的每片角质板上，确实会有随时间推移而形成的脊状突起，但用这种方法测定年代是很有问题的。同时，反正这个孤独的家伙背上大部分角质板也已经磨光了。不过多数龟类专家都很有把握地宣称，它应该超过一百岁了。

在距离平塔岛最近的伊莎贝拉岛上发现了两只雌龟，也属于这一物种。没有人看到过“孤独的乔治”试图与它们当中任何一只交配。在一起生活十五年后，其中一只雌龟生了一窝蛋。很不幸，事实证明它们并不能孵化后代。

“孤独的乔治”面临的困境为它带来了极大的名气，于是，到保护中心观看它在自己的地盘里活动，已成为每名游客行程中最重要的项目之一。我本人以前也来探访过乔治。现在，我们想，或许可以再这样拍摄一次。管理部门十分尽职尽责，对它的保护力度很大，也不太情愿对我们开放。我们无论如何不能在科学中心的日常开放时段内拍摄，因为那样会干扰参观者观看它。我们必须在黎明前到达，只有我和摄影师保罗·威廉姆斯（Paul Williams）可以进入它的领地，人数再多，可能就会让它烦躁了。

我们到达时天还黑着。“孤独的乔治”呢？它的饲养员告诉我们，它正按习惯在一丛刺灌木下睡觉。我们尽可能悄声溜了进去。我趴在离它几英尺远的地上，保罗在几码之外架起摄影机。它还打着盹，头和长长的脖子并没有缩进壳里，而是伸在外面，毫无防备地伏在地上。它的眼睛紧闭，我简直要怀疑我们是不是来晚了，但是那位饲养员看起来并不担心。保罗很感激他允许我们稍作延迟。当时的光线还不够充足，让他难以得到理想的曝光效果。

然后，“孤独的乔治”睁开一只眼，眨了眨。我慢慢抬起身，换了个更得体的姿势；保罗把眼睛对准摄影机。一段长时间的停滞后，乔治从地上站了起来，然后非常、非常缓慢地，向前迈了一步。我清了清嗓子，说出台词：“无论以什么标准衡量，这都是世界上最为稀有的动物，因为它是这个物种现存的最后一只个体了。”乔治又走了几步，就把壳再次放回到地面上。我们等待着，但是它又睡着了。

这时候，中心就要对公众开放了，于是我们离开。十天后，2012年6月24日，乔治专属的饲养员走进围栏，想看看它怎么样了。但他无法唤醒它。“孤独的乔治”作为同类中的最后一个，在睡梦中死去了。

* * *

拍摄完“孤独的乔治”不久，我们听到一些非常令人兴奋的科学新闻。加拉帕戈斯群岛刚刚发现了一个新物种。那可不是某种小蜘蛛或微型珊瑚鱼，甚至也不是一种鸟类，而是一种大型爬行动物——陆鬣蜥（land iguana）。

加拉帕戈斯群岛的鬣蜥是南美丛林中常见品种的后代。它们的祖先常常在河岸边采食树叶，于是有人认为，几千年前，一些在河边吃树叶的鬣蜥被一团团浮在水面的植物裹挟着漂到了海里，就像今天偶尔也会发生的情况一样。这些粗心大意的旅行者，无疑大多数最终是死去了。但就同许多爬行动物一样，鬣蜥是种坚韧、顽强的动物，可以数周不吃不喝。其中的一些，甚至可能仅有那么一两只，活着熬到了加拉帕戈斯群岛的海岸上。

有些鬣蜥靠吃小岛的岩石海滩上生长的海藻活了下来。它们是黑色海鬣蜥（black marine iguanas）的祖先，目前在群岛中的许多岛屿都有分布。而另一些鬣蜥迁徙进了内陆，以它们在那发现的粗糙、多刺的植物为食。这两种陆鬣蜥都已为人所知，二者身上都带有黄色的斑点。但现在，意大利科学家真蒂尔博士（Dr. Gentile）和他的团队在沃尔夫火山（Wolf Volcano）的侧翼发现了第三种。它既不是黑色也不是黄色，而是粉色的。

如果颜色是它与其他两种陆鬣蜥之间唯一的主要区别，那么粉色的鬣蜥可能仅仅是一种不会产生什么特别后果的个体变异。但事实上，粉鬣蜥和黄鬣蜥之间还有一些更为根本性的差异：雄性的粉鬣蜥脖子后面有一个脂肪隆起，令其轮廓显得非常与众不同。皮肤上的鳞片也有所不同，头部的鳞片更扁平，颈部的鳞片更小，呈圆锥形。那支来自罗马的研究团队，此时正在沃尔夫火山的火山口边缘工作。他们刚刚通过无线电告诉我们，又捕到了一只这种珍稀动物。如果我们能到那里去，他们很乐意把它展示给我们看。

沃尔夫是一座巨大的火山，位于伊莎贝拉岛北端，它是整个群岛区域当中最偏远、最难到达的地方之一。从阿约罗港到那里，通常需要先坐上几个小时的船，然后再经过一段极为漫长而艰辛的攀登，爬上火山的两侧。但直升机1小时左右就能把我们送到那儿，于是我们就出发了。

真蒂尔博士和他的团队在火山口边缘扎营，兴奋地向我们展示了他们新捕获的鬣蜥。这种鬣蜥不仅仅是颜色不同，它的身形，尤其是那奇形怪状的头部，使它看起来与我所见过的任何陆鬣蜥都大相径庭。当真蒂尔博士解释说，他们最近所做的基因测试结果清晰地表明，粉鬣蜥并非由任何已知的加拉帕戈斯鬣蜥品种杂交而来时，我对此毫不惊讶。所以说，它要么是加拉帕戈斯群岛早期进化史的幸存者，而且很可能再一次开枝散叶，要么就是相对晚近才在沃尔夫火山周边进化而成的新物种。无论如何，这都是一个从未被拍摄过的新发现。

真蒂尔博士把那只珍贵的活体标本递给我，警告我它的劲儿很大。我设法在不掐到它的前提下尽可能紧紧抓住，然后说出了台词。但是这个可怜的家伙看上去并不舒服。如果它逃跑了，意大利团队能再抓住它吗？真蒂尔博士认为问题不大。所以，经他允许，我尝试了一种有时对爬行动物真的挺奏效的招数：我把鬣蜥放在地上，在紧紧抓住它的同时，把它的四肢拉到身侧，摆出一种看起来很自然的姿态。然后，我缓缓松开并撤回双手，开始很平静地对着镜头讲起来。鬣蜥则继续趴在原地。它自由了吗，还是没有？它似乎搞不清楚，所以静静趴在地上。然后，就在我的台词快讲完时，它意识到自己其实自由了，拔腿就开溜。

不过，幸运的是，它一头闯进了一位科学家的手里。我们拿到了一个独家：在被频繁拍摄的加拉帕戈斯群岛上，我们拍到了一个此前从未被任何其他摄制组拍摄过的加拉帕戈斯群岛新物种的画面。

* * *

现在，似乎成了我做自由撰稿人以来最忙碌的时刻。英国广播公司想要一部《生命的起源》的续集，展示脊椎动物的进化过程，并将地球上所有生命的进化史续写至今。英国广播公司的广播部也委托我录制了一系列十来分钟的短讲座，扼要阐述了一些博物学的话题 —— 真实的美人鱼是什么、蛇为什么不能眨眼、渡渡鸟的悲惨历史，以及某个特定品种的蚂蚁与霾灰蝶之间非比寻常的合作关系 —— 这些故事组成的系列，被定名为《生命故事》（*Life Stories*）。而天空电视台还想要更多的3D影片。

在电视上观看3D影像节目的人仍比较少；但现在，一个新的观众群体正在开始形成。过去几年里，世界各地的自然博物馆都配备了有IMAX和其他类似巨幕的观影厅，屏幕都高达10米或11米。这样，博物馆就能更好地展现自然界的奇迹了，从科罗拉多大峡谷（The Grand Canyon）的广袤无垠，到鲸的巨大身姿和甲虫的怪异外形 —— 当它们被放大到那个尺寸，连恐龙相比之下都显得更可爱些。

在此之前，大多数为电视台制作的博物类节目都是按小屏幕的技术标准拍摄的，这就导致它们在大屏幕上看起来分辨率很差，甚至模糊不清。但3D成像技术所需的像素标准极高，这就意味着，我们为这种新媒体制作的节目也很容易满足IMAX的技术要求。于是，忽然之间，我们目前已制作完成的所有3D节目都借此机会获得了新生。我们最早拍的那部《空中怪兽》，从澳大利亚到中国，已在世界各地播出过。3D版的《加拉帕戈斯群岛》也收到了预定，等电视版播出完结后，立刻就会在影院上映，而且天空电视台还想再播出一轮。

* * *

现在，我终于觉得，我们在3D影视制作上积累了充足的经验，可以做些真正有野心的事了。若说有哪个自然历史的题材能够尽显3D空间的魅力，那它一定是关于一些动物如何挣脱地心引力的束缚、以飞翔的方式进入3D空间的故事。我们的影片，将从这个星球上第一类会飞的生物——昆虫开始。有一些3.2亿年前的蜻蜓化石，其翅膀展开有近一米宽。自那时起，从笨重的甲虫到微小的飞蝇，不同种类的昆虫就各自进化出了自己独特的飞行本领。这些昆虫在几百万年里一直独霸着天空，直到在爬行动物中也产生了一个会飞的群体——翼龙。我们不会在翼龙身上花太多时间，因为它们毕竟已经做过《空中怪兽》的主角了；但至少我们已有了它们的计算机图像，可以作为编制新镜头的基础。不久之后，鸟类也加入了翼龙的空中大军。最终，一群以昆虫为食的小型哺乳动物飞上天空，进化成了蝙蝠。这个系列相当有卖相，天空电视台很高兴地接受了这个创意。

当然，我们必须在热带地区拍摄，于是我马上建议去婆罗洲。当地森林里栖息着的动物，种类之丰，无与伦比，我们可以借它们来展示，飞到空中所要面临的问题和所需的技术——一种蛙类长着长长的脚趾，趾间有皮肤相连，跳跃时能像降落伞一样兜住空气；一些蜥蜴将肋骨向前拉伸，撑起身体两侧的皮肤形成薄翅，就可以借此滑翔；还有像鲜为人知的鼯猴（colugo）这样的哺乳动物，它有小狗那么大，毛茸茸的皮肤从它前爪的腕部一直延展到后爪踝部。此外，和大多数其他地方一样，婆罗洲也有为数众多的鸟类与蝙蝠。

这个计划很快获批。2014年3月，一支包含50多人的摄制组携带数吨重的设备抵达了婆罗洲。在森林里拍摄了几周后，我们就移师至哥曼通（Gomantong）的大洞穴*。1974年时，就是在这里，我曾爬上过一大堆爬满蟑螂的蝙蝠粪，它们散发出的氨气几乎让我窒息。

2012年，为了纪念我在英国广播公司工作60周年，我曾回到那里制作了三期回顾节目。与我一起旅行多年的摄影师加文·瑟斯顿设计了一个非常巧妙的镜头，作为节目的开篇画面：他在离地面约20英尺（约6米）高的地方挂起一根信号线，从洞前的开阔地一直延伸进洞口。这样，架设在一台移动小车上的摄影机就可以沿这根绳索，由阳光下平稳地进入黑暗里，最后呈现的效果非常美。

而如今已是2014年，我们拥有了一种真正革命性的方式来实现那样的镜头过渡——一种被其制造商称为“八轴无人机”（octocopter）的飞行设备。它由四根固定在一起的长金属棒组成八角星形的结构，每个角的尖端都载有一个小型电动机及其驱动的一只旋转叶片。设备的下部，在星形中心处安装着3D摄影机。和我们最开始用的那些“怪物”

* 这是一处天然溶洞，位于东马来西亚的沙巴州山打根市（Sabah）。

相比，这部摄影机着实小多了。一位操作员坐在地上，一边观看显示器上摄影机传回的图像，一边用操纵杆控制着摄像头和飞行器的方向。

这台机器还在研发阶段，目前每次只能运转两三分钟，不过这个时长已经足够我们拍摄将观众的视线引入洞穴的镜头了。随后，我们还可以用它探索洞穴的内部，甚至拍下生活在洞穴内的数百万只蝙蝠的画面。我有一点担心：这架机器运转起来噪声很大，蝙蝠对它会做何反应？它们会不会与它相撞，造成非常昂贵的坠机呢？我们只能试一试。

洞穴内部和我印象中的一样吵闹，令人不快。现在有了一条木板道，可让来访者的双脚远离积在地面上那几英寸厚的黏腻粪便，但氨气的恶臭仍像我记忆中的那样令人反胃。木板道本身也很滑，但是想靠抓住扶手来站稳身体可并不是个好主意，因为扶手上也覆盖着蝙蝠粪——尽管不像地面上的那么厚，这倒没错，但往往是最新粘上去的，所以也更湿滑。

步道在洞穴内延伸了四分之一英里（约400米），走到尽头就能松口气了，你会来到一处开阔的大厅，一大束阳光照亮了这里。不是几千就是几百年前，洞穴的顶部塌掉了一大块，形成这个通往外部世界的窗口。不远处，正是那座令我记忆犹新的粪便堆，仍然覆盖着一层闪闪发光的“蟑螂毯”。蟑螂们正在蝙蝠的粪便中大快朵颐。我们当然也会把它拍下来，不过洞顶的巨大缝隙让导演大卫·李灵机一动，有了个点子。

绝大多数洞里的蝙蝠每天晚上就是从这处缝隙飞出去的，此情此景，将是十分令人震撼的镜头。这也确实是我们来到这座洞穴的主要原因之一。大卫已经想好了最佳拍摄方式。

有人会爬上洞口上方那片森林覆盖的小山，固定好一根横贯洞顶缝隙的绳子。然后再将另一根绳子系在第一根的中部，一直垂到洞穴的地面上。绳索的末端固定一个小座位，我就坐在那上面。待时机一到，我会被拉起来，悬在蝙蝠飞离洞穴的半路上，对着在面前盘旋的飞行器上的摄影机，描述我所看到的一切。

说句公道话，我必须承认，在我们动身前，大卫在伦敦开的预备会上已经把他的意图讲得很清楚了。从字面上看，这个方案似乎并不太吓人，我也已经初步同意了。它基本上是我们婆罗洲之行的最后一组镜头，于是我有了充足的时间来反复琢磨，然后决心必须要做一件事——最好自己认真检查一下这套装置上的安全系统是否可靠，这是至关重要的。

当我到达山洞时，索具差不多已经装好了。负责此事的是一名叫西蒙·阿莫斯（Simon Amos）、留着光头的约克郡人，他的主业似乎是为如今矗立在马来西亚和印度尼西亚许多城市中心的摩天大楼清洁巨幅玻璃幕墙。但当我们谈起攀岩技术时就发现，我们两人早年都曾痴迷攀岩。他比我年轻四十岁，但我们都认识同一拨攀岩界的传奇人物，我们当然也知道湖区和北威尔士绝壁上的相同攀登路线。自那时起，我便毫不担心自己的安全问题了。

我们在较低的高度预先试了一两次。西蒙雇来三名本地年轻人，以人力操控这个系统。他用带着浓重约克郡口音的马来语喊着口令，将我上上下下拉了几英尺。

大卫知道，再有几分钟，蝙蝠们的大迁徙就要开始了。我被及时升了起来，以免万一那天晚上它们决定早一点出发。

悬在离地200英尺（约60米）高的绳子上，我慢慢转了一圈又一圈，有充足的时间反复掂量吊着自己的这根绳子有多细，以及下方很远处的洞穴地面上那些人影有多微小，他们看似都在为各种与我不相干的无足重轻的问题忙碌着。

然后，蝙蝠开始出现了。它们并不打算飞离洞穴，而是于我所置身的洞穴主通道一侧，在一处内凹的小空间里来回飞舞。尽管天色开始变暗，它们似乎谁也不愿第一个离开。若真是如此，那它们的理由也很充分，因为连我也看到了，洞口正上方的高空中盘旋着的小点。那是蝙蝠鹰正聚集过来，准备享用晚餐。

凹室里的蝙蝠数量不断增加，突然间，它们一涌而出。几秒之间，我就被一团“蝙蝠暴风雪”席卷了。它们呼啸而过时，有的离我的脸只有几英寸，就像一股浓烟，高速冲向了云霄。

我也不知道自己在这种情景下讲出的解说词是否传递出了这处绝妙场所的神奇。但是，当我挂在50万只蝙蝠外出就餐的飞行路线上时，忽然意识到，自己已经拥有了所能期望或想象的全部技术设备——固定在胸前的无线麦克风将我的话语传送给洞穴地面上的录音师；电力十足、能长时间照明的电池灯；一座30英尺（约9米）高的升降机上，是一台灵敏度极高的高清慢动作摄影机；还有我面前这架八角飞行器上携带的、悬停在半空的3D摄影机。毫无疑问，就差有人发明可以闻到臭味的视觉效果了。

* * *

从我六十多年前初次制作电视节目以来，电视的世界发生了翻天覆地的变化。当然，整个世界也是如此。或许最为显著及重要的是，人类的人口也在这个时间跨度里增长到了此前的三倍多。对于我一直努力记录着的自然世界，人口的暴增产生了深远而又往往具有毁灭性的影响。当然，与此同时，我制作了一些节目，专门探讨席卷全球的种种变化——《地球的现状》（*The State of the Planet*）、《气候变化的真相》（*The Truth about Climate Change*）、《大洋之死》（*The Death of the Oceans*），以及《地球能养活多少人？》（*How Many People Can Live on Planet Earth?*）；此外，在每部系列节目的末尾，都会有一集用于探讨节目所介绍的物种目前正面临的问题。

然而，我之所以用这样的方式度过自己的一生且不愿停下制作节目的脚步，最根本的原因只是，我不知道这世上还有比凝望自然世界并尝试去理解它，更为深刻的快乐。

这是世界上第一个电视演播室所在的亚历山大宫与一台早期的摄像机。这张照片拍摄于1936年，但摄影棚、摄像机和发射天线直到1952年仍在那里正常使用。

（上图）伦纳德·迈阿尔，英国广播公司（BBC）驻纽约首席新闻记者，后来成为电视谈话部门负责人。

（下图）玛丽·亚当斯，“二战”前英国广播公司广播教育节目的制作人，“二战”后，参与了最早期的电视节目制作。

（上图）在亚历山大宫的两个演播室之一的现场节目。摄像师将光学取景器对准镜头，而制片经理则盯着剧本，通过耳机听取制片人的指示，准备提示演讲者。

（下图）知识竞赛节目《动物，植物，还是矿物？》的主持人格林·丹尼尔（Glyn Daniel）等着由莫蒂默·惠勒爵士领衔的专家团队鉴定一件礼服的年代。

（上图）和杰克·莱斯特的合影，他是伦敦动物园爬行动物馆的馆长，我们一起策划了第一次去塞拉利昂的动物收集之旅。

（下图）和查尔斯·拉古斯一起去“动物园探奇”。

用我们第一台便携式电池驱动的录音机录制塞拉利昂的青蛙合唱。我右手拿着手电筒，以便随时检查录音电平，左手必须把扬声器和大麦克风都放在耳朵边上。抽烟或许能驱蚊，或许不能，但肯定会使录制过程更加复杂。

（左页图）杰克·莱斯特领着我走过塞拉利昂森林里的一块岩石，岩鹛曾把它的泥巢搭在上面。岩石底部蘑菇状的物体是一个白蚁巢。

（上图）杰克·莱斯特和阿尔夫·伍兹试图给一只新捕到的岩鹛喂食。

（下图）查尔斯·拉古斯在塞拉利昂拍摄行军蚁队，当时我们正在拍摄1954年的《动物园探奇》。他的摄影机靠发条驱动，只能容纳100英尺的胶片。

（上图）杰克·莱斯特带着一条小鳄鱼穿过塞拉利昂的红树林沼泽。他先用手电光照晕了它，然后伸手抓住它的颈背捡起来。诀窍是不要让手进到手电筒的光束中，否则鳄鱼就会立即下潜。

（下图）当黑猩猩查理出现在第一期《动物园探奇》节目中时，立刻赢得了人们的喜爱。

（上图）在圭亚那的乔治敦植物园测试我们最新的设备。自从我开始塞拉利昂旅行后，查尔斯为他的发条摄影机买了一个长焦镜头，我为录音机买了一个抛物面反射器。

（下图）拖着我们的独木舟在马扎鲁尼河激流中前行。独木舟由一棵巨大树木的坚实树干制成。

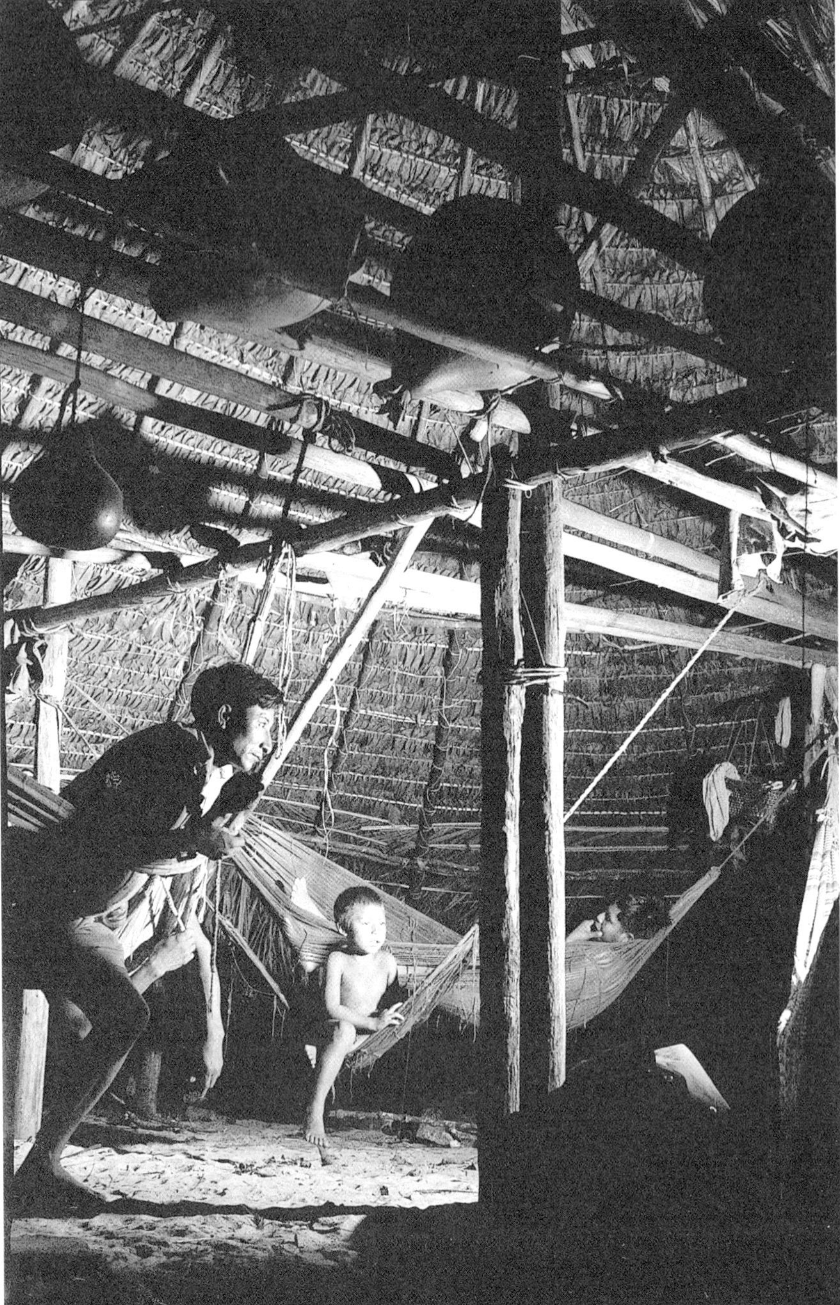

（左页图）我们沿着马扎鲁尼河向上游旅行的途中。我们在一个美洲印第安人村庄的小屋里挂吊床。

（上左图）悬崖上布满了手印和动物图画，随行的是我们美洲印第安助手们。

（上右图）我们拍摄的第一只三趾树懒。从她左腋窝的毛里可以看到她刚出生的宝宝在向外张望。

（下图）杰克领着抬海牛的队伍前往市政水罐车，水罐车将把海牛送往乔治敦动物园的临时落脚处。

（上图）在维维恩·富克斯和埃德·希拉里第一次穿越南极洲回来时采访他们。

（下图）在婆罗洲雨林。查尔斯·拉古斯和达恩·胡布勒支领队。

（上图）在婆罗洲马哈坎河上游的一个长屋中，我正让孩子们保持安静，以便录一些歌曲。

（下图）我们的船克鲁翼号停泊在一个长屋码头旁，甲板上堆满了动物笼子。

（上图）在去科莫多岛的路上，由一个男孩来掌舵。

（下图）我们的快帆船沿着弗洛里斯岛的北部海岸航行。

（上图）我们看到的第一只科莫多龙，长9英尺多一点。

（下图）萨布兰性格开朗，非常擅长与动物打交道。

红毛猩猩查理离开了它的笼子，开始绕着克鲁翼号进行例行巡视。

新几内亚高地人在明季跳舞。他们的身体上涂着猪油和煤灰。每个人都戴着一件头饰，上面有二十几支极乐鸟的羽毛。

（上图）查尔斯·拉古斯在我们的营地里拍摄了这一景色，从这里可以俯瞰吉米河源头上无人涉足的土地。

（下图）我们的搬运工们已将货物倒在塔比布加的阅兵场上，他们的领导人一边走来走去，一边告诉当地人民自己来自哪里，并宣称他们的成就有多么伟大。

（上图）巴里·格里芬在图姆邦吉吉米河岸边与坐在一旁聆听的俾格米人首领交谈。高级警官瓦瓦维站在巴里旁边，充当翻译。

（下图）制造石斧。斧刃装在一个喇叭状的木制配重上。它又大又薄，如果实际使用，就会裂开。这里的石斧其实是作为货币使用的。

离开图姆邦吉。查尔斯找来了一个热情的小男孩帮他扛着三脚架，但他自己也随身带着摄影机，这不仅是为了摄影机的安全，也是为了能快速做好拍摄准备。

（上图）其中一个图姆邦吉俾格米人带着他驯服的凤头鹦鹉，我用三块盐从他手中买下了它。

（下图）鹦鹉科克喜欢被挠后脑勺，我把它介绍给简、罗伯特和苏珊。

（上图）巴拉圭伊雷武-夸村白天的蝴蝶“暴风雪”。

（下图）袖蝶停在我手上吸食汗液。

查尔斯在巴拉圭河以西查科平原的仙人掌丛中观鸟。

演播室内的《动物园探奇》之巴拉圭。我正对着镜头介绍一只六趾犰狳，而一只两趾树懒挂在树后的树干上，等待着进入镜头。

（上图）维哈拉负责管理汤加宫廷记录，穿着他的布方格呢裙和瓦拉呢裙，用公共广播指挥“塔乌玛法-卡瓦”仪式的排练，萨洛特女王和人类学家吉姆·斯毕利厄斯观看了仪式。

（下图）在“塔乌玛法-卡瓦”仪式上向一位贵族敬酒，他们在宫殿后面的草地上围坐成一个大圈。

（上图）准备在玛索莫圣湖里游泳。洛马洛马村的一位村民给我涂了按摩油，以确保湖水不会“咬”到我。

（下图）在一个通宵的游泳聚会之后，玛索莫的鱼儿们开始放弃抵抗了。

（右页图）彭特科斯特岛上的一名陆地跳水者，他的脚踝上绑着藤蔓冲向地面。当藤蔓收紧时，支撑跳水板外端的支柱就会坍塌，而跳水板就会向下塌陷，这样就能吸收他腿上的部分冲量。

（上图）在通往塔纳岛亚乎维火山的路上，货物崇拜教领袖约翰·弗鲁姆的追随者们竖起了一个具有象征意义的红色大门和十字架。

（下图）在一个神龛里，白色面孔的约翰·弗鲁姆穿着红色服装，站在他的十字架后面，旁边是一架飞机模型，信徒们相信，这架飞机会给他们带来理应属于自己的货物。

（上图）乔伊·亚当森爱抚着母狮埃尔莎。乔治·亚当森躺在旁边。

（下图）我小心翼翼地接近埃尔莎，它霸占了我原本要过夜的车顶。

（上图）现存最大的狐猴——马达加斯加大狐猴坐在马达加斯加的雨林中。

（下图）杰夫·马利根用胶带拼接出一个已灭绝的象鸟的蛋。

（右页图）在马达加斯加雨林。我还在用那台笨拙的录音机，那是我们第一次去《动物园探奇》时用的。但杰夫已经换了一台蓄电池驱动的摄影机，装备了400英尺的片盒和最新的远摄镜头。

5829
TB

（上图）第一只出生在里士满的丛猴幼崽被妈妈抱到了一个新的窝里。

（下图）我们的两只环尾狐猴。它们是迷人的软毛宠物，但如果被激怒，也会可怕地撕咬。

（上图）鲍勃·桑德斯照亮了诺尔朗吉附近的一个洞穴，洞穴上绘有手持闪电的纳玛尔冈（Namargon）的形象。

（下图）安邦邦庇护所中超自然生物的壁画。在这张照片拍摄几年后，这些画作得以修复。

（上图）在贾拉比利的注视下，马加尼将一串橙色的长尾小鹦鹉羽毛系在涂满颜料的天蛇的末端。

（下图）随着天蛇在仪式中被吹响，胸前画着蜥蜴的巨蜥人们在它面前摆出姿势。

（上图）罗杰·何塞坐在他的房子——一个倒置的雨水储罐——外面。

（下图）杰克·马尔霍兰在博罗洛拉的酒店外等待顾客。

（上图）拍摄巴罗策兰人的首领利通加离开他在利马龙加的宫殿，前往莱阿卢伊的旱季宫殿。他前面是他的宝座，以及演奏天狼星琴和鼓的宫廷乐手。

（下图）皇家驳船纳里克万达号正沿着运河驶向利亚卢，头戴狮鬃头饰的男子们负责撑船。

1965年3月，BBC电视台的新管理团队视察了位于电视中心的第一间625行演播室。休·威尔顿（中）旁边站着BBC1台的总监迈克尔·皮科克（左），他也是新上任的BBC2台的总监。

（上左图）休·威尔顿，世界首档艺术类电视节目《显示屏》的创作者。

（下图）保罗·福克斯，先后负责《时事》栏目、BBC1台和整个BBC电视台的工作。

（上右图）乔安娜·斯派塞，负责管理BBC电视台的所有开支和设施。

（上图）BBC2台对史前时代锡尔伯里山的调查，旁边停着转播车。

（下图）我和《文明》节目的创作者肯尼斯·克拉克，以及该节目的两位制片人之一的迈克尔·吉尔共同庆祝节目的完成。

（上图）艾灵顿公爵在BBC2台的录音棚里为《爵士乐625》系列节目的管弦乐队排练。

（下图）本杰明·布里顿正在为他的电视歌剧《欧文·温格雷夫》的全球首演进行排练，地点位于斯内普麦芽厂的临时影棚。

在巴厘岛，纳特·克罗斯比巧妙地仅仅利用蜡烛和汽灯照明，完成了一场由佳美兰伴奏的乐贡舞蹈表演拍摄。

（上图）伊纳罗的村民。他们的语言只有几百人使用，我们有两位搬运工也会说。我们希望他们能把我们介绍给深山中名为“比索里奥”的游牧民族，如果遇到不认识的人，他们就能给我们做翻译。

（下图）巡逻队队长、地区专员劳里·布拉格试图用他的野外无线电设备与基地取得联系，这是当时体积最小最易用的设备。

（上图）一架直升机飞来接走受伤的搬运工人，降落在我们在山脊边上临时搭建的原木停机坪。

（下图）比阿米人给我们带来了山药和木薯，我们用放在叶子上的一勺勺盐作为报酬。

（上图）基纳巴卢山是婆罗洲最高的山峰，山顶上的花岗岩被消失的冰盖打磨得十分光滑。这两个尖塔，现在叫做“驴耳朵”，可能是凸出在冰面上的。

（下图）在婆罗洲哥曼通洞穴里，理查德·布洛克站在巨大的蝙蝠粪便沙丘脚下，沙丘上覆盖着移动的蟑螂“地毯”。

（上图）在拍摄《部落之眼》期间，蒙面的多贡人在马里北部班迪亚加拉悬崖脚下的村庄里跳舞。

（下图）哥伦比亚北部，一名科吉人坐在村中男人们家里嚼着古柯叶。

（上图）贝宁城宫殿内的高级朝臣们每天都跳舞，以确保他们的统治者奥巴的身体和精神健康。

（下图）大卫·科里森在贝宁宫内参观神殿。奥巴的儿子之一汉弗莱王子为其介绍铜钟、象牙雕刻、鼓槌和石器的重要性。

（上图）《部落之眼》团队在丢弃了他们的欧洲服装后，被允许在反欧洲的所罗门马卡鲁卡村进行拍摄。

（下图）莫罗，马卡鲁卡人的领袖，穿着贝壳钱做成的服装，向我们展示了他在社区宗教场所中保存的雕像。

（上图）亚瑟·迪克在阿勒特湾的夸富宴上。庆祝活动达到高潮时，蒙面舞者在聚集的人们面前表演。

（下图）复活节岛上的神秘人像。来自悉尼和圣彼得堡的一系列线索最终将其与库克船长直接联系起来。

（上图）彼得·斯库恩斯准备拍摄科摩罗群岛附近的腔棘鱼。

（下图）这是第一张活腔棘鱼的照片，拍摄于它被钓起它的渔夫在莫罗尼港放生之后。

（上图）鲎的先祖可以追溯到一亿五千万年前，几乎没有任何变化。每年它们都会伴随着新泽西州海岸的海浪爬上岸，准备产卵。

（下图）戴安·福西，她引起了全世界对山地大猩猩困境的关注，并向我们介绍了一群已经习惯了观察者来访的大猩猩。

我想要解释灵长类手部对生拇指的重要性，却无法摆脱一只喜欢嬉闹的年轻山地大猩猩。

（上图）为了展示南乔治亚岛上马可罗尼企鹅种群的完整规模，保罗·阿特金斯把摄影机放到摇臂的一端，而制片人阿拉斯泰尔·福瑟吉尔则在监视器上观看画面，同时通过耳机听我说话。

（下图）摄影师休·梅纳德和制片人内德·凯利在南乔治亚岛格吕特维肯废弃的捕鲸站中，和一群从海里出来换毛的象海豹在一起。

为了介绍《生命的考验》中《天空中的生命》这一集，我在美国国家航空航天局（NASA）的“呕吐彗星号”上体验失重，飘浮在其甲板之上。在这种条件下，甚至水也能飘浮在空中。

（上图）在科莫多岛上，迪基·伯德小心翼翼地靠近岛上的一条巨龙，准备在必要时用棍子抵御攻击。

（下图）冰岛的火山爆发——这正是我们在《生命之源》系列的开场节目中所需要的。我们花了30个小时到达那里。我们离开的第二天，它就停了。

（上图）女王准备在皇家马厩发表1987年的圣诞致辞。

（下图）团队准备开始高空气球之旅去追逐空中飘浮的小蜘蛛。迪基·伯德把他的录音机挂在篮子外面，因为里面太挤了。我正在测试自己的氧气供应。

科罗拉多炼狱谷蜥脚类恐龙脚印化石。为了让脚印看得更清楚，我们辛苦地给它们每个都灌了水。三脚架架在摄影机用的滑轨上。

每年都有一个特别的夜晚，圣诞岛的数百万只红蟹会迁徙到海里产卵。它们为《生命的考验》系列节目呈现了一个戏剧性的开场，也为节目主持人提供了一个特别的考验。

（上图）一种巧妙的新镜头可以让一只毛毛虫靠近，同时让站在镜头后面的叙述者处在景深之内，从而产生一些关于相对大小的奇怪效果。

（下图）一只眼斑冢雉被我对它的孵化巢的干扰激怒了，把沙子踢到我的脸上。

（上图）蒂姆·谢泼德在他生长的牛津郡牛棚里，坐在加热水箱旁，拍摄巨型亚马孙睡莲。气泡布做成的窗帘可以保持较高的湿度，特殊的灯光模仿巴西的阳光。他的延时相机沿着轨道在水面上方移动，记录下叶片的膨胀。

（下图）蒂姆还去亚马孙雨林拍摄了完成这一过程所需的授粉昆虫。

（上图）委内瑞拉的罗赖马山被3000英尺高的悬崖环绕，这里有其他地方不存在的植物。

（下图）我们六个人在罗赖马山顶漏水的帐篷里度过了一个雨夜，一架直升机来接我们。

苏门答腊巨魔芋的巨大花序。花序已经开始关闭了，但是好在迈克·皮茨完成了拍摄。

（上图）威尔逊极乐鸟栖息在其展示场地上方准备跳舞。

（下图）当我们高速行驶时，对我们有印随行为的绿头鸭在相机旁飞翔。

（右页图）巴布亚新几内亚，为了看极乐鸟的舞蹈展示，我正在爬上一棵200英尺高的树。

（上图）保罗·阿特金斯、阿拉斯泰尔·福瑟吉尔、特雷弗·高斯林和我在南乔治亚岛上一群年幼的王企鹅中间休息。

（下图）晚上，一只几维鸟沿着新西兰斯图尔特岛海滩前行，在沙滩上寻找沙蚤。对于一只鸟来说，几维鸟非常不同寻常的特点在于非常依赖气味：腐烂海藻的气味似乎掩盖了我的气味。

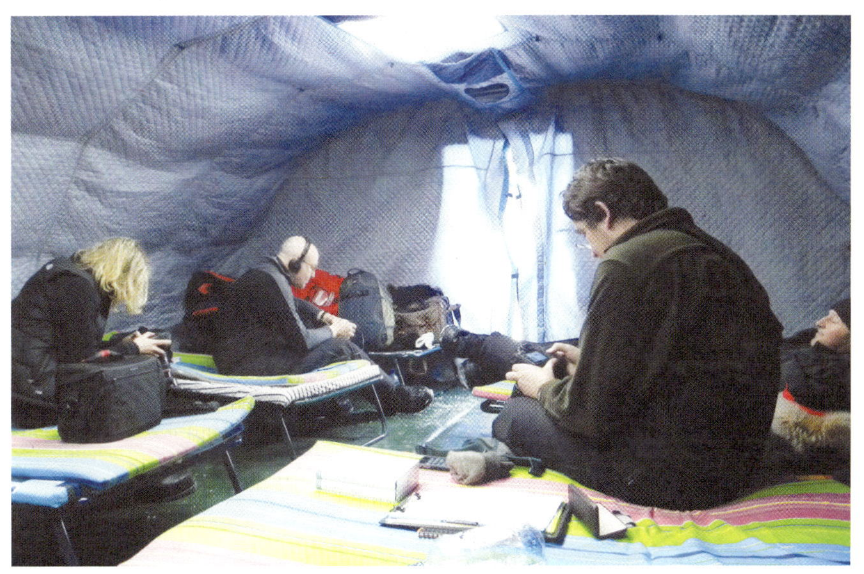

（上图）在俄罗斯军营里等待前往北极。瓦内萨·波洛维兹和阿拉斯泰尔·福瑟吉尔在查看他们的照片，克里斯·沃森在检查他的录音，加文·瑟斯顿试图入睡。

（下图）我站在北极点上。当团队记录下我的话时，加文慢慢地移动摄像机跟踪拍摄，就像我们能说的那样准确，这里除了雪和冰什么都没有。

（上图）纽芬兰“错误点”的悬崖峭壁，5.65亿年前的海床变成了岩石，化石非常丰富。

（下图）一块典型的“错误点”岩石，上面散布着许多不同种类的古代无脊椎动物化石。

（上图）由动物园团队的电脑重建的欧巴宾海蝎模型。

（下图）理查德·福泰耶给我讲解了在摩洛哥一家商店里挑选三叶虫时应该注意哪些事项。

（上图）当我乘坐滑翔机飞行时，一只巨大的风神翼龙正在观察我。

（下图）摄影师蒂姆·克拉格在英国皇家植物园邱园拍摄3D场景。

（上图）罗马大学的加布里埃尔·詹蒂莱博士向我和安东尼·格芬展示了这只新发现的粉红色鬣蜥。

（下图）当我在镜头前描述完它的困境时，“孤独的乔治”，这一物种的最后一只个体，慢慢地蹒跚而去。

（上图）飞行中的八轴飞行器，机身下方悬挂着3D摄影机。

（下图）主3D摄像机安装在移动悬臂上，对准站在散发着氨气的蝙蝠粪山脚下的一位同事，他戴着口罩，我一会儿就要站到他的位置去说台词。

当摄影师保罗·威廉姆斯准备拍摄我的时候，我正悬挂在哥曼通岩洞壁上，蝙蝠们就栖息在我旁边。

我慢慢地升到空中的合适位置，去描述蝙蝠晚上从哥曼通洞中飞出的情景。摇臂上的主3D摄影机记录下我的上升过程，然后八轴飞行器起飞，悬停在我面前，拍摄我的特写镜头。